Offizielles Erinnern und die Situation der Sinti und Roma in Deutschland

Gabi Meyer

Offizielles Erinnern und die Situation der Sinti und Roma in Deutschland

Der nationalsozialistische Völkermord in den parlamentarischen Debatten des Deutschen Bundestages

Springer VS

RESEARCH

Gabi Meyer
Konstanz, Deutschland

Dissertation Universität Konstanz, 2012

Tag der mündlichen Prüfung: 9.5.2012
Referent: Prof. Dr. Hans-Georg Soeffner
Referent: Prof. Dr. Bernhard Giesen

ISBN 978-3-658-00229-9 ISBN 978-3-658-00230-5 (eBook)
DOI 10.1007/978-3-658-00230-5

Die Deutsche Nationalbibliothek verzeichnet diese Publikation in der Deutschen Nationalbibliografie; detaillierte bibliografische Daten sind im Internet über http://dnb.d-nb.de abrufbar.

Springer VS

Satz und Korrektorat: oertner.net

Gedruckt auf säurefreiem und chlorfrei gebleichtem Papier

Springer VS ist eine Marke von Springer DE. Springer DE ist Teil der Fachverlagsgruppe Springer Science+Business Media
www.springer-vs.de

Inhalt

Abkürzungsverzeichnis

AA	Auswärtiges Amt
AfEG	Ausschuss für Fragen der Europäischen Gemeinschaft
BEG	Bundesentschädigungsgesetz
BMBW	Bundesministerium für Bildung und Wissenschaft
BMF	Bundesministerium der Finanzen
BMJ	Bundesministerium der Justiz
BMFJG	Bundesministerium für Familie, Jugend und Gesund
BMI	Bundesministerium des Innern
BMin	Bundesminister
BR	Bundesrat
BSHG	Bundessozialhilfegesetz
BT	Bundestag
Drs.	Drucksache
FinanzA	Finanzausschuss
GOBT	Geschäftsordnung des Deutschen Bundestages
JFG	Jugend, Familie und Gesundheit
KultA	Ausschuss für Kulturfragen
PStSekr	Parlamentarischer Staatssekretär
Sitz.	Sitzung
SBZ	Sowjetische Besatzungszone
SMAD	Sowjetische Militäradministration in Deutschland
StMin	Staatsminister
StSekr	Staatsekretär
WP	Wahlperiode

1. Einleitung

1.1. Problemstellung

„Jede Zivilisation ist daran zu messen, wie sie mit ihren Minderheiten umgeht."
(Mahatma Gandhi)

Müsste sich auch die deutsche Demokratie nach 1949 gemäß dieses Zitats von Mahatma Gandhi daran messen lassen, wie sie mit ihren Minderheiten umgeht bzw. umgegangen ist, so dürfte das Urteil allein bei Betrachtung der Behandlung der Sinti und Roma nur wenig positiv ausfallen. Die bereits seit ihrem Eintreffen im 15. Jahrhundert stigmatisierte und ausgegrenzte Minderheit erlebte mit dem nationalsozialistischen Völkermord den negativen Höhepunkt ihrer jahrhundertelang andauernden Verfolgungsgeschichte in Mitteleuropa. Während die nationalsozialistische Verfolgung anderer Opfergruppen bereits unmittelbar nach Gründung der Bundesrepublik Deutschland als Völkermord anerkannt wurde und im Laufe der Zeit Teil des Erinnerungsdiskurses wurde, mussten die Sinti und Roma auf diese Anerkennung bis 1982 warten. Das Schicksal der Sinti und Roma während der Zeit des Nationalsozialismus war nicht nur auf Bundesebene ein über Jahrzehnte vernachlässigtes Thema, sondern wurde auch in der Bevölkerung nur wenig wahrgenommen. Neben der Bundesregierung versäumten auch Geschichtsforschung, Medien, Schulen und Museen eine frühzeitige Auseinandersetzung mit der Thematik.

Obschon Impulse für eine Auseinandersetzung mit der nationalsozialistischen Verfolgungsgeschichte der Sinti und Roma angemessener Weise von den oben genannten Stellen hätten ausgehen sollen, darf jedoch nicht übersehen werden, dass auch die Betroffenen Handlungsmöglichkeiten in diesem Bereich gehabt hätten. Es ist eine politische Tatsache, dass nicht selten nur die Interessen derjenigen Gehör finden, die sie auch artikulieren. Eine entsprechende Formierung von Interessenvertretungen der Sinti und Roma war jedoch erst seit Beginn der 1970er Jahren zu beobachten und mündete 1982 in die Gründung des *Zentralrats Deutscher Sinti und Roma*, der sich bis heute für die Belange der Minderheit einsetzt. Bereits am 17. März 1982, also unmittelbar nach seiner

Gründung, wurde eine Delegation des *Zentralrats Deutscher Sinti und Roma* vom damaligen Bundeskanzler Helmut Schmidt empfangen.

Es kann in diesem Zusammenhang nur gemutmaßt werden, ob eine Anerkennung des Völkermords an der Minderheit während der Zeit des Nationalsozialismus bereits früher erfolgt wäre, wenn eine Interessenvertretung frühzeitiger ins Leben gerufen worden wäre.

Die seit den 1970er Jahren aktiven Interessenvertretungen und seit 1982 der *Zentralrat Deutscher Sinti und Roma* prangerten aber nicht nur die mangelnde Auseinandersetzung mit der nationalsozialistischen Verfolgungsgeschichte der Minderheit durch offizielle Stellen an, sondern machten auch auf die desolate, durch Diskriminierung geprägte Situation der Sinti und Roma aufmerksam. Vorurteile und Ausgrenzung gehörten nach 1945 nicht der Vergangenheit an und kennzeichneten das Verhältnis der Mehrheitsbevölkerung zu den Sinti und Roma. Zwar sieht das Grundgesetz als das rechtliche und politische Fundament der Bundesrepublik Deutschland unter anderem vor, dass niemand „wegen seines Geschlechts, seiner Abstammung, seiner Rasse, seiner Sprache, seiner Heimat und Herkunft, seines Glaubens, seiner religiösen oder politischen Anschauungen benachteiligt oder bevorzugt“[1] werden darf. Doch ungeachtet der theoretisch vorhandenen Gleichstellung in der deutschen Demokratie nach 1949 erfuhren Sinti und Roma in den Nachkriegsjahrzehnten immer wieder Benachteiligungen, bei denen ein Zusammenhang mit ihrer ethnischen Herkunft keineswegs konstruiert erscheint. Betroffen waren hiervon nahezu alle Lebensbereiche der Minderheit.

Bis zu einer offiziellen Anerkennung des Völkermords durch einen Vertreter der Bundesregierung verstrichen nach Kriegsende nahezu vier Jahrzehnte. Zu untersuchen wird sein, ob sich der Deutsche Bundestag als einziges auf höchster politischer Ebene durch die Wahl vom Volk legitimiertes Organ schon früher dieser Thematik gewidmet hat. Von Interesse ist dabei, ob möglicherweise ein Zusammenhang besteht zwischen der sozialen Situation der Sinti und Roma, die besonders in den ersten dreißig Jahren nach Kriegsende massiv durch Ausgrenzung und Diskriminierung geprägt war, und der Form und Häufigkeit der Vorgänge im Deutschen Bundestag, die sich mit dem an der Minderheit begangenen Völkermord befassten.

---

1 Artikel 3, Absatz 3 des Grundgesetzes.

1.2. Zielsetzung

Diese Arbeit möchte untersuchen, ob eine Wechselbeziehung zwischen der sozialen Lage der Sinti und Roma und der Erinnerung an die nationalsozialistische Verfolgung in den parlamentarischen Vorgängen des Deutschen Bundestages besteht. Analysiert werden soll unter anderem, ob seit der erstmaligen Thematisierung der Verfolgungsgeschichte der Minderheit im Deutschen Bundestag Verbesserungen der sozialen Situation der Sinti und Roma erkennbar sind. Das Hauptaugenmerk soll hierbei auf der Frage liegen, ob die Erinnerung an den Völkermord an der Minderheit auf höchster politischer Ebene sich positiv auf die Lage der Sinti und Roma ausgewirkt hat. Um dies herauszufinden, soll in dieser Arbeit die soziale Situation der Sinti und Roma in der Bundesrepublik Deutschland zwischen 1945 und 2005 dargestellt werden. Im weiteren Verlauf sollen sämtliche parlamentarischen Vorgänge des Deutschen Bundestages untersucht werden, die sich zwischen 1949 und 2005 in einer noch näher spezifizierten Weise mit dem Thema „Sinti und Roma" beschäftigten.

Die dieser Arbeit zugrunde liegenden Methodik ist die der qualitativen Inhaltsanalyse. Maßgeblich von Philipp Mayring seit 1980 entwickelt, verfügt diese Methode über das Potenzial, eine umfassende Auswertung sprachlichen Materials zu ermöglichen. Von entscheidender Bedeutung ist hierbei, dass die qualitative Inhaltsanalyse theoriegeleitet vorgeht und sich durch eine systematische Verfahrensweise auszeichnet:

> „Sie will nicht einfach einen Text referieren, sondern analysiert ihr Material unter einer theoretisch ausgewiesenen Fragestellung; die Ergebnisse werden vom jeweiligen Theoriehintergrund her interpretiert, und auch die einzelnen Analyseschritte sind von theoretischen Überlegungen geleitet."[2]

Das zentrale Instrument der qualitativen Inhaltsanalyse bildet ebenso wie in der quantitativen Inhaltsanalyse das Kategoriensystem, welches die Intersubjektivität und somit die Nachvollziehbarkeit der Analyse für andere garantiert. Das Kategoriensystem legt hierbei fest, welche Aspekte aus dem Material herausgefiltert werden sollen. Die Definition dieser Kategorien kann sowohl deduktiv als auch induktiv erfolgen. Im Fall der deduktiven Kategoriendefinition sind es theoretische Überlegungen, die auf dem bisherigen Forschungsstand basieren, aus denen heraus die Kategorien auf das Material hin entwickelt werden. Im Rahmen der induktiven Kategoriendefinition werden keine vorab formulierten Theoriekonzepte zur Auswertung des Materials verwendet, vielmehr werden die Kategorien in einem Verallgemeinerungsprozess direkt aus dem Material abge-

2 Mayring (2010), 13.

leitet.[3] Von zentraler Bedeutung bezüglich des Kategoriensystems ist, dass es sich bei den Kategorien um so genaue Definitionen handelt, dass stets eine eindeutige Zuordnung des Textmaterials zu den Kategorien möglich ist.[4]

Mayring unterscheidet mit „Zusammenfassung“, „Explikation“ und „Strukturierung“ drei Grundformen der qualitativen Inhaltsanalyse, bei denen es sich keinesfalls um nacheinander zu durchlaufende Schritte handelt, sondern um drei voneinander unabhängige Analysetechniken.[5] Den Vorgang der Strukturierung, der im Rahmen dieser Arbeit angewendet wird und mit dem das vorhandene Material kategorisiert und analysiert wird, beschreibt Mayring wie folgt: „Alle Textbestandteile, die durch die Kategorien angesprochen werden, werden dann aus dem Material systematisch extrahiert.“[6]

Die Ziele strukturierender Inhaltsanalysen können äußerst divergent sein, und so differenziert Mayring zwischen der „formalen“, „typisierenden“, „skalierenden“ und der „inhaltlichen“ Strukturierung. Während die formale Strukturierung die innere Struktur des Materials aufzeigen soll, steht im Zentrum der typisierenden Strukturierung die Darstellung einzelner markanter Ausprägungen des untersuchten Materials. Die skalierende Strukturierung indes zielt darauf ab, Ausprägungen einzelner Aspekte des Materials in Form einer Skala herauszuarbeiten, bei der es sich in der Regel um eine Ordinalskala handelt. Im Fokus der vierten Form der strukturierenden Inhaltsanalyse, der inhaltlichen Strukturierung, steht schließlich das Herausfiltern und Zusammenfassen von Inhalten und Aspekten zu bestimmten Themen aus dem Material.[7]

Als eine Form der qualitativen Inhaltsanalyse soll im Rahmen dieser Arbeit die Methode der Strukturierung im Allgemeinen und die der inhaltlichen Strukturierung im Speziellen Anwendung finden. Ein Ziel der Arbeit ist es, die soziale Situation der Sinti und Roma in den Jahren zwischen 1945 und 2005 in der Bundesrepublik Deutschland zu beschreiben. Bei dem dafür verwendeten Material handelt es sich sowohl um Primär- als auch um Sekundärliteratur, die in den Jahren 1945 bis 2008 erschienen ist und die soziale Lage der Sinti und Roma zwischen 1945 und 2005 in der Bundesrepublik Deutschland thematisiert. Um die soziale Lage der Sinti und Roma kategorisch zu erfassen, greift diese Arbeit auf Forschungsergebnisse des Soziologen Rainer Geißler (1996) zurück. Um die soziale Lage ethnischer Minderheiten zu beschreiben, nennt Geißler verschiedene Teilbereiche, die in ihrer Summe eine genaue Darstellung der Arbeits- und

3 Vgl. Mayring (2010), 83.
4 Vgl. Mayring (1999), 94f.
5 Vgl. Mayring (2010), 65.
6 Mayring (2010), 92.
7 Vgl. Mayring (2010), 92ff.

Lebensverhältnisse der Betroffenen ermöglichen. Die für die im Rahmen dieser Arbeit durchgeführte qualitative Inhaltsanalyse notwendige Kategoriendefinition orientiert sich an diesen von Geißler berücksichtigen Teilbereichen, die Anwendung finden, um die soziale Lage ethnischer Minderheiten zu beschreiben.[8] Es handelt sich folglich um eine deduktive Kategorienbildung.

1.3. Vorgehensweise

Nach dieser Einleitung wird im Rahmen des zweiten Kapitels zunächst ein Überblick über die Herkunft der Sinti und Roma sowie über ihr Leben in Deutschland seit dem 15. Jahrhundert gegeben. Dieser Überblick ist unterteilt in die „Geschichte der Sinti und Roma bis 1933“ sowie die „Geschichte der Sinti und Roma zwischen 1933 und 1945“. Unter besonderer Berücksichtigung persistenter Vorurteilsstrukturen soll so die mehr oder weniger konstante Verfolgungsgeschichte der Minderheit dargestellt werden.

Die Erinnerung an den nationalsozialistischen Völkermord in den Jahrzehnten nach 1949 ist nicht zuletzt vor dem Hintergrund der Geschehnisse in den unmittelbaren Nachkriegsjahren bis zur Gründung der Bundesrepublik Deutschland zu sehen, da die Entnazifizierungspolitik der Alliierten und die durch sie in der Bevölkerung ausgelösten Reaktionen über Jahrzehnte die Auseinandersetzung mit dem Nationalsozialismus beeinflussten. Im dritten Kapitel wird daher sowohl die Entwicklung von der bedingungslosen Kapitulation bis zur Gründung der Bundesrepublik Deutschland als auch der Umgang der Alliierten mit den ehemaligen Nationalsozialisten behandelt. Die gesellschaftliche Auseinandersetzung mit den nationalsozialistischen Verbrechen in den 1950er und 1960er Jahren war sehr begrenzt und später häufig Gegenstand der Kritik. Während heute weitgehend gesellschaftlicher Konsens darüber besteht, dass der adäquate Umgang mit der Vergangenheit nach einem Krieg in Form von Erinnern stattfindet, erweist sich dies keineswegs als geschichtspolitische Normalität, sondern eher als Ausnahme. Im vierten Kapitel wird aus diesem Grund die jahrhundertelang übliche Praxis des Vergessens nach Kriegen thematisiert. Ferner wird dargestellt, wie nach dem Zweiten Weltkrieg eine Änderung dieser Verfahrensweise eingetreten ist. In diesem Zusammenhang werden zudem die Thesen von Alexander und Margarete Mitscherlich berücksichtigt, die den Versuch eines psychologischen Nachweises unternehmen, warum es in der Ära Adenauer zu keiner wirklichen Auseinandersetzung mit denen im Dritten Reich

8 Vgl. Geißler (1996), 217f.

verübten Verbrechen gekommen sei. Im weiteren Verlauf des vierten Kapitels werden die Gründe für Erinnerung untersucht. Aus welchem Grund ist es notwendig, dass sich eine Gesellschaft überhaupt erinnert? Welche Funktion übernimmt die Erinnerung auf politischer bzw. gesellschaftlicher Ebene, und welche Beweggründe existieren spezifisch bei der Erinnerung nach Kriegen im Allgemeinen und bei der Erinnerung an den Zweiten Weltkrieg im Besonderen? Thematisiert als Gründe für Erinnerung werden die identitätsrelevante Funktion von Erinnerung, Erinnerung als Mittel zur Legitimierung, Asymmetrie als Motiv für Erinnerung sowie Erinnerung als Quelle für Handlungsorientierungen für die Zukunft.

Im fünften Kapitel wird die soziale Situation der Sinti und Roma zwischen 1945 und 2005 in der Bundesrepublik Deutschland dargestellt. Als Materialgrundlage zur Beschreibung der sozialen Situation der Sinti und Roma zwischen 1945 und 2005 in der Bundesrepublik Deutschland werden insgesamt rund 65 Werke sowohl von Primär- als auch Sekundärliteratur ausgewertet. Textbestandteile dieser Werke, die den im Folgenden aufgelisteten Kategorien in Bezug auf die Sinti und Roma zugeordnet werden können, werden nach Mayring (1999) systematisch aus dem Material extrahiert:

- Arbeit, Einkommen und wirtschaftliche Situation
- Bildung
- Bildungs- und Berufschancen der nachfolgenden Generation
- Gesundheit
- Soziale Mobilität
- Soziale Kontakte, Vorurteile und Integration
- Wohnverhältnisse

Die so gewonnenen Erkenntnisse werden in fünf Zeitperioden von 1945 bis 2005 unterteilt zusammengefasst. Bei der Unterteilung der Zeitperioden wird versucht, gleichermaßen markante Zeitpunkte in der Entwicklung der sozialen Situation der Sinti und Roma zu berücksichtigen als auch solche, die hinsichtlich der Erinnerung an die nationalsozialistischen Verbrechen von Bedeutung waren.

Das sechste Kapitel widmet sich der Auswertung der parlamentarischen Vorgänge des Deutschen Bundestages. Wie bei der Auswertung der Primär- und Sekundärliteratur zur Beschreibung der sozialen Situation der Sinti und Roma zwischen 1945 und 2005 in der Bundesrepublik Deutschland wird auch zur Analyse der parlamentarischen Vorgänge des Deutschen Bundestages, die sich in der 1. bis 15. Wahlperiode[9] und somit im Zeitraum von 1949 bis 2005 mit dem Thema Sinti und Roma beschäftigt haben, die Methode der qualitativen Inhaltsanalyse in Form der inhaltlichen Strukturierung verwendet. Wie in nachfolgender Grafik dargestellt, dienen als Oberkategorien die Label „Vergangenheit“ sowie „Gegenwart und Zukunft“, die wiederum in zwei weitere Unterkategorien aufgeteilt sind. Die Oberkategorie „Vergangenheit“ wird unterteilt in die Unterkategorien „Erinnerung und Thematisierung der nationalsozialistischen Verfolgung“ sowie die „Wiedergutmachung für NS-Verfolgte“. Die Oberkategorie „Gegenwart und Zukunft“ teilt sich auf in die Unterkategorien „Zielvorgaben für zukünftiges politisches Handeln“ und die „Soziale Situation der Sinti und Roma“, für welche die gleichen Unterkategorien gelten wie schon bei der Analyse von rund 65 Werken der Primär- und Sekundärliteratur zur Beschreibung der sozialen Situation der Sinti und Roma. Alle Textbestandteile in Vorgängen des Deutschen Bundestages zwischen 1949 und 2005, die diesen Kategorien zugewiesen werden können, werden aus dem Material extrahiert und in einem weiteren Schritt zusammengefasst.

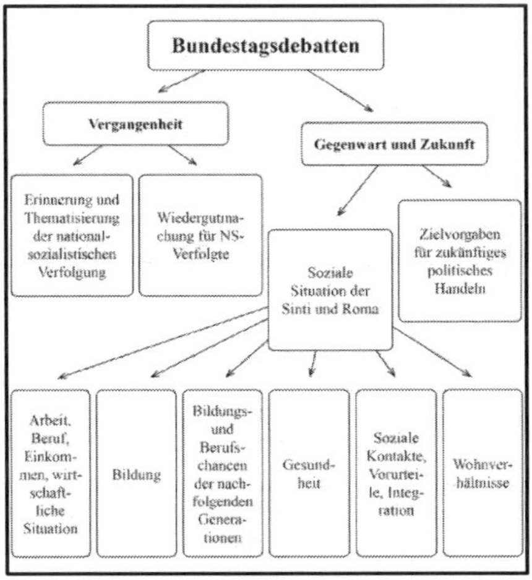

9 Für die 1. bis 7. Wahlperiode werden hierfür die Register zu den Verhandlungen des Deutschen Bundestages nach den Suchwörtern „Sinti“, „Roma“ und „Zigeuner“ durchsucht. Die ab der 8. Wahlperiode vorhandenen Möglichkeiten der elektronischen Suche wurden bis einschließlich der 15. Wahlperiode genutzt. Auf der Internetseite des Dokumentations- und Informationssystems (DIP) des Deutschen Bundestages ist eine entsprechende Schlagwortsuche möglich.

Um mögliche Zusammenhänge zwischen der sozialen Situation der Sinti und Roma zwischen 1945 und 2005 und den parlamentarischen Vorgängen des Deutschen Bundestages erkennen zu können, wird bei der Analyse von letzteren auf eine Einteilung in Wahlperioden verzichtet. Stattdessen werden die zur Auswertung der sozialen Situation gewählten Zeitabschnitte übernommen. Die im Rahmen dieser Arbeit verwendeten Vorgänge des Deutschen Bundestags werden wie in folgenden Beispielen angegeben:

- X. WP, 1985, Drs. 10/3292, 3. → Es handelt sich hierbei um die Seite 3 der Drucksache 10/3292 aus dem Jahr 1985, welche aus der 10. Wahlperiode stammt.
- X. WP, 1985, 171. Sitz., 12809. → Es handelt sich hierbei um die 171. Sitzung des Deutschen Bundestages, die im Jahr 1985 in der 10. Wahlperiode stattgefunden hat. Die letzte Zeit gibt die Seitenzahl an.

Im siebten Kapitel werden abschließend die Erkenntnisse dieser Arbeit zusammengefasst.

1.4. Begrifflichkeit „Sinti“, „Roma“ und „Zigeuner“

„Zigeuner“, „Sinti“ und „Roma“ sind die drei dominierenden Bezeichnungen, die sowohl in der Geschichte als auch in der Literatur verwendet wurden bzw. werden, um Angehörige der Minderheit zu bezeichnen. Uneinigkeit besteht insbesondere bei Minderheitenvertretern bis heute darüber, welche Bezeichnung Verwendung finden sollte. Der *Zentralrat Deutscher Sinti und Roma*, zu dem neun Landesverbände, das Dokumentations- und Kulturzentrum Deutscher Sinti und Roma sowie weitere regionale Mitgliedsvereine gehören und der somit die größte Interessenvertretung der Sinti und Roma in Deutschland darstellt, lehnt die Bezeichnung „Zigeuner“ ab. Romani Rose, Vorsitzender des *Zentralrats Deutscher Sinti und Roma*, stuft die Bezeichnung „Zigeuner“ als diskriminierend ein und dazu geeignet, Vorurteile zu schüren.[10] Rose fordert ausdrücklich, dass Angehörige der Minderheit mit ihrer Selbstbezeichnung angesprochen werden: „Es geht hier nicht um eine Frage vermeintlich politischer Korrektheit, sondern um einen wesentlichen Aspekt unserer Identität.“[11] Natascha Winter, Vorsitzende der *Sinti-Allianz Deutschland*, hingegen plädiert für die Verwendung der Bezeichnung „Zigeuner“:

10 Rose (28.08.2008).
11 Ebenda.

> „Ich benutze das Wort Zigeuner. Zigeuner ist mangels eines neutralen, von allen Zigeunern akzeptierten Überbegriffs die einzig richtige historische Bezeichnung, auch wenn dies einigen wenigen missfällt.“[12]

Diese bestehende Uneinigkeit hinsichtlich der Bezeichnung unter den Interessenvertretern der Minderheit legitimiert den Versuch einer neutralen Klärung der Begrifflichkeit. Der Duden, ein Wörterbuch der deutschen Sprache, enthält folgende Definition des Begriffs „Zigeuner“:

> „Angehöriger einer über viele Länder verstreut lebenden, meist nicht sesshaften Volksgruppe. [...] Die Bezeichnung *Zigeuner, Zigeunerin* wird vom Zentralrat Deutscher Sinti und Roma als diskriminierend abgelehnt. Die gesamte Volksgruppe wird demnach als *Sinti und Roma* bezeichnet; die Bezeichnungen im Singular lauten *Sinto* bzw. *Sintiza* (für im deutschsprachigen Raum lebende) und *Rom* bzw. *Romni* (für im europäischen Raum lebende Angehörige der Volksgruppe).“[13]

Einen weiteren Anhaltspunkt zur Bezeichnungsproblematik liefert die Antwort der Bundesregierung auf eine Große Anfrage aus dem Jahr 1982, die sich mit „Lage und Forderungen der Sinti, Roma und verwandter Gruppen“ beschäftigt. Die Bundesregierung stellt an dieser Stelle fest:

> „Als Sinti bezeichnen sich die seit Jahrhunderten im deutschen Sprachraum lebenden Zigeuner. Als Roma werden in diesem Sinne die im vorherigen Jahrhundert aus Polen und Ungarn nach Deutschland eingewanderten Gruppen bezeichnet. Das Wort ‚Roma‘ bezeichnet im Sprachgebrauch der Zigeuner darüber hinaus auch die Gesamtheit aller Zigeuner.“[14]

In Anlehnung an diese Definitionen soll daher für diese Arbeit Folgendes gelten: Wird die Bezeichnung „Sinti“ verwendet, so handelt es sich um die seit dem 15. Jahrhundert im deutschsprachigen Raum beheimateten Angehörigen der Minderheit. Der Begriff „Sinti und Roma“ hingegen bezeichnet alle im deutschsprachigen Raum lebenden Angehörigen der Minderheit und umfasst nach der Definition der Bundesregierung auch all jene, die seit dem 19. Jahrhundert nach Deutschland eingewandert sind.

Im Rahmen des historischen Überblicks über die Geschichte der Sinti und Roma in Deutschland wird daher bis zum Beginn des 19. Jahrhunderts nur der Begriff „Sinti“ verwendet, da so jene Angehörige der Minderheit bezeichnet werden, die oder deren Vorfahren seit dem 15. Jahrhundert im deutschsprachigen Raum beheimatet sind. Bedingt durch Zuwanderung von Roma aus Osteuropa in den deutschsprachigen Raum, die seit dem 19. Jahrhundert stattgefunden hat, findet für alle seit diesem Zeitpunkt in Deutschland lebende Gesamtheit

12 Winter am 9.10.2009 in einem Radio-Interview mit Radio Kaktus.
13 Der Duden (2011)
14 XIX. WP, 1982, Drs. 9/2360, 1.

von Angehörigen der Minderheit die Bezeichnung „Sinti und Roma“ Verwendung. Sofern im Rahmen dieser Arbeit der Begriff „Roma“ verwendet wird, bezeichnet dieser in erster Linie die Angehörigen der Minderheit, die im Ausland leben, oder die Minderheit in ihrer Gesamtheit.

2. Historischer Überblick

Die nationalsozialistische Verfolgung der Sinti und Roma war nicht der Beginn, sondern der negative Höhepunkt einer zu diesem Zeitpunkt bereits Jahrhunderte andauernden Geschichte der Ausgrenzung, Diskriminierung und Verfolgung der Minderheit. Auch zum Teil bis in die heutige Zeit persistente Vorurteilsstrukturen entwickelten sich in der Regel nicht erst in den letzten Jahrzehnten, sondern haben eine ebenso lange Geschichte wie die Verfolgung der Sinti und Roma. Um deutlich zu machen, vor welchem Hintergrund die Entwicklungen zwischen 1933 und 1945 sowie in der Zeit nach 1945 zu sehen sind, erfolgt an dieser Stelle ein Überblick über die Geschichte der Sinti und Roma bis 1945.

2.1. Die Geschichte der Sinti und Roma bis 1933

2.1.1. Der Weg der Roma von Indien nach Europa

Beschäftigt man sich mit der Geschichte der Sinti und Roma, so wird man relativ schnell mit der Tatsache konfrontiert, dass die Minderheit selbst ihre Geschichte nicht niedergeschrieben hat.[15] Zwar existieren zum Teil Erzählungen von historischen Ereignissen, wie beispielsweise die Geschichte von Ali Chaushev aus Bulgarien, die schildert, wie die Sinti und Roma Indien verlassen haben.[16] Kollektive Ursprungsmythen sind jedoch keine bekannt, und daher basiert das Wissen über die Herkunft und die Geschichte der Roma in erster Linie auf historischen und sprachwissenschaftlichen Erkenntnissen.[17]

Laut Gronemeyer (1988) setzten sich seit dem 16. Jahrhundert bezüglich der Herkunft der Sinti und Roma drei Haupttheorien durch: Die erste Theorie ging davon aus, dass die Sinti und Roma aus Ägypten gekommen seien.[18] Diese

15 Vgl. Reemtsma (1996), 17.
16 Vgl. Kenrick, Puxon (1981), 19.
17 Vgl. Reemtsma (1996), 17.
18 Vgl. Gronemeyer (1988), 13.

Theorie wird auch von Schmuhl (1994) erwähnt. Nach dem Grund ihrer nicht sesshaften Lebensweise gefragt, hätten die Sinti und Roma häufig angegeben, dass sie der Heiligen Familie auf ihrer Flucht aus Ägypten keinen Unterschlupf gewährt hätten und ihnen das Wandern daher als Buße auferlegt worden sei.[19] Nach Einschätzung von Gronemeyer hatte diese Theorie nicht zuletzt deswegen zahlreiche Anhänger, da Ägypten im Mittelalter als das Land der Magier galt und wahrsagende Roma sich in diese Kategorie einordnen ließen. Die zweite Theorie, von Gronemeyer nur kurz angerissen, sah in den Sinti und Roma „ein Gemisch aus vielen Völkern, die aus der seßhaften Gesellschaft in die Wildnis geflohen sind."[20] Die Grundlage der dritten Theorie basierte, so Gronemeyer, ebenfalls auf der Annahme, dass im 15. Jahrhundert Pilger aus Ägypten gekommen seien, die sich auf einer siebenjährigen Bußreise befunden hätten, anschließend aber zurückgewandert seien:

> „Diese Urzigeuner kehrten tatsächlich in ihr Heimatland zurück. Ein diebisches Gesindel hat sich dann ihrer Geschichte bemächtigt und nimmt bis heute den Platz der frommen Urzigeuner ein."[21]

Bei diesen seit dem 16. Jahrhundert kursierenden Theorien handelte es sich jedoch ausschließlich um Spekulationen, die versuchten, das Rätsel der Herkunft der Sinti und Roma zu lösen, aber häufig mehr über ihre Verfasser als über die Thematik selber aussagten. Beendet wurden diese Diskussionen erst in der zweiten Hälfte des 18. Jahrhunderts, als durch sprachwissenschaftliche Untersuchungen die Herkunft der Sinti und Roma aus Indien nachgewiesen werden konnte. In seinem 1782 veröffentlichten Aufsatz „Von der Sprache und Herkunft der Zigeuner aus Indien" wies der Linguist Johann Christian Christoph Rüdiger erstmals die Verwandtschaft des Romanes mit den indischen Sprachen nach.[22] Den Anstoß für diese sprachwissenschaftlichen Untersuchungen erhielt Rüdiger nach eigenen Angaben durch Sprachproben, die er für Hartwig Ludwig Christian Bacmeister für ein vergleichendes Wörterbuch sammelte[23]:

> „Angeregt durch seine Kollegen Bacmeister (St. Petersburg) und Büttner (Göttingen) traf sich Rüdiger regelmäßig mit einer Romni in seiner Heimatstadt Leipzig, ließ sie Wörter und Sätze in ihre Muttersprache übertragen und verglich die Ergebnisse mit einer Grammatik des ‚Indostanischen' (Hindi), die ihm zur Verfügung stand."[24]

19 Vgl. Schmuhl (1994), 30.
20 Gronemeyer (1988), 13.
21 Ebenda.
22 Vgl. Matras (1995), 1.
23 Vgl. Haarmann (1990), XIII.
24 Matras (1995), 1.

Auf diese Weise wies Rüdiger als erster den indischen Ursprung des Romanes nach und belegte so die Herkunft der Sinti und Roma aus Indien. 1783 verglich der Historiker Heinrich Moritz Gottlieb Grellmann in einer Studie ebenfalls das Romanes mit dem Hindi und kam zu ähnlichen Ergebnissen wie Rüdiger.[25] Wissenschaftliche Erkenntnisse bezüglich der Herkunft der Sinti und Roma aus Indien waren demnach seit dem 18. Jahrhundert vorhanden.

Zu näheren Ergebnissen bezüglich der Herkunft der Sinti und Roma kam August Friedrich Pott, Professor für Allgemeine Sprachwissenschaft in Halle, im 19. Jahrhundert in seinem zweibändigen Werk über das Romanes.[26] Pott untersuchte die in das Romanes aufgenommenen Lehnwörter aus anderen Sprachen und fand unter anderem persische und griechische Elemente. Auf der Basis dieser Elemente erstellte Pott eine Karte der möglichen Wanderroute der Sinti und Roma. Diese ist aber, wie Gronemeyer (1988) betont, durchaus umstritten, da sie von einer geschlossene Gruppe auf einer gemeinsamen Wanderung ausgeht. Plausibler erscheint, dass verschiedene Gruppen auf zum Teil auch verschiedenen Wegen von Indien in den Westen gekommen sind. Dazu Gronemeyer:

> „So genau, wie die vielreproduzierte Wanderkarte den Weg zu beschreiben vorgibt, kann er nicht mehr rekonstruiert werden."[27]

Die vorangegangenen Theorieansätze und Erklärungsmuster zeigen, wie problematisch es ist, besonders die frühe Geschichte der Sinti und Roma nachzuvollziehen. Auch Reemtsma (1996) stellt fest, dass die Rekonstruktion der Geschichte der Roma in der Frühzeit auch heute noch teilweise hypothetisch und lückenhaft ist: „Herkunft, Zeitpunkt und Ursachen der Abwanderung der Roma sind nach wie vor strittig."[28] Übereinstimmung, so Reemtsma, bestünde bestenfalls darüber, dass die Vorfahren der Sinti und Roma zwischen dem 5. und 11. Jahrhundert in mehreren Wellen ihre indische Heimat verlassen hätten und über Persien und Armenien schließlich in das Byzantinische Reich gelangt seien. Nach Schmuhl (1994) ist zudem belegt, dass zwischen dem 12. und 14. Jahrhundert größere „Zigeunersiedlungen" zumindest vorübergehend auf der Pelo-

---

25 Vgl. Grellmann, Heinrich Moritz Gottlieb (1783): *Die Zigeuner. Ein historischer Versuch über die Lebensart und Verfassung, Sitten und Schicksahle dieses Volkes in Europa.* Dessau/ Leipzig 1783.

26 Vgl. Pott, August Friedrich (1844/45): *Die Zigeuner in Europa und Asien. Ethnographisch-linguistische Untersuchung, vornehmlich ihrer Herkunft und Sprache nach gedruckten und ungedruckten Quellen.* 2 Bde. Halle. (Nachdruck: Leipzig 1964)

27 Gronemeyer (1988), 13.

28 Reemtsma (1996), 17.

ponnes, auf Kreta, Korfu und an der Küste der Ägäis und des Schwarzen Meeres existiert haben:

> „Das Vordringen der Osmanen in Kleinasien und auf dem Balkan zwang dann um die Mitte des 14. Jahrhunderts die im griechischsprachigen Mittelmeerraum lebenden Zigeuner, in mehreren großen Gruppen in die Moldau und die Walachei, nach Mitteleuropa und zur iberischen Halbinsel weiterzuwandern."[29]

Wie Reemtsma (1996) ausführt, galten die Sinti und Roma seit ihrer Zuwanderung in die altrumänischen Fürstentümer Moldau und Walachei als unverzichtbarer wirtschaftlicher Faktor. Die Walachei war, so Reemtsma, in den 400 Jahren zwischen dem ersten Durchzug der Kreuzzügler um 1000 und der Eroberung durch die Türken 1396 eine prosperierende agrarische Region.[30] Bei ihrem Eintreffen brachten die Roma handwerkliche Fähigkeiten mit, „die in der Region nur unzulänglich beherrscht wurden, und verkauften ihre Produkte an Interessenten entlang der Handelsroute."[31] Nach der Eroberung durch die Türken wurde 1396 die Walachei und um 1500 die Moldau dem Osmanischen Reich tributpflichtig, und diese Tatsache führte zu gravierenden Veränderungen in den zuvor prosperierenden Gegenden. Die Osmanen brachten die Erträge der altrumänischen Landwirtschaft zu niedrigen Preisen nach Konstantinopel, und der Handel in der ehemals florierenden Region kam fast vollständig zum Erliegen. Gesunkene Einkommen und höhere Steuern führten dazu, dass sich die Lage der Bojaren (Großgrundbesitzer), Bauern und der anderen Berufsstände drastisch verschlechterte. Die Bauern waren nicht mehr in der Lage, allein von den Erträgen der Landwirtschaft zu leben, mussten ihr Land an die Großgrundbesitzer verkaufen und wurden so zu Leibeigenen. Von diesen tiefgreifenden Veränderungen waren auch die Roma betroffen, die entweder in den Besitz des Staates, der Kirche oder der Bojaren übergingen. Diese Versklavung, so Reemtsma, habe jede Form der Abwanderung für sie unmöglich gemacht und gleichzeitig zur Erhaltung des Reichtums der Großgrundbesitzer beigetragen:

> „Den Boyaren gelang es im wesentlichen, ihren Wohlstand auf dem Rücken der leibeigenen Bauern und versklavten Roma zu erhalten."[32]

Reemtsma kommt zu dem Urteil, dass die größten Sklavenhalter zu dieser Zeit die Kirche und die Bojaren gewesen seien. Eigentum des Staates seien schließlich jene Roma geworden, die noch nicht auf diese Art versklavt worden waren: „Sie konnten einzeln oder familienweise verkauft, verpachtet oder verschenkt

29 Schmuhl (1994), 26.
30 Vgl. Reemtsma (1996), 21f.
31 Reemtsma (1996), 22.
32 Ebenda

werden."[33] Die dem Staat unterstellten Roma verdienten ihren Lebensunterhalt in erster Linie als Schmiede, Holzarbeiter und Bärenführer. Sie mussten einen Jahreszins zahlen, und es war ihnen untersagt, das Fürstentum zu verlassen. Die von der Kirche als Sklaven gehaltenen Roma waren hingegen hauptsächlich als Feldarbeiter auf kirchlichen Gütern tätig. Roma im Besitz der Bojaren waren sowohl Feld- als auch Haussklaven. Als Haussklaven waren sie unter anderem als Kinderfrauen, Putzfrauen, Kutscher oder Handwerker tätig.[34] Eigenständig über ihr Schicksal entscheiden konnten sie nicht, wie Reemtsma deutlich macht: „Roma wurden in die Sklaverei hineingeboren, sie galten nicht als Rechtspersonen, sondern als Eigentum."[35]

Roma siedelten zur damaligen Zeit jedoch nicht nur im Gebiet des heutigen Rumäniens. Dokumente belegen, dass sich auch in anderen europäischen Ländern Roma niedergelassen hatten:

> „Bis zur zweiten Hälfte des 15. Jahrhunderts waren Roma in fast allen europäischen Ländern urkundlich erwähnt worden, wobei dies nicht mit ihrem erstmaligen Auftreten im Land gleichgesetzt werden darf."[36]

Bedingt durch die Tatsache, dass die Zuwanderung der Roma nach Westeuropa zeitgleich mit der Ausbreitung des Osmanischen Reiches in Kleinasien und Südosteuropa abgelaufen ist, hat man laut Reemtsma häufig vermutet, dass die Roma vor den Osmanen geflohen seien. Diese These ist nach Einschätzung von Reemtma jedoch nur bedingt zutreffend. Obwohl es zweifelsohne Flüchtlinge vor den Osmanen und den damit einhergehenden Kriegen gegeben habe, dürfe nicht übersehen werden, dass der größte Teil der Roma die osmanisch besetzten Balkanländer zu dieser Zeit nicht verlassen habe. Neben der Versklavung der Roma in Altrumänien vermutet Reemtsma den Grund dafür in der häufig nur indirekten Herrschaft der osmanischen Herrscher in den eroberten Balkanländern:

> „Sie sahen die besiegten nichtmuslimischen Völker als Menschen zweiter Klasse an; die einheimische Verwaltungsstruktur wurde bis auf Kontrollpositionen beibehalten, die Religionsfreiheit ebenfalls in kontrollierter und zum Teil etwas eingeschränkter Form erhalten und ein oftmals lastendes Abgabesystem eingeführt."[37]

33 Ebenda.
34 Vgl. Reemtsma (1996), 23.
35 Reemtsma (1996), 23.
36 Reemtsma (1996), 25.
37 Ebenda.

2.1.2. Das Eintreffen der Sinti in Deutschland

Zwischen 1407 und 1414 belegen erste urkundliche Aufzeichnungen das Eintreffen der Sinti in Deutschland: „1407 wiesen Zigeuner auf der Stadtschreiberei in Hildesheim am 20. September ihre Papiere vor, wie aus dem Urkundenbuch der Stadt Hildesheim – Hildesheimer Stadtrechnungen" hervorgeht.[38] Auch für andere deutsche Städte existieren Nachweise, die belegen, dass auch dort Anfang des 15. Jahrhunderts Sinti gesichtet wurden. In seiner Chronik von 1417 berichtet der Dominikanermönch Hermann Cornerus vom Eintreffen einer Fremdenschar, die durch Lüneburg, Hamburg, Lübeck, Wismar, Rostock, Stralsund und Greifswald gezogen sei. Nach Einschätzung von Reemtsma handelte es sich bei dieser zweifelsfrei um Roma.[39] Zudem verweist die Literatur auch auf Andreas Presbyter von Regensburg, der 1424 einen zeitgenössischen Bericht über die Ankunft der Sinti verfasst hat.[40] Sowohl die Hildesheimer Stadtrechnungen als auch Hermann Cornerus bezeichneten die Fremden als „Tataren". Schmuhl (1994) stellt eine Vermutung für diesen Umstand auf:

> „Man versuchte, die fremdartigen Menschen in das bekannte Weltbild einzuordnen und brachte sie zunächst mit den gefürchteten Reiterheeren der Mongolen oder Tartaren in Verbindung."[41]

Andreas Presbyter von Regensburg hingegen spricht von einem „gewissen Stamm der Cingari, gewöhnlich Cigäwnär genannt"[42]. Neben der Bezeichnung „Tataren" waren laut Schmuhl auch Namen wie „Zeyginer", „Ziginer", „Zigeiner" oder ähnliche Ausdrücke wie etwa der von Andreas von Regensburg verwendete gebräuchlich. Diese würden, so vermutet Schmuhl, wahrscheinlich auf die griechische Bezeichnung „Athinganoi" (die Unberührbaren) zurückgehen. Damit wurde im 9. Jahrhundert eine gnostische Sekte bezeichnet, die im Gebiet des heutigen West-Anatoliens siedelte. Die griechische Bevölkerung könnte die Fremden für Mitglieder der Sekte der „Athinganoi" oder „Atisgani" gehalten haben, da sie ähnlich wie diese strenge Reinheitsgebote befolgten und im Ruf standen, der Zauberei und Wahrsagerei nachzugehen.[43]
Wie bereits oben angemerkt wurden die Sinti und Roma Schmuhl zufolge auch als „Egypter" bezeichnet worden. Den Ursprung dieser Bezeichnung vermutet er in einer Zigeunersiedlung auf der Peloponnes, die den Namen Klein-Egypten

---

38 Hohmann (1988), 13.
39 Vgl. Gronemeyer (1988), 26ff. Vgl. dazu auch: Reemtsma (1996), 27.
40 Ebenda.
41 Schmuhl (1994), 26f.
42 Reemtsma (1996), 28.
43 Vgl. Schmuhl (1994), 27.

getragen habe.[44] Reemtsma hingegen merkt an, dass weder der Zeitzeuge Cornerus noch der zeitgenössische Berichterstatter Andreas Presbyter von einer Herkunft aus Ägypten gesprochen habe: „Erst in den folgenden Jahren wurde wiederholt eine Herkunft aus ‚Klein-Ägypten' behauptet, das auf historischen Landkarten nicht verzeichnet ist."[45] Es habe das Gerücht kursiert, so Reemtsma, dass es sich bei den Reisen um Bußfahrten gehandelt habe, für die verschiedene Gründe genannt wurden: „zur Erinnerung an die Flucht der heiligen Familie aus Ägypten; wegen Verweigerung des Nachtquartiers für ihre angeblichen Vorfahren Maria und Joseph, als diese vor dem König Herodes flüchteten; wegen vorübergehender Abkehr vom Christentum"[46]. Reemtsma betont, dass es sich heute nicht mehr eindeutig nachvollziehen lasse, ob es sich hierbei um Selbstauskünfte oder Fremdeinschätzungen gehandelt habe. Aus den im Umlauf befindlichen Geschichten sei aber wohl der Schluss gezogen worden, die Sinti selbst kämen aus Ägypten:

> „Für die Roma erwies sich die Einordnung in die spätmittelalterlichen Gegebenheiten als hilfreich, denn die Bevölkerung war verpflichtet, Pilger und Büßer mit Nahrung, Geld und Obdach zu unterstützen."[47]

Laut Schmuhl (1994) reiste eine Abordnung der Sinti 1422 nach Italien, um ein Empfehlungsschreiben des Papstes zu erbitten. Nach 1422 hätten sie, so Schmuhl, tatsächlich häufig päpstliche Empfehlungsschreiben vorgewiesen, aber es sei dabei unklar, ob sie tatsächlich in Rom gewesen waren und ob es sich um echte Schreiben oder Fälschungen gehandelt habe.[48] Kein Zweifel bestehe hingegen bezüglich der Echtheit eines von Kaiser Sigismund ausgestellten Schutzbriefes. Als Beleg nennt Reemtsma den Umstand, dass dieser in den ersten urkundlichen Aufzeichnungen von Andreas Presbyter aus dem Jahre 1424 wiedergegeben wird. Neben der Aufforderung, die Sinti frei reisen zu lassen und ihnen dabei die Gastfreundschaft der ansässigen Bevölkerung zuteil werden zu lassen, räumt der Brief ihnen auch ihre eigene Gerichtsbarkeit ein.[49] Reemtsma merkt an, dass solche Briefe grundsätzlich keine Seltenheit gewesen seien:

---

44 Ebenda.
45 Reemtsma (1996), 28.
46 Reemtsma (1996), 28.
47 Ebenda.
48 Vgl. Schmuhl (1994), 27.
49 Vgl. Reemtsma (1996), 33.

> „Derartige überregionale Schutzbriefe waren die Vorläufer der Reisepässe; sie wurden auf eine Person ausgestellt und gestatteten ihr und ihrer Begleitung die grenzüberschreitende Reise.“[50]

Obwohl es nach Meinung von Reemtsma wahrscheinlich ist, dass sich unter den Geleitbriefen neben dem echten Schutzbrief von Kaiser Sigismund wie damals üblich auch Fälschungen befunden hätten, sei es dennoch offenkundig, dass die Sinti im Besitz echter Reisedokumente gewesen seien, die ihnen das freie Reisen erlaubt hätten. Schmuhl weist in diesem Zusammenhang auf eine Besonderheit bezüglich der Situation der Sinti im 15. Jahrhundert hin. Bedingt durch die Tatsache, dass sie in ihren ersten Jahren in Mitteleuropa weitgehend uneingeschränkte Freizügigkeit genossen hätten, in den Städten aufgenommen worden seien und häufig sogar Nahrungsmittelspenden oder Geldgeschenke erhalten hätten, sei das 15. Jahrhundert auch als das „goldene Zeitalter“ der Sinti bezeichnet worden. Dieser Eindruck, so Schmuhl, sei jedoch auf den zweiten Blick nicht haltbar:

> „Liest man aber die Quellen aufmerksam, so wird deutlich, daß sich bereits in dieser frühen Zeit Vorurteilsmuster herausbildeten, die zu einer allmählich sich verschärfenden Ausgrenzung der Sinti führten.“[51]

Auch dürfe die Rede vom goldenen Zeitalter keinesfalls darüber hinwegtäuschen, dass Obrigkeit und Bevölkerung ihnen nicht ausschließlich wohlgesonnen waren. Hohmann (1988) beschreibt, wie die Sinti 1449 mit Gewalt aus Frankfurt am Main vertrieben wurden, und schildert einen Versuch der Stadt Bamberg aus dem Jahre 1463, die sich vor den Stadtmauern aufhaltenden Sinti durch Geschenke davon abzuhalten, ins Stadtinnere zu kommen.[52] Ein weiteres Beispiel für die ablehnende Haltung gegenüber den Sinti stellt laut Hohmann ein Edikt des Kurfürsten Albrecht Achilles von Brandenburg aus dem Jahre 1482 dar, welches ihnen unter Androhung von Strafe den Aufenthalt in seinem Herrschaftsbereich untersagte. Die Reichstage von Lindau und Freiburg hoben 1496 und 1498 die durch Kaiser Sigismund ausgestellten Schutzbriefe auf. Nach Einschätzung von Hohmann endete mit der Aufhebung der Schutzbriefe zwar kein goldenes Zeitalter, aber zumindest eine Phase, in der die Sinti weitgehend unbehelligt in Europa leben konnten.[53]

50 Reemtsma (1996), 34.
51 Schmuhl (1994), 27.
52 Hohmann (1988), 15.
53 Vgl. Hohmann (1988), 16.

2.1.3. Die Verfolgung und Vertreibung der Sinti vom 16. bis zum 18. Jahrhundert

Der Übergang zum 16. Jahrhundert markiert eine erste entscheidende Zäsur im obrigkeitsstaatlichen Vorgehen gegen die Sinti. Schmuhl (1994) erläutert, dass seit diesem Zeitpunkt von staatlicher Seite gezielte Verfolgungsmaßnahmen gegen die Sinti initiiert wurden, und merkt hierzu an:

> „Der nun folgende Radikalisierungsprozeß ist ganz allgemein vor dem Hintergrund der gewaltigen Umbrüche der Zeitwende zu sehen. Die Sprengung der alteuropäischen Wirtschaftsordnung, Geldentwertung und Teuerung, die Ausbildung neuer Formen der Grundherrschaft, die Ausbreitung des Handelskapitalismus, ferner die Glaubensspaltung und in ihrem Gefolge Religionskriege, Bauernaufstände und städtische Unruhen, schließlich das Aufbrechen des überkommenen Weltbildes durch geographische Entdeckungen, naturwissenschaftliche und technische Erfindungen, die Ideen des Humanismus und der Renaissance – das alles trug zu einer umfassenden Gesellschaftskrise bei, in der sich aufgestautes Aggressionspotential in der blutigen Verfolgung gesellschaftlicher Randgruppen entlud – und dazu gehörten eben auch die Sinti."[54]

Des Weiteren, so Schmuhl, hätten Fremden- und Zukunftsangst dazu geführt, dass man die Sinti aufgrund ihres fremdländischen Aussehens und der umherziehenden Lebensweise für Spione der Türken gehalten habe, deren angebliches Ziel es gewesen sei, Städte und Dörfer auszuspionieren. Obwohl es sich dabei um haltlose Vorwürfe gehandelt habe, die sich in keinem Fall hätten bestätigen lassen, hätten sie dennoch nicht ihre Wirkung verfehlt.[55] Nach Einschätzung von Reemtsma (1996) waren es gruppenspezifische Interessen, die zu einer offiziellen Stigmatisierung der Sinti als soziale und politische Gefahr führten. Nicht zuletzt das Bürgertum und die Kirche hätten dabei eine entscheidende Rolle gespielt. Dazu Reemtsma:

> „Das ebenfalls aufstrebende, noch in Zünften organisierte Bürgertum, das wie so viele Roma von Handel und Handwerk lebte, war bestrebt, wirtschaftliche Konkurrenz auszuschalten und die Bauern auf städtische Märkte zu zwingen."[56]

Wahrsagende Sinti-Frauen wiederum waren laut Reemtsma der Kirche ein Dorn im Auge, die versucht habe, einer beginnenden Säkularisierung vorzubeugen, und das Ziel verfolgt habe, Zweifler zurück zur Kirche zu führen. Schlussendlich entscheidend für die Situation der Sinti seit dem 16. Jahrhundert war jedoch, dass sie mit der Aufhebung des von Kaiser Sigismund ausgestellten

---

54 Schmuhl (1994), 27f.
55 Vgl. Schmuhl (1994), 28.
56 Reemtsma (1996), 37.

Schutzbriefes jeglichen Rechtsschutz verloren hatten. Schmuhl stellt dazu fest, dass ihr Status als Vogelfreie es fortan jedem erlaubte, sie ungestraft zu vertreiben, einzusperren, zu foltern oder zu töten.[57]

Nach Einschätzung von Reemtsma stellten die Türken auch in der ersten Hälfte des 16. Jahrhunderts weiterhin eine Gefahr dar, und insofern überrasche es, dass in den Beschlüssen der weiteren Reichstage von einer angeblichen Kundschaftertätigkeit der Sinti und Roma nicht mehr die Rede sei. An der ihnen unterstellten kollektiven Schädlichkeit habe dies jedoch nichts geändert, und sie hätten auch weiterhin als Vogelfreie gegolten.[58] Insofern bewertet es Hohmann (1988) schon fast als einen Fortschritt, dass Kaiser Ferdinand I. nach einem Waffenstillstand mit den Türken im Jahr 1545 in den Jahren zwischen 1556 und 1564 die Zigeunergesetze soweit eingeschränkte, dass zumindest Frauen und Kinder trotz ihrer Einstufung als Vogelfreie nicht mehr sofort getötet werden sollten, sondern der Versuch unternommen werde sollte, sie gütlich außer Landes zu bringen.[59] Ähnlich feindselig wie die Haltung der Polizei- und Ordnungsbehörden stuft Hohmann auch das Verhalten der Bevölkerung gegenüber der Minderheit ein. 1571 sei, so Hohmann, in Frankfurt am Main ein Mann freigesprochen worden, der einen Sinto mit einem Taschenmesser erstochen hatte. Der Rat von Frankfurt am Main kam zu der Überzeugung,

> „dass solche Leute in Teutschlanden nicht allein nit geduldet und gelitten werden, dass auch diejenigen, so gegen solche Heiden oder Zigeuner mit der That handeln und vornehmen würden, garnicht daran gefrevelt, noch Unrecht getan haben sollen, etc. So sei deswegen der Täter, vermöge solcher Polizeiverordnung und Satzung des begangenen Totschlags halber nicht zu strafen, sondern ohne allen Entgelt davon zu absolvieren und darumb zu Ursell wie vorher wohl zu geduldcn […].“[60]

Laut Schmuhl (1994) existierten zwischen 1500 und 1800 mindestens 148 Zigeuneredikte im Reichsgebiet. Dies sei, so Schmuhl, darauf zurückzuführen gewesen, dass der Umgang mit den Sinti nicht landesweit per Reichsgesetz geregelt wurde, sondern zahlreiche Einzelstaaten dazu übergegangen waren, ihre eigenen Zigeunergesetze zu erlassen.[61] Ein fehlender Behördenapparat habe jedoch häufig zu Schwierigkeiten hinsichtlich der praktischen Umsetzung geführt. Einen gewissen Schutz vor Verfolgungsmaßnahmen hätten den Sinti zudem die zahlreichen deutschen Kleinstaaten geboten, da es Angehörigen der

57 Vgl. Schmuhl (1994), 28.
58 Vgl. Reemtsma (1996), 39.
59 Vgl. Hohmann (1988), 17.
60 Ratschlagungsprotokoll VIII, zitiert nach: Breithaupt (1907), 54.
61 Vgl. Schmuhl (1994), 28.

Minderheit möglich gewesen sei, durch Grenzübertritt in einen anderen Kleinstaat der Verfolgung zu entgehen. Die von Schmuhl gezogene Bilanz bezüglich der Situation der Sinti zu diesem Zeitpunkt fällt dennoch alles andere als positiv aus:

> „Es bleibt aber festzuhalten, daß das Heilige Römische Reich Deutscher Nationen und seine Nachfolgestaaten eine im Vergleich zu den westeuropäischen Nachbarstaaten besonders drakonische Zigeunergesetzgebung einführten und daß es im Gefolge dieser Gesetze immer wieder zu blutigen Massakern an Sinti kam.“[62]

Die alteuropäische Gesellschaft kannte keine naturrechtlich verankerten Grundrechte, der Rechtsstatus des einzelnen Menschen leitete sich aus seiner Zugehörigkeit zu einem Rechtsverband ab.[63] Sieht man also von dem Schutzbrief Kaiser Sigismunds ab, dessen Geltung ja ohnehin nur wenige Jahrzehnte währte, waren die Sinti im 16. Jahrhundert in Deutschland also völlig rechtlos.

In der Zeit des Dreißigjährigen Krieges ließ die Verfolgung und Vertreibung der Sinti kurzzeitig nach, begann aber in verschiedenen deutschen Staaten gegen Ende des 17. Jahrhunderts erneut. Hohmann nennt in diesem Zusammenhang ein von Kurfürst Friedrich Wilhelm I. von Brandenburg 1686 erlassenes Gesetz, welches den Sinti jegliche Form des Handeltreibens verbot und der Stadt- und Polizeigewalt zudem untersagte, ihnen den Aufenthalt auf gemeindeeigenen Plätzen oder innerhalb der Stadtgrenzen zu gestatten.[64] In den folgenden Jahren kam es zu einer weiteren Verschärfung der Gesetze:

> „So befahl König Friedrich Wilhelm I. von Preußen in einem Erlaß aus dem Jahre 1725, alle männlichen und weiblichen Sinti über 18 Jahre ohne Gerichtsverfahren am Galgen zu erhängen.“‟[65]

Diese verschärften Gesetze führten nach Beurteilung von Schmuhl zu einer regelrechten Jagd auf die Sinti; so erwähnte ein rheinischer Fürst bei der Aufzählung seiner Jagdbeute beiläufig auch eine Sintiza und ihren Säugling.[66] Hohmann (1988) stuft das 18. Jahrhundert in Deutschland als eine besonders grausame Leidenszeit für Angehörige der Minderheit ein. Allein ihr Erscheinen sei bereits einem Vergehen gleichgekommen, das unter Umständen Jagd, Folter, Versklavung oder Ermordung nach sich gezogen habe. Hohmann stellt diesbezüglich eine Mitschuld der Medien heraus, die eine entsprechende Haltung der Bevölkerung forciert hätten:

---

62 Schmuhl (1994), 28f.
63 Schmuhl (1994), 29.
64 Vgl. Hohmann (1988), 21.
65 Schmuhl (1994), 31.
66 Ebenda.

> „Die Zeitungen und Nachrichtenblätter schürten den Haß gegen sie, erfundene Artikel berichteten davon, wie sie Dörfer in Brand stecken, Frauen schänden, Kinder stehlen und verzehren und daß sie nicht selten mit dem Teufel im Bunde stehen würden.“[67]

Hohmann schildert, mit welchen Mitteln im 18. Jahrhundert gegen Angehörige der Minderheit vorgegangen wurde. Vor den Städten wurden sogenannte „Zigeunerstöcke“ angebracht, die reisende Sinti von dem Betreten der Stadt abhalten sollten. Diese Bildstöcke zeigten auch den leseunkundigen Sinti, was sie hinter den Stadtmauern erwarten würde: Auspeitschung und Hinrichtung.[68] Sowohl Hohmann (1988) als auch Schmuhl (1994) berichten von mehrtätigen Menschenjagden, im Rahmen derer immer wieder Sinti erschossen oder erhängt wurden und ihre Kinder an die Bauern als unentgeltliche Arbeitskräfte verteilt wurden.[69] Familien und Sippen seien auf diese Weise auseinandergerissen worden, um sie zu vereinzeln und in Zukunft noch leichter verfolgen zu können:

> „War erst einmal die Integrität einer Zigeunergruppe dadurch geschwächt, daß ihre – nicht selten bewaffneten – Anführer verschleppt oder gar hingerichtet worden waren, hoffte Obrigkeit und Bauernschaft auf ihre nun gänzliche Auflösung.“[70]

Trotz der rigiden Zigeunerpolitik im 16., 17. und frühen 18. Jahrhundert lebten nach wie vor Sinti-Gruppen im deutschen Sprachraum. In der zweiten Hälfte des 18. Jahrhunderts schlug die Obrigkeit des Absolutismus dann eine neue Richtung ein.

2.1.4. Die Politik der Assimilierung und Zwangsanpassung

Angesichts der Tatsache, dass alle bisherigen Versuche gescheitert waren, sich des „Zigeunerproblems” zu entledigen, suchte man Mitte des 18. Jahrhunderts nach neuen Lösungswegen. Das Ziel der von Maria Theresia und Joseph II. zwischen 1761 und 1783 erlassenen „Zigeunerregulative“ war die Zwangsassimilierung der Sinti durch Sesshaftmachung. Ungarische, siebenbürgische und burgenländische Zigeuner sollten nach Aussage von Schmuhl (1994) zwangsweise in die Wirtschafts- und Gesellschaftsordnung der Habsburger Monarchie eingegliedert werden. Erreicht werden sollte dies durch das Verbot des Umherziehens, den Entzug der eigenen Gerichtsbarkeit, die Zuteilung von Land und

---

67 Hohmann (1988), 27.
68 Vgl. Hohmann (1988), 28.
69 Vgl. Hohmann (1988), 36, vgl. dazu auch: Schmuhl (1994), 32.
70 Hohmann (1988), 36.

die Wegnahme der Kinder. Auch andere deutsche Staaten unternahmen laut Schmuhl den Versuch, Sinti sesshaft zu machen.[71] Diese Politik der Sesshaftmachung mag alles andere als angenehm für die Betroffenen gewesen sein, und doch markiert sie ein vorübergehendes Ende der zum Teil tödlichen Verfolgungsmaßnahmen der vergangenen Jahrhunderte. Laut Reemtsma (1996) führte der Umstand, dass man sich nun in Form einer erzwungenen Assimilation darauf konzentrierte, die Sinti ihrer kulturellen Identität zu berauben, jedoch zu keinen grundsätzlichen Veränderungen hinsichtlich ihrer Exklusion:

> „Zwar ersetzten sie die physische Vernichtung durch die Zerstörung der Kultur und ermöglichten ausgewählten Sinti und Roma über die Assimilation die rechtliche Absicherung und eine Einbeziehung in die Zugehörigkeitsprinzipien der Mehrheit; doch das bis dahin gültige Prinzip der generellen Ausgrenzung blieb dennoch bestehen.“[72]

Zu Beginn des 19. Jahrhunderts lassen sich zwei grundsätzlich verschiedene Wege im gesellschaftlichen Umgang mit den Sinti erkennen: Während es auf der einen Seite durchaus weiterhin Versuche gab, Angehörige der Minderheit mit allen zur Verfügung stehenden repressiven Maßnahmen zu verfolgen und zu vertreiben, entwickelten sich erste Ansätze einer „Zigeunerfürsorge“, deren Ziel die oben beschriebene Sesshaftmachung der Sinti war. Hohmann (1988) berichtet, dass die Verfolgung der Sinti neuerlichen Nährboden erhalten habe, als 1842 in der preußischen Gesetzgebung das Freizügigkeits-, Armen- und Untertanengesetz verabschiedet wurde. Im Rahmen des darin enthaltenen Unterstützungswohnsitzes wurden Gemeinden verpflichtet, für Unterstützungsbedürftige, die sich längere Zeit auf ihrem Gebiet aufhielten oder dort geboren worden waren, finanziell aufzukommen. Auch Gemeinden, so Hohmann, die bisher Sintigruppen über einen längeren Zeitraum in ihrem Gebiet geduldet hatten, waren nun daran interessiert, sie möglichst schnell wieder abzuschieben, damit sie der städtischen Armenkasse nicht zur Last fielen.[73] Das Leben der Sinti und Roma war zu diesem Zeitpunkt jedoch nicht nur massiv von der ablehnenden Haltung der Mehrheitsbevölkerung beeinflusst. Schmuhl führt an, dass die mit dem Industrialisierungsprozess einhergehenden wirtschaftlichen Umwälzungen keine neuen beruflichen Möglichkeiten für die Sinti und Roma eröffnet hätten.[74] Um ihren Lebensunterhalt zu sichern, seien sie weiterhin als Pferdehändler, Kesselschmiede, Korbflechter, Schausteller oder Musiker umhergezogen. Ein immer enger geknüpftes Netz an bürokratischen Maßnahmen ersetzte im 19.

71 Vgl. Schmuhl (1994), 32.
72 Reemtsma (1996), 46.
73 Vgl. Hohmann (1988), 54.
74 Vgl. Schmuhl (1994), 32.

Jahrhundert zunächst zum Teil die gewaltsame Verfolgung der Sinti, führte aber gleichzeitig dazu, dass die Ausübung ihrer traditionellen Lebensweise zunehmend erschwert wurde.

Während es den Sinti und Roma nur noch unter größten Schwierigkeiten möglich war, ein mehr oder minder unbehelligtes Leben zu führen, erlebte paradoxerweise parallel dazu die Zigeunerromantik im bildungsbürgerlichen Milieu eine Hochkonjunktur. Im literarischen Bereich wurde das angeblich freie und ungebundene Zigeunerleben z. B. in Eduard Mörikes Roman „Maler Nolten" (1832) dargestellt. In Opern oder Operetten wie Georges Bizets „Carmen" (1875) oder dem „Zigeunerbaron" (1885) von Johann Strauss fand die Faszination an dem Leben der Zigeuner ihre musikalische Umsetzung. In diesem Zusammenhang stellt Schmuhl (1994) sich die Frage, wie es gerade zu einer Zeit, in der unter dem Zwang der gesellschaftlichen Verhältnisse der Lebensstil der Sinti und Roma von der Auflösung bedroht war, zu einer Romantisierung ihrer Lebensweise kommen konnte, und stellt diesbezüglich folgende Vermutung auf:

> „Es handelt sich hier wohl um eine Projektion des eigenen Unbehagens an der Kultur, an der fortschreitenden Rationalisierung und Reglementierung der urbanen Industriegesellschaft."[75]

2.1.5. Die Sinti und Roma im Deutschen Reich und der Weimarer Republik

Reemtsma (1996) vertritt bezüglich der Gründung des Deutschen Reiches 1870/71 und der zu diesem Zeitpunkt stattfindenden rasanten Industrialisierung die Sichtweise, dass die daraus resultierenden Spannungen in Politik in Gesellschaft ein Ventil benötigt hätten. In diesem Zusammenhang habe man versucht, das Konfliktpotenzial und die damit einhergehende Gefahr für den modernen deutschen Nationalstaat durch die Stigmatisierung der Sinti und Roma zu entschärfen. Seien sie bis dahin nur Gegenstand sprachwissenschaftlicher Forschungen gewesen, hätten sie jetzt auch steigende Aufmerksamkeit von Seiten der Populärwissenschaft erfahren:

> „Das in diesen Abhandlungen gezeichnete Bild führte die herkömmliche Stereotypenbildung fort, wonach Kriminalität einen Aspekt ihrer als minderwertig angesehenen Kultur darstellt und zwischen der Kultur der Sinti und Roma und jener der Mehrheitsbevölkerung ein angeblich unüberwindbarer Gegensatz besteht."[76]

---

75 Schmuhl (1994), 32.
76 Reemtsma (1996), 84.

Kriminalisten, Juristen oder Beamte, die beruflich mit Sinti und Roma konfrontiert gewesen seien, hätten mittels dieser Stereotype versucht, die von ihnen vorangetriebenen ordnungspolitisch-polizeilichen Maßnahmen gegen Sinti und Roma zu legitimieren. Auch Presseberichte zeichneten nach Ansicht von Reemtsma überwiegend ein negatives Bild der Minderheit und erwähnten sie hauptsächlich im Zusammenhang mit Konflikten oder Vergehen.

Existierte bis dahin eine Vielzahl von Edikten, die jeweils auf Länderebene Anwendung fanden, strebte Reichskanzler Otto von Bismarck einheitliche Verordnungen an. In diesem Zusammenhang merkt Heuß (1996) an:

> „1886 richtete Reichskanzler Bismarck erstmals für das Deutsche Reich ein Schreiben an sämtliche Länder, um die bis dahin dort jeweils einzeln gültigen Erlasse gegen Sinti und Roma zumindest in ihrer Anwendung zu vereinheitlichen."[77]

Im Rahmen dieser Bekanntmachung aus dem Jahr 1886 unterschied Bismarck in seiner „Zigeunerpolitik" darüber hinaus zwischen ausländischen Zigeunern und solchen, die sich bereits über einen längeren Zeitraum dauerhaft im Bundesgebiet aufhielten. Während Erstere prinzipiell abgeschoben werden sollten, war bei Letzteren das Ziel, ihr Umherziehen in größeren Gruppen zu verhindern und sie sesshaft zu machen.[78] Reemtsma stuft die tatsächliche Anzahl und politische Relevanz der Sinti und Roma allerdings als deutlich geringer ein, als Bismarck sie – ihrer Meinung nach aus politischen Zwecken – darstellte:

> „Indem er durch die Benennung einer vermeintlichen inneren Gefahr an die Preußen und Bayern gemeinsame Ablehnung von Sinti und Roma appellierte und ein koordiniertes Vorgehen anregte, versuchte er die politische und gesellschaftliche Vereinigung des Reiches ein Stück weit voranzutreiben."[79]

Die durch die forcierte Industrialisierung ausgelösten Mobilisierungs- und Umschichtungsprozesse gingen einher mit einem Verlust der bisherigen sozialen Bindungen und somit auch mit einer Schwächung der sozialen Stabilität. Ohne Etablierung einer neuen Ordnung, so Reemtsma, hätten diese Veränderungen eine ernstzunehmende Gefahr für die öffentliche Ordnung dargestellt. Indem man die Sinti und Roma für die mangelhafte soziale Stabilität verantwortlich machte, habe man zugleich den Eindruck vermittelt, das Problem durch die Ausweisung ausländischer Roma lösen zu können. Die von Bismarck vorgegebenen Leitlinien der modernen „Zigeunerpolitik" hatten bis zum Ende der Weimarer Republik Gültigkeit:

---

77 Heuß (1996), 23.
78 Vgl. Reemtsma (1996), 86.
79 Reemtsma (1996), 86.

„Die sich ab Mitte des 19. Jahrhunderts abzeichnende Behandlung der Sinti und Roma als ordnungspolitisches Problem, dem man mit Abschiebung der ausländischen Roma und administrativ-polizeilicher Auflösung der nun staatsangehörigen, vom Reisegewerbe lebenden Familien beikommen wollte, wurde von Bismarck zur offiziellen Politik erhoben.“[80]

Während in den zweihundert Jahren vor der Gründung des Deutschen Reiches die „Zigeunerpolitik“ in erster Linie Angelegenheit der Staaten (Königreiche, Fürstentümer) war, fiel die Durchsetzung der modernen Politik Bismarcks bezüglich der Sinti und Roma wieder in den Zuständigkeitsbereich der Länder auf der mittleren und unteren Verwaltungsebene. Reemtsma merkt an, dass mit Hilfe von „zigeunerspezifischen“ Verordnungen und allgemein gültigen Gesetzen versucht wurde, das Reisegewerbe der Sinti und Roma zu behindern und nach Möglichkeit auch ganz zu verhindern, um Angehörige der Minderheit so in die Sesshaftigkeit zu drängen.[81] Die Ausübung einer beruflichen Tätigkeit wurde zudem durch formale Anforderungen im Rahmen der Gewerbeordnung massiv erschwert. Die Notwendigkeit von Personal- und Reisepapieren oder gesundheitspolizeilichen oder tierärztlichen Bescheinigungen machten den Erwerb eines Wandergewerbescheins für Sinti und Roma vielfach schlicht unmöglich. Nach Ansicht von Reemtsma drängten diese Verordnungen zahlreiche Familien in das wirtschaftliche Elend und die Illegalität ab. Während straffällig gewordene Erwachsene im Zuge dieser Verordnungen in Arbeitshäuser eingewiesen werden sollten, sah man für mitreisende Kinder die Unterbringung in Heimen vor. Ergänzt wurde diese Intensivierung administrativer Maßnahmen, so Reemtsma, durch eine zeitgleich einsetzende verschärfte Überwachung der Sinti und Roma:

„Nachdem schon Mitte des 19. Jahrhunderts an einzelnen Orten ‚Zigeunerakten‘ angelegt worden waren, wurde am 28. März 1899 bei der Königlichen Polizeidirektion in München der ‚Nachrichtendienst für die Sicherheitspolizei in bezug auf Zigeuner‘ eingerichtet.“[82]

Aufgabe der lokalen Polizeibehörden war es, dieser zentralen Erfassungsstelle wesentliche erkennungsdienstliche Merkmale durchreisender Sinti und Roma zu melden. Diese zahlreichen Verordnungen führten dennoch keineswegs dazu, dass die Sinti und Roma gänzlich aus Deutschland verschwanden. Die Anweisungen der obersten Stellen wurden nach Einschätzung von Reemtsma (1996) von den Mittel- und Unterbehörden nicht konsequent umgesetzt, da dies mit einer dauerhaften Ansiedlung inländischer Sinti-Familien einhergegangen wäre,

80 Reemtsma (1996), 87.
81 Vgl. ebenda.
82 Reemtsma (1996), 89.

die überhaupt nicht erwünscht gewesen sei.[83] Auch die Abschiebung „ausländischer Zigeuner“ gestaltete sich, so Reemtsma, keineswegs problemlos. Aus Sicht der Behörden habe es sich um ein mühseliges Unterfangen gehandelt, das bei armen Familien zudem noch kostspielig gewesen sei.

Im 19. Jahrhundert war die deutsche „Zigeunerpolitik“ zudem von gesellschaftlichen Veränderungen in Osteuropa beeinflusst. Grund dafür waren Wanderungsbewegungen, wie sie Schmuhl (1994) beschreibt:

> „In den rumänischen Kerngebieten, der Moldau und der Walachei, waren die Roma seit Jahrhunderten Leibeigene des Staates, der Großgrundbesitzer oder der Klöster gewesen. Im Zuge der Aufhebung der Leibeigenschaft 1855 verließen rund 200 000 Roma das Land und neben Rußland, Bulgarien, Ungarn und anderen Ländern Westeuropas wurde auch Deutschland mit der Wanderungsbewegung konfrontiert.“[84]

Verfolgte die Politik in Bezug auf die bereits in Deutschland lebenden Sinti und Roma das Ziel, sie zu assimilieren und sesshaft zu machen, stand im Zentrum des Vorgehens gegen die Einwanderer das Bestreben, sie am Grenzübertritt zu hindern.

Reemtsma (1996) erörtert, dass während des Ersten Weltkrieges erneut der Vorwurf aufkeimte, dass Sinti und Roma Spione des Feindes seien, die das Ziel verfolgen würden, die Bevölkerung auszukundschaften. Darüber hinaus nahm man an, dass sie sich durch Fälschung von Papieren der Wehrpflicht entziehen und Deserteuren Schutz gewähren würden. Als Resultat, so Reemtsma, erließen die Länder, die Polizeipräsidenten, das Kriegsministerium und der Reichskanzler erneut Anweisungen, um das Verhalten der Sinti und Roma zu regulieren. Eine entsprechende Notwendigkeit wird von Reemtsma in Frage gestellt:

> „Dabei wiesen zahlreiche Sinti keineswegs die ‚bekannte Unzuverlässigkeit der Zigeuner‘ auf, sondern folgten der Einberufung zum Kriegsdienst und wurden hierfür auch ausgezeichnet.“[85]

Auch in der Weimarer Republik hielten sich Vorurteile und Vorbehalte gegenüber Sinti und Roma hartnäckig. Ihnen wurde unterstellt, vom Krieg profitiert zu haben und durch Pferde- und Schleichhandel zu Reichtum gekommen zu sein. Obschon zu diesem Zeitpunkt Neuauflagen der Vorkriegsbestimmungen in Kraft gesetzt wurden, um das Vorgehen gegen Sinti und Roma zu reglementieren, war das eigentliche Ziel der Politik die Formulierung eines Gesetzes zur

---

83 Vgl. Reemtsma (1996), 90.
84 Vgl. Schmuhl (1994), 32.
85 Reemtsma (1996), 96.

„Bekämpfung der Zigeuner und des arbeitsscheuen Gesindels“[86] zur Sicherung der öffentlichen Ordnung. Die Länderkommissionen strebten dementsprechend eine Vereinheitlichung der Gesetzgebung in Form eines auf die gesamte Republik anwendbaren Gesetzes betreffend Sinti und Roma an.

Am 16. Juli 1926 verabschiedete der bayerische Landtag das „Gesetz zur Bekämpfung von Zigeunern, Landfahrern und Arbeitsscheuen“[87], welches 1929 auch vom Land Hessen übernommen wurde. Die Ausübung eines Reisegewerbes war Sinti und Roma nur noch mit einjähriger polizeilicher Erlaubnis gestattet. Reemtsma (1996) merkt an, dass diese Erlaubnis allerdings nur dann erteilt wurde, wenn nicht in „Horden“ gereist wurde und keine schulpflichtigen Kinder der Gruppe angehörten. Abhängig von der Definition und der Auslegung dieses Gesetzes hätten die Behörden unter „Horden“ allerdings auch Personengruppen verstanden, die familienähnlich zusammengelebt hätten und unter Umständen sogar lediglich als Kleinfamilien gereist seien. Es sei, so Reemtsma, hierbei völlig außer Acht gelassen worden, dass es sich bei dem Reisen in einer größeren Gruppe, die über den engsten Familienkreis hinausging, um einen Aspekt der Kultur der Sinti und Roma gehandelt habe. Die Gesetzgeber sahen darin jedoch die potenzielle Gefahr, dass gemeinschaftlich kriminelle Handlungen begangen werden könnten:

> „Es ist aber nicht nur das Zusammenreisen, sondern auch das Zusammenrasten in Horden zu verbieten. Nach den gemachten Erfahrungen kommt es den Zigeunern zumeist darauf an, mit bestimmten Gleichgesinnten dauernd enge Fühlung zu halten, um nach Straftaten stets Hehler oder Helfer bei der Hand zu haben. Die Zigeuner fügten sich deshalb dem Verbot des Hordenreisens nur insoweit, als sie getrennt marschierten, aber sich beim Lager wieder zusammenfanden.“[88]

Das Zigeuner- und Arbeitsscheuengesetz verlangte von den Sinti und Roma zudem die Anmeldung bei der Polizeibehörde am jeweiligen Übernachtungsort. Zur Gruppe gehörende Personen mussten sich ausweisen und dann für die Dauer des Aufenthalts ihre Identitätskarten bei der Polizeibehörde hinterlegen. Zu einer weiteren Verschärfung der Überwachung der Sinti und Roma kam es, als durch einen Runderlass des Innenministeriums vom 3. November 1927 veranlasst wurde, dass alle Sinti und Roma, die das sechste Lebensjahr überschritten hatten, durch Abnahme der Fingerabdrücke erfasst werden sollten. In diesem Zusammenhang stellt Hohmann (1988) fest:

> „Die auf diese Weise erstellten Fingerabdruckbögen wurden der Anordnung nach der Landeskriminalpolizeistelle zugeschickt, die sie über das Landeskriminalpoli-

86 Reemtsma (1996), 97.
87 Hohmann (1988), 74.
88 Schoetensack (1926), zitiert nach: Hohmann (1988), 74.

> zeiamt an die Zigeunerpolizeistelle bei der Polizeidirektion in München weiterleitete. Dort wurden Personal- und Fingerabdruckbögen in die seit 1899 bestehende Zigeunerkartei eingeordnet."[89]

Ausgangspunkt für diesen Maßnahmenkomplex war nicht ohne Grund Bayern. In den 1920er Jahren hielten sich in Bayern die meisten umherziehenden Sinti und Roma auf. Laut Hohmann (1988) bot das Land Bayern bedingt durch seine ländliche Struktur ökologisch und wirtschaftlich betrachtet besonders geeignete Möglichkeiten für die Sinti und Roma, ihre althergebrachte Lebensweise aufrechtzuerhalten.[90] Neben den bereits angesprochenen Maßnahmen sah das „Zigeuner- und Arbeitsscheuengesetz" schließlich noch die Einweisung in ein Arbeitshaus oder Zwangsarbeit für Sinti, Roma und Landfahrer vor, die nicht nachweisen konnten, einer geregelten Arbeit nachzugehen.

Reemtsma (1996) erläutert, dass die „Zigeunerpolitik" in der Weimarer Republik zwischen Sesshaftmachung und Vertreibung geschwankt habe. Während das Ziel der obersten Ebenen des Reiches und der Länder eine Assimilation der Sinti und Roma durch Sesshaftmachung gewesen sei, hätten die Ortsbehörden die Sinti und Roma vertrieben und eine Sesshaftmachung abgelehnt. Grundsätzlich, so Reemtsma, hätten aber alle staatlichen Ebenen die Unterbindung des Reisens von Sinti- und Romagruppen und somit das Ende ihrer traditionellen Lebensform angestrebt. Mit dem Zigeuner- und Arbeitsscheuengesetz sei die diesbezügliche Vorgehensweise verschärft worden. Der Präventivcharakter des Gesetzes hat nach Einschätzung von Reemtsma auch Maßnahmen gegen Sinti und Roma ohne das Vorliegen einer tatsächlichen Straftat legitimiert. Die im Kaiserreich und in der Weimarer Republik ergriffenen Maßnahmen gegen Sinti und Roma lassen vermuten, welche Entwicklung der Umgang mit der Minderheit im Dritten Reich nehmen würde. Dazu Reemtsma:

> „Mit der Einführung der Rassenlehre in die Gesetzgebung durch die Nationalsozialisten wurde schließlich aus der beabsichtigten Vernichtung von Lebensformen die Vernichtung von Menschen."[91]

89 Hohmann (1988), 78.
90 Vgl. Hohmann, 79.
91 Reemtsma (1996), 99.

2.2. Die Geschichte der Sinti und Roma von 1933 bis 1945

2.2.1. Neue Formen der Verfolgung

Sinti und Roma waren in Deutschland zwischen 1407 und 1933 nicht nur vielfach unerwünscht, sondern wurden darüber auch gezielt verfolgt und ausgegrenzt. Mit der nationalsozialistischen Verfolgung der Sinti und Roma setzte sich diese Entwicklung fort und erreichte ihren negativen Höhepunkt. Bereits das „Zigeuner- und Arbeitsscheuengesetz" der Weimarer Republik aus dem Jahr 1926, welches zunächst nur die Sesshaftmachung der Sinti und Roma und somit die Zerstörung ihrer traditionellen Lebensform zum Ziel hatte, war ein Gesetz mit Ausnahme- und Präventivcharakter gewesen. Wie Reemtsma (1996) feststellt, legitimierte es auch ohne Vorliegen einer Straftat sowohl Maßnahmen gegen reisende als auch gegen sesshafte Sinti und Roma. Die Machtübernahme der Nationalsozialisten führte schließlich zu einer sukzessiven Verschärfung der bereits in den Jahren zuvor begonnenen Maßnahmen gegen Sinti und Roma:

> „Zwischen 1929 und 1938 wurden Sinti und Roma in zahlreichen Kommunen (beispielsweise Frankfurt, Düsseldorf, Köln) von Polizei und Fürsorge in überwachte Standplätze am Stadtrand mit scharfer Lagerordnung eingewiesen."[92]

Bereits 1936 wurde vom preußischen Innenminister eine „Zigeunerverordnung" erlassen, welche Sinti und Roma als „Plage" bezeichnete und ihnen unterstellte, ihren Lebensunterhalt in erster Linie durch Diebstahl, Betrug und Bettelei zu bestreiten. Neben der Empfehlung, ausländischen Zigeunern den Grenzübertritt zu erschweren oder sie, wenn sie sich bereits im Land aufhielten, auszuweisen, sah der Erlass zudem die Sesshaftmachung inländischer Zigeuner und Landfahrer vor.[93] Laut Hohmann war die Veröffentlichung des Erlasses zu diesem Zeitpunkt mit wichtigen politischen Motiven verbunden. Angesichts der bevorstehenden Olympischen Spielen in Berlin beabsichtigte man, das nationalsozialistische Staatsdenken zu demonstrieren und in Wohnwagen lebende Sinti und Roma hatten darin keinen Platz. Aus diesem Grund ermächtigte das preußische Innenministerium den Polizeipräsidenten von Berlin das Gesetz kurzfristig und noch vor den Olympischen Spielen anzuwenden. Dazu Hohmann:

> „Auch die übrigen Landesregierungen wurden dazu angehalten, die strengen Maßregeln unverzüglich durchzusetzen, damit während der Olympischen Spiele in

---

92 Reemtsma (1996), 99.
93 Vgl. Hohmann (1988), 105.

> keinem Fall der Eindruck erweckt werden konnte, das nationalsozialistische Deutschland sei die Heimstatt fremdkultureller, nomadenhafter Gruppen."[94]

In Absprache zwischen der städtischen Wohlfahrtsverwaltung, der Gauleitung der NSDAP, dem Rassenpolitischem Amt und der Polizei richteten die Behörden daraufhin noch vor der Olympiade ein „Zigeunerlager" in Berlin-Marzahn ein. Unter den 600 Sinti und Roma, die in dieses Lager gebracht wurden, waren auch solche, die zum Teil seit Jahren auf privaten Standplätzen der Stadt lebten.[95] Als auch in Wohnungen lebende Sinti in das Lager gebracht wurden, stieg die Zahl der dort untergebrachten Angehörigen der Minderheit noch weiter an. In diesem Zusammenhang stellt Reemtsma (1996) fest:

> „Die vielerorts ohne Rechtsgrundlage vorgenommene Einrichtung solcher „Zigeunerlager" diente der Trennung der Sinti und Roma von der übrigen Bevölkerung, der Selektion nach rassenbiologischen Kriterien, der Ausbeutung durch Zwangsarbeit und schließlich der Vorbereitung von Deportationen."[96]

Als weitere einschränkende Maßnahmen wurden zudem von einigen Kommunen generelle „Durchzugsverbote" erlassen, oder die Wohlfahrtsunterstützung für Sinti und Roma wurde nur unter der Leistung von Pflichtarbeit ausbezahlt.[97] Neben diesen konkreten Maßnahmen, die sich ausschließlich gegen Sinti und Roma richteten, wurden zunehmend auch allgemein gültige Gesetze auf Sinti und Roma angewandt. Während es sich bei der Einrichtung von „Zigeunerlagern" und der Ausweisung unerwünschter Ausländer noch mehr oder weniger um eine Weiterentwicklung von Formen der Diskriminierung handelte, die auch in den vorhergehenden Dekaden Anwendung gefunden hatten, entwickelten sich in anderen Bereichen neue Formen der Verfolgung und Vernichtung. Hohmann (1988) führt an, dass Sinti und Roma nach dem „Gesetz zur Verhütung erbkranken Nachwuchses" seit 1934 Opfer von Zwangssterilisierungen wurden:

> „Während erbkrank im Sinne dieses Gesetzes war, wer an angeborenem Schwachsinn, Schizophrenie, zirkulärem (manisch-depressiven) Irresein, erblicher Fallsucht, erblichen Veitstanz, erblicher Blindheit oder Taubheit und schwerer körperlicher Mißbildung litt, gestattete die Gesetzgebung offenbar auch, daß polizeilich noch nicht einmal auffällige Zigeunerfamilien sterilisiert wurden."[98]

---

94 Vgl. Hohmann (1988), 105.
95 Vgl. Reemtsma (1996), 99.
96 Reemtsma (1996), 100.
97 Vgl. Reemtsma (1996), 100.
98 Hohmann (1988), 98.

Bei einer Verweigerung der Einwilligung zur Sterilisation drohte betroffenen Sinti und Roma sowie ihrer ganzen Familie die Einweisung in ein Konzentrationslager.[99]

Am 15. September 1935 verabschiedete die NSDAP auf dem Nürnberger Reichsparteitag die „Nürnberger Rassengesetze". Während das „Blutschutzgesetz" die Ehe zwischen Deutschen und Juden untersagte, stand im Zentrum des „Reichsbürgergesetzes" die massive Einschränkung der staatsbürgerlichen Rechte von Menschen jüdischen Glaubens.[100] Anfänglich wurden Sinti und Roma bei den Rassengesetzen noch nicht berücksichtigt. Die Gruppe der staatlich diskriminierten Personen wurde aber bereits in den Gesetzeskommentaren unter anderem auch auf Sinti und Roma ausgeweitet: „In Europa sind regelmässig nur Juden und Zigeuner artfremden Blutes."[101] Das zu den „Nürnberger Rassengesetzen" zählende „Reichsbürgergesetz" wurde vom Reichsinnenminister Wilhelm Frick wie folgt kommentiert:

> „Da die Deutschblütigkeit eine Voraussetzung des Reichsbürgergesetzes bildet, kann kein Jude Reichsbürger werden. Dasselbe gilt auch für die Angehörigen anderer Rassen, deren Blut dem deutschen Blut nicht artverwandt ist, z. B. für Zigeuner und Neger."[102]

Auf der Grundlage des „Reichsbürgergesetzes" wurde Sinti und Roma die deutsche Staatsangehörigkeit fast ausnahmslos verweigert und häufig auch solchen Sinti aberkannt, die schon seit mehreren Generationen deutsche Staatsangehörige waren. Zimmermann (1988) merkt an, dass es zwei Formen des Rassismus gab, die charakteristisch für die nationalsozialistische Ideologie waren. Merkmal des „anthropologischen Rassismus", so Zimmermann, sei gewesen, dass er „fremde Rassen" als genetisch minderwertig stigmatisiert habe. Das Konzept der „Rassenhygiene" hingegen habe bestimmte Gruppen innerhalb einer „Rasse" oder eines Volkes als minderwertig definiert. Sinti und Roma seien von beiden Formen des Rassismus betroffen gewesen, da man in ihnen sowohl „Lumpenproletariar" als auch „Fremdrassige" gesehen habe.[103] In Bezug auf das Vorgehen der Nationalsozialisten stellt Zimmermann (1996) fest:

> „Vermittels des ‚Blutschutz-' und des ‚Ehegesundheitsgesetzes' konnte das im Zigeunermythos angelegte und im kulturalistischen Rassismus vertiefte doppelte Feindbild, das die Zigeuner als beunruhigende Fremde mit unstetem, ziellosem Wandertrieb und mysteriöser Lebensweise sowie als vermeintlich primitive Ar-

99 Vgl. Hohmann (1988), 98.
100 Vgl. Rose (1999) [Hrsg.], 32.
101 Stuckart, Globke (1936), zitiert nach: Krokowski (2001), 22.
102 Frick (1935), zitiert nach: Krokowski (2001), 22.
103 Vgl. Zimmermann (1988), 20f.

> beitsscheue ausgrenzte, aufgegriffen und auf das Raster eines mit der Kategorie des ‚Erbgutes' hantierenden Rassismus bezogen werden."[104]

Die „Nürnberger Rassengesetze" können nach Einschätzung von Schmuhl (1994) als Wendepunkt in der nationalsozialistischen Behandlung der Sinti und Roma gesehen werden. Während man in Angehörigen der Minderheit bis zu diesem Zeitpunkt in erster Linie ein ordnungspolitisches Problem gesehen hatte, waren sie jetzt zu einem „Rassenproblem" geworden. Aufgrund ihres angeblich angeborenen Wandertriebes galten Sinti und Roma nicht länger als sozial integrierbar und daher war eine Sesshaftmachung nicht länger oberstes Ziel der Politik.[105] Wie Zimmermann weist auch Schmuhl auf die Überschneidungen der „Rassenlehre" der Nationalsozialisten hin, von denen die Sinti und Roma betroffen waren:

> „Dabei gerieten die Sinti und Roma unter doppelten Verfolgungsdruck, rückten sie doch in den Schnittpunkt des anthropologischen und des sozialen Rassismus. Wie die Juden wurden sie im Sinne der Rassenanthropologie als ‚fremdartige Rasse' stigmatisiert, wie die psychisch Kranken und geistig Behinderten galten sie zudem im Sinne der Rassenhygiene als genetisch ‚minderwertige Gemeinschaftsfremde'."[106]

Schmuhl stellt fest, dass ohne Berücksichtigung der gesellschaftlichen Rahmenbedingungen die vermeintliche Asozialität als Folge genetischer Defekte interpretiert worden sei, deren Ursache wiederum in einer „Vermischung der Rassen" gesehen wurde. In den Augen der nationalsozialistischen Theoretiker war es besonders die Verbindung von „stammechten Zigeunern" und der deutschen Bevölkerung, die zu kriminellen und asozialen Erbanlagen führte. Diese versuchte man zunächst durch Sterilisation und Eheverbote zu verhindern.[107]

2.2.2. Die Rolle der Wissenschaft

Die Umsetzung der „Rassenmodelle" der politischen und juristischen Theorie war in der Praxis vielfach mit Schwierigkeiten verbunden. Für die Vollzugsbehörden war es keineswegs immer eindeutig, wer als „Zigeuner" definiert werden sollte.[108] In diesem Zusammenhang spricht Rose (1987) eine mit dieser Zugehörigkeitsbestimmung verbundene Problematik an:

---

104 Zimmermann (1996), 90.
105 Vgl. Schmuhl (1994), 35.
106 Schmuhl (1994), 35.
107 Vgl. Schmuhl (1994), 35.
108 Vgl. Reemtsma (1996), 103.

> „Während die Nazis gegenüber den Juden die ‚Rassenzugehörigkeit' einfach anhand der Religionszugehörigkeit bestimmten, standen sie anfangs bei den katholischen und evangelischen Sinti und Roma, die nicht schon von den Weimarer Behörden als ‚Zigeuner' erfaßt worden waren, vor dem Problem der ‚Rassendiagnose'."[109]

Die Wissenschaft hatte zwar bereits seit den 1920er Jahren versucht, sich den Sinti und Roma zunehmend mit Hilfe von rassischen Deutungsmustern zu nähern, aber dennoch fehlten eindeutige Definitionen.[110] Wie bei der Verfolgung und Vernichtung psychisch Kranker, geistig Behinderter, „Asozialer" und Homosexueller war daher auch bei der rassischen Konzeption der NS-Zigeunerpolitik die Mitarbeit von Wissenschaftlern wie etwa Medizinern, Anthropologen, Biologen und Genetikern notwendig. Sinti und Roma wurden daher von 1936 an zum Ziel staatlicher „rassenhygienischer Forschung".[111]

Robert Ritter, ein Tübinger Psychologe, übernahm im November 1936 die Leitung der „Rassenhygienischen und bevölkerungsbiologischen Forschungsstelle", die Teil des Reichsgesundheitsamtes in Berlin-Dahlem war.[112] In den folgenden Jahren war Ritter federführend bei der pseudo-wissenschaftlichen Erfassung und Klassifizierung der Sinti und Roma. Bereits 1935 stufte Ritter Sinti und Roma vom „erbbiologischen und rassischen Standpunkt" aus als „ungünstig" ein und forderte zudem eine Beschränkung der Fortpflanzung auf den Kreis der eigenen Minderheit.[113] Um sich der Erforschung von „Asozialen", „Vagabunden" und „Zigeunermischlingen" zu widmen, gab Ritter 1934/35 seinen Posten als Oberarzt der Nervenklinik der Universität Tübingen auf. Entsprechende Studien führte er seit 1936 an der „Rassenhygienischen und bevölkerungsbiologischen Forschungsstelle" durch. Reemtsma zufolge konstruierte Ritter in Bezug auf Sinti und Roma im Rahmen dieser vermeintlichen Forschungstätigkeit einen Zusammenhang zwischen unterstellter Rassenzugehörigkeit und unterstellter Asozialität. Eine besondere Gefahr sah Ritter in diesem Zusammenhang von sogenannten „Mischlingszigeunern" ausgehen, die nach seinen Kriterien einen oder mehrere „deutschblütige" Vorfahren haben:

> „Die Angehörigen und Abkömmlinge derartiger *Mischlingssippschaften,* also diejenigen, deren Eltern und Großeltern ihrerseits schon Mischlinge sind, wurden von uns als Mischlingszigeuner (d. h. also Sprößlinge einer Mischlingspopulation) bezeichnet. Da diese *Mischlingszigeuner* in der Regel, besonders wenn sie auch von einheimischer Seite minderwertiges Erbgut in sich tragen, hochgradig unausgegli-

109 Rose (1987), 14.
110 Vgl. Reemtsma (1996), 103.
111 Vgl. Schmuhl (1994), 36.
112 Vgl. Djurić; Becken; Bengsch (2002), 269.
113 Vgl. Reemtsma (1996), 103.

chen, charakterlos, unberechenbar, unzuverlässig sowie träge oder unstet und reizbar, kurz gesagt, also arbeitsscheu und asozial sind und im Grunde den Kern des zigeunerischen Lumpenproletariats darstellen, so wäre es völlig verfehlt, diese Zigeuner einfach dem Reichsbürgerschutz und dem Blutschutzgesetz entsprechend als deutschblütig zu bewerten."[114]

Die Anwendung der „Nürnberger Blutschutzgesetze" stufte Ritter als nicht ausreichend bei der Behandlung von Sinti und Roma ein und forderte zudem eine „rassenhygienische und kriminalbiologische Lösung der Zigeunerfrage". Um seine Thesen belegen zu können stellte Ritter eine Gruppe von Mitarbeitern zusammen, deren Aufgabe die Erfassung der in Deutschland lebenden Sinti und Roma gewesen sei.[115] Seit 1937 verhörten mobile Arbeitsgruppen im Auftrag der „Rassenhygienischen und bevölkerungsbiologischen Forschungsstelle" Angehörige der Sinti und Roma auf Sammelplätzen, in Gefängnissen oder in Lagern, um ihre Verwandtschaftsverhältnisse zu erforschen. Jene, die sich weigerten, den Wissenschaftlern Auskunft zu erteilen, waren Schläge und Schikanen ausgesetzt, oder ihnen wurde die Inhaftierung in einem Konzentrationslager angedroht.[116] Weitere offizielle Stellen waren laut Schmuhl (1994) an der wissenschaftlichen Erforschung der Minderheit beteiligt:

> „Die Ausforschung der Sinti und Roma wurde ergänzt durch genealogisches Material aus Pfarr- und Bürgermeisterämtern, Privat- und Staatsarchiven sowie Angaben der Kriminalpolizei, der Gerichte, kommunalen Behörden, Fürsorgeanstalten, Gefängnisse und Zuchthäuser."[117]

Auf der Basis dieser Forschungsergebnisse wurden in der Forschungsstelle in Berlin-Dahlem Erbtafeln erstellt, welche als Grundlage für die rassenhygienischen Gutachten des von Robert Ritter geleiteten Instituts verwendet wurden. Die Forschungsstelle klassifizierte so bis 1944 in fast 24 000 Gutachten Sinti und Roma als „Zigeuner" oder „Zigeunermischlinge".[118] Die Mitarbeiter der Forschungsstelle waren nach Einschätzung von Schmuhl (1994) über Deportationen der Sinti und Roma informiert und wussten, dass ihre jeweilige Einstufung in den Gutachten die entscheidende Grundlage für die Internierung bildete. Laut Schmuhl übernahm das Institut von Ritter auch Beratungstätigkeiten:

> „Sie beriet die Kriminalpolizeistellen bei der Auslegung der ‚Zigeunergesetzgebung', die Wehrmacht und den Reichsarbeitsdienst bei Musterungen, die Gliederungen der NSDAP bei der Aufnahme und dem Ausschluß von Mitgliedern, die Schulvorstände bei der Einschulung, Betriebsführer bei der Einstellung und Ar-

114 Ritter, zitiert nach: Reemtsma (1996), 104.
115 Vgl. Reemtsma (1996), 105f.
116 Vgl. Schmuhl (1994), 36.
117 Schmuhl (1994), 36.
118 Vgl. Schmuhl (1994), 37.

> beitsämter bei der Vermittlung von Arbeitskräften, Landräte bei der Ausstellung von Wandergewerbescheinen, Bürgermeister und NSV in Fürsorgefragen und die Finanzämter bezüglich der Gewährung von Kinderbeihilfen."[119]

Empfehlungen zu Sterilisation und Schwangerschaftsabbrüchen bei Sinti und Roma wurden spätestens seit der zweiten Kriegshälfte ebenfalls von der Forschungsstelle ausgesprochen.[120] Sparing (1996) zufolge bildeten die zahlreichen Veröffentlichungen von Ritters „Rassenhygienischer und bevölkerungsbiologischer Forschungsstelle" die wissenschaftliche Basis für die nationalsozialistischen Verfolgungsmaßnahmen gegen Sinti und Roma. Auf Basis der gutachterlichen Äußerungen der „Rassenhygienischen und bevölkerungsbiologischen Forschungsstelle" sei vom Reichskriminalpolizeiamt über Verfolgungsmaßnahmen entschieden worden.[121]

2.2.3. Die Zentralisierung der Verfolgungsmaßnahmen

Laut Schmuhl (1994) spielte die Zentralisierung der „Zigeunerbekämpfung" im Rahmen der praktischen Umsetzung der Verfolgungsmaßnahmen gegen Sinti und Roma eine wichtige Rolle.[122] Neben der wissenschaftlichen Erfassung durch die „Rassenhygienische Forschungsstelle" war es nach Auffassung von Reemtsma (1996) im Besonderen die Neustrukturierung der polizeilichen Aufgaben hinsichtlich der Überwachung und Verfolgung der Minderheit, die das entscheidende Merkmal der nationalsozialistischen Variante der „Zigeunerpolitik" darstellte.[123] Himmler, der ab Juni 1936 Chef der deutschen Polizei war, begann spätestens ab dem Frühjahr 1937 damit, die „Bekämpfung des nomadischen Zigeunertums" beim Preußischen Landeskriminalpolizeiamt Berlin, dem späteren Reichspolizeiamt zusammenzufassen.[124] Eine entsprechende Infrastruktur wurde nach der erfolgten Zentralisierung bis Mitte 1939 geschaffen:

> „Ein von den Kriminalpolizeistellen zu bestimmender und in der neuen ‚Dienststelle für Zigeunerfragen' tätiger Sachbeamter hatte alle ‚Zigeunerangelegenheiten' zu bearbeiten und alle wesentlichen Daten an die ‚Reichszentrale' weiterzugeben."[125]

---

119 Schmuhl (1994), 37.
120 Vgl. Schmuhl (1994), 37.
121 Vgl. Sparing (1996), 62.
122 Vgl. Schmuhl (1994), 37.
123 Vgl. Reemtsma (1996), 101.
124 Vgl. Zimmermann (1988), 23.
125 Reemtsma (1996), 102.

Ergebnis der von Himmler veranlassten Umstrukturierung war eine zentralisierte Befehlsstruktur und eine eindeutige Aufgabenverteilung bei der „Bekämpfung des Zigeunertums".[126] Mit dieser Zentralisierung war auch die Einrichtung eines polizeilichen Apparates verbunden, in dessen Zuständigkeitsbereich ab 1939 die „Zigeunerbekämpfung" fiel.[127] Das entsprechende Vorgehen der Polizei beschreibt Zimmermann (1988) wie folgt:

> „Die Vollzugsbeamten in den Gemeinden wurden zur Meldung, Personenfeststellung, laufenden Überwachung und Kontrolle aller ‚seßhaften und nicht-seßhaften Zigeuner und nach Zigeunerart umherziehenden Personen' verpflichtet [...]. Die „Reichszentrale zur Bekämpfung des Zigeunerunwesens hatte schließlich den gesamten Vollzugsdienst zu überwachen, allgemeine und besondere Anweisungen zu erteilen, in Zweifelsfragen zu entscheiden und den Verkehr mit ausländischen Stellen zu führen."[128]

Im Zuge dieser Zentralisierung stand auch Robert Ritters „Rassenhygienische und bevölkerungsbiologische Forschungsstelle" in enger Verbindung mit der Zentrale zur Bekämpfung des „Zigeunerunwesens".[129] Polizeiliche Erkenntnisse und die Ergebnisse der von Ritter und seinen Mitarbeitern durchgeführten Untersuchungen waren von diesem Zeitpunkt an miteinander verbunden. Laut Kenrick und Puxon (1981) war die Folge dieser gezielten Kooperation zwischen Polizeiexperten und Rassenforschern das erste unmittelbar gegen Sinti und Roma gerichtete Gesetz.[130] Ein von Himmler am 8. Dezember 1938 veröffentlichter Runderlass legte fest, dass die Bekämpfung der „Zigeunerplage" nunmehr „aus dem Wesen der Rasse" erfolgen sollte. Im Zuge dieses Vorgehens strebte man nach Krowkowski (2001) eine systematische Erfassung der Sinti und Roma an:

> „Die Sinti und Roma sollten sämtlich erfasst werden, und nur nach einer ‚rassenbiologischen' Untersuchung durch die ‚Rassenhygienische Forschungsstelle' des Reichsgesundheitsamtes durften ihnen nunmehr Erlaubnisscheine wie Wandergewerbeschein, Führerschein und dergleichen ausgehändigt werden."[131]

Reemtsma (1996) zufolge kann diese Verfahrensweise dahingehend gedeutet werden, dass sich als verbindliches Kriterium der staatlichen Politik gegenüber den Sinti und Roma nun endgültig die „Rasse" durchgesetzt hatte.[132]

---

126 Vgl. Reemtsma (1996), 102.
127 Vgl. Zimmermann (1988), 24.
128 Zimmermann (1988), 24.
129 Kenrick (1980), 39.
130 Vgl. Kenrik, Puxon (1981), 64.
131 Krokowski (2001), 26.
132 Vgl. Reemtsma (1996), 106.

2.2.4. Der nationalsozialistische Völkermord an den Sinti und Roma

Mit Kriegsbeginn kam es zu einer weiteren Verschärfung der Repressionen gegen Sinti und Roma.[133] Zimmermann (1988) erwähnt in diesem Zusammenhang Untersuchungen zur nationalsozialistischen Zigeunerpolitik, die darauf hindeuten, dass der Beginn des Krieges mit einer immensen Verschärfung der Unterdrückung einherging.[134] Bereits am zweiten Kriegstag untersagte eine neue Verordnung „Zigeunern und nach Zigeunerart wandernden Personen“ das Umherziehen in den Grenzzonen des Deutschen Reiches. Der am 17. Oktober 1939 vom Reichssicherheitshauptamt (RSHA) veröffentlichte Festsetzungserlass gestattete es Sinti und Roma bis auf Weiteres nicht, ihren Wohn- bzw. Aufenthaltsortes zu verlassen. Bei Missachtung dieser Weisung wurde ihnen unter anderem die Internierung in einem Konzentrationslager angedroht.[135] Zum weiteren Inhalt dieser Verfügung stellt Zimmermann fest:

> „Der Schnellbrief des RSHA schrieb darüber hinaus den Ortspolizeibehörden eine Erfassung und Zählung der Sinti und Roma zwischen dem 25. und 27. Oktober 1939 vor, wobei unter ‚Bemerkungen‘ anzugeben war, ob der Betroffene in den vorherigen fünf Jahren einer ‚geregelten Arbeit nachgegangen‘ sei, seine Familie ‚selbstständig ernährt‘ sowie einen ‚festen Wohnsitz‘ habe. Ferner sollte die ‚rassische Klassifikation‘ durch die Angabe komplettiert werden, ob ‚unter Umständen‘ ein Familienmitglied ‚arischer Abstammung‘ sei.“[136]

Bei dem im Rahmen dieses Festsetzungserlass verhängten Verbotes für Sinti und Roma, ihren Aufenthaltsort zu verlassen, spielte es keine Rolle, ob es sich bei dem Aufenthaltsort auch um den Heimatort der Betroffenen handelte oder ob dieser lediglich eine Durchreisestation gewesen war. Diese Maßnahme führte dazu, dass innerhalb von drei Tagen alle deutschen Sinti und Roma polizeilich erfasst wurden. Gleichzeitig bereitete diese Erfassung die im Mai 1940 stattfindenden Deportationen vor.[137] Entgegen der ursprünglichen Intention des Erlasses, die laut Zimmermann die vollständige Deportation der 30 000 im Deutschen Reich lebenden Sinti und Roma war, kam es im Mai 1940 zu einer ersten Deportation von 2500 deutschen Sinti und Roma nach Polen. Diese Tatsache änderte den Charakter des Festsetzungserlasses nach Ansicht von Zimmermann entscheidend und aus einem als Übergangsmaßnahme geplanten Provisorium wurde ein Zustand von mehreren Jahren:

---

133 Vgl. Schmuhl (1994), 38.
134 Vgl. Zimmermann (1988), 43.
135 Ebenda.
136 Vgl. Zimmermann (1989), 43.
137 Vgl. Krokowski (2001), 27.

> „Insgesamt ging die Festschreibung der Sinti und Roma mit Berufsverboten, einer weiteren Kennzeichnung, der sozialen Absonderung und einer sozialrechtlichen Schlechterstellung einher, die die Zigeuner an die Seite der Juden und Polen rückte."[138]

Schmuhl (1994) nennt Schätzungen, denen zufolge sich die Todesrate der 1940 nach Polen deportierten Sinti und Roma auf rund 80 Prozent beläuft.[139] Nur wenigen von ihnen sei es gelungen, in Polen auf freien Fuß zu kommen und sich unter den schwierigen Bedingungen des besetzten Landes als Musiker oder Artisten über Wasser zu halten oder illegal in das Deutsche Reich zurückzukehren. Eine Vielzahl der Deportierten, so Schmuhl, sei an Hunger, Kälte und Seuchen gestorben: „Die Mehrheit der deportierten Sinti wurde wie die Juden in Zwangsarbeitskolonnen zusammengefaßt und zu Bauarbeiten in Lagern und Ghettos eingesetzt."[140] Kranke hingegen wurden sich selbst überlassen und nicht mehr Arbeitsfähige wurden erschossen.

Auch die Situation der im Deutschen Reich verbliebenen Sinti und Roma verschlechterte sich zusehends. Wandergewerbescheine wurden ihnen nach Kriegsbeginn regelmäßig verwehrt. So verweigerte die Kriminalpolizeistelle Essen einer Sintiza mit folgender Standardbegründung die für das Verdienen ihres Lebensunterhalts notwendige Erlaubnis:

> „Wenn auch bisher ‚nichts Nachteiliges in strafrechtlicher Hinsicht' über die Antragstellerin bekannt geworden sei, so müsse doch angenommen werden, dass der Wandergewerbeschein als ‚Vorwand zur Begehung der typischen Zigeunerdelikte' benutzt werde."[141]

Diese Einschränkungen bildeten jedoch erst den Anfang der Maßnahmen, von denen Sinti und Roma im weiteren Verlauf noch betroffen waren. Ein Erlass Himmlers ordnete am 20. November die Einlieferung aller jener Frauen der Minderheit in Konzentrationslager an, die im Verdacht standen, der Wahrsagerei nachzugehen.[142] Zahlreiche Frauen, die beim Hausieren angetroffen oder denunziert worden waren, wurden ab 1939 in das Konzentrationslager Ravensbrück deportiert. Darüber hinaus war der Schulverweis für Sintikinder seit dem Erlass des Reichsministers für Wissenschaft, Erziehung und Volksbildung vom 22. März 1941 zwingend vorgeschrieben. Verstärkt wurde die soziale Isolierung der Sinti und Roma darüber hinaus durch die Einrichtung von Zigeunersammellagern, die sich an Vorbildern aus der Vorkriegszeit orientierten. Arbeitsfä-

138 Zimmermann (1981), 51.
139 Vgl. Schmuhl (1994), 38.
140 Schmuhl (1994), 38.
141 Zitiert nach: Zimmermann (1989), 51.
142 Vgl. Reemtsma (1996), 107.

hige Insassen wurden zur Zwangsarbeit verpflichtet, und die Lager durften nur in Ausnahmefällen verlassen werden.[143] Bei Missachtung der Vorschriften drohten drakonische Strafen bis hin zur Internierung in einem Arbeitserziehungs- oder Konzentrationslager.

Zwischen dem 5. und 9. November 1941 fanden erneut Deportationen von Sinti und Roma statt. Etwa 5000 Angehörige der Minderheit, die überwiegend aus Deutschland und Österreich stammten, wurden in das Ghetto Lodz gebracht.[144] Schmuhl (1994) führt an, dass zu diesem Zeitpunkt die physische Vernichtung der europäischen Roma bereits begonnen hatte:

> „Sie hatte im Juni 1941 in den deutsch besetzten Gebieten Osteuropas und des Balkans mit den von den Einsatzgruppen, aber auch von Wehrmachtseinheiten und Zivilverwaltungen durchgeführten Massenerschießungen von über 100 000 Sinti und Roma begonnen."[145]

Schmuhl nennt Schätzungen, die von 238 000 bis 500 000 in Ost- und Südeuropa ermordeten Roma ausgehen.[146]

Nach Meinung von Reemtsma (1996) wurde das Schicksal der letzten noch etwa 10 000 in Deutschland lebenden Sinti und Roma schließlich mit dem „Auschwitzerlass" Himmlers besiegelt.[147] Der am 16. Dezember 1942 erlassene Befehl ordnete die Internierung aller Angehörigen der Minderheit an. Laut Zimmermann (1989) war es Himmlers ursprünglicher Plan, mit Hilfe von neun sogenannten „Zigeunerhäuptlingen" „reinrassige Sinti" und „gute Mischlinge" auszuwählen und ihnen eine gewisse Bewegungsfreiheit zu gestatten. Bis Januar 1943 hätten jedoch nur sechs dieser „Sprecher" ihre zum größten Teil unvollständigen Verzeichnisse eingereicht und so habe das RSHA angeordnet, dass die Kriminalpolizeistellen die entsprechenden Selektionen vorzunehmen hätten. Zimmermann bewertet dieses Vorgehen wie folgt:

> „Die Tatsache, dass Himmler die bereits eingeleitete Selektion der Sinti durch die neun ‚Sprecher' nicht abgewartet hatte, ist in Zusammenhang mit der ungefähr gleichzeitig durchgeführten Deportation der letzten Juden aus dem Deutschen Reich sowie der sich zuspitzenden Kriegslage zu sehen, die dem Reichsführer SS eine Verfahrensbeschleunigung angeraten sein ließ."[148]

Auch Kenrick und Puxon zweifeln an, dass Himmler tatsächlich beabsichtigte, „reinrassige" Sinti und Roma bei den Deportationen nicht zu berücksichtigen,

143 Vgl. Reemtsma (1996), 107.
144 Vgl. Rose; Weiss (1991), 21.
145 Schmuhl (1994), 39.
146 Vgl Schmuhl (1994), 39.
147 Vgl. Reemtsma (1996), 112.
148 Zimmermann (1989), 61f.

sondern gehen davon aus, dass bereits zum Zeitpunkt dieser Diskussion feststand, dass eine vollständige Vernichtung der Roma erfolgen sollte.[149]

Ein erster Transport mit deportierten Sinti und Roma aus Deutschland traf am 26. Februar 1943 in Auschwitz ein, und am 7. März 1943 folgten Roma aus dem deutsch besetzten Ausland. Bereits seit Ende 1942 waren Häftlinge damit beschäftigt, einen neuen Lagerabschnitt in Auschwitz-Birkenau fertigzustellen. 20 Baracken, die ursprünglich als Pferdeställe für jeweils 52 Pferde konzipiert waren, dienten 550 Sinti und Roma als Unterkunft.[150] Später lebten sogar bis zu 1000 Menschen auf diesem begrenzten Raum, als das Lager durch das Eintreffen weiterer Transporte zunehmend überfüllt war. Das Zigeunerlager war als einziger Lagerabschnitt als Familienlager angelegt. Schmuhl (1994) vermutet, dass möglicherweise durch das Auseinanderreißen der Familienverbände in der Vergangenheit Probleme entstanden waren, da die Betroffenen bedingt durch den starken innerfamiliären Zusammenhalt alles in ihrer Macht Stehende versucht haben könnten, um wieder zusammen zu sein. [151] Auch Reemtsma (1996) geht davon aus, dass die Trennung der Familienangehörigen sowohl einen reibungslosen Ablauf der Deportationen als auch des Lageralltags behindert hätte. Mit der Unterbringung als Familie seien jedoch, so Reemtsma, keineswegs nur Vorteile verbunden gewesen:

> „Der Neid der anderen Häftlinge ob dieser vermeintlich bevorzugten Behandlung führte zu einer verstärkten Isolierung der Sinti und Roma im Lager, und dies wiederum zu einem größeren Mangel an Lebensmitteln und schlechteren hygienischen Bedingungen als in anderen Lagerabschnitten."[152]

Die Konzentrationslager waren nicht nur Orte der Massenvernichtung, sondern die Internierten wurden zudem als Arbeitssklaven ausgebeutet. Auch Sinti und Roma leisteten Zwangsarbeit in kriegswichtigen Rüstungsbetrieben und wurden so Opfer der „Vernichtung durch Arbeit".[153] Darüber hinaus wurden Sinti und Roma auch als Probanden für medizinische Experimente missbraucht. Im Rahmen seiner medizinisch-anthropologischer Untersuchungen führte Josef Mengele in Auschwitz Experimente an Zwillingspaaren unter den Sinti und Roma durch, um so Erkenntnisse über den Einfluss eines vermeintlichen Rassenfaktors auf die Erbanlagen zu gewinnen. Auch in anderen Konzentrationslagern wurden an Sinti und Roma unter anderem in Form von Fleckfieber- und Kälteschock-

---

149 Vgl. Kenrick, Puxon (1981), 75.
150 Vgl. Zimmermann (1989), 75.
151 Vgl. Schmuhl (1994), 40.
152 Reemtsma (1996), 113.
153 Vgl. Rose, Weiss (1991), 14.

versuchen medizinische Tests durchgeführt. [154] Neue Techniken der Massensterilisierung erprobte der Gynäkologe Carl Clauberg 1943 bis 1945 in Auschwitz sowie in Ravensbrück. Bei diesem Verfahren wurde den Frauen ohne Betäubung eine ätzende Flüssigkeit in den Unterleib gespritzt.[155] Laut Schmuhl war das Ziel der ab spätestens 1942 vom Reichsinnenministerium durchgeführten Zwangssterilisierungen, die noch lebenden Sinti und Roma unfruchtbar zu machen und auf diese Weise den Völkermord zu vollenden:

> „Für die betroffenen Sinti und Roma stellte die Zwangssterilisierung eine Katastrophe dar, nicht nur wegen der körperlichen Folgeschäden und der traumatischen Erinnerungen, sondern vor allem auch deshalb, weil in der Kultur der Sinti und Roma zahlreiche Nachkommenschaft Glück und Ansehen bedeutet, Kinderlosigkeit mithin als Ausdruck von Unglück und Schande gewertet wurde."[156]

Im Zigeunerlager Auschwitz-Birkenau, welches 17 Monate lang existierte, wurden 20 000 der dort untergebrachten 23 000 Sinti und Roma ermordet. Unter ihnen waren ungefähr 13 000 Sinti und Roma aus Deutschland und dem angeschlossenen Österreich. In diesen Lagern habe es, so Schmuhl (1994), kaum medizinische Versorgung gegeben:

> „Krankheiten wie Fleckentyphus, Bauchtyphus, Skorbut, Ruhr, Krätze, Furunkulose forderten Tausende von Todesopfern. Die Lagerleitung konnte die im Zigeunerlager grassierenden Epidemien oft nur eindämmen, indem sie ganze Transporte oder Krankenblocks geschlossen in die Gaskammern schickte."[157]

Im Frauen-Konzentrationslager Ravensbrück wurden kurz vor Ende des Krieges im Januar 1945 noch Frauen sterilisiert, die einen Monat später Opfer des Erschießungskommandos wurden.[158] Schätzungen gehen von 220 000 bis 500 000 Sinti und Roma aus, die Opfer der nationalsozialistischen Verfolgungsmaßnahmen wurden.[159] Andere Quellen sprechen sogar davon, dass von den Nationalsozialisten ungefähr 70 Prozent aller europäischen Sinti und Roma ermordet wurden.[160] Das Festlegen einer präzisen Zahl der von den Nationalsozialisten und ihren Verbündeten ermordeten Roma gestaltet sich nach Margalit (2001) nicht zuletzt deshalb so problematisch, weil keine gesicherten Daten über den

---

154 Vgl. Schmuhl (1994), 41.
155 Vgl. Rose (1999), 268.
156 Schmuhl (1994), 41.
157 Schmuhl (1994), 40.
158 Vgl. Hohmann (1981), 176.
159 Vgl. Zimmermann (1989), 83.
160 Vgl. Hohmann (1990), 155.

Umfang der Vernichtung in der ehemaligen Sowjetunion, Polen, Serbien, Kroatien, Ungarn und Rumänien vorhanden sind.[161]

Vor dem 20. Jahrhundert hatte die Zigeunerpolitik in Deutschland stets zwischen dem Bedürfnis, Sinti und Roma zu assimilieren, und dem Wunsch, die unliebsamen Mitbürger zu vertreiben, oszilliert. Wirklich gelungen war in der Vergangenheit weder das eine noch das andere. Mit dem nationalsozialistischen Völkermord erreichte die Verfolgung der Minderheit ihren negativen Höhepunkt. Dazu abschließend Zimmermann (2002):

> „Insgesamt bleibt festzuhalten, dass der rassistisch motivierte Genozid das Spezifikum der nationalsozialistischen im Verhältnis zur vorhergehenden Zigeunerpolitik bildete. Gleichwohl knüpfte das NS-System an die Problemlagen der herkömmlichen ‚Zigeunerbekämpfung' an. Jene hatte sich in dem paradoxen Zielkonflikt befunden, Sinti und Roma zugleich vertreiben und sesshaft machen zu wollen. Man hatte aber keinen Ort gefunden, der beiden Vorgaben zugleich entsprach. Die Zigeunerpolitik nach 1933 zeugte von der zunehmend radikalen Dynamik, mit der man unter nationalsozialistischer Herrschaft Vertreibung und erzwungene Sesshaftigkeit in Gestalt der KZ-Haft zusammenführte. Die Konzentration in den Lagern und der Tod der dort Festgehaltenen entwickelte sich damit zur Quintessenz der nationalsozialistischen Zigeunerverfolgung."[162]

2.3. Fazit

Der Überblick über die Geschichte der Sinti und Roma bis 1945 zeigt das hohe Ausmaß an Kontinuität in Bezug auf die sich über Jahrhunderte entwickelnde Stigmatisierung, Ausgrenzung und Verfolgung der Minderheit. Im Vergleich zu den folgenden Jahrhunderten bezeichnete man das 15. Jahrhundert als das „Goldene Zeitalter" der Sinti, da ihnen ein von Kaiser Sigismund ausgestellter Schutzbrief das freie Reisen gestattete und ihnen ihre eigene Gerichtsbarkeit einräumte. Auf den ersten Blick mag diese Einschätzung aufgrund des ausgestellten Schutzbriefes und einer in diesem Zeitraum nicht zu beobachtenden physischen Verfolgung der Minderheit zutreffend erscheinen. Bei genauerer Betrachtung der Geschichte der Sinti offenbart jedoch der zweite Blick bereits zu diesem Zeitpunkt vorhandene Ausgrenzungsmechanismen. So versuchte die Stadt Bamberg 1463 sich vor den Stadtmauern aufhaltende Sinti durch Geschenke vom Betreten der Stadt abzuhalten, und Kurfürst Achilles von Brandenburg untersagte Angehörigen der Minderheit in einem 1482 erlassenen Edikt

161 Vgl. Margalit (2001), 82.
162 Zimmermann (2002), 28.

unter Androhung von Strafe den Aufenthalt in seinem Herrschaftsbereich.[163] Die Aufhebung der durch Kaiser Sigismund ausgestellten Schutzbriefe durch die Reichstage von Lindau und Freiburg im Jahr 1496 und 1498 beendete somit zwar kein Goldenes Zeitalter für die Sinti, aber immerhin eine Phase, in der man sie weitgehend unbehelligt gelassen hatte.

Einen Wendepunkt im Umgang mit den Sinti markiert das 16. Jahrhundert. Die Aufhebung der ihnen im 15. Jahrhundert ausgestellten Schutzbriefe machte sie zu Vogelfreien, die ungestraft vertrieben, eingesperrt, gefoltert oder getötet werden konnten.[164] Hohmann (1988) bewertet nicht nur das Verhalten der Polizei- und Ordnungsbehörden gegenüber der Minderheit von diesem Zeitpunkt an als feindselig, sondern auch jenes der Bevölkerung.[165] Zahlreiche Zigeuneredikte regelten seit Beginn des 16. Jahrhunderts, in welcher Weise mit den Sinti zu verfahren sei. Bis zum Ende des 17. Jahrhunderts existierten nicht nur Gesetze, die den Sinti das Handeltreiben untersagten, sondern ihnen auch verboten, sich innerhalb bestimmter Stadtgrenzen aufzuhalten.[166] Zu einer weiteren Verschärfung der Gesetze kam es zu Beginn des 18. Jahrhunderts, was sich unter anderem anhand eines Erlasses von König Friedrich Wilhelm I. von Preußen ablesen lässt. Dieser befahl, alle männlichen und weiblichen Sinti, die das 18. Lebensjahr überschritten hatten, ohne ein Gerichtsverfahren zu erhängen.[167] Angesichts solcher Verordnungen überrascht es nicht, dass Hohmann (1988) das 18. Jahrhundert als eine besonders grausame Leidenszeit für Angehörige der Minderheit einstuft. Um Folter, Versklavung oder Mord als gerechtfertigt anzusehen, habe schon das bloße Erscheinen der Sinti ausgereicht.[168]

Nachdem es trotz dieser drakonischen Vorgehensweise nicht gelungen war, sich des „Zigeunerproblems“ zu entledigen, wählte die Obrigkeit des Absolutismus Mitte des 18. Jahrhunderts einen neuen Weg. Durch Sesshaftmachung sollten Sinti zwangsassimiliert werden. Um dies zu erreichen, untersagte man ihnen das Reisen und teilte ihnen Land zu. Reemtsma (1996) zufolge trat auf diese Weise die Zerstörung der Kultur der Sinti an die Stelle der zuvor praktizierten physischen Vernichtung der Minderheit.[169] Eine Vielzahl bürokratischer Regelungen schränkte für die Sinti in den folgenden Jahrzehnten die Gestaltungsmöglichkeiten ihres eigenen Lebens weiter ein, so dass es Angehörigen der

163 Vgl. Hohmann (1988) 15f.
164 Vgl. Schmuhl (1994), 28.
165 Vgl. Hohmann (1988), 17.
166 Vgl. Hohmann (1988), 21.
167 Vgl. Schmuhl (1994), 31.
168 Vgl. Hohmann (1988), 27.
169 Vgl. Reemtsma (1996), 46.

Minderheit im 19. Jahrhundert nur noch unter größten Schwierigkeiten möglich war, ihrer traditionellen Lebensweise nachzugehen. Paradoxerweise erfreute sich parallel zu dieser Entwicklung die „Zigeunerromantik" in literarischer oder musikalischer Form im Bildungsbürgertum größter Beliebtheit.

Bei den bis zu diesem Zeitpunkt gültigen Edikten, die das Leben der Sinti und Roma nicht nur reglementierten, sondern vor allem restringierten, handelte es sich nicht um bundeseinheitliche Verordnungen, sondern um länderspezifische Bestimmungen. Reichskanzler Otto Fürst von Bismarck ordnete im Rahmen einer Bekanntmachung aus dem Jahr 1886 die Vereinheitlichung der Anwendung entsprechender Erlasse an und erklärte die Sinti und Roma zu einem ordnungspolitischen Problem. Mittels spezifischer Verordnungen und der Anwendung allgemein gültiger Gesetze wurde nicht nur versucht, die auf Reisen ausgeübten Tätigkeiten der Sinti und Roma zu unterbinden, sondern sie zugleich in die Sesshaftigkeit zu drängen.[170] Ergänzt wurden diese Maßnahmen durch eine zunehmende Überwachung und Erfassung der in Deutschland lebenden Angehörigen der Minderheit.

Auch nach dem Ersten Weltkrieg gehörten Vorurteile und Vorbehalte gegenüber Sinti und Roma in der Weimarer Republik nicht der Vergangenheit an und man sah in ihnen weiterhin ein ordnungspolitisches Problem. Zunächst griff man auf Vorkriegsbestimmungen im Umgang mit der Minderheit zurück, aber strebte gleichsam ein auf die gesamte Republik anwendbares Gesetz an. Mit dem 1926 vom Bayrischen Landtag verabschiedeten „Gesetz zur Bekämpfung von Zigeunern, Landfahrern und Arbeitsscheuen" wurde eine entsprechende Grundlage geschaffen. Erneut stand im Zentrum die Reglementierung der nicht sesshaften Lebensweise der Sinti und Roma sowie ihrer vielfach mobilen Tätigkeiten. Darüber hinaus wurde die Überwachung der Minderheit verschärft. Ein Erlass aus dem Jahr 1927 ordnete die Abnahme von Fingerabdrücken von allen Sinti und Roma an, die das sechste Lebensjahr überschritten hatten.[171] Nach Einschätzung von Reemtsma (1996) war für das „Zigeuner- und Arbeitsscheuengesetz" ein deutlicher Ausnahme- und Präventivcharakter kennzeichnend, der Maßnahmen gegen Sinti und Roma auch ohne Vorliegen einer Straftat legitimierte.[172]

Die Machtübernahme der Nationalsozialisten ging für die Sinti und Roma mit einer stufenweisen Verschärfung der in den Jahren zuvor begonnenen Maßnahmen einher. Handelte es sich bei der Einrichtung von „Zigeunerlagern" in

170 Vgl. Reemtsma (1996), 87.
171 Vgl. Hohmann (1988), 78.
172 Vgl. Reemtsma (1996), 99.

zahlreichen Städten so wie bei der Verhängung von „Durchzugsverboten" mehr oder minder noch um eine Intensivierung der vorangegangenen Formen der Diskriminierung, markieren die „Nürnberger Rassengesetze" einen Wendepunkt in der nationalsozialistischen Behandlung der Sinti und Roma: Aus dem ordnungspolitischen Problem war ein „Rassenproblem" geworden.[173] Federführend bei der pseudowissenschaftlichen Klassifizierung und Erfassung der Sinti und Roma war das von Robert Ritter geleitete „Rassenhygienische und bevölkerungsbiologische Forschungsinstitut". Von der Forschungsstelle verfasste Gutachten spielten eine entscheidende Rolle bei den Deportationen der Sinti und Roma.[174] Reemtsma zufolge war es neben dieser wissenschaftlichen Erfassung von Angehörigen der Minderheit vornehmlich die Neustrukturierung der polizeilichen Aufgaben bei der Überwachung und Verfolgung der Sinti und Roma, die ein Spezifikum der nationalsozialistischen Methodik der „Zigeunerpolitik" war.[175]

Heinrich Himmler, ab 1936 Chef der deutschen Polizei, schuf durch die Umstrukturierung der polizeilichen Aufgaben eine zentralisierte Befehlstruktur und eindeutige Aufgabenverteilung bei der „Bekämpfung des Zigeunertums".[176] In enger Zusammenarbeit mit Ritters „Rassenhygienischer und bevölkerungsbiologischer Forschungsstelle" wurde auf diese Weise die Grundlage für den negativen Höhepunkt der jahrhundertelangen Verfolgung der Sinti und Roma geschaffen.

Ein nur wenige Wochen nach Kriegsbeginn am 17. Oktober 1939 veröffentlichter Festsetzungerlass verbot es Sinti und Roma, ihren Wohn- bzw. Aufenthaltsort zu verlassen. Mittels dieser Maßnahme wurden innerhalb von drei Tagen alle deutschen Sinti und Roma polizeilich erfasst.[177] Die ursprüngliche Intention dieses Erlasses war nach Zimmermann (1988) die Deportation aller 30 000 im Deutschen Reich lebenden Sinti und Roma. Die damit verbundene Festschreibung von Angehörigen der Minderheit sei nur als Übergangsmaßnahme geplant gewesen.[178] Tatsächlich zog sich dieser Zustand über mehrere Jahre und wurde begleitet von Berufsverboten und weiteren Entrechtungen.[179] Es war der „Auschwitz-Erlass" Himmlers, der am 16. Dezember 1942 über das Schicksal der noch etwa 10 000 in Deutschland lebenden Sinti und Roma ent-

173 Vgl. Schmuhl (1994), 35.
174 Vgl. Schmuhl (1994), 37.
175 Vgl. Reemtsma (1996), 101.
176 Vgl. Reemtsma (1996), 102.
177 Vgl. Zimmermann (1988), 43.
178 Vgl. Zimmermann (1988), 51.
179 Ebenda.

schied und ihre Internierung anordnete.[180] In den Konzentrationslagern wurden Angehörige der Minderheit nicht nur Opfer der Massenvernichtung, sondern auch der „Vernichtung durch Arbeit“, im Zuge derer sie als Zwangsarbeiter ausgebeutet wurden. Darüber hinaus missbrauchte man Sinti und Roma für medizinische Experimente und führte an ihnen Zwangssterilisierungen durch.[181] Der nationalsozialistische Völkermord an den Sinti und Roma bedeutete das Todesurteil für 500 000 Angehörige der Minderheit in Europa.[182]

180 Vgl. Reemtsma (1996), 112.
181 Vgl. Rose (1999) [Hrsg.], 268.
182 Vgl. Rose (1999), 16.

3. Die Situation in Deutschland von 1945 bis 1949 – die Nachkriegsjahre

Beschäftigt man sich mit der Erinnerung an die nationalsozialistische Verfolgungsgeschichte, so kommt man nicht umhin, sich auch mit den Geschehnissen im durch die Alliierten besetzten Deutschland zwischen 1945 und 1949 auseinanderzusetzen, denn die Art und Weise, in der man in den 1950er und 1960er Jahren mit der verbrecherischen Vergangenheit der noch recht jungen Demokratie umging, war wesentlich durch die Ereignisse der Nachkriegszeit bestimmt. Aus diesem Grund wird im Folgenden nicht nur die Entwicklung von der bedingungslosen Kapitulation bis zur Gründung der Bundesrepublik Deutschland dargestellt, sondern auch der Umgang der Alliierten mit den ehemaligen Nationalsozialisten näher betrachtet.

3.1. Von der bedingungslosen Kapitulation bis zur Gründung der BRD

Am 8. Mai 1945 endete mit der bedingungslosen Kapitulation der Deutschen Wehrmacht der Zweite Weltkrieg auf europäischem Gebiet. 55 Millionen Menschen waren Opfer dieses Krieges geworden, den das Deutsche Reich 1939 mit dem Angriff auf Polen begonnen hatte und der 1941 mit dem Überfall auf die Sowjetunion und der Kriegserklärung an die USA zum Zweiten Weltkrieg wurde.[183] Unter ihnen waren 13 Millionen Menschen, die nicht durch Kriegshandlungen ihr Leben verloren hatten, sondern durch Verbrechen des nationalsozialistischen Regimes.[184] 400 Millionen Kubikmeter Schutt und Asche in deutschen Städten waren nur das äußerliche Zeichen einer Gesellschaft, die in Trümmern lag.[185] Neben der materiellen Trümmerwüste hatte Deutschland zu dieser Zeit auch moralisch einen absoluten Tiefpunkt erreicht. Dazu Wolfrum (2007):

---

183 Vgl. Borowsky (1993), 11.
184 Vgl. Benz (2003), 205
185 Vgl. Malanowski (1985), 9.

> „Die Hinterlassenschaften des Dritten Reiches überstiegen alles bisher Bekannte; dem totalen Krieg war die totale Niederlage gefolgt; viele Menschen waren durch die Folgen des Krieges traumatisiert, alte Strukturen waren zerbrochen, die Ideale, an die man geglaubt hatte, lagen nun im Staub; die Deutschen waren verhaßt in der zivilisierten Welt, Deutschland glich einem Paria: Finis Germaniae?“[186]

Die bedingungslose Kapitulation brachte als unmittelbare politische Folge tatsächlich das Ende der staatlichen Existenz des Deutschen Reiches mit sich.[187]

Bereits 1943 war von den Alliierten die Forderung nach einer bedingungslosen Kapitulation gestellt worden, die von dem besiegten Gegner nicht nur die militärische Kapitulation forderte, sondern zugleich eine staatlich-politische Totalkapitulation, welche die Besetzung des Landes ermöglichte. Für die amerikanische Besatzungsmacht stand fest, dass Deutschland nicht zum Zweck seiner Befreiung, sondern als besiegter Feindstaat besetzt wurde.[188] Jene, die unter der nationalsozialistischen Diktatur gelitten hatten, empfanden das Kriegsende ungeachtet dessen als Befreiung. Je nach politischem und sozialem Standort unterschied sich das Empfinden der politischen Lage in der Gewichtung von Besatzung und Befreiung.[189] Bei der Mehrheit der Deutschen dominierte jedoch am 8. Mai 1945 nicht das Gefühl, befreit, sondern besiegt worden zu sein. In blindem Gehorsam hatten sie den Worten Adolf Hitlers bis zuletzt Glauben geschenkt und sahen sich jetzt mit der Niederlage konfrontiert. Die Erkenntnis, dass der verlorene Krieg zugleich die Chance für einen Neuanfang barg, war laut Wolfrum (2007) zu diesem Zeitpunkt noch nicht vorhanden:

> „Es herrschte ein Gefühl von Trauer und Bitternis über die Niederlage. Das Verständnis dafür jedoch, daß Besiegtsein und Befreiung unlöslich mit einander verbunden waren und daß der 8. Mai 1945 den Keim einer besseren Zukunft in sich barg, sollte sich erst viel später einstellen.“[190]

„Die Großen Drei“ (USA, Großbritannien und Sowjetunion) hatten auf ihren Kriegskonferenzen von 1943 bis 1945 bereits Vereinbarungen hinsichtlich der Deutschlandpolitik getroffen, die aber in erster Linie Fragen betrafen, die sich auf das unmittelbare Kriegsende bezogen. Diese waren mit der Besetzung des Landes weitgehend erreicht worden. Doch auch die Gestaltung eines künftigen deutschen Staates lag in den Händen der Siegermächte, wie Graml (1996) feststellt:

186 Wolfrum (2007), 24.
187 Vgl. Graml (1996), 164.
188 Vgl. Borowsky (1993), 12.
189 Vgl. Kleßmann (1986), 37.
190 Wolfrum (2007), 21.

> „Nachdem der Anspruch der Alliierten auf absolute politische Verfügungsgewalt über Deutschland Realität geworden war, hingen vorerst alle Entscheidungen über die deutsche Frage, also die Festlegung der äußeren Gestalt, die Bestimmung der internationalen Orientierung und die Formulierung der grundlegenden wirtschafts-, gesellschafts- und verfassungspolitischen Ordnungsprinzipien eines deutschen Staates, in erster Linie vom Willen und von den Interessen der Siegermächte ab."[191]

Im Rahmen der Potsdamer Konferenz im Juli und August 1945 wurden die Weichen für eine gemeinsame Besatzungspolitik gestellt. Das Verhältnis der Zweckverbündeten war zu diesem Zeitpunkt bereits geprägt von Unstimmigkeiten und Misstrauen. Ungeachtet dessen konnte man sich auf politische Prinzipien einigen, die bei der Behandlung von Deutschland gelten sollten. Die gemeinsamen Grundsätze wurden von den Amerikanern als die „4-Ds" zusammengefasst: Demilitarisierung, Denazifizierung, Demokratisierung und Dezentralisierung.[192]

Während sich Josef Stalin auf der Konferenz von Jalta noch für eine Aufteilung Deutschlands stark gemacht hatte, erklärte er am 9. Mai 1945: „Die Sowjetunion feiert den Sieg, wenn sie sich auch nicht anschickt, Deutschland zu zerstückeln oder zu vernichten."[193] Alternativ einigte man sich auf die Einteilung Deutschlands in vier Besatzungszonen und der Unterteilung Berlins in vier Sektoren. Frankreich war zwar nicht nach Potsdam eingeladen worden, sollte aber als Siegermacht von geringerem Status ebenfalls eine Besatzungszone sowie einen Sitz im Alliierten Kontrollrat übernehmen.[194] Diese Aufteilung erfolgte jedoch bereits von Beginn an mit der langfristigen Zielsetzung, Deutschland als politische Einheit zu restaurieren. Dazu Graml (1996):

> „Ein Alliierter Kontrollrat, der sich aus den Militärgouverneuren der vier Besatzungszonen zusammensetzte, sollte bis zu einer definitiven Friedensregelung als Ersatzregierung fungieren, die Wahrung der wirtschaftlich-administrativen Einheit garantieren und die Wiederherstellung eines deutschen Staates vorbereiten."[195]

Zu diskutieren war nun schließlich noch die Frage, wie die Grenzen Deutschlands aussehen sollten, das man in Besatzungszonen aufteilen wollte.[196] Die Weigerung Stalins, die aus der deutsch-sowjetischen Teilung Polens von 1939 gewonnenen ostpolnischen Territorien aufzugeben, führte zu einer Ausdehnung Polens in Richtung Westen: Als Entschädigung fielen Ostpreußen, Pommern und Schlesien von Deutschland zurück an Polen und die Oder-Neiße-Linie wur-

---

191 Graml (1996), 173.
192 Vgl. Wolfrum (2007), 26.
193 Zitiert nach: Noack (1960), 16.
194 Vgl. Wolfrum (2007), 26.
195 Graml (1996), 165.
196 Vgl. Grosser (1981), 55.

de die polnische Westgrenze.[197] Man einigte sich darauf, dass eine endgültige Regelung der deutsch-polnischen Grenze im Rahmen einer Friedenskonferenz stattfinden sollte. Damit erkannte man – abgesehen von noch möglichen Detailkorrekturen – de facto die Oder-Neiße-Linie als Westgrenze Polens an.[198] Diese Regelung bedeutete für 12 Millionen Menschen den Verlust ihrer Heimat. Das Potsdamer Protokoll legte nicht nur die neuen Ostgrenzen Deutschlands fest, sondern beinhaltete zudem das Recht, die in den ehemaligen Ostgebieten lebenden Deutschen zu vertreiben.[199]

Der Umstand, dass in Potsdam ein Rahmenprogramm für eine mehr oder weniger einheitliche Besatzungspolitik formuliert worden war, das allen Besatzungsmächten in unterschiedlicher Ausprägung als Orientierung diente, sollte nicht darüber hinwegtäuschen, dass die Interessen der Besatzungsmächte zunehmend auseinander drifteten. Noack (1960) vertritt die Auffassung, dass bereits damals Anzeichen für die später erfolgte Teilung Deutschlands erkennbar gewesen seien:

> „Die Grundsätze der Potsdamer Konferenz postulieren Einigkeit, während der Wettbewerb um die Beherrschung der Welt für die Sowjetunion schon bewußt begonnen hatte, und es auch den Amerikanern aufdämmerte, daß die Zeit vorbei sei, in der man sich gegenseitig Geschenke mache.“[200]

Prägend für den Alltag der Bevölkerung zu dieser Zeit waren jedoch weniger die Entscheidungen, die auf politischer Ebene getroffen wurden, als vielmehr der tägliche Kampf ums Überleben. Dazu stellt Noack (1966) fest:

> „Die folgenden beiden Jahre sind die Jahre des kleinen Mannes, des Mannes, der sich durchschlägt, der gewagte Haken schlägt, um dem Hunger zu entweichen. Was kümmerten ihn die großen politischen Erklärungen, die er aus Potsdam, aus Paris und aus Moskau hörte, wenn er nicht wußte, wie er den nächsten Tag überstehen sollte, wenn er nicht wußte, wie er sich schützen konnte vor dem Wasser, das ihm in seine Kellerwohnung rann!“[201]

Über Lebensmittelkarten und Bezugsscheine erfolgte eine streng rationierte Zuteilung der Lebensmittel. Nur für jene, die über ausreichend Zahlungsmittel oder die harte Zigarettenwährung verfügten, bot der Schwarzmarkt Waren, die man in den Läden vergeblich suchte. Wertgegenstände wie das Familiensilber, Schmuck oder Uhren wurden im Rahmen von Hamsterfahrten auf dem Land gegen Lebensmittel getauscht. Eine Schilderung der erdrückenden Alltagssor-

197 Vgl. Borowsky (1993), 16.
198 Vgl. Graml (1996), 165.
199 Vgl. Graml (1996), 166.
200 Noack (1960), 18.
201 Noack (1966), 17.

gen und der Fokussierung der Menschen auf den privaten Bereich findet sich bei Wehler (2010):

> „Der Kampf um Lebensmittel und Wohnraum, um Brennstoff und Kleidung, millionenfach begleitet von der dumpfen Trauer um die Toten oder von der Sorge um Kriegsgefangene, Vermißte, Verwundete, verschollene oder vertriebene Familienangehörige, schnürte die Lebenswelt in einen engen privaten oder allenfalls lokalen Erfahrungshorizont ein.“[202]

Trotz der hohen Kriegsverluste kam es durch Flucht- und Wanderungsbewegungen zu einem rapiden Anstieg der Bevölkerungszahlen.[203] Flüchtlinge und Aussiedler, Displaced Persons und evakuierte Bevölkerungsteile aus bombardierten Städten brachten einen demografischen Wandel mit sich, für den sich in Deutschland kaum historische Parallelen finden lassen. Neben 12 Millionen Flüchtlingen und Vertriebenen aus den ehemaligen Ostgebieten und Osteuropa sah sich Deutschland zudem mit rund 12 Millionen ausländischen Zwangsarbeitern und Kriegsgefangenen, den sogenannten Displaced Persons, konfrontiert, die auf ihre Repatriierung warteten.[204] Kleßmann (1986) führt an, dass sich auf diese Weise ohnehin schon vorhandene ökonomische, soziale und politische Probleme in den Besatzungszonen durch die gestiegene Bevölkerungszahl massiv verschärft hätten. Gleichzeitig seien diese bevölkerungsstrukturellen Veränderungen nicht zuletzt in Bezug auf die Versorgung der Bevölkerung und die Wohnraumsituation ein schweres Hemmnis für den wirtschaftlichen Wiederaufbau gewesen.[205]

Besonders die größeren und mittelgroßen Städte waren Ziel der Bombardierungen gewesen und boten ein Bild der Verwüstung. Durch die Zerstörung der Städte stand deutlich weniger Wohnraum als in der Vorkriegszeit zur Verfügung, und durch die große Anzahl von Flüchtlingen und Vertriebenen war die Nachfrage zugleich drastisch gestiegen.[206] Zwar schwankte der Grad der Zerstörung zwischen Stadt und Land sehr stark und fiel auch regional sehr unterschiedlich aus, aber auf kurze Sicht sah sich die Bevölkerung mit einem nahezu unlösbaren Problem konfrontiert. Der Mangel an Wohnraum kann als eines der zentralen Probleme der Nachkriegszeit eingestuft werden. Keller, Bunker und Notwohnungen waren in der unmittelbaren Nachkriegszeit häufig die einzige Möglichkeit, ein Dach über dem Kopf zu haben. Als eines der vorrangigen sozialpolitischen Ziele galt daher die Bekämpfung der Wohnungsnot. Diese war

---

202 Wehler (2010), 953.
203 Vgl. Kleßmann (1986), 41.
204 Vgl. Echternkamp (2003), 41.
205 Vgl. Kleßmann (1986), 41.
206 Vgl. Echternkamp (2003), 19.

jedoch häufig nur auf lange Sicht möglich. Kleßmann (1986) merkt an, dass zahllose Flüchtlinge noch bis in die 1950er Jahre in Notunterkünften untergebracht waren:

> „Angesichts der großen Flüchtlingsströme und eines durch geringe Bautätigkeit im Dritten Reich hervorgerufenen Nachholbedarfs, der mit den niedrigen Nachkriegskapazitäten in keinster Weise zu bewältigen war, blieben die Ruinenstädte zunächst dauerhafte Provisorien.“[207]

Neben der Wohnungsproblematik war das Alltagsbewusstsein der Menschen besonders von der Sorge geprägt, satt zu werden. Unmittelbar nach dem Krieg konnte die Mangelsituation zunächst noch bis zu einem gewissen Grad durch bestehende Vorräte aus Kriegszeiten eingedämmt werden.[208] Je knapper die Waren wurden, desto mehr entfaltete sich jedoch der Schwarzmarkt, und Hamsterfahrten in ländliche Gebiete waren an der Tagesordnung. Vor dem Krieg konnte die deutsche Landwirtschaft den Bedarf an Nahrungsmitteln noch zu 80 Prozent decken. Nach dem Krieg führte der Mangel an Dünger, Saatgut, Treibstoff und schließlich auch an Arbeitskräften dazu, dass diese Quote auf 35 Prozent sank.[209] Echternkamp (2003) merkt an, dass eine ausreichende Nahrungsmittelhilfe jedoch nur von den Amerikanern erwartet werden konnte, da die Sowjetunion und Großbritannien nach dem Krieg in einer Wirtschaftskrise steckten.[210] Wolfrum (2007) meint, dass es keinesfalls nur Deutschland gewesen sei, das in der Nachkriegszeit mit Lebensmittelknappheit zu kämpfen gehabt habe. Ganz Europa sei von einer Hungerkatastrophe heimgesucht worden, aber von den Deutschen sei ihre Lage als besonders schlimm empfunden worden, da erst mit Kriegsende für sie die Zeit des Hungerns begonnen habe: „Zuvor hatten sie auf Kosten der besetzten und rigoros ausgebeuteten Länder vor allem im Osten Europas gut gelebt.“ [211]

Ursprünglich war die Absicht der Alliierten gewesen, dass sich die besiegten Deutschen aus eigener Kraft ernähren sollten. Es wurde aber zunehmend deutlich, dass dieser Plan kaum umzusetzen war. Zwar stieg die Produktion schon bald wieder an, aber die zerstörten Transportwege machten eine Verteilung der Waren praktisch unmöglich. Echternkamp (2003) erläutert, dass Wasserwege ebenso wie das Schienennetz und viele Hauptstraßen nicht nutzbar waren:

207 Kleßmann (1986), 52.
208 Vgl. Kleßmann (1986), 49.
209 Vgl. Pötzsch (1998), 31.
210 Vgl. Echternkamp (2003), 27.
211 Wolfrum (2007), 32.

> „Die mangelhafte Infrastruktur bremste den wirtschaftlichen Wiederaufbau; die Trennung der Verbindungen durch die Zonengrenzen bildete ein weiteres Hindernis, nicht zuletzt für die Versorgung mit Rohstoffen und Energie.“[212]

Eine deutsche Zentralverwaltung wäre unter Umständen in der Lage gewesen, die wirtschaftliche Situation Deutschlands besonders durch einen weniger bürokratischen Warenverkehr zwischen den Zonen zu verbessern. Durch den aufkommenden Kalten Krieg zeigten sich jedoch zwischen den ehemaligen Allliierten in der Besatzungspolitik immer deutlichere Differenzen. Aus diesem Grund entschlossen sich die USA und Großbritannien im Sommer 1946 die von ihnen besetzten Gebiete gemeinsam zu verwalten und zudem zonenübergreifende Strukturen zu schaffen. In diesem Zusammenhang kommt Recker (2005) zu folgendem Ergebnis:

> „Die Bildung der Bizone war auch deshalb forciert worden, weil die ökonomische Lage in den Besatzungszonen nach wie vor bedrückend war und man sich von der Zonenverschmelzung eine Überwindung dieser Stagnation erhoffte.“[213]

Industrieproduktionen und Außenhandel sollten durch den nun möglichen Austausch zwischen Rohstoffindustrien und verarbeitenden Industrien angekurbelt werden, und auf diese Weise sollte die Versorgungs- und Beschäftigungslage der Bevölkerung verbessert werden. Recker ist der Meinung, dass die Gründung der Bizone darüber hinaus auch einen Wendepunkt in der amerikanischen Deutschland- und Europapolitik dargestellt hat:

> „Der eindeutige Akzent der Sowjetunion auf Reparationen und Demontagen, mit der sie ihre eigene Zone auslaugte, sowie deren Blockadepolitik im Alliierten Kontrollrat in Berlin veranlaßten die Regierung in Washington, nun einseitig die ökonomische Gesundung Westdeutschlands zu forcieren, zumal der Wiederaufbau der deutschen Wirtschaft auch als Schlüssel für den Wohlstand Westeuropas betrachtet wurde.“[214]

Zentraler Aspekt der Politik war fortan folglich nicht mehr die alliierte Kooperation, sondern die Eindämmung der sowjetischen Infiltration und Expansion.

Dieses Bestreben war auch ein zentraler Aspekt des Europäischen Wiederaufbauprogramms (European Recovery Program), welches Außenminister George C. Marshall im Juni 1947 ankündigte. Durch finanzielle Unterstützung sollten die westlichen Demokratien weniger anfällig für die sowjetische Einflussnahme gemacht werden. Zum Geltungsbereich des Marshall-Plans schreibt Recker (2005):

---

212 Echternkamp (2003), 22.
213 Recker (2005), 16.
214 Recker (2005), 16.

> „17 westeuropäische Länder, darunter die westlichen Besatzungszonen in Deutschland und die Westsektoren Berlins, erhielten im Rahmen des Marshall-Plans amerikanische Wirtschaftshilfe; der Anteil Westdeutschlands an diesem Hilfsprogramm betrug 1,5 Milliarden US-Dollar.“[215]

Auf der einen Seite ermöglichte dieses Geld die Verbesserung der Lebensmittelversorgung, und auf der anderen Seite schaffte es die Voraussetzungen für den wirtschaftlichen Wiederaufbau. Während die bisherigen Hilfslieferungen der USA lediglich zur Beseitigung von akuten Notlagen gedient hatten und nur ein Tropfen auf den heißen Stein sein konnten, solange die deutsche Wirtschaft am Boden war, ging der Marshall-Plan darüber hinaus und hatte als langfristiges Ziel die wirtschaftliche Gesundung Westeuropas.

Echternkamp (2003) stellt die These auf, dass die Bereitschaft zur besseren Versorgung des ehemaligen Kriegsgegners nicht zuletzt in einem politischen Eigeninteresse begründet lag:

> „Die wachsende weltpolitische Konfrontation mit der Sowjetunion sorgte für den notwendigen Wandel der Perspektive und schuf die Voraussetzung für das deutschlandpolitische Ziel, die Verelendung zu stoppen, die Arbeitskraft der Deutschen wiederherzustellen und materielle Lebensbedingungen zu schaffen, unter denen sich eine stabile demokratische Staats- und Gesellschaftsordnung entwickeln konnte.“[216]

Obschon die Wirkung des Marshall-Plans ein viel diskutiertes Thema ist und besonders die These vom Europäischen Wiederaufbauprogramm als Initialzündung für das deutsche Wirtschaftswunder vielfach bestritten wird, waren wohl besonders die längerfristigen Auswirkungen des Programms entscheidend.[217] Es ermöglichte Westdeutschland die Rückkehr in die Staatengemeinschaft und ebnete den Weg, Teil eines Systems internationaler Zusammenarbeit zu werden: „Vom Marshallplan gingen entscheidende Anstöße für die Westintegration der Bundesrepublik und für die europäische Einigung aus, die Erfolgsgeschichte der Bundesrepublik begann mit dem Marshallplan.“[218]

Eine Beteiligung der westlichen Besatzungszonen am Marshall-Plan setzte jedoch eine Währungsreform voraus. Kleßmann (1986) erläutert, dass der große Geldüberhang an Bargeld sowie an Bankguthaben eine Besserung der deutschen Wirtschaftssituation andernfalls unmöglich gemacht hätte.[219] Mangelwirtschaft und Schwarzmarkt prägten das alltägliche Leben, da die inflationäre Geldver-

---

215 Recker (2005), 17.
216 Echternkamp (2003), 28
217 Vgl. Pötzsch (1998), 53.
218 Pötzsch (1998), 53.
219 Vgl. Kleßmann (1986), 188.

mehrung im Dritten Reich zu einem Missverhältnis von Geldumlauf, Produktion und Warenangebot geführt hatte. Die Amerikaner hatten schon im August 1946 einen Plan für eine Währungsreform im Alliierten Kontrollrat vorgestellt. Bisher war eine Währungsreform jedoch an dem fehlenden Einverständnis aller vier Besatzungsmächte gescheitert. Je mehr aber der Wunsch nach wirtschaftlicher Verbesserung in das Zentrum der alliierten Politik rückte, desto mehr wuchs auch die Bereitschaft, einen währungspolitischen Alleingang ohne die Sowjetunion ins Auge zu fassen. Zwar sollte Deutschland ursprünglich als wirtschaftliche Einheit behandelt werden, aber im Interesse einer gesunden Wirtschaft wuchs von Seiten der Alliierten die Bereitschaft, dieses Ziel nicht mehr vordergründig zu verfolgen. Die Umstellung der deutschen Währung von Reichsmark auf Deutsche Mark wurde am 18. Juni 1948 von den drei westlichen Siegermächten verkündet und von sowjetischer Seite mit großem Protest beantwortet.[220] Am 21. Juni 1948 löst die Deutsche Mark die Reichsmark als gültiges Zahlungsmittel ab. Die Reaktion der Sowjetunion auf diese Neuregelung blieb jedoch nicht ohne Folgen, wie Wolfrum (2007) darlegt:

> „Als die Sowjetunion daraufhin die Ostwährung unter Einschluß Berlins anordnete und Gespräche der vier Mächte über eine gemeinsame Währungsreform in Berlin scheiterten – gedacht war an eine ‚Bären-Mark' –, wurde die westdeutsche Währung auch in Berlin eingeführt."[221]

Über Nacht waren die Schaufenster wieder mit Waren gefüllt, die aufgrund eines kontinuierlichen Produktionsanstiegs zwar vorhanden gewesen, aber bis zum Tag der Währungsreform zurückgehalten worden waren.[222]

Die Antwort der Sowjetunion auf diesen währungspolitischen Alleingang der westlichen Besatzungsmächte und die Ausdehnung der Währungsreform am 23. Juni 1948 auf Westberlin war radikal: eine Blockade des Personen- und Güterverkehrs zwischen den Westzonen und Westberlin. Eingestellt wurden ebenfalls die Lieferungen von Strom und Lebensmitteln aus der sowjetischen Zone. Über Nacht war Westberlin zu einer Insel in der sowjetischen Besatzungszone geworden. Eine westliche wirtschaftliche Gegenblockade, die Kohle- und Stahllieferungen aus der Bizone in die Ostzone stoppte, wurde am 24. Juni wirksam. Nachdem alle Land- und Wasserwege nach Berlin gesperrt waren, blieben als einzige Versorgungsmöglichkeit die Luftkorridore. Diese waren schriftlich bestätigt und beruhten anders als die Land- und Wasserwege nicht

---

220 Vgl. Wolfrum (2007), 38.
221 Wolfrum (2007), 38.
222 Vgl. Wolfrum (2007), 38.

nur auf einem Gewohnheitsrecht.[223] Nach Pötzsch (1996) ist es in erster Linie einem Mann zu verdanken, dass diese Option zum Einsatz kam:

> „Der Entschluß, die Bevölkerung West-Berlins durch eine Luftbrücke zu versorgen, ist dem amerikanischen Militärgouverneur, General Lucius D. Clay, zu verdanken, der Präsident Truman davon überzeugte, daß man angesichts des einmütig bekundeten Freiheitswillens der Berliner die Stadt halten müsse."[224]

Ernst Reuter, der im Westteil der Stadt am 24. Juni 1947 zum Oberbürgermeister gewählt wurde, aber in diesem Amt aufgrund der fehlenden Zustimmung der sowjetischen Befehlshaber nicht durch die Alliierten bestätigt wurde, war es, der immer wieder appellierte, Berlin nicht aufzugeben. Am 9. September 1948 hielt er vor 300 000 Bürgern der Stadt eine Rede, die zum Symbol für die Standhaftigkeit der Berliner Bürger werden sollte:

> „Ihr Völker der Welt, ihr Völker in Amerika, in England, in Frankreich, in Italien! Schaut auf diese Stadt und erkennt, daß ihr diese Stadt und dieses Volk nicht preisgeben dürft und nicht preisgeben könnt! Es gibt nur eine Möglichkeit für uns alle: gemeinsam so lange zusammenzustehen, bis dieser Kampf gewonnen, bis dieser Kampf endlich durch den Sieg über die Feinde, durch den Sieg über die Macht der Finsternis besiegelt ist."[225]

Bis zur Aufhebung der Blockade am 12. Mai 1949 wurde Berlin 322 Tage ausschließlich über diese Luftbrücke mit Lebensmitteln, Kohle und Rohstoffen versorgt.

Die Berliner Blockade war zwar eine unmittelbare Folge der in den Westzonen durchgeführten Währungsreform, aber die tatsächlichen Ursachen lagen tiefer. Die Sowjetunion unternahm mit der Berliner Blockade einen letzten massiven Versuch, die Gründung eines westdeutschen Staates zu verhindern.[226] Allemann (2000) zufolge kann das Verhalten der Sowjetunion in der Berliner Frage als Katalysator in Bezug auf die potenzielle deutsch-alliierte Interessengemeinschaft bezeichnet werden:

> „Erst der russische Versuch zur Aushungerung Berlins und der Entschluß des Westens, diesen Versuch mit der Errichtung der ‚Luftbrücke' zu begegnen, gab der bis dahin rein rational begründeten und darum psychologisch wenig wirkungsmächtigen Solidarität zwischen westlichen Siegern und Besiegten die notwendige Tiefenwirkung. Er mobilisierte damit für die nüchterne Aufgabe, Westdeutschland

223 Vgl. Kleßmann (1986), 192.
224 Pötzsch (1998), 66.
225 Reuter (1948)
226 Vgl. Kleßmann (1986), 191.

> mit einer neuen staatlichen Ordnung auszustatten, die Gefühlskräfte eines zugleich nationalen und gesamteuropäischen Abwehrkampfes."[227]

Die westlichen Alliierten waren von Sieger- zu Schutzmächten geworden. Noack (1966) bewertet die Blockade Berlins daher als großen Fehlschlag für die Sowjetunion.[228] Ihr Ziel, Verhandlungen über die Gründung eines westdeutschen Staates und dessen Westintegration zu verhindern, scheiterte nicht nur, sondern wurde zudem ins Gegenteil verkehrt. Auf diesen Aspekt geht auch Recker (2005) ein:

> „Je deutlicher sich der Bruch zwischen den ehemaligen Verbündeten in der Behandlung Deutschlands abzeichnete, desto stärker setzten gerade die Amerikaner und Briten darauf, die wirtschaftliche und politische Konsolidierung ihrer Zonen einseitig voranzutreiben, und zeigten sich bereit, hierfür auch einen Konflikt mit der UdSSR in Kauf zu nehmen."[229]

Auf der Londoner Sechs-Mächte-Konferenz im Frühjahr 1948 wurden bereits vor der Berliner Blockade die Weichen zur Gründung der Bundesrepublik Deutschland gestellt. Neben den drei Westalliierten nahmen an dieser Konferenz auch die Benelux-Staaten teil. Einigkeit bestand laut Echternkamp (2003) darüber, dass in den drei westlichen Besatzungszonen eine gemeinsame deutsche Regierung eingerichtet werden sollte:

> „Die Zuspitzung des Ost-West-Konflikts und das Scheitern der in Potsdam vereinbarten Viermächteverwaltung führten auf den Weg der Gründung eines westdeutschen Staates, der in die umfangreiche Wirtschaftshilfe für Europa, den Marshall-Plan, einbezogen werden könne."[230]

Am 1. Juli 1948 überreichten die westlichen Militärgouverneure den westdeutschen Regierungschefs in Form der „Frankfurter Dokumente" den Auftrag, eine verfassungsgebende Versammlung einzuberufen, deren Aufgabe die Ausarbeitung einer Verfassung für den zu gründenden westdeutschen Staat war. Ferner enthielten diese Dokumente die Aufforderung zur Neugliederung der Länder und Umrisse eines Besatzungsstatuts, welches die deutschen und die alliierten Kompetenzen regeln sollte.[231] Recker (2005) erklärt, dass die größte Sorge der Regierungschefs der westdeutschen Länder war, durch diese Verfassung eine Vertiefung der Teilung Deutschlands zu forcieren:

---

227 Allemann (2000), 62.
228 Vgl. Noack (1966), 72.
229 Recker (2005), 18.
230 Echternkamp (2003), 107.
231 Vgl. Kleßmann (1986), 194.

> „Die Bedenken, mit der Weststaatsgründung den Weg zur deutschen Einheit zu verbauen, wollte man dann vor allem durch terminologische Spitzfindigkeiten ausräumen: Statt einer ‚Nationalversammlung', die eine ‚Verfassung' erarbeiten würde, sollte ein ‚Parlamentarischer Rat' einberufen werden mit der Aufgabe, ein ‚Grundgesetz' für ein staatliches Gebilde zu beschließen, dessen ‚Provisoriums'-Charakter in diesem Dokument deutlich unterstrichen werden sollte."[232]

Die Verhandlungen waren geprägt von der Annahme, dass nur ein provisorisches Verwaltungsstatut dem Umstand gerecht werden könnte, dass nur ein Teil Deutschlands von der politischen Neuordnung betroffen sein würde. Um den Charakter eines Provisoriums zu wahren, wurde das Grundgesetz schließlich von den Landtagen ratifiziert und keinem Volksentscheid unterworfen.[233] Bei den Alliierten stieß dieses Verhalten auf Verwunderung, da die Betonung des nicht-staatlichen Charakters der politischen Ordnung zugleich mit dem Wunsch nach mehr Verantwortung von Seiten der deutschen Politiker einherging. Im Laufe der Debatten war das ursprüngliche Provisoriumskonzept immer mehr in den Hintergrund getreten und am 8. Mai 1949 wurde mit dem Grundgesetz eine Vollverfassung mit großer Mehrheit angenommen. Am 23. Mai 1949 verkündete Konrad Adenauer als Präsident des Parlamentarischen Rates das Grundgesetz und es trat damit in Kraft.[234] Die Präambel machte dennoch deutlich, dass das Grundgesetz lediglich als eine neue Ordnung für die Übergangszeit verabschiedet wurde und auch für jene ausgearbeitet wurde, denen das Mitwirken versagt war. Es forderte das deutsche Volk zur Vollendung von Einheit und Freiheit auf.[235] Nach Ansicht von Wolfrum (2007) gab es hierfür einen konkreten Grund:

> „Die Bundesrepublik war als Provisorium und Zwischenlösung konzipiert worden, als der deutsche ‚Kernstaat', von dem eine Magnetwirkung auf den Osten Deutschlands ausgehen sollte."[236]

Auf dem Gebiet der sowjetischen Besatzungszone vollzog sich parallel zur Entstehung der Bundesrepublik Deutschland die Staatsgründung des ostdeutschen Teilstaates. Westliche und östliche Besatzungszonen hatten sich bereits ab 1946 immer weiter auseinander entwickelt und Einigungsbemühungen waren gescheitert. Nur wenige Monate nach der Gründung der Bundesrepublik Deutschland wurde in der sowjetischen Besatzungszone vom Volksrat eine Verfassung verabschiedet. Der 7. Oktober 1949 markiert den Gründungstag der

---

232 Recker (2005), 19.
233 Vgl. Benz (1999), 112.
234 Vgl. Pötzsch (1998), 72.
235 Vgl. Noack (1966), 87.
236 Wolfrum (2007), 41.

Deutschen Demokratischen Republik. Bereits ab 1946/47 zeichneten sich nach Meinung von Recker (2005) unterschiedliche Entwicklungen in den westlichen und östlichen Besatzungszonen ab:

> „Mit dem Doppelschritt der westlichen und der östlichen Staatsgründung war die Deutsche Frage bis auf weiteres im Sinne von zwei deutschen Teilstaaten entschieden, wenn auch der Wiedervereinigungsanspruch in West wie in Ost hochgehalten wurde.“[237]

3.2. Die Entnazifizierung durch die Alliierten

Im Zusammenhang mit der bedingungslosen Kapitulation der Deutschen Wehrmacht und der in den darauffolgenden Jahren existierenden Zusammenbruchsgesellschaft ist häufig von der „Stunde Null“ die Rede. Dieser Ausdruck vermittelt den Eindruck, dass nach dem 8. Mai 1945 ein Neuanfang für die deutsche Gesellschaft begann, der alles Bisherige hinter sich ließ. Staatlich gesehen mag es durchaus angebracht erscheinen, von einem Nullpunkt zu sprechen. Das Deutsche Reich hatte mit der bedingungslosen Kapitulation aufgehört zu existieren, und die Regierungsgewalt lag bis auf Weiteres in den Händen der Siegermächte. Gesellschaftlich gesehen ist die Formel von der „Stunde Null“ wohl eher ein Mythos, der weniger einen Ist-Zustand beschrieb, als vielmehr eine Hoffnung für die Zukunft ausdrückte. Doch so sehr sich manche Menschen auch gewünscht haben mögen, die Vergangenheit einfach hinter sich zu lassen und bei Null anzufangen, war dies angesichts der von den Nationalsozialisten begangenen Verbrechen gegen die Menschheit fernab jeglicher Realität. Zwar hatte der Unrechtsstaat des Dritten Reiches aufgehört zu bestehen, aber die Bevölkerung des in Besatzungszonen aufgeteilten Deutschlands war noch dieselbe wie wenige Monate zuvor im Deutschen Reich. Dieser Gedanke findet sich auch bei Assmann (1999), die feststellt:

> „Die Wendung von der *Stunde Null* unterstreicht eine historische Zäsur, wie sie tiefer nicht denkbar ist. Diese Formel lenkt den Blick ab von persönlichen und institutionellen Kontinuitäten sowie der Last der Vergangenheit und suggeriert die tabula-rasa Situation eines radikalen Neubeginns.“[238]

Auch die amerikanische Auslandskorrespondentin Martha Gellhorn (1989) beschreibt das in der Bevölkerung vorhandene Wunschdenken, sich von jeder Verstrickung mit dem Nazi-Regime freizusprechen:

237 Recker (2005), 22.
238 Assmann (1999), 100.

> „Niemand ist ein Nazi. Niemand ist je einer gewesen. Es hat vielleicht ein paar Nazis im nächsten Dorf gegeben, und es stimmt schon, diese Stadt da zwanzig Kilometer entfernt war eine regelrechte Brutstätte des Nationalsozialismus. Um die Wahrheit zu sagen, ganz im Vertrauen, es hat hier eine Menge Kommunisten gegeben. [...] Oh, die Juden? Tja es gab eigentlich in dieser Gegend nicht viele Juden. Zwei vielleicht, vielleicht auch sechs. Sie wurden weggebracht. Ich habe sechs Wochen lang einen versteckt. Ich habe acht Wochen lang einen Juden versteckt. [...] Wir haben nichts gegen Juden; wir sind immer gut mit ihnen ausgekommen. Wir haben lange auf die Amerikaner gewartet. Ihr seid gekommen und habt uns befreit. Ihr seid gekommen, um uns einen Freundschaftsdienst zu erweisen. Die Nazis sind Schweinehunde. [...] Nein, ich war nie in der Wehrmacht. Ich habe auf dem Land gearbeitet. [...] Wir haben von dieser Regierung die Nase voll gehabt. Ach, wie wir gelitten haben. Die Bomben. [...] Wir haben nichts Unrechtes getan; wir sind keine Nazis.“[239]

Diese von Gellhorn festgehaltenen Eindrücke zeichnen ein Bild eines Nachkriegsdeutschlands, aus dem mit der bedingungslosen Kapitulation nicht nur der Krieg verschwunden war, sondern in dem scheinbar auch die Nationalsozialisten aufgehört hatten zu existieren. Auch wenn sich mancher Deutsche, wie die Aufzeichnungen von Gellhorn vermuten lassen, gerne als unschuldiges Opfer gesehen hätte, dem nichts ferner gelegen hatte, als sich jemals für den Nationalsozialismus zu begeistern, sah die Realität anders aus: Bei Kriegsende zählte die NSDAP 6 Millionen Mitglieder.[240]

Die sichtbaren Spuren des Nationalsozialismus waren häufig schnell verschwunden. Jarausch (2004) beschreibt, wie aus Angst vor den Siegern nach Kriegsende nicht selten Waffen, Abzeichen oder Uniformen vernichtet wurden, die aufgrund der vorhandenen Hakenkreuze Rückschlüsse auf die politische Gesinnung während der Jahre zwischen 1933 und 1945 zugelassen hätten.[241] Dieser Prozess der oberflächlichen Selbstentanzifizierung habe sich tausendfach abgespielt.

Für den Philosophen Karl Jaspers stand es außer Frage, dass sich die Deutschen mit ihrer Schuld, sei sie krimineller, politischer, moralischer oder metaphysischer Natur, auseinander zu setzen hatten. Zugleich wies er aber darauf hin, dass die Menschen aufgrund der Lebensumstände geneigt sein könnten, sich der Kontroverse über die Schuldfrage zu entziehen:

> „Wir leben in großer Not, ein großer Teil unserer Bevölkerung in so großer, so unmittelbarer Not, daß er unempfindlich geworden zu sein scheint, für solche Erörterungen. Ihn interessiert, was der Not steuert, was Arbeit und Brot, Wohnung und Wärme bringt. Der Horizont ist eng geworden. Man mag nicht hören von

239 Gellhorn (1989), 180f.
240 Vgl. Broszat (1983), 254.
241 Vgl. Jarausch (2004), 64.

Schuld, von Vergangenheit, man ist nicht betroffen von der Weltgeschichte. Man will einfach aufhören zu leiden, will heraus aus dem Elend, will leben, aber nicht nachdenken. Es ist eher eine Stimmung, als ob man nach so furchtbarem Leid gleichsam belohnt, jedenfalls getröstet werden müßte, aber nicht noch mit Schuld beladen werden dürfte."[242]

Um überhaupt eine Basis für einen staatlichen Neubeginn in Form einer soliden Demokratie schaffen zu können, war es zunächst unumgänglich, ehemalige Nationalsozialisten aus staatlichen Institutionen, der Wirtschaft und dem Bildungssektor zu entfernen. In einem zweiten Schritt sollte dann die Verurteilung der Verbrecher erfolgen. Zudem sollte die Bevölkerung über das Ausmaß der nationalsozialistischen Verbrechen aufgeklärt werden und demokratische Grundwerte vermittelt bekommen. Die Umsetzung dieser grundlegenden Voraussetzungen für einen zukunftsfähigen Staat erfolgte im Rahmen der von den Alliierten durchgeführten Entnazifizierung, Reeducation und der Kriegsverbrecherprozesse.

3.2.1. Entnazifizierung und Reeducation

Trotz erheblicher Differenzen hinsichtlich der Vorstellungen einer gemeinsamen Deutschlandpolitik waren sich die Siegermächte in einem wesentlichen Punkt einig: Deutschland sollte nie wieder den Weltfrieden gefährden können, und der deutsche Militarismus und Nazismus mussten zerstört werden. Reichel (2007) nennt zwei Wege, auf denen dieses Ziel erreicht werden sollte: Kriegsverbrecher sollten vor einem Internationalen Militärtribunal angeklagt und verurteilt werden und Organisationen, Gesetze und Symbole des Nationalsozialismus verboten werden. Zudem sollten Personen mit nationalsozialistischer Vergangenheit, die in öffentlichen Einrichtungen oder im Kultur- und Wirtschaftsleben beschäftigt waren, entlassen werden.[243] Theorie und Praxis seien, so Reichel, jedoch hierbei nicht unbedingt identisch gewesen:

„Das war leichter gesagt und beschlossen als in der Praxis umgesetzt. Einige hundert Personen, die NS-Führung und die Funktionseliten des ‚Dritten Reiches', konnte man vor Gericht stellen, NS-Organisationen auflösen, NS-Gesetze aufheben, NS-Bauten und Symbole zerstören – aber wie sollten die Siegermächte die Gesellschaft als Ganzes vom Nationalsozialismus säubern, de- oder entnazifizieren, wie es im amtlichen Zeitjargon hieß?"[244]

---

242 Jaspers (1946), 29.
243 Vgl. Reichel (2007), 30.
244 Ebenda.

Der Alliierte Kontrollrat veröffentlichte im Januar 1946 eine Direktive, die definierte, welche Personen aus welchen Ämtern zu entfernen waren. Hierbei handelte es sich um einen Versuch, die Entnazifizierung in allen Besatzungszonen in gleichförmige Bahnen zu lenken. Dieser Versuch scheiterte nach Einschätzung von Benz (1991) jedoch an den voneinander abweichenden besatzungspolitischen Vorstellungen. Benz weist zudem auf die zum Teil erheblichen Unterschiede im Vorgehen der einzelnen Besatzungszonen in Bezug auf die praktizierte Entnazifizierung hin und stuft das Vorgehen der Amerikaner als besonders rigoros ein.[245] Auch Pötzsch (1998) stuft die in der britischen und französischen Besatzungszone durchgeführten Maßnahmen zur Entnazifizierung als weniger streng und bürokratisch ein als die der Amerikaner.[246]

In der ersten Phase der Denazifizierung fanden in allen Besatzungszonen Verhaftungen und Internierungen statt. Die Funktion dieses Vorgehens beschreibt Niethammer (1999) wie folgt:

> „Die Internierung durch die alliierten Besatzungsmächte nach Kriegsende diente zunächst der Isolierung möglicher deutscher Widerstandspotentiale gegen die Kräfte und Ziele der Besatzung auf bloßen Verdacht hin und sollte in einem zweiten Schritt die für die deutsche Kriegsmaschinerie und Terrorherrschaft politisch verantwortlichen zivilen Personengruppen herausfinden, zur Rechenschaft ziehen und bestrafen oder zur Wiedergutmachung heranziehen."[247]

Laut Meyer (2009a) waren nach Kriegsende von diesem „automatischen Arrest" 200 000 mutmaßliche Kriegsverbrecher betroffen, bei denen es sich im Wesentlichen um Angehörige der SS, SD, der Gestapo und des Korps der Politischen Leiter der NSDAP handelte.[248]

In der amerikanischen Besatzungszone wurden neben mutmaßlichen Kriegsverbrechern und höheren NS-Funktionären auch gesellschaftliche und administrative Machtträger des Dritten Reiches interniert. Dieses Arrestprogramm wurde von den anderen Westalliierten nur mit deutlichen Abstrichen umgesetzt. Im ersten Jahr nach Kriegsende wurden zusätzlich schätzungsweise 150 000 Angehörige des öffentlichen Dienstes und 70 000 Angestellte aus Wirtschaft und Handel interniert. Die amerikanische Besatzungsmacht führte diese zunächst weit gefasst erscheinenden Verhaftungen in ihrer Zone von Beginn an unter einem Rechtsvorbehalt baldiger Überprüfung durch. Bis Mitte des Jahres 1946 hatte sich die Zahl der Internierten in dieser Besatzungszone tatsächlich hal-

---

245 Vgl. Benz (1991), 113.
246 Vgl. Pötzsch (1998), 36
247 Niethammer (1999), 289.
248 Vgl. Meyer (2009a), 18.

biert.[249] Unter den Entlassenen waren vor allem Jugendliche, Kranke und gesellschaftliche Eliten ohne NS-Funktion. Nach Meinung von Niethammer (1999) war es in den Augen der Nachkriegsdeutschen besonders die SS, welche als der harte Kern der Nationalsozialisten galt. Mitglieder dieser und ähnlicher Organisationen seien eines der Hauptziele der Internierungspolitik gewesen:

> „Die Eliteformation des Dritten Reiches in Erwartung einer Organisationsanklage vor dem Internationalen Militärgerichtshof inhaftieren zu können, war ein wesentlicher Grund der westlichen Internierungspolitik gewesen, die sich wenigstens im Grundsatz an die internationalen Kriegsgefangenen-Konventionen gebunden fühlte und zwischen Staats- und politischen Terroristen, Soldaten und Kriegsverbrechern zu unterscheiden suchte."[250]

Niethammer skizziert, dass im Vergleich dazu in der sowjetischen Besatzungszone mit der Internierungspolitik ein anderes Ziel verfolgt wurde. Zusammen mit Wehrmachtsangehörigen wurden hier Mitglieder der SS und der SA zur Zwangsarbeit in die Sowjetunion deportiert, um Wiedergutmachungsarbeiten auf sowjetischem Territorium zu leisten. Berücksichtigt man die Tatsache, dass in den westlichen Besatzungszonen ungefähr genauso viele Personen wie in der sowjetischen Besatzungszone interniert gewesen waren, aber in den Westzonen die Hälfte von ihnen Mitglieder der SA und der SS waren, so zeigt dies laut Niethammer, dass in der SBZ Personen weit über den engeren NS-Kader hinaus interniert wurden.[251] Der größte Unterschied zwischen den westlichen und den sowjetischen Internierungslagern habe jedoch in der Sterblichkeitsrate gelegen. Während in den westlichen Besatzungszonen in den Lagern verhältnismäßig gesehen nicht mehr Menschen als unter der Zivilbevölkerung starben, sei die Mortalität in den sowjetischen Lagern mit 36 Prozent als besonders hoch einzustufen.[252] Niethammer kommt zu dem Resümee, dass der zentrale Aspekt der westalliierten Internierungspolitik das Herausfinden und Bestrafen der politisch Verantwortlichen der Kriegs- und Menschheitsverbrechen des Nationalsozialismus durch Militärgerichte war, wohingegen die Internierung in der sowjetischen Besatzungszone von einem konstanten Reparationsinteresse bestimmt wurde.[253]

Anders als in den westlichen Besatzungszonen ging die Entnazifizierung in der sowjetischen Besatzungszone mit einer Umgestaltung der Gesellschaft einher. Großgrundbesitzer wurden enteignet, und das so gewonnene Land wurde an

249 Vgl. Niethammer (1999), 270f.
250 Niethammer (1999), 275.
251 Vgl. Niethammer (1999), 275.
252 Vgl. Niethammer (1999), 280.
253 Vgl Niethammer (1999), 277f.

Bauern, Landarbeiter und Flüchtlinge verteilt. Im Rahmen der Bodenreform, die unter der Parole „Junkerland in Bauernhand“ ablief, wurden 45 Prozent der Gesamtfläche der Ostzone entschädigungslos enteignet.[254] Ähnlich konsequent war das Vorgehen der sowjetischen Besatzungsmacht auch im personellen Bereich. Laut Kleßmann wurden 520 000 ehemalige Nazis bis 1948 aus der öffentlichen Verwaltung und aus der Industrie entfernt.[255] Im Februar 1948 wurde die Entnazifizierung in der Ostzone offiziell für beendet erklärt. Die reinen Zahlen lassen nach Ansicht von Wolfrum (2007) die Entnazifizierung hier wesentlich gründlicher und erfolgreicher erscheinen. Auf den zweiten Blick dürfe jedoch nicht übersehen werden, dass es de facto weniger um eine Auseinandersetzung mit dem System des Nationalsozialismus gegangen sei als vielmehr um eine Systemveränderung, deren Ziel der Kommunismus gewesen sei.[256] Zu einem ähnlichen Urteil kommt auch Niethammer:

> „Die SED hatte sich in der Nazi- und Militärfrage keineswegs besonders rigoros im antifaschistischen Sinn verhalten. Im Gegenteil: Es war ihre kontinuierliche Politik, der Masse der ehemaligen Nazis auf unterer Ebene Integrationsangebote zu machen, solange sie die kommunistische Führung anerkannten.“[257]

In den westlichen Besatzungszonen spielten eine Veränderung der Besitzverhältnisse und Bodenreformen kaum eine Rolle, den Kernpunkt der Entnazifizierung bildeten vielmehr personelle Säuberungen.[258] Mit dem „Gesetz zur Befreiung von Nationalsozialismus und Militarismus“ wurde am 5. März 1946 in der amerikanischen Zone eine gesetzliche Basis für diesen Teilaspekt der Entnazifizierung geschaffen. Dieses Gesetz sah vor, die personelle Säuberung verstärkt in deutsche Hand zu übergeben. Zu diesem Zweck wurden in der amerikanischen Zone 545 Spruchkammern mit 22 000 Mitgliedern eingerichtet. Hierbei handelte es sich um schöffengerichtlich organisierte Institutionen, für die von den wiederzugelassenen Parteien juristische Laien ausgewählt wurden.[259] Jeder Deutsche, der älter als 18 Jahre war, hatte einen Fragebogen mit 131 Fragen auszufüllen, der als Grundlage der Überprüfung diente. Görtemaker (2004) erläutert, dass die Betroffenen in einem prozessähnlichen Verfahren in fünf Belastungskategorien (Hauptschuldige, Schuldige, Belastete, Minderbelastete, Mitläufer und Entlastete) eingestuft wurden.[260] Das Spektrum der Strafen habe

254 Vgl. Kleßmann (1986), 82.
255 Ebenda.
256 Vgl. Wolfrum (2007), 27.
257 Niethammer (1999), 57.
258 Vgl. Kleßmann (1986), 84.
259 Vgl. Reichel (2007), 33.
260 Vgl. Görtemaker (2004), 26.

dabei von Geldstrafen über Arbeitsbeschränkungen bis hin zur Einweisung in Arbeitslager gereicht. Die Urteile seien von Deutschen in den Spruchkammern gefällt worden, so Görtemaker, aber die amerikanische Militärregierung habe sich das Recht der Korrektur von Einzelfallentscheidungen vorbehalten.[261]

Die Verfahren waren häufig langwierig, da sie Verurteilten das Recht boten, Berufung einzulegen. Umstritten waren die Spruchkammern nach Einschätzung von Reichel (2007) besonders deshalb, weil sie durch die Umkehr der Beweislast dem traditionellen Strafrecht widersprachen. Nicht die Gerichte mussten die Schuld der Angeklagten nachweisen, sondern diese waren aufgefordert, ihre Unschuld nachzuweisen. Akzeptiert wurden in diesem Kontext Entlastungsschreiben, die von ehemaligen Opfern oder Gegnern ausgestellt worden waren. Gängige Praxis war es jedoch, dass sich Bekannte untereinander diese sogenannten „Persilscheine" ausstellten.[262] Eigentlich hoch belastete Nationalsozialisten seien so nicht selten als Mitläufer eingestuft worden. Für Unmut in der Bevölkerung habe ferner der Umstand gesorgt, dass sich die Spruchkammern häufig zunächst den Bagatellfällen gewidmet hätten und die schweren Fälle nach dem Ende der Entnazifizierung ungeschoren davon gekommen seien.[263] Diese Problematik thematisiert auch Kleßmann (1986) und beschreibt das Ende der Entnazifizierung:

> „Nachdem im Februar 1948 die SMAD die Entnazifizierung in der SBZ offiziell für beendet erklärt hatte und der amerikanische Kongreß die bisherige Entnazifizierungspolitik für rundweg verfehlt hielt, kam es in der zweiten Hälfte 1948 zu einem abrupten Bruch und zur Aufhebung der amerikanischen Überwachung der Gesetzesdurchführung."[264]

Im Zuge der Verschärfung des Ost-West-Konflikts verlagerten sich für die Amerikaner die Prioritäten und die wirtschaftliche Gesundung Westeuropas und Westdeutschlands rückte zunehmend in das Zentrum ihrer Politik. Ein endgültiges Ende fand die Entnazifizierung in Westdeutschland nach der Gründung der Bundesrepublik Deutschland. Der Deutsche Bundestag erließ am 15. Dezember 1950 Richtlinien zum Abschluss der Entnazifizierung, und „das im folgenden Jahr beschlossene Ausführungsgesetz zum Artikel 131 des Grundgesetzes ermöglichte die Wiedereinstellung der aus politischen Gründen entlassenen ehemaligen Angehörigen des politischen Dienstes"[265].

261 Ebenda.
262 Vgl. Reiche (2007), 34.
263 Ebenda.
264 Kleßmann (1986), 90.
265 Echternkamp (2003), 163.

Parallel zur Entnazifizierung wurde von den Alliierten der Versuch unternommen, die deutsche Bevölkerung im Rahmen der sogenannten „Reeducation" nach demokratischen Prinzipien umzuerziehen. Das Konzept hierfür war von den USA entwickelt worden und wurde von den britischen und französischen Besatzungsmächten in modifizierter Form übernommen. Meyer (2009b) fasst die Zielvorgabe dieses Programms wie folgt zusammen:

> „Im weitesten Sinn umfasst Reeducation alle Maßnahmen der Besatzungsmächte zur Beseitigung des Faschismus aus dem politischen, kulturellen und ökonomischen Leben und Bewusstsein des deutschen Volkes."[266]

Im Bildungswesen wurden rigoros belastete Lehrkräfte entlassen, und damit einhergehende Entlassungsquoten von bis zu 90 Prozent führten zu gravierendem Lehrermangel. 1933 von den Nationalsozialisten entlassene Lehrer, Pensionäre und sogenannte Schulhelfer kompensierten diesen Mangel zunächst, und am 1. Oktober 1945 wurde der reguläre Schulbetrieb wieder aufgenommen. Presselizenzen wurden nach einem dreimonatigen Presseverbot an unbelastete Verleger vergeben, die vor 1945 nicht publizistisch tätig gewesen waren, und das Rundfunkwesen wurde wieder aufgebaut. Durch den Einsatz der Massenmedien sollte die Demokratisierung der Bevölkerung forciert werden. Neben der Umgestaltung des Bildungs- und Kultursektors konfrontierten die Alliierten die Deutschen mit den von ihnen begangenen Verbrechen. Echternkamp (2003) erörtert, wie die Alliierten die Befreiung der Konzentrationslager in Bildern festhielten:

> „Sie dokumentierten mit Fotografien und Filmen die schrecklichen Szenen, die sich ihnen nach dem Betreten der Konzentrationslager boten: Leichenberge, Massengräber, abgemagerte Überlebende auf Pritschen oder hinter Stacheldraht, Stapel von Koffern, Brillen und Haaren, Lagertore, Wachtürme und Baracken."[267]

Diese Bilder und Fotografien, die bei der Befreiung der Lager entstanden sind, wurden in Zeitungen und Filmvorführungen gezeigt und zudem wurde im Rahmen von Radioberichten über die Verbrechen der Deutschen aufgeklärt. Eine weitaus radikalere Form der Aufklärung stellte die von der amerikanischen Besatzungsmacht angeordnete Besichtigung des Konzentrationslagers Buchenwald dar, bei der Einwohner Weimars mit den Leichenbergen der Opfer konfrontiert wurden.[268]

Die Nachkriegsjahre und hierbei insbesondere die Entnazifizierung haben den bundesdeutschen Umgang mit der nationalsozialistischen Vergangenheit in

266 Meyer (2009b), 19.
267 Vgl. Echternkamp (2003), 195.
268 Vgl. Meyer (2009b), 20.

den folgenden Jahrzehnten entscheidend geprägt. Als kennzeichnend für die bundesdeutsche Auseinandersetzung mit der nationalsozialistischen Vergangenheit nennt Sabrow (2005) eine Verdrängungshaltung, die verbunden war mit einer Selbstwahrnehmung als Opfer:

> „In den Westzonen und der frühen Bundesrepublik wurde die Abwehr der von den westlichen Besatzungsmächten in Gang gesetzten und schnell als oktroyiert empfundenen Reinigung zum Ausgangspunkt einer Vergangenheitsbewältigung, die die Monstrosität des nationalsozialistischen Regimes und seiner Verbrechen weitgehend verdrängte. Die mit Hilfe von Fragebogen und Spruchkammerverfahren betriebene Entnazifizierungspolitik der West-Alliierten stieß nicht nur bei den Betroffenen auf Widerstand; sie löste eine Solidarisierungs- und Entlastungsbewegung gegen die vermeintliche Kollektivschuldzumessung aus, die bis an das Ende der fünfziger Jahre anhielt und den westdeutschen Umgang mit dem Nationalsozialismus nachhaltig beeinflusste."[269]

3.2.2. Die Nürnberger Kriegsverbrecherprozesse

Bereits auf den Kriegskonferenzen von Jalta und Teheran wurde deutlich, wie sehr sich die Vorstellungen der „Großen Drei" in Bezug auf eine potenzielle gemeinsame Deutschlandpolitik für die Zeit nach Krieg unterschieden. Einigkeit herrschte jedoch dahingehend, dass die Kriegsverbrecher vor einem Internationalen Militärtribunal angeklagt und verurteilt werden sollten. Im Rahmen der Londoner Viermächtekonferenz unterzeichneten die Siegermächte am 8. August 1945 ein „Abkommen über die Verfolgung und Bestrafung der Hauptkriegsverbrecher der europäischen Achse" und das „Statut für den Internationalen Militärgerichtshof".[270] In diesem Statut legten die Alliierten drei Verbrechenskategorien fest, bei deren Vorliegen Anklage erhoben werden sollte. Diese Kategorien umfassten Verbrechen gegen den Frieden (Planung, Einleitung und Durchführung eines Angriffskrieges oder eines Krieges, der internationale Verträge verletzt), Kriegsverbrechen (Taten, die gegen die Haager Landkriegsordnung oder die Genfer Kriegsgefangenenkonventionen verstießen) und Verbrechen gegen die Menschlichkeit (Mord, ethnische Ausrottung, Versklavung, Deportation und Verfolgung aus politischen, rassischen oder religiösen Gründen sowie andere unmenschliche Handlungen, die vor oder während des Krieges an Zivilisten begangen worden waren).[271] Verhandelt werden sollten vor dem Inter-

---

269 Sabrow (2005), 134.
270 Vgl. Borowsky (1993), 19.
271 Vgl. Meyer (2009c), 21.

nationalen Militärgerichtshof jedoch nur Straftaten die im Zusammenhang mit Kriegshandlungen verübt worden waren. Dazu Echternkamp (2003):

> „Die Tat musste im Zusammenhang mit dem Krieg stehen, Täter und Opfer hatten unterschiedlicher Nationalität zu sein, und das Verbrechen musste internationales Recht verletzten – so lauteten die Bedingungen dafür, dass ein Verbrechen als Kriegsverbrechen vor einem amerikanischen Militärgericht verhandelt wurde.“[272]

Auf die damit verbundene Problematik geht Reichel (2007) näher ein. Nicht in diesen Bereich seien somit Verbrechen gefallen, die Deutsche an Deutschen begangen hätten, auch wenn diese politisch, rassistisch oder religiös motiviert gewesen waren: „Diese Selbstbeschränkung schloss die Judenverfolgung bis zum Beginn des Krieges aus der Strafverfolgung von Verbrechen gegen die Menschlichkeit ebenso aus wie die Gewaltverbrechen gegen Sozialdemokraten, Kommunisten, Sinti und Roma, Geistigbehinderte u. a.“[273]

Nürnberg war als Ort für diese Prozesse ausgewählt worden, weil zum einen das Justizgebäude sowie ein dazugehöriges Gefängnis unzerstört geblieben waren und zum anderen eine nicht zu übersehende Symbolkraft von der Stadt ausging, in der die Reichsparteitage stattgefunden hatten, auf denen die nationalsozialistischen Rassengesetze verabschiedet worden waren.[274]

Der erste Nürnberger Prozess fand vom 20. November 1945 bis zum 1. Oktober 1946 statt. Angeklagt waren neben 24 Hauptkriegsverbrechern auch sechs Organisationen des Nationalsozialismus (NSDAP, SA, SS, Reichsregierung, Generalstab und Oberkommando der Wehrmacht sowie Gestapo und Sicherheitsdienst). Die vier Siegermächte stellten jeweils einen Richter, dessen Stellvertreter sowie einen Ankläger.[275] Die Tatsache, dass sich das Gericht nur aus ehemaligen Gegnern Deutschlands zusammensetzte und keine neutralen Staaten beteiligt waren, wurde häufig kritisiert. Dem Haupteinwand, gegen das Rückwirkungsverbot zu verstoßen, welches nur eine Bestrafung solcher Taten erlaubt, die auch zum Zeitpunkt ihres Begehens strafbar waren, wirkten die Alliierten nach Beurteilung von Reichel (2007) mit dem Verweis auf die internationalen Abkommen von Den Haag und Genf entgegen.[276]

Am 30. September und 1. Oktober 1946 wurden die Urteile verkündet. Von 24 Angeklagten wurden 12 zum Tode verurteilt, 7 erhielten Freiheitsstrafen und 3 wurden freigesprochen. Robert Ley, Reichsleiter der NSDAP hatte bereits vor Prozessbeginn Selbstmord begangen und das Verfahren gegen Gustav Krupp

---

272 Echternkamp (2003), 173.
273 Reichel (2007), 44.
274 Vgl. Meyer (2009c), 21.
275 Vgl. Pötzsch (1998), 34.
276 Vgl. Reichel (2007), 45.

von Bohlen-Halbach wurde aus Krankheitsgründen eingestellt. Hermann Göring entzog sich der Vollstreckung des Todesurteils durch Selbstmord.[277]

Nicht nur unter den Angeklagten, sondern auch in der Bevölkerung wurde das Verfahren kritisiert und als „Siegerjustiz" bezeichnet. Dieser Sichtweise habe man, so Meyer (2009c), versucht entgegenzuwirken:

> „Doch durch die genaue Einhaltung der rechtsstaatlichen Vorgehensweise und nicht zuletzt durch die Freisprüche, die auf den juristischen Grundsatz ‚im Zweifel für den Angeklagten' zurückzuführen sind, wurden Vorbehalte abgebaut."[278]

Zum Abbau der Vorurteile trugen auch die aufklärerischen Maßnahmen der Alliierten während des Prozesses bei. Zweimal täglich wurde im Rahmen von Radiosendungen vom Nürnberger Prozess berichtet, um die deutsche Bevölkerung über die neuen Erkenntnisse bezüglich der nationalsozialistischen Verbrechen zu informieren.[279] Verstärkt wurde das Interesse der Bevölkerung an dem Prozess nicht zuletzt auch durch das Novum der Verwendung von Filmmaterial im Rahmen der Verhandlungen. Die bei der Befreiung der Konzentrations- und Arbeitslager entstandenen Filme, die Richtern und Zeugen von Vertretern der Anklage gezeigt wurden, dokumentierten die Verbrechen der nationalsozialistischen Herrschaft.[280]

Zwischen 1946 und 1949 wurden zwölf weitere Gerichtsverfahren in Nürnberg verhandelt. Anders als bei dem Prozess gegen die Hauptkriegsverbrecher fanden diese jedoch unter der alleinigen Verantwortung der amerikanischen Besatzungsmacht statt. Bereits am 20. Dezember 1945 hatte der Alliierte Kontrollrat den einzelnen Siegermächten die Befugnis erteilt, vor den Militärgerichten der jeweiligen Besatzungszonen Prozesse gegen Kriegsverbrecher durchzuführen. Die Nürnberger Nachfolgeprozesse richteten sich gegen Industrielle (Flick, IG Farben, Krupp), Juristen, Ärzte, Angehörige des Auswärtigen Amtes (Wilhelmstraßenprozess), das Oberkommando der Wehrmacht sowie gegen höhere SS-Funktionäre.[281] Während im Rahmen der ersten Nürnberger Kriegsverbrecherprozesse die Vergehen von Einzelpersonen verhandelt wurden, fand in den Nürnberger Nachfolgeprozessen eine Erweiterung des Spektrums statt. Bei dieser Ausdehnung ging es, so Ahrendt (2009),

277 Vgl. Görtemaker (2004), 27.
278 Meyer (2009c), 22.
279 Vgl. Borowsky (1993), 20.
280 Vgl. Meyer (2009c), 22.
281 Vgl. Görtemaker (2004), 27.

> „vor allem darum, das Zusammenwirken der unterschiedlichen Funktionsträger und Eliten von Wirtschaft, Militär, Justiz, Medizin, Bürokratie und Diplomatie im Machtsystem des NS-Staates aufzuzeigen."[282]

Kriegsverbrecherprozesse wurden auch in der britischen, französischen und sowjetischen Besatzungszone abgehalten und konzentrierten sich in erster Linie auf SS-Wachmannschaften, hohe Parteifunktionäre und Staatsbeamte.[283] In den westlichen Besatzungszonen wurden unter Berücksichtigung der Urteile des Internationalen Militärgerichtshofes insgesamt 5025 Personen verurteilt. Von 806 verhängten Todesurteilen wurden 486 vollstreckt. In der sowjetischen Besatzungszone schätzt man die Zahl der Verfahren auf 45 000.[284]

Häufig kritisiert wurde rückblickend die Begnadigung oder die in späteren Jahren nicht weiter forcierte Verfolgung nationalsozialistischer Straftäter durch die Alliierten. Im Zuge des sich entwickelnden Kalten Krieges gewann die wirtschaftliche Gesundung Westdeutschlands zunehmend an Bedeutung, und die damit einhergehende Westintegration verdrängte die Strafverfolgung ehemaliger Nationalsozialisten aus dem Zentrum der alliierten Politik. Dennoch ist nach Ansicht von Reichel (2005) die Bedeutung der Nürnberger Prozesse nicht zu unterschätzen:

> „Sie boten für einen kurzen Augenblick die Möglichkeit, die sich nicht ein zweites Mal ergeben sollte, der internationalen und deutschen Öffentlichkeit Art und Ausmaß eines bis heute schwer verständlichen Verbrechenskomplexes vor Augen zu führen, die verbrecherischen Organisationen (SS, Gestapo SD, NSDAP-Führerkorps) als solche zu benennen und zahlreiche der hauptverantwortlichen Täter zu verurteilen."[285]

3.3. Fazit

Mit der bedingungslosen Kapitulation am 8. Mai 1945 übernahmen bis auf Weiteres die Alliierten die Regierungsgewalt in Deutschland, welches sie in vier Besatzungszonen aufteilten. Die bisherigen staatlichen Strukturen hatten aufgehört zu existieren, die Wirtschaft war zusammengebrochen, und neben der deutschen Bevölkerung blickten auch Millionen von Flüchtlingen und Displaced Persons einer ungewissen Zukunft entgegen. Es waren nicht die Entscheidungen von Potsdam oder London, die in dieser Zeit die Aufmerksamkeit des einzelnen

---

282 Ahrendt (2009), 23.
283 Vgl. Borowsky (1993), 20.
284 Vgl. Görtemaker (2004), 27.
285 Reichel (2005), 316.

auf sich zogen und seine Tage dominierten. Vielmehr wurde die Erfahrungswelt des Durchschnittsbürgers in der Nachkriegszeit von den Schwierigkeiten des täglichen Überlebens bestimmt. Zerstörter Wohnraum und die große Anzahl von Flüchtlingen führten dazu, dass ein Dach über dem Kopf keineswegs eine Selbstverständlichkeit war. Hatten die Deutschen zu Kriegszeiten auf Kosten der besetzten Ostgebiete noch erstaunlich gut gelebt, sahen sie sich nach dem Kriegsende mit einer Hungerkrise konfrontiert.

Fokussiert auf das tägliche Überleben spielte die Auseinandersetzung mit der eigenen nationalsozialistischen Vergangenheit nur eine untergeordnete Rolle. Diese fand, sofern überhaupt, vielfach nur in der Gestalt statt, dass Uniformen und Abzeichen vernichtet wurden und jegliche Verbindung zum verbrecherischen Regime abgestritten wurde. Die Aufzeichnungen der amerikanischen Journalistin Martha Gellhorn belegen, dass es an der Tagesordnung war, dass sich die Menschen zumindest oberflächlich vom Nationalsozialismus distanzierten. Über ihre tatsächliche Einstellung sagten solche Äußerungen und Handlungen allerdings nicht viel aus und konnten auch nicht darüber hinwegtäuschen, dass nicht wenige vor dem 8. Mai 1945 begeisterte Anhänger der nationalsozialistischen Weltanschauung gewesen waren. Die Notwendigkeit der von den Alliierten initiierten Entnazifizierungsmaßnahmen als Grundlage eines künftigen demokratischen Staates war angesichts des in der Bevölkerung nur begrenzt vorhandenen Verlangens nach einer entsprechenden Auseinandersetzung mit der nationalsozialistischen Vergangenheit unübersehbar.

Obschon die mit erheblichem Aufwand durchgeführten Maßnahmen zur Entnazifizierung nicht alle von den Alliierten gesteckten Ziele erreichten, können sie dennoch nicht als vollkommener Misserfolg gewertet werden. Zwar ist es nicht gelungen, alle ehemaligen Nationalsozialisten ihrer beruflichen Positionen zu entheben. Dieses Bestreben erscheint bei 6 Millionen Parteimitgliedern bei Kriegsende auch nicht wirklich realistisch. Mangelnde qualifizierte Arbeitskräfte in einzelnen Bereichen machten gewisse personelle Kontinuitäten unvermeidbar. Ferner führte die Arbeitsweise der Spruchkammern, zunächst die einfacheren Fälle zu verhandeln, nicht selten dazu, dass Mitglieder der alten Eliten sich im Zuge der durch den Kalten Krieg beendeten Entnazifizierung nicht mehr für ihre Taten verantworten mussten. Erfolgreicher war die Entnazifizierung hinsichtlich der Beendigung und Auflösung von nationalsozialistischen Organisationen. Die NSDAP und ihr angeschlossene Einrichtungen und Verbände wurden aufgelöst, und ein Weiterleben des Nationalsozialismus in organisierter Form wurde so unterbunden. Zudem führten die Nürnberger Prozesse und weitere Gerichtsverfahren dazu, dass der Nationalsozialismus als Ideologie so diskreditiert wurde, dass öffentliche Äußerungen, die eine solche Haltung vermuten ließen, nicht länger geduldet wurden.[286]

Die durch die Nürnberger Prozesse, die Entnazifizierung und Reeducation forcierte Auseinandersetzung mit der jüngsten Vergangenheit stieß in der Bevölkerung häufig nur auf wenig Begeisterung. Die eigene Not der Nachkriegsjahre führte bei nicht wenigen Deutschen dazu, dass sie sich selbst als Opfer des Krieges sahen. Entsprechend gering war vielfach das Verständnis für die von den Alliierten initiierten Entnazifizierungsmaßnahmen. Besonders mit größerem zeitlichen Abstand zum Kriegsende verstärkte sich der Wunsch nach Normalität. Die Aufarbeitung der nationalsozialistischen Vergangenheit hatte hierbei nur begrenzt Platz. Wie in Kapitel 5 ausführlich thematisiert, ist vor diesem Hintergrund auch die insbesondere in den ersten Nachkriegsjahrzehnten kaum erfolgte Kenntnisnahme der Verfolgungsgeschichte der Sinti und Roma zu sehen. Wie die übrige Bevölkerung hatten auch Angehörige der Minderheit in der Nachkriegszeit mit den Schwierigkeiten des Alltags zu kämpfen und mussten darüber hinaus häufig nicht nur den Verlust von großen Teilen ihrer Familien verarbeiten, sondern wurden zudem mit kaum vorhandener Anteilnahme des an ihnen verübten Völkermords und den alten Vorurteilen und Ressentiments konfrontiert.

286 Vgl. Jarausch (2004), 74.

4. Erinnerung

Bei der Untersuchung der Erinnerung an die nationalsozialistischen Verbrechen an den Sinti und Roma sowie der allgemeinen Thematisierung der Belange Minderheit im Rahmen der Debatten des Deutschen Bundestages ist die Auseinandersetzung mit der Frage nach der Funktion und Notwendigkeit von Erinnerung unumgänglich. Aus welchem Grund kann es notwendig sein, dass sich eine Nation überhaupt an ihre Vergangenheit erinnert? Welche Funktion kann die Erinnerung an die Vergangenheit auf politischer und gesellschaftlicher Ebene übernehmen? Welche Beweggründe existieren spezifisch für die Erinnerung nach Kriegen im Allgemeinen und für die Erinnerung an den Zweiten Weltkrieg im Besonderen? Diesen Fragestellungen sollen im Folgenden nachgegangen werden.

4.1. Der Modus der Erinnerung nach Kriegen

Heute besteht weitgehend gesellschaftlicher Konsens darüber, dass der adäquate Umgang mit der Vergangenheit nach einem Krieg in Form von bewusstem Erinnern stattfindet. Insbesondere in Bezug auf die nationalsozialistische Vergangenheit scheint ein alternativer Modus kaum denkbar. Was in den letzten 65 Jahren seit dem Ende des Zweiten Weltkriegs zu einer Selbstverständlichkeit geworden ist, die kaum noch in Frage gestellt wird, erweist sich bei näherer Betrachtung jedoch keineswegs als geschichtspolitische Normalität, sondern vielmehr als Ausnahme.

4.1.1. Das „Wechselgeschenk des Vergessens"

Nach dem Ende von Kriegen sind zwei potenzielle Verfahrensweisen denkbar, um eine Ausgangsbasis für ein künftiges friedliches Zusammenleben zu schaffen. Hierbei stehen sich Vergessen und Vergeben sowie Erinnern und Bestrafen gegenüber. Anders als die Entwicklung von Erinnerungskultur und Erinnerungspolitik der letzten Jahrzehnte vermuten lässt, war bis zum Ende des Zweiten Weltkriegs das „Wechselgeschenk des Vergessens“[287], wie Niethammer (1992) es nennt, die Basis fast aller europäischen Friedensschlüsse. Hierbei handelt es sich um eine lange Tradition, die auf die griechische Form des Friedens zurückgeht. Konflikte, Zwietracht und Gegensätze waren charakteristisch für die frühe griechische Geschichte und endeten nicht selten mit offener Gewalt. Einen erneuten Ausbruch der Konflikte glaubte man, so der Historiker Christian Meier (2004), durch das Verfahren des Vergessens verhindern zu können:

> „Immer wieder beschließt oder vereinbart man, des angerichteten Schlimmen nicht mehr zu gedenken, das heißt keine Rache zu nehmen, sei es durch Anklage vor Gericht, sei es in unmittelbarem, oft blutigem Zugriff. So soll der Friede gesichert werden.“[288]

Das Vergessen lasse sich jedoch nur schwer befehlen, und so sei bei den Griechen auch vielmehr von „Nicht-Erinnern“ die Rede gewesen, was eher ein gewolltes und zugesagtes gemeinsames Verdrängen meine. Das von Meier gezogene Resümee bezüglich des Erfolges dieser von den Griechen praktizierten Vorgehensweise fällt jedoch eher ernüchternd aus. Theorie und Praxis hätten häufig weit voneinander entfernt gelegen und so sei es schon als ein Erfolg gewertet worden, wenn Rache und Anklagen ausgeblieben seien.[289]

Obgleich der Versuch, das erneute Entstehen von Konflikten und damit verbundenen Kriegen durch verordnetes Vergessen zu verhindern, zumeist nur von mäßigem Erfolg gekrönt war, dominierte diese Methode dennoch in den folgenden Jahrhunderten die Verfahrensweise nach Kriegen. Während heutzutage die Auffassung vorherrscht, dass nur die Erinnerung vor einer Wiederholung der Ereignisse zu schützen vermag, befürchtete man nach dem Vorbild der griechischen Tradition des „Nicht-Erinnerns“ jahrhundertelang, dass gerade die stete Konfrontation mit der Vergangenheit die Gefahr eines erneuten Aufkeimens von Anfeindungen mit sich brächte.[290] Auch Knigge (2005) stellt fest, dass Erinnerung als Instrument zur Überwindung von Feindschaft, Gewalt und Krieg so gut wie nie vorgesehen war:

> „Das klassische Mittel der Neuzeit zur Wiedergewinnung bzw. Festigung und Verstetigung von Frieden und Versöhnung war das Vergessen der ihnen vorausgegangenen Gewalttaten auf Seiten aller Beteiligten. Erinnerung ist in dieser Perspektive eine Praktik gewesen, die nicht dem Frieden, sondern vor allem seinem

287 Niethammer (1992), 31.
288 Meier (2004), 74.
289 Vgl. Meier (2004), 78.
290 Vgl. Meier (2004), 80.

> Gegenteil in Gestalt der Bewahrung von Ressentiments, Rachegelüsten oder Revancheinteressen dienlich war."[291]

Den praktischen Nutzen dieser Verfahrensweise betreffend kommt Meier (2010) zu dem Fazit, dass die Durchsetzung einer Straflosigkeit in der Regel kein Problem darstellte, während das verordnete Vergessen nicht selten mit größeren Schwierigkeiten in der Umsetzung verbunden war. Für die Täter sei das „Vergessensgebot" eine willkommene Möglichkeit, sich nicht mit den Untaten der Vergangenheit auseinandersetzen zu müssen, wohingegen die Opfer Schaden und erlittenes Unrecht oftmals weder vergessen wollten noch konnten.[292]

Meier (2010) stellt sechs Thesen auf, anhand derer er zu verdeutlichen versucht, welche Gründe dafür existieren, dass welthistorisch über Jahrhunderte der Modus des Vergessens gegenüber dem des Erinnerns nach Kriegen dominierte[293]:

1) „In diesen Versuchen, Vergessen zu stiften, äußert sich eine auf Erfahrung beruhende Weisheit (zu der, wie das Vorkommen entsprechender Bemühungen in verschiedenen Erdteilen zeigt, die verschiedensten Kulturen unabhängig voneinander gelangt sind)."[294] Ein künftiges Zusammenleben in Frieden mache es unabdingbar, dass Anklage, Strafe und Rache ein Ende finden. Von dieser Amnestie seien allerdings in der Regel besonders schwere Verbrechen ausgenommen gewesen.
2) „Indem man die Fähigkeit hat, einen Schlußpunkt zu setzen, verzichtet man bewußt um des Friedens willen auf die Ahndung von vielerlei Unrecht."[295] Besonders in Zeiten ständig neuer Kriege sei dieses Verhalten von dem Bestreben getragen gewesen, Friedensschlüsse nicht zu sehr mit Gerechtigkeitsforderungen zu belasten.
3) „Wenn politische Einheiten sich nicht vernichten können, müssen sie nach dem Krieg zusammenleben."[296] Dieses künftige Zusammenleben erfordere Respekt und ein gewisses Maß wechselseitiger Nachsicht hinsichtlich der Verfehlungen in der Vergangenheit.
4) „Unrecht, das man im Auftrag oder im Sinn des eigenen Staates, der eigenen Polis, des eigenen Fürsten, der eigenen Bürgerkriegs- oder Revolutionspartei begangen hat, noch dazu im Rahmen heftiger Kämpfe,

291 Knigge (2005), 447.
292 Vgl. Meier (2010), 44.
293 Vgl. Meier (2010), 44ff.
294 Meier (2010), 44.
295 Meier (2010), 45.
296 Meier (2010), 46.

oft unter Ausnahmebedingungen, läßt sich am allerschwersten einsehen und bereuen."[297] Wenn von der Rechtmäßigkeit staatlicher Ordnung und staatlich legalisierter Befehle ausgegangen wurde, gestalte sich das Einsehen des eigenen Unrechts häufig als problematisch, sofern dieses Folge eines staatlichen Befehls gewesen sei. Solche Abwehrmechanismen und Verdrängung der eigenen Schuld seien besonders verbreitet bei Verbrechen, an denen ein großer Teil der Bevölkerung beteiligt gewesen sei.

5) „Staaten sind ganz besonders wenig geneigt, Fehler oder Verbrechen, die sie oder ihre Angehörigen in ihrem Namen begangen haben, einzugestehen."[298] Bedingt durch den Umstand, dass Staaten auch in der Zukunft darauf angewiesen seien, so Meier, dass Befehle ausgeführt würden, würden sie dazu neigen, vor in ihrem Namen begangenem Unrecht die Augen zu verschließen."

6) „Friedensschlüsse und Versöhnungen nach heftigen Konflikten sind nur Beispiele für etwas, woran auch sonst Bedarf ist: gelegentlich neu anzufangen!"[299]

Meier liefert in seinen Büchern[300] zahlreiche Beispiele für den in unterschiedlichen Ländern und Jahrhunderten immer wieder zu beobachtenden Wunsch der Völker, durch Vergessen der erlittenen oder begangenen Untaten der Vergangenheit eine friedliche Zukunft gewährleisten zu können. Gegenbeispiele, so Meier, finden sich nur in der jüdischen Geschichte. Das Gebot der Erinnerung besäße im Judentum einen zentralen Stellenwert und so vermöge einer jüdischen Weisheit nach nur die Erinnerung Erlösung zu bieten, wogegen der Wunsch des Vergessens das Leiden verlängere.[301] Die Tatsache, dass der Begriff „Zachor", „Erinnere Dich", 169mal in der hebräischen Bibel zu finden ist, unterstreicht den Stellenwert, den Erinnerung im Judentum einnimmt. Nach Meier deutet in der abendländischen Geschichte vor 1933 jedoch alles darauf hin, dass es sich beim Modus des Vergessens bzw. „Nicht-Erinnerns" nach Kriegen als Grundlage für ein künftiges Zusammenleben eher um die Regel handelte, und das Erinnerungsgebot der Juden eher eine Ausnahme bildete.[302] Abschließend stellt Meier sich die Frage, ob neben der Angst vor möglicher Rache oder einem Wiederaufleben der Konflikte bei der Entscheidung, dem Vergessen gegenüber

297 Meier (2010), 46.
298 Meier (2010), 47.
299 Ebenda.
300 Meier, Christian (2004): *Das Verschwinden der Gegenwart,* München.; Meier, Christian (2010): *Das Gebot zu vergessen,* München.
301 Vgl. Meier (2004), 72.
302 Vgl. Meier (2004), 79.

dem Erinnern den Vorzug zu gewähren, möglicherweise auch die Problematik der Unbegreiflichkeit des zu Erinnernden eine Rolle gespielt haben könnte. So kommt er zu folgendem Schluss:

> „Jedenfalls läuft es im Effekt darauf hinaus, daß es kaum möglich ist, durch Verarbeitung des eigenen Tun und Lassens, durch Aufnahme des feindlichen Tun und Lassens in das eigene Verstehen und durch Verknüpfung des einen mit dem andern jene Distanz zu gewinnen, die allenfalls das Schlimme der Vergangenheit im Gedächtnis zu erhalten und trotzdem deren Positionen zu relativieren erlaubt."[303]

Eine Veränderung im Umgang mit der verbrecherischen Vergangenheit nach Kriegen hat erstmalig zu Beginn des 20. Jahrhunderts stattgefunden, und das Verfahren des Vergessens wurde durch den Modus des Erinnerns ersetzt. Laut König (2008) war es der Versailler Friedensvertrag von 1919, der nicht nur die Kriegsschuldfrage festlegte, sondern wegen deutscher Kriegsverbrechen auch Strafprozesse forderte und sich so klar von der gängigen Praxis des Vergebens und Vergessens distanzierte. Dazu merkt König an:

> „Erst mit dem Versailler Vertrag und dann vor allem seit dem Ende des Zweiten Weltkriegs haben sich die Auffassungen über die Kunst, einen Krieg zu beenden und einen politischen Neubeginn zu unternehmen, fundamental geändert. Nach und nach wird nun die Auffassung vorherrschend, daß man nur durch die aufmerksame und ungeschönte Vergegenwärtigung der Vergangenheit und durch die Bestrafung der für die Verbrechen verantwortlichen Täter ihrer zerstörerischen Macht entkommen kann. Von nun an setzt sich die Forderung nach Erinnern, Aufarbeiten und Bestrafen durch."[304]

Diese neue Betrachtungsweise, so König, sieht Krieg nicht länger als ein Übel, das von den Menschen allenfalls beklagt, am besten vergessen und in der Regel ertragen wird, sondern als ein Verbrechen, welches bestraft und erinnert werden muss.[305] Der Umstand, dass nach dem Ersten Weltkrieg der Erinnerung gegenüber dem Vergessen der Vorzug gewährt wurde, bedeutete indes nicht, dass diese Verfahrensweise fortan ausnahmslos Anwendung fand. So ist der Vertrag von Lausanne, der 1923 nach dem Ende des griechisch-türkischen Krieges geschlossen wurde, an ein Amnestieabkommen gekoppelt, welches das Vergessen jener Ereignisse garantieren soll, die zu Unfrieden geführt hatten.[306]

---

303 Meier (2010), 48f.
304 König (2008), 44.
305 Ebenda.
306 Vgl. Meier (2004), 71.

4.1.2. Erinnerung nach 1945 in Deutschland

Auch Deutschland sah sich nach dem Zweiten Weltkrieg mit der Frage konfrontiert, wie mit der verbrecherischen Vergangenheit umgegangen werden sollte, auf welche Weise strukturelle und personelle Hinterlassenschaften des Unrechtsregimes in eine demokratische Staatsform verwandelt werden konnten und wie summa summarum die Grundlage für künftigen Frieden geschaffen werden sollte. Mit der bedingungslosen Kapitulation hatte das Deutsche Reich am 8. Mai 1945 aufgehört zu existieren und verfügte demnach auch über keine Regierung mehr, die darüber hätte entscheiden können, in welcher Form mit dem nationalsozialistischen Erbe umgegangen werden sollte. Diese Aufgabe wurde von den alliierten Besatzungsmächten übernommen. So unterschiedlich die Ansichten der Alliierten in diversen Punkten auch waren, so einig waren sie sich hinsichtlich der Verfahrensweise mit dem ehemaligen NS-Staat und seine personellen und gesellschaftlichen Hinterlassenschaften: Ehemalige Nationalsozialisten sollten aus staatlichen Institutionen, der Wirtschaft und dem Bildungssektor entfernt werden, die Verantwortlichen für die Verbrechen bestraft werden und die Bevölkerung über das Ausmaß nationalsozialistischer Verbrechen aufgeklärt werden und in einem nächsten Schritt demokratische Grundwerte vermittelt bekommen. Vergessen und Vergeben stellten nie einen Modus dar, den die Alliierten als Alternative zu Erinnern und Bestrafen gesehen hätten.

Trotz der bereits unmittelbar nach Kriegsende durchgeführten Maßnahmen zur Aufarbeitung und Auseinandersetzung mit der NS-Vergangenheit Deutschlands wurde rückblickend häufig der Umgang mit ebendieser in den 1950er und 1960er Jahren kritisiert. Abgesehen von den Entnazifizierungsmaßnahmen und den Nürnberger Prozessen, die unter der Verfügungsgewalt der Alliierten stattfanden, waren die nationalsozialistischen Verbrechen kein Thema, welches in den ersten zwei Jahrzehnten des neu gegründeten Staates höchste gesellschaftliche Priorität genossen hätte. Die Bundesrepublik distanzierte sich zwar als Nachfolgestaat des Dritten Reiches in aller Deutlichkeit von den zwischen 1933 und 1945 propagierten Weltanschauungen, und wer öffentlich antisemitische Haltungen äußerte, diskreditierte sich auch in den unmittelbaren Jahren nach Kriegsende selbst. König (2008) stellt in diesem Kontext eine große Diskrepanz fest zwischen dem privaten und dem öffentlichen Diskurs der Deutschen über die nationalsozialistische Vergangenheit:

> „Antisemitische Haltungen waren in der Bundesrepublik öffentlich stets geächtet, aber sie waren nach dem Einschnitt von 1945 in den Räumen des Privaten und in den vorpolitischen Räumen der Geselligkeit keineswegs verschwunden. In der öf-

> fentlichen und politischen Kommunikation war der Antisemitismus dagegen tabu."[307]

Im Fokus der gesellschaftlichen Bemühungen stand grundsätzlich weniger die Aufarbeitung der eigenen verbrecherischen Vergangenheit, sondern vielmehr das Streben nach Normalität. Meier vertritt die Auffassung, dass mit diesem Verhalten in den 1950er Jahren nach einem Muster verfahren wurde, welches nach großen Katastrophen normal war: „Man verdrängte und strebte nach Amnestie, nach Vergessen."[308] Als nachträgliches Äquivalent für das Nicht-Erinnern stuft Meier ferner die Rede vom „Schlussstrich"[309] ein.[310]

So trat zumindest in den 1950er Jahren auch nach dem Zweiten Weltkrieg das ein, was bis zum Versailler Vertrag nach Kriegen üblich gewesen war. Zeitverzögert, nach einer Phase der öffentlichen Thematisierung unmittelbar nach dem Krieg, die vor allem auf das Bestreben der Alliierten zurückging, ließ sich, so Meier, der Versuch des öffentlichen Vergessens beobachten.[311] Untaten größeren Stils seien zumindest solange beschwiegen worden, bis man sich aus ihrem unmittelbaren Schatten entfernt habe.[312] Ein solches Verhalten beschreibt auch Giesen (2005) anhand des Traumabegriffs. Aus einer plötzlichen Verkehrung von Gut und Böse, Sicherheit und Zerstörung ergeben sich Traumata. Diese Konstellation trifft ohne Zweifel auf die Situation nach dem Kriegsende 1945 zu. Zudem neige das Kollektivbewusstsein dazu, sich dagegen zu sträuben, die eigene Gesellschaft als eine barbarische wahrzunehmen und Giesen folgert: „Kollektive Traumata benötigen daher ebenso wie individuelle Traumata eine Zeit der Latenz, bevor sie ausgesprochen werden können."[313] Eine solche „stumm vereinbarte Koalition des Schweigens"[314] sei auch in Deutschland nach dem Krieg zu beobachten gewesen.

Den Versuch eines psychologischen Nachweises, warum es in der Ära Adenauer (1949-1963) zu keiner wirklichen Auseinandersetzung der deutschen Bevölkerung mit den im Dritten Reich verübten Verbrechen gekommen ist,

---

307 König (2008), 527.
308 Meier (2010), 50.
309 Die Rede vom Schlussstrich meint in diesem Kontext die nach den Amnestieverfahren der 1950er Jahre aufgekommene und seitdem immer wieder auftauchende Forderung, die Auseinandersetzung mit der nationalsozialistischen Vergangenheit zu beenden. Prominentes Beispiel Franz Josef Strauß (1969): „ Ein Volk, das diese wirtschaftlichen Leistungen erbracht hat, hat ein Recht darauf, von Auschwitz nichts mehr hören zu wollen" (zitiert nach Meier (2010), 80).
310 Vgl. Meier (2010), 56.
311 Vgl. Meier (2010), 69.
312 Vgl. Meier (2010), 68.
313 Giesen (2005), 398.
314 Ebenda.

unternehmen Alexander und Margarete Mitscherlich in ihrem 1967 veröffentlichten Buch „Die Unfähigkeit zu trauern".[315] Oft sinnentstellt zitiert bezeichnet der Titel nicht die Unfähigkeit der Deutschen, um eigene oder fremde Opfer zu trauern, sondern die Unfähigkeit, den erlittenen Verlust ihres „Führers" Adolf Hitler zu betrauern. Diese beschreiben Mitscherlichs wie folgt:

> „Die Unfähigkeit zur Trauer um den erlittenen Verlust des Führers ist das Ergebnis einer intensiven Abwehr von Schuld, Scham und Angst und sie gelingt durch den Rückzug bisher starker libidinöser Besetzungen. Die Nazivergangenheit wird derealisiert, entwirklicht."[316]

Schuld führe normalerweise zu Reue und dem Bedürfnis der Wiedergutmachung. Verlust gehe in der Regel mit dem Gefühl der Trauer einher. Ein verletztes Ideal schließlich löse bei den Betroffenen ein Gefühl der Scham aus. Mitscherlichs vertreten den Standpunkt, dass sich die Verleugnungstendenzen der deutschen Bevölkerung nach dem Krieg gleichermaßen auf die Anlässe für Schuld, Trauer und Scham erstreckt hätten.[317] Nach Freud unterscheiden Alexander und Margarete Mitscherlich an dieser Stelle zwischen Trauer und Melancholie. Trauer löse bei den Betroffenen ein Gefühl der Verarmung aus, wogegen für die krankhafte Steigerung der Trauer, die Melancholie, zudem eine Erniedrigung des Selbstwertes charakteristisch sei. Der Verlust der Identifikationsfigur Hitler habe ausreichenden Anlass zur Ausbildung einer Melancholie geboten, die aber schlussendlich nicht entstanden sei:

> „Die Bundesrepublik ist nicht in Melancholie verfallen, das Kollektiv all derer, die einen ‚idealen Führer' verloren hatten, den Repräsentanten eines gemeinsam geteilten Ich-Ideals, konnte der eigenen Entwertung dadurch entgehen, daß es alle affektiven Brücken zur unmittelbar hinter ihnen liegenden Vergangenheit abbrach."[318]

Ohne den Einsatz der Abwehrmechanismen Verleugnung, Isolierung und Derealisation hätte bei einer großen Zahl von Menschen ihre narzisstische Liebe zum Führer und die auf dieser Basis verübten Verbrechen den Zustand schwerer Melancholie auslösen müssen.[319] Diese Abwehrvorgänge hätten auf der einen Seite zwar eine mögliche kollektive Melancholie verhindert, aber auf der anderen Seite auch dazu geführt, dass ein Durchleben des Gefühls der Trauer und die

---

315 Mitscherlich, Alexander u. Margarete: *Die Unfähigkeit zu trauern. Grundlagen kollektiven Verhaltens*. 1967.
316 Mitscherlich (2007), 34.
317 Vgl. Mitscherlich (2007), 36.
318 Mitscherlich (2007), 37f.
319 Vgl. Mitscherlich (2007), 79.

damit verbundene Aufarbeitung der eigenen Schuld nicht habe stattfinden können. Dies habe, so das Ehepaar Mitscherlich, zu folgender Situation geführt:

> „Solange wir jedoch nicht die Schuld an den ‚unbeschreiblich grausam ausgeführten Massenverbrechen endlich zur Kenntnis nehmen', muß nicht nur unser Geistesleben stagnieren, sondern ist auch keine emotionell getragene Aussöhnung mit unseren ehemaligen Feinden möglich, selbst wenn uns heute politische Bündnisse und blühende Handelsbedingungen mit ihnen verbinden mögen."[320]

Darüber hinaus sei eine sinnvolle Bindung an die Vergangenheit nur dann möglich, wenn es den Menschen gelänge, sich von verlorenen Objektbeziehungen zu lösen und Trauerarbeit leisten zu können. Dazu Mitscherlichs: „Ohne eine schmerzliche Erinnerungsarbeit wird dies nicht gelingen können, und ohne sie wirken unbewußt die alten Ideale weiter, die im Nationalsozialismus die fatale Wendung der deutschen Geschichte herbeigeführt haben."[321]

Eine weitaus positivere Einschätzung der gesellschaftlichen Verhaltensweisen bezüglich der nationalsozialistischen Vergangenheit in den 1950er und 1960er Jahren findet sich bei Lübbe. Dieser widerspricht der vom Ehepaar Mitscherlich vertretenen These der Verdrängung der NS-Vergangenheit: „Es sei nichts verdrängt worden, machte Lübbe geltend, denn die Verurteilung der Verbrechen des NS-Staates sei der unumstrittene Grundkonsens bereits der jungen Bundesrepublik gewesen."[322] Auf öffentlicher politischer Ebene, so Lübbe, könne aufgrund der klaren Distanzierung der Bundesrepublik vom Dritten Reich und dem Gedenken an die Opfer der nationalsozialistischen Herrschaft nicht von Verdrängung gesprochen werden. Charakteristisch für diesen offiziellen Gedächtnisdiskurs des Staates sei allerdings eine fehlende Grundlage in Form von biografischen Erinnerungen der Bevölkerung gewesen. Anders als auf offizieller Ebene könne die Thematisierung der NS-Zeit auf privater Ebene als ein Tabu eingestuft werden. Der von Lübbe eingeführte Begriff des „kommunikativen Beschweigens"[323] bezeichnet den auf privater Ebene bewussten Verzicht auf die Auseinandersetzung mit der persönlichen Schuld des Einzelnen. Um Vergangenheitsbelastete zu resozialisieren und zu integrieren, führt Lübbe aus, sei dieses Schweigen notwendig gewesen. Nur so habe die Möglichkeit bestanden, diese Personen in den neuen demokratischen Staat zu integrieren.[324] Während im öffentlichen Rahmen wohldosiert die Verantwortung für die nationalsozialistischen Verbrechen übernommen worden sei und man der Opfer gedacht

---

320 Mitscherlich (2007), 58f.
321 Mitscherlich (2007), 83.
322 Assmann (1999), 76.
323 Lübbe (2001), 244.
324 Vgl. Lübbe (2001), 245.

habe, sei für den Alltag und somit den private Bereich die stille Übereinkunft des Schweigens charakteristisch gewesen. Lübbe sieht in dieser Asymmetrie keine Schwierigkeit, sondern vielmehr eine stabilisierende Maßnahme für die westdeutsche Gesellschaft: „Diese gewisse Stille war das sozialpsychologische und politisch nötige Medium der Verwandlung unserer Nachkriegsbevölkerung in die Bürgergesellschaft der Bundesrepublik."[325]

Der Umgang mit der nationalsozialistischen Vergangenheit in den 1950er und 1960er Jahren stand häufig im Zentrum der Kritik. Die Generation jener, die den Krieg miterlebt hatten, wurde vielfach von ihren Kindern mit dem Vorwurf konfrontiert, eine tatsächliche Auseinandersetzung mit der nationalsozialistischen Vergangenheit versäumt zu haben. Für Frei (2005) liegen diese seit dem Ende der 1950er Jahre entstandenen Gegenkräfte nicht zuletzt in der Vergangenheitspolitik der ersten beiden Bonner Legislaturperioden begründet. Er stellt diesbezüglich fest:

> „Das Wort von der ‚unbewältigten Vergangenheit', das damals aufkam, brachte diese Empfindungen auf den Begriff, und von hier aus erklärt sich vieles von dem, was seit Anfang der sechziger Jahre als politischer Generationenkonflikt greifbar wurde und schließlich in ‚Achtundsechzig' münden sollte."[326]

Diese von der nachfolgenden Generation hervorgebrachte Kritik darf jedoch nicht darüber hinwegtäuschen, dass durchaus auch in den ersten Jahrzehnten nach dem Ende des Zweiten Weltkriegs auf verschiedenen Ebenen öffentlichkeitswirksame Thematisierungen des Nationalsozialismus zu beobachten waren. Mit dem Eichmann-Prozess 1961, der Aufführung von Rolf Hochhuths Drama „Der Stellvertreter" 1963 und den vier Kontroversen, die zwischen 1960 und 1979 im Deutschen Bundestag debattiert wurden und die unter der Bezeichnung „Verjährungsdebatten"[327] bekannt sind, seien hierfür nur drei Beispiele genannt.

Zu einer tatsächlichen Wende im öffentlichen Umgang mit der nationalsozialistischen Vergangenheit kam es jedoch erst 1979. Es war die Ausstrahlung einer vierteiligen amerikanischen Fernsehserie, die mehr als dreißig Jahre nach Kriegsende ein Gefühl der Betroffenheit in der deutschen Bevölkerung auslöste. Heinz Werner Hübner, damaliger Programmdirekter des WDR, der die Serie „Holocaust" ausstrahlte, unterstreicht die Bedeutung, die dieser Fernsehproduktion beizumessen ist:

---

325 Lübbe, zitiert nach: Assmann, Frevert (1999), 77.
326 Frei (2005), 35.
327 Debatten über die Verjährungsfristen für Mord, im Rahmen derer der Deutsche Bundestag 1979 die Aufhebung der Verjährung von Mordverbrechen beschloss.

> „Holocaust‘ hat ein Gespräch zwischen den Generationen in Gang gebracht, das Gespräch über ein Thema, das für die Älteren im Schattenreich und für die Jüngeren hinter einer Nebelwand versunken war.“[328]

Eugen Kogon (1979), Überlebender des Konzentrationslagers Buchenwald und Autor eines seit Jahrzehnten als Standardwerk angesehenen Beitrags über das System deutscher Konzentrationslager[329], beurteilt die Sendung trotz gewisser Kritikpunkte als bedeutsam:

> „Holocaust‘ – trotz der Einwendungen, die zu machen sind, sollte von vielen gesehen werden. Er ist, an unserer Geschichte entwickelt, ein Beitrag, Menschlichkeit unter allen Umständen zum Maßstab unseres Denkens und Verhaltens werden zu lassen.“[330]

Eine einhellig positive Rückmeldung erfuhr die Sendung jedoch keinesfalls. Ihre Ausstrahlung wurde begleitet von einer Kontroverse, in deren Zentrum die Vorwürfe der Fiktionalisierung, Trivialisierung und Kommerzialisierung des Holocausts standen.[331] Auch wenn es diskussionswürdig sein mag, ob es angemessen ist, den Holocaust in Form einer amerikanischen Fernsehserie zu zeigen, darf nicht außer Acht gelassen werden, dass es diese trivialisierte Form der Auseinandersetzung mit dem Nationalsozialismus und dem damit verbundenen Völkermord war, die dazu geführt hat, das plötzlich etwas öffentlich diskutiert wurde, vor dem man zuvor jahrzehntelang bevorzugt die Augen verschlossen hatte.

4.1.3. Fazit

Mehr als sechs Jahrzehnte nach dem Ende des Zweiten Weltkrieges ist die Erinnerung an die nationalsozialistischen Verbrechen und ihre Opfer fester Bestandteil der deutschen Kultur und Gesellschaft. Jahrhundertelang war es jedoch nicht die die Verfahrensweise der Erinnerung an die begangenen Verbrechen, die nach einem Krieg praktiziert wurde, sondern der Modus des Vergessens oder „Nicht-Erinnerns“. Durch ihn glaubte man erneute Konflikte und Kriege verhindern zu können. An die Verfahrensweise der Erinnerung war hingegen die Sorge geknüpft, durch die stete Konfrontation mit der Vergangenheit den erneuten Ausbruch von Konflikten zu begünstigen. Einen Gegensatz hierzu

---

328 Hübner (1982), 8.
329 Kogon, Eugen (1946): *Der SS-Staat. Das System der deutschen Konzentrationslager.* München.
330 Kogon, Eugen (1979), 69.
331 Vgl. Janssen (2009), 243.

stellt das Judentum dar, in dem das Gebot der Erinnerung seit jeher einen zentralen Stellenwert hat. Die abendländische Geschichte vor 1933 zeigt jedoch, dass es sich hierbei eher um eine Ausnahme handelte. Einen Wendepunkt im Umgang mit der kriegerischen Vergangenheit markiert der Versailler Friedensvertrag von 1919. Langsam setzte sich der Ansatz durch, den Grundstein für ein künftiges friedliches Zusammenleben durch Vergegenwärtigung und Bestrafung der Verbrechen erreichen zu können.

Nach dem Zweiten Weltkrieg waren es in Deutschland die Besatzungsmächte, die festlegten, in welcher Form die nationalsozialistischen Hinterlassenschaften gehandhabt werden sollten. Für die Besatzungsmächte stand es außer Frage, dass statt Vergeben und Vergessen die Verfahrensweisen Erinnerung und Bestrafung zur Anwendung kommen sollten. Von dem Prozess der Entnazifizierung waren staatliche Institutionen, die Wirtschaft und auch der Bildungssektor betroffen. Darüber hinaus wurden im Rahmen der Nürnberger Prozesse die Hauptkriegsverbrecher vor Gericht gestellt. Mit dem Ende der Besatzungszeit und nach Abschluss der von den Alliierten durchgeführten Maßnahmen war die nationalsozialistische Vergangenheit jedoch kein Thema, welches in den ersten Jahrzehnten der neu gegründeten Bundesrepublik Deutschland im Zentrum des Interesses stand. Statt sich um die Aufarbeitung der verbrecherischen Vergangenheit zu bemühen, strebte man nach Normalität. Die Vergangenheit wurde von vielen verdrängt und Amnestie und Vergessen herbeigesehnt.[332]

Das Verdrängen oder auch, um es mit Lübbe positiver auszudrücken, das „kommunikative Beschweigen" der nationalsozialistischen Vergangenheit war in den 1950er und 1960er Jahre der Bundesrepublik gesellschaftliche Tatsache. Der Hinweis auf die jahrhundertelang übliche Praxis des Vergessens nach Kriegen belegt, dass die Gegenwart der Vergangenheit, die uns heute als Selbstverständlichkeit erscheint, keinesfalls eine solche darstellt. Auch heute noch ist der Modus des Erinnerns nicht immer die Regel. In diesem Zusammenhang sei der Völkermord an den Armeniern erwähnt. Hier beklagt eine verfolgte Minderheit noch heute eine nicht angemessene Erinnerung.

Wie die Erinnerung und der Umgang mit dem nationalsozialistischen Völkermord an den Juden oder an den Sinti und Roma in der Vergangenheit ausgesehen haben, wissen wir heute. Für die Zukunft bleibt es für jede neue Generation eine Herausforderung, eine angemessene Form des Umgangs zu entwickeln. Abschließend sei Koselleck (2005) zitiert, der diese Herausforderung beschreibt:

332 Vgl. Meier (2010), 50.

> „Der rückblickende Umgang mit den Massenmorden und den Vernichtungsaktionen, vor allem an den Juden, hat immer neue Denkansätze herausgefordert, ohne dass man sagen könnte, ob eine endgültige Antwort überhaupt möglich ist. Mit dieser Herausforderung müssen wir umgehen lernen; sie müssen wir vermitteln lernen, und sie müssen wir in der Auseinandersetzung zwischen allen Generationen bedenken, um zu hoffen, daß auch sekundäre Erinnerung nicht entschwindet. Aber daß sie nicht entschwindet, dessen kann man sich – so glaube ich – sicher sein. Nur muß die Frage des *Wie* jeden Tag neu durchdacht werden."[333]

4.2. Gründe für Erinnerung

Grundsätzlich lassen sich zwei Ebenen unterscheiden, bei denen Erinnerung für politische Zwecke eine Rolle spielt. Der Bezug auf die Vergangenheit ist zum einen von großer Bedeutung für die Konstitution politischer Ordnungen.[334] Zu diesem Ergebnis kommt auch König (2008), wenn er darlegt, dass es nicht von Bedeutung sei, ob Vergangenheit positiv oder negativ bewertet werde, sondern der Rückbezug auf sie stärke und fördere unabhängig von ihrer Einschätzung oder Bewertung den Gemeinsamkeitsglauben und die kollektive Identität einer Gesellschaft. Zum anderen spielen Erinnerung und die Auseinandersetzung mit der Vergangenheit besonders bei Umbrüchen und politischem Neubeginn eine entscheidende Rolle. Nach Regime- oder Systemwechseln sieht sich die jeweilige neue politische Ordnung mit der Aufgabe konfrontiert, sich zu legitimieren. Die Abgrenzung vom Vorgängerregime sowie dessen Delegitimierung wie auch die seiner Anhänger ist dafür ein wesentliches Mittel. Die Bedeutung von Erinnerung für die Identität einer Gesellschaft auf der einen Seite und für die Legitimation eines politischen Systems auf der anderen Seite soll an dieser Stelle näher betrachtet werden.

4.2.1. Die identitätsrelevante Funktion von Erinnerung

Jahrhundertelang war es in Europa in erster Linie die Religion, die den Menschen Sinn und Orientierung in ihrem Leben gab. Im Übergang zur Moderne sind es tiefgreifende gesellschaftliche Veränderungen, die dazu führen, dass als umfassende soziale Gemeinsamkeit fortan die Nation als zentrales Element die Gesellschaft prägt. Näher ausführend stellt König (2008) dazu fest:

333 Koselleck (2005), 32.
334 Vgl. König (2008), 12.

> „Geographische und soziale Mobilität, Entwurzelung, die Entstehung von neuen Ballungszentren, soziale Ungleichheiten werden in diesem Prozeß der Industrialisierung zu Massenerfahrungen. In diesem radikal beschleunigten politischen und sozialen Wandel bietet der Nationalismus eine neue Ordnung für Staat und Gesellschaft, die die alten Ordnungsprinzipien an Attraktivität und Stabilität mühelos zu übertreffen scheint."[335]

Nach Ansicht von Meseth (2002, 2005) ist die Nation fortan sinn- und orientierungsstiftender Bezugspunkt: „Mit ihren einheits- und identitätsstiftenden Bezugsgrößen Sprache, Territorium und Geschichte bietet sie ein neuartiges semantisches Repertoire, das es der modernen Gesellschaft ermöglicht, sich jenseits einer religiösen Verankerung als Summe regional begrenzter sozialer Gemeinschaften zu beschreiben."[336] Es sind nicht länger Stand, Konfession oder ethnische Herkunft, die über die Zugehörigkeit zu einer Gruppe entscheiden. Die Nation als abstraktes Konstrukt schafft Gemeinschaft jenseits der Heterogenität ihrer Mitglieder. Den zentralen Bezugspunkt für die Identität der Nation stellt ihre Geschichte dar. Dazu König:

> „Erst durch die Konstruktion und Kanonisierung einer gemeinsamen Erinnerung über Generationen hinweg kann sich die nationale Idee als ernsthafte soziale und politische Größe etablieren und dafür sorgen, daß sie mehr ist als eine Ad-hoc-Gemeinschaft, die gleich wieder zerfällt. [...] Erst die Gemeinsamkeit der Erinnerungen sichert den Bestand der Gemeinschaft in Gegenwart und Zukunft, erst die übereinstimmende Wahrnehmung und Interpretation zentraler Vergangenheitsereignisse konstituiert die nationale Idee. [...] Als Erinnerungsgemeinschaften arbeiten die Nationen fortwährend und auf den unterschiedlichsten Ebenen daran, ihre Identität durch die Vergewisserung, Kanonisierung, Verbreitung und Ritualisierung der Erinnerungen zu stabilisieren."[337]

Dieser Gedanke findet sich bereits explizit bei Max Weber: „Gemeinsame politische Schicksale, d. h. in erster Linie gemeinsame politische Kämpfe auf Leben und Tod, knüpfen Erinnerungsgemeinschaften, welche oft stärker wirken als Bande der Kultur-, Sprach- oder Abstammungsgemeinschaft."[338]

Eine ähnliche Sichtweise vertritt auch der französische Religionsphilosoph Ernest Renan. In seiner 1882 an der Pariser Sorbonne gehaltenen Rede hat er sich mit der Frage auseinandergesetzt, was eine Nation ausmacht. Nach Renan sind es nicht Faktoren wie Rasse, Sprache, Religion, Gemeinschaft der Interessen oder geografische Gegebenheiten, die ausschlaggebend sind für das Ent- und Bestehen einer Nation.[339] Vielmehr handele es sich um ein geistiges Prin-

---

335 König (2008), 368f.
336 Meseth (2005), 14. Vgl. dazu auch ders. (2002), 125.
337 König (2008), 418.
338 Weber (1980), 515.
339 Vgl. Renan (1996), 19ff.

zip, welches getragen werde von zwei Aspekten, die Vergangenheit und Gegenwart betreffen:

> „Das eine ist der gemeinsame Besitz eines reichen Erbes an Erinnerungen, das andere das gegenwärtige Einvernehmen, der Wunsch zusammenzuleben, der Wille, das Erbe hochzuhalten, welches man ungeteilt empfangen hat."[340]

In diesem Zusammenhang sei es nicht die Freude, sondern das gemeinsame Leiden in der Vergangenheit und die damit verbundene Trauer im Rahmen der Erinnerung, die eine Nation mehr eine, da sie Pflichten auferlege und nach gemeinschaftlichen Anstrengungen verlange.[341] Eine Nation charakterisiert Renan wie folgt:

> „Eine Nation ist also eine große Solidargemeinschaft, getragen vom Gefühl der Opfer, die man gebracht hat, und der Opfer, die man noch bringen will. Sie setzt eine Vergangenheit voraus und läßt sie in der Gegenwart in eine handfeste Tatsache münden: in die Übereinkunft, den deutlich geäußerten Wunsch, das gemeinsame Leben fortzusetzen."[342]

Die Existenz einer Nation bezeichnet Renan als ein Plebiszit, das Tag für Tag stattfinde.[343]

Nach dem Zusammenbruch des Dritten Reiches und der Ideologie des Nationalsozialismus, die zwischen 1933 und 1945 von zentraler Bedeutung für die nationale Identität der deutschen Gesellschaft war, sah sich die neugegründete Bundesrepublik mit der Aufgabe konfrontiert, eine Basis für die Rekonstruktion einer nationalen Identität zu schaffen. Wolfrum (2004) sieht drei potenzielle Möglichkeiten für den Aufbau einer neuen nationalen Identität.[344] Die erste Variante nimmt in Form kritischer Selbstreflexion eine Nation von Tätern und Mitläufern als Ausgangspunkt und geht mit dem Eingeständnis von Schuld und Versagen einher. Zustimmung habe diese Variante besonders unter jenen gefunden, die weder Teil des NS-Regimes gewesen waren noch am 2. Weltkrieg teilgenommen hatten. Der zweite Weg, ein aufgesetzter Antifaschismus ohne Selbstreflexion, sei die von der DDR gewählte Methode einer Identitätskonstruktion gewesen. Die dritte Option schließlich, die Betonung der eigenen Opferperspektive, bei der den eigenen Entbehrungen und der Not größere Bedeutung beigemessen wird als der Schuld und Verantwortung, sei es gewesen, die

---

340 Renan (1996), 34.
341 Vgl. Renan (1996), 35.
342 Renan (1996), 35.
343 Vgl. Renan (1996), 35.
344 Vgl. Wolfrum (2004), 193.

in den ersten Nachkriegsjahrzehnten in der Bundesrepublik Deutschland dominierte:

> „Nicht an die vom Ausland zugeschriebene Rolle als Täter wurde angeknüpft, sondern das Bild der Nation war in der kollektiven Erinnerung geprägt von der selbstzugeschriebenen Rolle als Opfer von Vertreibung und alliierten Bombennächten."[345]

Vergangenheit stellt kein naturwüchsig anfallendes Produkt dar, sondern ist stets von Interessen und Motiven der Gegenwart geleitet. Diese entscheiden darüber, was aus der Vergangenheit als relevant für Gegenwart und Zukunft eingestuft wird und durch den Modus des Erinnerns vergegenwärtigt wird. Kölsch (2003) stellt in diesem Zusammenhang fest, dass es sich bei Vergangenheit nicht um etwas objektiv Begreifbares handle, sondern immer um die Vergangenheit einer Gegenwart, die über zu Erinnerndes bestimme.[346] Zu einem ähnlichen Urteil wie Kölsch kommt auch Reichel (1995):

> „Das, was von der Vergangenheit unvergänglich, genauer: unvergessen bleiben soll, wird in einem Bild von ihr festgehalten und die so verwandelte oder aufgehobene Vergangenheit Teil der Kontinuität und Identität, auf die jede Gesellschaft angewiesen ist."[347]

Nähere Ausführungen über die Prägung der Erinnerung an die Vergangenheit durch Bedürfnisse und Bedingungen der Gegenwart finden sich bei Assmann (2003).[348] Die Bezugsrahmen und Deutungsmuster, die darüber entscheiden, was von der Vergangenheit erinnert werde, würden, so Assmann, von der Gesellschaft festgelegt und stellten keine Konstanten dar, sondern seien von Wandel geprägt. Auf sozialer Ebene habe beispielsweise der Generationenwechsel Einfluss darauf, welche Ereignisse aus der Vergangenheit als gegenwärtig und künftig bedeutsam eingestuft würden, und auf politischer Ebene sei es unter anderem die Beziehung zu Staaten, die bei diesem Vorgang von Bedeutung sei.

Laut Lepsius (1993) sind für historische Ereignisse, die als Grundlage der nationalen Identität und des Selbstverständnisses dienen, häufig Verformungen, Heroisierungen oder Sakralisierungen charakteristisch. Diese Mechanismen seien es, die entscheidend dazu beitrügen, dass aus der Bezugnahme auf die Vergangenheit ein positiver Selbstwert entstehen könne. Unter diesen Gesichtspunkten betrachtet stelle der Zweite Weltkrieg ein Bezugsereignis dar, welches sich in jeder Form einer möglichen Verformung, Herorisierung oder Sakralisie-

345 Wolfrum (2004), 193.
346 Vgl. Kölsch (2003), 110.
347 Reichel (1995), 26.
348 Vgl. Assmann (2003), 130.

rung entziehe.[349] Obwohl Auschwitz im Speziellen und die nationalsozialistischen Verbrechen im Allgemeinen keinerlei positive Bezugsmöglichkeiten für die kollektive Identität der Deutschen bilden, so besitzt dieses negative historische Erbe dennoch eine identitätsrelevante Bedeutung. König (2008) beschreibt diese Bedeutung wie folgt:

> „Während das nationale Gedächtnis die Heroisierung einer großen gemeinsamen Vergangenheit betreibt, integriert das postnationale Gedächtnis auch die negativ bewertete Vergangenheit in das eigene Selbstbild und bindet die Ausbildung kollektiver Einheit an die Ausbildung einer Dauerreflexion, der die eigene Vergangenheit unterworfen wird."[350]

In Zusammenhang mit der Erinnerung an den Zweiten Weltkrieg und denen durch die Nationalsozialisten verübten Verbrechen und der Verwendung dieser Ereignisse als identitätsstiftende Komponenten dürfen damit verbundene Schwierigkeiten nicht übersehen werden. Dient als Grundlage einer nationalen Identität der Bundesrepublik Deutschland der Holocaust als alleiniges oder dominantes Bezugsereignis, so bietet dieses nur jenen eine Identifikationsmöglichkeit, die aufgrund ihrer Herkunft Teil dieser Geschichte sind. Ausgeschlossen werden jene, die nicht an der Geschichte teilhatten oder sie anders bewerten. In Zusammenhang mit der identitätsstiftenden Bedeutung der Bezugnahme auf die Vergangenheit durch Erinnerung, in Deutschland insbesondere im Hinblick auf den Zweiten Weltkrieg, weist Soeffner (2005) auf eine damit einhergehende Problematik hin. Sei es lediglich die Verfehls- und Sühnegeschichte, die eine deutsche Wertegemeinschaft als Orientierung für die Zukunft verwende, berge diese die Gefahr des Ausschlusses:

> „Zuwanderer, Migranten, spezifische Religionsgemeinschaften, aber auch die jüngeren Generationen, die ihre Wertvorstellungen an neuen, veränderten gesellschaftlichen Rahmenbedingungen – so etwa am europäischen Einigungsprozess – ausrichten, sind in diese Wertegemeinschaft kaum zu integrieren, es sei denn, es gelänge dieser, die partikularistisch selbstbezogene Werthaltung in universelle moralische Maximen zu überführen."[351]

Zusammenfassend lässt sich also festhalten, dass die Erinnerung an die Vergangenheit stets in Zusammenhang mit Gegenwartserfahrungen und Zukunftserwartungen steht und auf diese Weise eine Form der Kontinuität bietet, die identitätsstabilisierend wirkt.[352] Während es ursprünglich in erster Linie die heroische Vergangenheit war, die im Rahmen der nationalen Erinnerung berücksich-

349 Vgl. Lepsius (1993), 229.
350 König (2008), 13.
351 Soeffner (2005), 128.
352 Vgl. Sandkühler (1992), 145.

tigt wurde, so übernehmen im Fall der Bundesrepublik Deutschland nach dem Zweiten Weltkrieg der Nationalsozialismus und die damit einhergehenden Verbrechen als negative Bezugsereignisse eine identitätsrelevante Funktion.[353] Zur identitätsstiftenden Funktion von Erinnerung merkt Bergem (2003) an:

> „Auch wenn bei einem so komplexen und dynamischen Gebilde wie kollektiver Identität keine eindeutigen Beziehungen zwischen Ursache und Wirkung nachzuweisen sind, kann kollektives Erinnern als Faktor ausgemacht werden, dem gleichsam als Generator bei der Produktion der Identität von Gruppen und Gemeinschaften besondere Bedeutung zukommt. Der Prozess des Erinnerns verbindet die Vergangenheit mit der Gegenwart und Zukunft eines Kollektivs. Somit ist die Vergangenheit eine zentrale Ressource kollektiver Selbstvergewisserung sowie politischer Legitimität und Mobilisierung."[354]

Einigkeit scheint in diesem Themenbereich darüber zu bestehen, dass es grundsätzlich einmal die Interessen und Bedürfnisse der Gegenwart sind, die Einfluss darauf haben, was von der Vergangenheit erinnert wird. Ebenso dürfte die These, dass Erinnerung über eine identitätsrelevante Bedeutung verfügt, weitgehend auf Zustimmung stoßen. Deutlich umstrittener ist allerdings die Frage, inwieweit man überhaupt von einer „kollektiven Identität" der Gesellschaft sprechen kann.

Niethammer (2000) vertritt die Ansicht, dass die einzelnen Bestandteile menschlicher Kollektive niemals identisch sind und aufgrund ihrer Heterogenität immer unterschiedliche Interessen und Vorstellungen von der Identität des Kollektivs vertreten. Der Begriff „kollektive Identität" stellt für Niethammer ein „Plastikwort"[355] dar, bei dem es sich um einen inhaltsarmen Reduktionsbegriff handelt, der anstelle unterschiedlicher Dinge wie der Biografie des Einzelnen oder der Geschichte eines Landes Verwendung findet:

> „Die Zusammenfassung des Unterschiedlichen unter dem Gesichtspunkt der Identität macht alle Unterschiede in der Sache, aber auch in der Berechtigung seines Geltungsanspruchs und in der Gattung seiner Anmeldung gleich gültig und damit seine Spezifität gleichgültig."[356]

Zweifelsohne ist Niethammer bei seinen Ausführungen insofern zuzustimmen, dass es sich bei dem Begriff „kollektive Identität" um ein gesellschaftliches Konstrukt handelt, das in seiner Aussagekraft problematisch ist. Nur wenig überzeugen kann indes Niethammers Lösungsvorschlag wenngleich er auch mit

---

353 Interessante Ausführungen darüber, wie das negative Bezugsereignis des Zweiten Weltkrieges durch Selbststigmatisierung dennoch eine positive Identitätskonstruktion ermöglicht, finden sich bei Zifonun (2004).
354 Bergem (2003), 84.
355 Niethammer (2000), 65.
356 Niethammer (2000), 35.

einem „ohnmächtigen Schmunzeln“[357] einhergeht stattdessen einfach „wir“ zu sagen, um Gruppenzugehörigkeiten bewusst zu reflektieren und so Abschied von Identitätsformeln zu nehmen.[358]

Auf Ablehnung stößt der Begriff der „kollektiven Identität“ aufgrund seines offensichtlichen Konstruktionscharakters auch bei Soeffner (2005).[359] Dieser stellt in Frage, ob man trotz der Eingebundenheit der Bundesrepublik Deutschland in diverse Organisationen und Verbände sowie den durch Migrationsbewegungen geprägten heterogenen, pluralistischen und multikulturellen Strukturen der deutschen Gesellschaft von einer kollektiven Identität ausgehen kann:

> „Es gibt dementsprechend scheinbar kaum einen begründeten Anlass zu glauben, die genannten politischen, ökonomischen und sozialen Strukturen ließen sich einfach beiseiteschieben und erlauben nebenher die Entstehung *geschlossener*, kollektiver, spezifisch deutscher Selbst- und Weltbilder, die all diese komplexen Bedingungen schlicht ignorieren können.“[360]

Den Versuch, die „Kunstfigur“ einer „kollektiven deutschen Identität“ zu entwerfen, hält Soeffner nicht nur für äußerst zweifelhaft, sondern auch für theoretisch bedenklich und konzentriert sich stattdessen auf die Rekonstruktion von Tendenzen, die in Form von Erinnerungspolitiken das Denken der Menschen beeinflussen. Eine mögliche „kollektive Identität“ betreffend kommt er auf dieser Grundlage zu folgendem Fazit:

> „Pluralistisch strukturierte Gesellschaften erzeugen zwangsläufig konkurrierende gesellschaftliche Selbstbilder, Solidaritätserwartungen und Bindungsmöglichkeiten. Ein die gesamte Nation überspannender Baldachin aus gemeinsamen Traditionen, verbürgt von unbezweifelbaren Autoritäten und getragen von zentralen gesellschaftlichen Gruppen, existiert dementsprechend nicht mehr.“[361]

Schließt man sich den Ausführungen Niethammers und Soeffners an und stuft den Begriff „kollektive Identität“ als gesellschaftliches Konstrukt ein, das die Heterogenität der deutschen Gesellschaft nicht berücksichtigt und somit als problematisch bewertet werden kann, wirft das gleichzeitig die Frage auf, inwieweit kollektive Erinnerungen existieren, die als Grundlage einer ebensolchen Identität dienen sollen. In diesem Zusammenhang findet sich bei Reinhart Koselleck ein probater Lösungsansatz. Als Ausgangsbasis unterscheidet Koselleck zwischen Primär- und Sekundärerfahrungen, welche die Grundlage für Erinne-

357 Niethammer (2000), 627.
358 Vgl. Niethammer (2000), 629.
359 Vgl. Soeffner (2005), 104ff.
360 Soeffner (2005), 105.
361 Soeffner (2005), 128.

rungen bilden.[362] Laut Koselleck besteht jede Erinnerung primär aus eigenen Erfahrungen, und nur das kann erinnert werden, was der Einzelne selbst erfahren oder erlebt hat. Für dieses persönlich Erlebte oder Erfahrene verwendet Koselleck den Begriff der Primärerfahrung. Bei Sekundärerfahrungen hingegen handele es sich um erlernte Wissensbestände über Erinnerungen und Erfahrungen, die nicht von dem Einzelnen selbst gemacht worden seien, sondern eine lehr- und steuerbare Gedächtnisleistung darstellten. Koselleck lehnt es ab, von kollektiven Erinnerungen zu sprechen, da es diese nicht gäbe, sondern nur kollektive oder überindividuelle Bedingungen, welche einen Rahmen für die jeweils eigenen Erinnerungen böten:

> „Es gibt kein empirisches Subjekt, das sich kollektiv zu erinnern fähig wäre. In Wirklichkeit handelt es sich um ein sprachlich generiertes Referenz-Subjekt – das Volk, die Klasse der Staat, die Franzosen, die Polen und so weiter und so fort – und um kein gemeinschaftliches Handlungssubjekt, das sich seiner Taten oder Leiden erinnern könnte. Die von Durkheim, Halbwachs und anderen Soziologen beschworenen Kollektiva mit gemeinsamer Erinnerung oder gemeinschaftlichen Gedächtnis sind sprachliche Konstrukte, quasi religiöse Ideologeme, die die *unio mystica* einer Glaubensgemeinschaft in nationale Referenz-Systeme überführen sollen. Befragen wir sie ideologie-kritisch stoßen wir nicht auf kollektive Erinnerungen (denn diese sind immer individuell), sondern auf kollektive Bedingungen der je eigenen Erinnerungen. Solche kollektiven Bedingungen sind zahlreich: sprachlich, politisch, ökonomisch, religiös, mental, sozial, generationsspezifisch und dergleichen mehr. Derartig plural abgeschichtete Bedingungen rufen Erfahrungen hervor und begrenzen sie zugleich, ermöglichen Erfahrungen und versperren sie."[363]

Zweifelsohne handelt es sich bei dem Begriff der „kollektiven Identität" um ein problematisches Konstrukt, dessen Infragestellung aufgrund der pluralistischen und heterogenen Strukturen im Fall der Bundesrepublik Deutschland sinnvoll erscheint. Im Folgenden dieser Arbeit soll daher, sofern von einer identitätsstiftenden Bedeutung der Erinnerung die Rede ist, nicht davon ausgegangen werden, dass ein Kollektiv nur über eine Erinnerung verfügt, die wiederum eine einzige „kollektive Identität" ausbildet. Die identitätsstiftende Komponente der Erinnerung soll vielmehr als die durch kollektive Bedingungen beeinflusste individuelle Erinnerung verstanden werden, die wiederum durch die Teilhabe des Einzelnen an verschiedenen Gruppen Einfluss auf das Selbstverständnis der Gesellschaft ausübt. Statt von einer „kollektiven Identität" der Gesellschaft auszugehen, die eine homogene Gruppe als Basis voraussetzen würde, liegt es näher, von vielfältigen Identitäten der verschiedenen Gruppen der Bundesre-

---

362 Vgl. Koselleck (2006), 14. Vgl. dazu auch ders. (2003), 205.
363 Kosselleck (2006), 15f.

publik Deutschland als einem heterogenen Kollektiv zu sprechen. An der grundsätzlichen identitätsrelevanten Bedeutung der Erinnerung ändert dies jedoch nichts, und so lässt sich abschließend mit Margalit (1997) festhalten: „Jeder, der sich für die eigene persönliche Identität interessiert, muß sich auch für das Gedenken des Erbes interessieren. Die Erinnerung ist der Zement der Identität.“[364]

4.2.2. Erinnerung als Mittel zur Legitimierung

Neben der identitätsstiftenden Bedeutung der Erinnerung übernimmt diese auch eine wichtige Funktion bei der Legitimierung des politischen Systems. Besonders die tiefgreifenden gesellschaftlichen Veränderungen der Moderne, aus 4denen die Nation78en als sinn- und orientierungsstiftende Bezugspunkte hervorgegangen sind, sind es nach König (2008) gewesen, die Erinnerung für sich instrumentalisierten:

> „In der jüngsten Geschichte nimmt keine politische Ordnung so sehr das Gedächtnis in Anspruch wie der Nationalstaat. Die nationale Legitimation, die in Europa seit dem Ende des 18. Jahrhunderts die dynastische Legitimation politischer Ordnungen ablöst, hat einen besonders großen Bedarf an Gemeinsamkeitsglauben, der wiederum durch die Erinnerung an eine gemeinsame Vergangenheit eine starke Unterstützung erfährt.“[365]

König stellt die These auf, dass es besonders politische Umbrüche oder Systemwechsel sind, in deren Kontext die Frage aufkommt, wie mit der Erinnerung an die Vergangenheit umgegangen werden soll.[366] Erinnerung stelle dabei keinen Vorgang dar, bei dem es lediglich um die Etablierung einer Erinnerungskultur gehe, sondern sei mit Maßnahmen verbunden, deren Ziel die Distanzierung von der Macht der Vergangenheit durch die Auseinandersetzung mit ihr sei. Dazu König:

> „Im Zusammenhang politischer Umbrüche sind mit dem Gedächtnisthema immer Schuld- und Verantwortungsfragen verbunden, sowohl im juristisch-strafrechtlichen wie im politischen, moralischen oder metaphysischen Sinn.“[367]

Erinnerung, so König, sei hierbei an Bestrafung bzw. Dequalifizierung der Schuldigen gekoppelt, wogegen das Vergessen als gesteuerte Amnesie mit der Amnestie verbunden sei, die keinesfalls gleichbedeutend mit Schuldfreiheit sei,

---

364 Margalit (1997), 201.
365 König (2008), 13.
366 Vgl. König (2008), 39.
367 Ebenda.

sondern vielmehr mit dem Verzicht auf strafrechtliche Verfolgung der Verbrechen. Aufklärung und Aufarbeitung der in der Vergangenheit begangenen Verbrechen sowie die damit verbundenen Strafmaßnahmen haben als Ziel die realistische Wahrnehmung der Geschichte. Wie König (2003) feststellt, scheinen verklärte Deutungsweisen der Geschichte dagegen kaum als Basis für einen politischen Neuanfang geeignet. Besser ist eine ehrliche Aufarbeitung:

> „Dahinter steckt die Überzeugung, daß die Macht der Vergangenheit nur negiert werden kann, wenn man ihr ins Auge blickt, wenn man sie vergegenwärtigt, aufdeckt, zutage fördert und der ungeschönten Erinnerung zugänglich macht. Nur die Offenlegung eröffnet die Chance, sich ihrer fortwirkenden Macht zu entledigen.“[368]

Kohlstruck (2004) sieht zwei Möglichkeiten der Legitimierung für ein neues System:

> „Mit einem politischen Systemwechsel etabliert sich eine neue politisch-rechtliche Ordnung. Sie muss in ihrer neuen Ausprägung national wie international legitimiert werden. Die neue Ordnung kann einmal über den Eigenwert ihres normativen Fundamentes legitimiert werden und zum anderen über die Delegitimierung des Vorgängersystems. Erinnerung dient hier der Delegitimierung der alten Ordnung und der Bekräftigung der neuen Ordnung.“[369]

Nach dem Ende des Zweiten Weltkriegs wurde mit dem am 23. Mai 1949 inkraft getretenen Grundgesetz zwar eine rechtliche und politische Grundordnung geschaffen, die das legitime Fundament der Bundesrepublik Deutschland darstellt. Dennoch kann der Abgrenzung vom Unrechtsregime des Nationalsozialismus eine zentrale Rolle im Legitimitätsverständnis der jungen Bundesrepublik beigemessen werden. Reichel, Schmid und Steinbach (2009) stellen diesbezüglich fest, „dass der Nationalsozialismus der bundesrepublikanischen Staatsräson ihren konstitutiven Kern gab, und sei es als ein umfassend gedachter Vermeidungsimperativ“.[370]

Im Zusammenhang mit der Entstehung einer neuen politischen Ordnung und ihrer notwendigen Legitimierung lässt sich eine Problematik nicht übersehen. So kann sich im Zuge eines Umbruchs oder Systemwechsels zwar die politische Ordnung ändern, aber die in dem Staat lebenden Menschen werden kaum über Nacht ihre bisherigen Werte und Einstellungen ablegen. Schwelling (2003) stuft eine neue politische Ordnung erst dann als stabil ein, wenn zwischen zentralen Elementen der politischer Institutionen und denen der politischen Kultur Übereinstimmung besteht. Hingegen stelle ein gravierendes Divergenzverhältnis

---

368 König (2003), 177.
369 Kohlstruck, 177.
370 Reichel, Schmid, Steinbach (2009), 10.

zwischen Institutionen und Kultur eine potenzielle Gefahr für die Stabilität dar.[371] Die damit verbundene Problematik beschreibt Schwelling folgendermaßen:

> „Wenn also davon ausgegangen wird, dass nicht nur der institutionellen Ebene eine konstitutive Funktion für Gesellschaft und Politik zukommt, sondern auch den Einstellungen, Werten und Überzeugungen der diese Institutionen ausfüllenden Akteure, ergibt sich bei der Ablösung eines autoritären Regimes durch ein demokratisches System ein Problem, für welches Lutz Niethammer die so treffende Formel von der *Kontinuität des Volkes* geprägt hat."[372]

Demzufolge bedeuten makrostrukturelle Neuanfänge keine automatische Veränderung der in diesen Strukturen lebenden Menschen. In der Konsolidierungsphase einer jungen Demokratie bestünde daher die Gefahr, so Schwelling, dass die systemischen Veränderungen nicht parallel zur Entwicklung der Gesellschaft verliefen und diese hinter den Wandlungsprozessen zurückbleiben könne.[373]

Diese Konstellation war zweifellos auch in den Anfangsjahren der Bundesrepublik Deutschland zu beobachten. In diesem Zusammenhang stellt König (2008) fest:

> „Das Kunststück der 50er Jahre besteht darin, daß die Bundesrepublik sich als Negation des NS-Regimes definiert und ihre Bevölkerung zugleich aus ehemaligen Volksgenossen besteht, die auf vielfache Weise als Täter, Mitläufer, Zuschauer und Gleichgültige das NS-Regime getragen haben und von der Idee der Volksgemeinschaft auch nach seinem Ende noch infiziert sind. Die Brücke, die diese beiden Seiten miteinander verbindet, besteht darin, daß einerseits die Parteigänger des NS-Regimes, die auch nach 1945 in ihren persönlichen Überzeugungen zweifellos noch von den Ideen der Volksgemeinschaft geprägt sind, diese Überzeugungen und die damit verbundenen Erinnerungen nicht öffentlich kundtun dürfen und daß andererseits über die individuellen Vergangenheiten der Mantel des öffentlichen Schweigens gebreitet wird."[374]

Zusammenfassend lässt sich also festhalten, dass Erinnerung und der mit ihr verbundene Bezug auf die Vergangenheit grundsätzlich eine Rolle bei der Legitimierung politischer Ordnungen spielen. Besonders ausgeprägt ist diese allerdings in Zusammenhang mit politischen Neuanfängen, wie sie nach Umbrüchen auftreten. Durch die Abgrenzung vom Vorgängerregime und dessen Delegitimierung bietet sich der neuen politischen Ordnung ein Mittel zur eigenen Legitimierung. Übersehen werden darf jedoch nicht, dass makrostrukturelle Neuan-

---

371 Vgl. Schwelling (2003), 44.
372 Ebenda.
373 Vgl. ebenda.
374 König (2008), 528.

fänge in Form von Systemumbrüchen nicht automatisch auch mit einer Veränderung der Werte und Überzeugungen der in einer Gesellschaft lebenden Akteure einhergehen. Daraus ergibt sich eine potenzielle Gefahr für die Stabilität der Gesellschaft, die solange existiert, wie zwischen den politischen Institutionen und der politischen Kultur ein Divergenzverhältnis besteht.

Die Erinnerung an die Vergangenheit übernimmt grundsätzlich eine identitätsstiftende Aufgabe und spielt stets eine Rolle bei der Legitimierung politischer Ordnungen. Zwar sind sowohl die identitätsrelevante Funktion als auch die Frage nach der Legitimität besonders ausgeprägt nach Systemwechseln, wie sie etwa Neuanfänge nach Kriegen darstellen. Beschränkt auf diesen Einsatzbereich sind sie jedoch nicht, und Erinnerung ist bei diesen Vorgängen unabhängig von politischen Umbrüchen von großer Bedeutung. Im Folgenden möchte ich nun in Ergänzung dazu auf zwei Gründe für Erinnerung eingehen, die speziell im Zusammenhang mit Kriegen auftreten. Besonders für den Zweiten Weltkriegs ist als erstes eine Asymmetrie zwischen Tätern und Opfern charakteristisch, die in dieser Ausprägung für Kriege ungewöhnlich ist und Vergessen als kein probates Mittel im Umgang mit den damit verbundenen Verbrechen erscheinen lässt. Zum Zweiten übernimmt Erinnerung eine wichtige Funktion bezüglich der Zukunftsgestaltung. Erinnerung ist, wie bereits festgestellt, stets von Interessen der Gegenwart bestimmt. Die Auseinandersetzung mit der Vergangenheit bietet aber als Akt der kritischen Selbstreflexion zudem die Möglichkeit, Handlungsorientierungen für die Zukunft zu gewinnen. Sowohl Handlungsorientierungen für die Zukunft als auch asymmetrische Verbrechen als Gründe für Erinnerung sollen an dieser Stelle näher erläutert werden.

4.2.3. Asymmetrie als Motiv für Erinnerung

In der Geschichte der Menschheit hat es unzählige Kriege gegeben. Wie oben beschrieben war es jahrhundertelang übliche Praxis, nach Kriegen die Erinnerung an sie häufig durch verordnetes und kontrolliertes Vergessen zu versperren. Es gibt jedoch auch Gegenbeispiele, bei denen Erinnerung gefordert und gefördert wurde. In diesem Kontext ist besonders der Zweite Weltkrieg signifikant. In der Neuzeit existiert wohl kein Krieg, an den man sich 30, 50 oder auch 65 Jahre nach Kriegsende in größerem Ausmaß erinnert hätte und bei dem die Vergangenheit in einem solchen Ausmaß Teil der Gegenwart ist. Der Grund dafür ist sicherlich nicht zuletzt in der Tatsache zu suchen, dass es sich in diesem Fall nicht „nur" um einen Krieg gehandelt hat, sondern damit zugleich ein Völkermord verbunden war, der sowohl in seinen Ausmaßen als auch in den dafür verwendeten Methoden alles bis dahin Vorstellbare übertroffen hat. Für

Bude (1992) ist daher auch nicht der Krieg das eigentliche Problem deutscher Schuld, sondern der Völkermord: „Es ist bis heute eine zivilisatorische Normalität, daß Nationen zur Verteidigung und zur Durchsetzung nationaler Interessen Kriege führen. […] Die deutschen Methoden des Völkermordes jedoch sind mit den zivilisatorischen Standards moderner Gesellschaften nicht zu vereinbaren."[375] Mit Dan Diners[376] Terminologie folgert Bude, dass es sich um einen „Zivilisationsbruch" in einer zivilisierten Gesellschaft handelt.

Prägend für die Dimension und die Art der Erinnerung an den Zweiten Weltkrieg scheint also zunächst der Umstand zu sein, dass hier unter dem Deckmantel des Krieges zugleich ein industrialisierter Völkermord stattgefunden hat. Hierbei ist es nach König (2008) von besonderer Bedeutung, dass eine Symmetrie der Risikoverteilung, wie sie für einen Krieg charakteristisch ist, in diesem Fall nicht zutrifft.[377] Stattdessen seien Opfer- und Täterpositionen einseitig verteilt und weder hätten die Täter Angriffe ihrer Opfer befürchten müssen noch hätten für die Opfer Möglichkeiten bestanden, sich gegen ihre Peiniger zu wehren. Dazu König: „Diese asymmetrische Verteilung aller Macht- und Gewaltmittel unterscheidet prinzipiell das Lager vom Schlachtfeld und den Krieg vom Genozid."[378]

Der Gedanke der Asymmetrie zwischen Tätern und Opfern findet sich auch bei Assmann (2006). So führt Assmann an, dass sich nach dem Zweiten Weltkrieg erstmals nach einem Krieg nicht nur Sieger und Besiegte gegenüber gestanden hätten, sondern auch Täter und Opfer. Ursache dafür sei die Tatsache gewesen, dass sich dieser Krieg nicht auf militärische Aktionen beschränkt habe, sondern die Vernichtung ganzer Minderheiten oder Bevölkerungsgruppen umfasst habe:

> „Der entscheidende Unterschied zwischen dem Verhältnis von Siegern und Besiegten einerseits und zwischen Tätern und Opfern andererseits ist der, dass zwischen letzteren keinerlei Formen der Wechselseitigkeit bestehen. Wo gar nicht gekämpft wird, sondern es in einer schrecklichen Asymmetrie von überrumpelnder Macht und ausgelieferter Ohnmacht nur Verfolgung und Vernichtung gibt, kommen auch keine politischen Ziele, Motive oder Werte ins Spiel, die die Verfolgten hätten gegen die Zerstörungskraft aufbieten können. In aller Regel waren die Verfolgten eben keine Widerstandskämpfer, sondern passive Opfer, die sich auf das, was ihnen bevorstand, in keiner Weise vorbereiten, geschweige denn zur Wehr

375 Bude (1992), 9.
376 Diner, Dan (1988): *Zivilisationsbruch. Denken nach Auschwitz.* Frankfurt am Main.
377 Vgl. König (2008), 511.
378 König (2008), 511.

> setzen konnten. Dieses Erlebnis war mit den heroischen Formen der Erfahrungsverarbeitung und Erinnerung nicht mehr zu fassen."[379]

Die im Lateinischen vorhandene Differenzierung der Opferbegrifflichkeit als Grundlage nehmend, wendet Assmann eine Unterscheidung zweier Opferbegriffe an, die in der deutschen Sprache in dieser Form nicht existiert. Während der selbstbestimmte und aktive Einsatz des eigenen Lebens in einem religiösen oder heroischen Zusammenhang unter dem lateinischen Begriff „sacrificium" zusammengefasst werde, bezeichne das lateinische Wort „victima" das passive und wehrlose Opfer von Gewalt.[380] Das aktive Opfer, so Assmann, habe ein heroisches Opfergedächtnis zur Folge, wohingegen es beim passiven Opfer ein traumatisches Opfergedächtnis sei, welches sich entwickle. Die Erinnerung an Helden und Märtyrer, deren Taten nicht sinnlos gewesen sein dürfen, erfolge dabei in der Regel ohne Komplikationen, da sie in ein positives Selbstbild der Gesellschaft integriert werden könnten. Die Erinnerung an das passive Opfer gestalte sich dagegen schwieriger:

> „Während das sakrifizielle Opfer innerhalb seiner eigenen Gemeinschaft bestätigt wird, ist das viktimologische Opfer, das von keiner vergleichbaren Gruppe getragen ist, zunächst einmal auf die Anerkennung anderer angewiesen, die ihm diesen seinen Status bestätigen. Die Erinnerung an das viktimologische Opfer kann nicht innerhalb der Gruppe der Betroffenen bleiben, sondern verlangt nach Ausweitung ihrer Träger in Form von öffentlicher Anerkennung und Resonanz."[381]

Wie Meier (2004, 2010) und König (2008) räumt auch Assmann dem Vergessen eine zentrale Rolle bei Friedensschlüssen in der Neuzeit ein. Dies beträfe gleichwohl in Gegenwart und Vergangenheit nur Kriege, für die symmetrische Beziehungen kennzeichnend gewesen seien: „Der Wirksamkeit des Vergessens sind jedoch enge Grenzen gesetzt, wo wir es mit historischen Traumata zu tun haben, die im Gegensatz zu Kriegshandlungen nicht auf Wechselseitigkeit beruhen, sondern einen rein asymmetrischen Charakter haben."[382] Assmann kommt daher zu dem Fazit, dass der Ausbeutung, Dehumanisierung und Vernichtung unschuldiger Menschen anders als Kriegshandlungen nicht mit der Methode des Vergessens zu begegnen sei: „Verbrechen gegen die Menschlichkeit sind dazu bestimmt, ins Gedächtnis der Menschheit einzugehen."[383]

Wie bereits die Ausführungen im vorangegangenen Kapitel gezeigt haben, erfolgt der Umgang mit der Vergangenheit nach Kriegen nicht notwendiger-

---

379 Assmann (2006), 74.
380 Vgl. Assmann (2006), 73.
381 Assmann (2006), 77.
382 Assmann (2006), 78f.
383 Assmann (2006), 78.

weise in Form von Erinnerung, sondern war jahrhundertelang sogar dominiert von der Praxis des Vergessens. Diese scheint aber unter Berücksichtigung der Thesen von Assmann und König nur dann möglich, wenn es sich um Kriegshandlungen mit symmetrischer Risikoverteilung handelt. Diese ist insbesondere dann nicht mehr gegeben, wenn ein Krieg an einen Völkermord gekoppelt ist. In solchen Konstellationen stehen sich Opfer und Täter gegenüber, deren Beziehung durch eine Asymmetrie gekennzeichnet ist und keinen Wechsel der jeweiligen Positionen erlaubt. Daher lässt sich nach Assmann folgendes festhalten:

> „Für die Traumata der Geschichte, die durch Verbrechen der Ausbeutung und Vernichtung unschuldiger und wehrloser Menschen verursacht sind, gibt es jedoch keine heilende Kraft des Vergessens, nicht zuletzt deshalb, weil es keine Instanz gibt, die diese Verbrechen vergeben könnte. Solche ‹Verbrechen gegen die Menschlichkeit› werden nicht durch Vergessen entsorgt, sondern in einer von Opfern und Tätern geteilten Erinnerung bewahrt.“[384]

Diese Form des Umgangs mit Opfern von Kriegen, bei denen Kriegshandlungen nicht auf Wechselseitigkeit beruhen, wurde zweifelsohne in Bezug auf die Opfer des Zweiten Weltkriegs nicht vollumfänglich umgesetzt, wie nicht zuletzt der Umstand zeigt, dass der nationalsozialistische Völkermord an den Sinti und Roma zumindest in den ersten Nachkriegsjahrzehnten im Prinzip vollständig im Rahmen der Gedenkkultur ausgeblendet wurde.

4.2.4. Erinnerung als Quelle für Handlungsorientierungen für die Zukunft

Setzt man sich mit dem Thema Erinnerung auseinander, so wird man früher oder später in den Texten diverser Autoren mit einem wiederkehrenden Zitat konfrontiert: „Those who cannot remember the past are condemned to repeat it.“[385] Heute häufig zitiert, wenn es um die Forderung geht, moralische Lehren aus der Vergangenheit zu ziehen, kritisierte der amerikanische Philosoph George Santayana mit diesem Satz ursprünglich einen grundsätzlichen Fortschrittsglauben und plädierte stattdessen für ein Lernen aus den Erfahrungen der Vergangenheit. In Diskussionen über Formen der Erinnerung wird dieses Zitat in der Regel als Legitimation des Erinnerns gedeutet.

Erinnerung prinzipiell als etwas Positives zu bewerten, lehnt hingegen Reemtsma (2010) ab.[386] Tatsächlich spreche nichts für die imperativistische Semantik, mit der Erinnern verbunden sei und über die weitgehend Einigkeit

384 Assmann (2006), 115.
385 Santayna (1905), 115.
386 Vgl. Reemtsma (2010), 3.

bestehe: „Erinnern wie Vergessen sind menschliche Eigenschaften, die weder gut noch schlecht sind, sondern beide dazu gehören, das Leben zu bewältigen.“[387] Erinnern und Vergessen seien miteinander verbunden und ebenso wenig wie Erinnern grundsätzlich einen positiven Vorgang darstelle, sei Vergessen per se negativ zu bewerten. Am Beispiel von Gedenkstätten erläutert Reemtsma seine Zweifel, ob es sinnvoll ist, vor Gegenwärtigem oder Zukünftigem zu warnen, indem man Vergangenes zeigt. So seien Gedenkstätten immer moralisch-sinnstiftend konnotiert, weil Erinnerung für etwas stets Positives gehalten werde. Reemtsma dagegen glaubt nicht daran, dass mangelnde Erinnerung automatisch zu einer Wiederholung der Vergangenheit führt:

> „Vergangenheit regiert uns nicht aus dem Grab, und die Vorstellung, wir müssten sie durch Namensnennung gleichsam bannen, ist Aberglaube. Die Vergangenheit birgt für sich genommen keine Lektionen.“[388]

Reemtsma hält das Lernen aus der Vergangenheit grundsätzlich für eine fragwürdige Angelegenheit. Wer erst aus der Anschauung der Überreste eines Lagers schlussfolgere, dass Diskriminierung moralisch nicht zu billigen sei, wäre ein sonderbarer Mensch. Man lerne nicht, dass man keine Menschen anzünde, sondern man wisse es: „Genaugenommen hat die NS-Vergangenheit gerade wegen des fast alle politischen Gruppierungen übergreifenden Konsens ihrer verbrecherischen Natur besonders wenig Lernwert.“[389] Dennoch hält auch Reemtsma es für wichtig, dass etwas von der Vergangenheit bewahrt wird. Er bevorzugt statt dem Begriff Erinnerung jedoch den Ausdruck „Bewusstsein“ und betont, dass dieses nicht von einem Sinnbedürfnis abhängig sein dürfe:

> „Es geht nicht um Erinnerung, es geht um das Bewusstsein einer Gefährdung, von der man weiß, seit man weiß, dass es eine Illusion war, zu meinen, der Zivilisationsprozess sei unumkehrbar, von der man also weiß, dass sie immer aktuell bleiben wird.“[390]

Zweifelsohne ist Reemtsma dahingehend zuzustimmen, dass Erinnerung nicht per se einen positiven Vorgang darstellt und man nicht grundsätzlich davon ausgehen kann, dass nur Erinnerung vor einer Wiederholung einer verbrecherischen Vergangenheit zu schützen vermag. Zudem ist es sicher auch zutreffend, dass die mit Menschenrechten verbundenen Werte auch ohne ein Negativbeispiel aus der Vergangenheit verinnerlicht sein sollten. Die Tatsache, dass die nationalsozialistischen Verbrechen stattgefunden haben, zeigt jedoch, dass es

---

387 Reemtsma (2010), 3.
388 Reemtsma (2010), 6.
389 Reemtsma (2010), 9.
390 Reemtsma (2010), 9.

sich bei der Berücksichtigung dieser Werte keineswegs um eine Selbstverständlichkeit handelt. Die reflektierte Auseinandersetzung mit Ereignissen der Vergangenheit bietet insofern nicht nur die Möglichkeit des Lernens aus vergangenen Ereignissen, sondern auch das Potenzial der Entwicklung von Zielvorgaben für zukünftiges politisches Handeln.

Ebenso wie Reemtsma lehnt auch Knigge (2010) es ab, Erinnerung a priori als friedfertig und moralisch zu bewerten, und beklagt den häufig wenig reflektierten Umgang mit ihr:

> „Denn im öffentlichen Diskurs wird Erinnerung zunehmend als moralisch aufgeladene, eher diffuse Pathosformel gebraucht, als sei Erinnerung als solche bereits der Königsweg zur Bildung von kritischem Geschichtsbewusstsein, als stehe Erinnern als solches bereits für gelingende Demokratie- und Menschenrechtserziehung.“[391]

Statt einer Thematisierung der Vergangenheit in Form eines unreflektierten Erinnerungsimperativs plädiert Knigge für eine kritische und handlungsorientierte Auseinandersetzung mit der negativen Geschichte. Die Geschichte des 20. Jahrhunderts böte hierbei aufgrund ihres extremen Charakters ein großes Reservoir für die konkrete Auseinandersetzung mit allen Formen von Menschenfeindlichkeit und liefere gleichzeitig aus diesen Erfahrungen gewachsene Konzepte und Praktiken politischen, gesellschaftlichen und kulturellen Gegenhandelns. Dieses historische Erinnern zeichne sich dadurch aus, „dass Schuld und Verantwortung nicht mehr verleugnet, abgeschoben oder überdeckt werden, sondern dass sie zu Anlässen kritischer gesellschaftlicher Selbstreflexion und Selbstvergewisserung gemacht werden“.[392] Das konkrete Lernen aus der Geschichte und eine damit verbundene wahrnehmungs- und handlungsleitende Orientierung seien, so Knigge, allerdings abhängig von bestimmten Anforderungen:

> „Der Rückbezug auf die negative Vergangenheit muss umfassend und konkret sein, muss Opfer, Täter und gesellschaftliche wie individuelle Tatvoraussetzungen einschließen; er darf auch Ambivalenzen und Grauzonen, die sich eindeutigen Opfer-Täter-Schemata widersetzen nicht ausweichen.“[393]

Durch kritische Selbstreflexion ermögliche Erinnern die Ausbildung normativer Vorgaben für Gegenwart und Zukunft. Dabei ist es laut Knigge notwendig, die negative Vergangenheit zwar als abgeschlossen zu betrachten, aber dennoch die Gefahr einer Wiederholung in veränderter Form nicht auszuschließen. „Histori-

391 Knigge (2010), 10.
392 Knigge (2009), 76.
393 Knigge (2009), 77f.

sches Erinnern in diesem Sinne ernst genommen, ist eine besondere Form handlungsorientierter historisch-politischer Bildung mit ethisch-moralischem Reflexionshorizont."[394]

Sofern es sich bei Erinnerung also nicht nur um einen festgesetzten Imperativ handelt, der unreflektiert übernommen wird und ohne eine tatsächliche Auseinandersetzung mit der negativen Geschichte seinen Platz in der Gesellschaft einnimmt, bietet der Diskurs über die Vergangenheit nach Meinung von Knigge die Möglichkeit zur Entwicklung von Handlungsorientierungen für die Zukunft. Normative Vorgaben für Gegenwart und Zukunft könnten jedoch nur dann aus dem Prozess des Erinnerns hervorgehen, wenn dieser in selbstkritischer Weise stattfinde. Laut König (2008) hat sich in der Bundesrepublik Deutschland als Nachfolgestaat des Dritten Reiches nach zahlreichen Konflikten schlussendlich die Auffassung durchgesetzt, dass eine Zukunft ohne die Erinnerung an die verbrecherische Vergangenheit nicht denkbar sei:

> „Es geht nicht mehr um die Konstruktion einer großen Geschichte, die den einzigartigen Ansprüchen der eigenen Nation ein Fundament geben soll, sondern um eine beschämende, schuldhafte und irritierende Vergangenheit, die zur Beglaubigung der eigenen Gegenwart und Zukunft in das Selbstbild integriert werden muß."[395]

4.2.5. Fazit

Zusammenfassend lässt sich festhalten, dass Erinnerung trotz aller Einschränkungen sowohl gesellschaftlich als auch politisch wichtige Aufgaben übernimmt. Im Übergang zur Moderne führen weitreichende gesellschaftliche Veränderungen dazu, dass die Nation zum sinn- und orientierungsstiftenden Bezugspunkt wird. Als abstraktes Konstrukt, das sich durch eine ausgeprägte Heterogenität seiner Mitglieder auszeichnet, ist sie jenseits dieser Verschiedenartigkeiten auf die Ausbildung einer Identität angewiesen, um ihre eigene Stabilität zu garantieren. Den zentralen Bezugspunkt für die Identität der Nation stellt ihre Geschichte und die damit verbundene Erinnerung dar. Während die nationale Identität klassischer Weise geprägt war durch die Erinnerung an heroische und positive Ereignisse der Vergangenheit, sind postnationale Staaten in der Lage, auch eine negative Vergangenheit in das eigene Selbstbild zu integrieren. Gekoppelt an Gegenwartserfahrungen und Zukunftserwartungen bietet die Erinne-

394 Knigge (2009), 78.
395 König (2008), 189.

rung an die Vergangenheit eine Form der Kontinuität, die eine identitätsrelevante Funktion übernimmt.

Eine wichtige Aufgabe übernimmt Erinnerung zudem bei der Legitimierung des politischen Systems. Besonders Umbrüche oder Systemwechsel stellen an die politische Ordnung beträchtliche Anforderungen hinsichtlich der Legitimierung. Ist eine Legitimierung über den Eigenwert des normativen Fundaments nicht ausreichend, bietet die Delegitimierung des Vorgängersystems eine weitere Option. Der Erinnerung kann in diesem Kontext eine zentrale Bedeutung beigemessen werden, da nur über die Vergegenwärtigung der Vergangenheit eine Abgrenzung zum Vorgängersystem stattfinden kann. In diesem Zusammenhang hat sich die Auffassung durchgesetzt, dass die Macht der Vergangenheit nur gebannt werden kann indem eine umfassende Aufklärung und Aufarbeitung der Vergangenheit stattfindet. Makrostrukturelle Neuanfänge in Form von Systemumbrüchen sind jedoch nicht automatisch mit einer Veränderung der Meinungen und Werte der in der Gesellschaft lebenden Akteure verbunden und solange zwischen den politischen Institutionen und der politischen Kultur ein Divergenzverhältnis existiert, besteht eine potenzielle Gefahr für die Stabilität der Gesellschaft.

Ungeachtet der wichtigen Funktionen, die Erinnerung in einer Gesellschaft übernimmt, wäre es falsch, den Modus des Erinnerns grundsätzlich als einen positiven Vorgang zu verstehen, der als einzige Option zur Verfügung steht, um eine Wiederholung der Ereignisse zu verhindern. Wie bereits zu Anfang des Kapitels gezeigt, war es über Jahrhunderte gerade die Praxis des Vergessens, in die Hoffnung gesetzt wurde, das erneute Aufkeimen von Konflikten und Kriegen zu verhindern. Im Hinblick auf den Zweiten Weltkrieg erscheint es aufgrund des damit verbundenen Völkermordes jedoch nicht adäquat zu glauben, die nationalsozialistische Vergangenheit Deutschlands ließe sich durch den Modus des Vergessens bewältigen. Assmann folgend lassen sich Kriege unterscheiden, für die eine Symmetrie der Risikoverteilung charakteristisch ist und solche, die sich durch eine einseitige Täter- und Opferposition auszeichnen. Bei letzteren handelt es sich um das zentrale Merkmal eines Völkermords. Bei Verbrechen gegen die Menschlichkeit erscheint die Methode des Vergessens nicht angemessen. Sie müssen notwendigerweise sowohl von Tätern als auch von Opfern durch Erinnerung in Gegenwart und Zukunft eingebunden werden.

Schließlich eröffnet sich durch die kritische und selbstreflektierte Auseinandersetzung mit der Vergangenheit die Möglichkeit, Zielvorgaben für zukünftiges politisches Handeln zu entwickeln. Dabei ist es nach Ansicht von Knigge (2009) notwendig, von einem moralisch aufgeladenen Erinnerungsimperativ Abstand zu nehmen, bei dem die Erinnerung als solche bereits als Fundament einer demokratischen Kultur gesehen wird. Um aus der Auseinandersetzung mit einer verbrecherischen Vergangenheit tatsächliche Konzepte und Handlungsorientierungen für die Zukunft gewinnen zu können, sei, so Knigge, der umfassende und konkrete Rückbezug auf die Geschichte notwendig, und dieser dürfe auch Ambivalenzen nicht unbeachtet lassen. Auch wenn keine Garantie dafür existiert, dass Erinnerung tatsächlich eine Wiederholung der Ereignisse verhindern kann, besteht die Hoffnung, ein solches Fundament in Form normativer Handlungsorientierungen für die Zukunft garantieren zu können. Laut Welzer (2010) dient Erinnerung der Orientierung in einer Gegenwart immer dem künftigen Handeln, und erst die Zukunft ist es, die Geschichtsbewusstsein motiviert:

> „Die deutsche Erinnerungskultur zielt über die Vermittlung des Geschichtsunterrichts, der politischen Bildung, der Gedenkstättenpädagogik, der Medien und des weiten pädagogischen Feldes der Holocaust Education auf eine historisch-moralische Bildung ab, die zum einen Nationalsozialismus und Holocaust historisch verständlich machen, und zum anderen Persönlichkeiten bilden sollen, die sich gegenüber massen- oder völkermörderischer Gewalt widerständig verhalten können."[396]

396 Welzer (2010), 16.

5. Sinti und Roma in Deutschland zwischen 1945 und 2005

5.1. Einleitung

Die folgende Darstellung der sozialen Situation der Sinti und Roma zwischen 1945 und 2005 in der Bundesrepublik Deutschland erfolgt unterteilt in fünf Zeitperioden. Es wird hierbei versucht, Abschnitte zu wählen, die für die Entwicklung der Lage der Minderheit bedeutsam waren und die zudem mit zeitlich markanten Eckpunkten des sich im Verlauf der Jahrzehnte seit Kriegsende verändernden Erinnerungsdiskurses über die nationalsozialistischen Verbrechen korrespondieren. Als erster Zeitraum wird die Phase von 1945 bis 1960 gewählt. Nach Widmann (2001) war die Politik der unmittelbaren Nachkriegszeit sowie der 1950er Jahren von einem ordnungspolitischen Vorgehen gegen Angehörige der Minderheit geprägt. Städte und Kommunen betrieben zu dieser Zeit in erster Linie eine Politik der Abschreckung und Vertreibung.[397] Dieser Zeitabschnitt deckt sich im Wesentlichen mit einem ersten Abschnitt des Umgangs der Politik und Bevölkerung mit der nationalsozialistischen Vergangenheit. Nach einer Zeit der „politischen Säuberung" zwischen 1945 und 1949 spricht Frei (2005) in den 1950er Jahren von einer „Phase der Vergangenheitspolitik". Nach Meinung von Frei stand die zu dieser Zeit betriebene Politik im Zeichen der Leitbegriffe „Amnestie und Integration".[398] Dazu Frei:

> „Die vergangenheitspolitischen Forderungen an das Gründungspersonal der jungen Bundesrepublik waren klar: Erwartet wurde ein ‚Schlußstrich' unter die politische Säuberung, und der Schlußstrich unter die Vergangenheit war davon nicht weit entfernt."[399]

Gleichermaßen nennt Assmann (1999) als erste Phase der deutschen Erinnerungsgeschichte den Zeitraum von 1945 bis 1957. Prägend für diesen Zeitraum war nach Meinung von Assmann die „Politik der Wiedergutmachung" und die

397 Vgl. Widmann (2001), 64.
398 Vgl. Frei (2005), 30.
399 Frei (2005), 30.

damit verbundene Entschädigung der Opfer sowie die „Politik der Amnestie", im Zuge derer ehemalige Nationalsozialisten wiedereingegliedert wurden.[400]

In einem zweiten Zeitabschnitt soll die Situation im Zeitraum von 1960 bis 1970 untersucht werden. Laut Widmann (2003) begann Anfang der 1960er Jahre in Bezug auf Sinti und Roma eine zweite Phase kommunaler Minderheitenpolitik. Von den Verantwortlichen sei zunehmend das Scheitern der Vertreibungspolitik der 1950er Jahre erkannt worden und ein neuer Weg eingeschlagen worden.[401] Widmann (2001) berichtet, dass die Akteure der Kommunalpolitik vermehrt nach Möglichkeiten gesucht hätten, sich mit Angehörigen der Minderheit zu arrangieren.[402] Die in diesem Zeitraum betriebene Politik fasst Widmann (2003) mit den Worten „Bewährung und Kontrolle" zusammen.[403] Zu Veränderungen kam es in den 1960er Jahren auch im Umgang mit der nationalsozialistischen Vergangenheit. Assmann (1999) zufolge wurde zunehmend Selbstkritik an der bisher praktizierten Art der Vergangenheitsbewältigung laut.[404] Auch Frei (2005) berichtet davon, dass seit Ende der 1950er Jahre die „unbewältigte Vergangenheit" Thema in der Bundesrepublik Deutschland war, und nennt in diesem Zusammenhang den Generationenkonflikt, der eng mit der 68er-Bewegung verknüpft ist.[405]

Der Zeitraum von 1971 bis 1982 war insbesondere durch die Entwicklung einer Bürgerrechtsbewegung der Sinti und Roma geprägt. 1971 gründete Vinzenz Rose zusammen mit anderen Betroffenen das *Zentralkomitee der Sinti Westdeutschlands*, welches 1972 in *Verband der Sinti Deutschlands* umbenannt wurde.[406] Bis zur Gründung einer langfristig erfolgreichen Interessenvertretung der Minderheit dauerte es jedoch weitere zehn Jahre. Mit Unterstützung der Menschenrechtsorganisation *Gesellschaft für bedrohte Völker* gelang es den Sinti und Roma Ende der 1970er Jahre erstmals, öffentlichkeitswirksam auf Defizite hinsichtlich der Auseinandersetzung mit dem nationalsozialistischen Völkermord an der Minderheit sowie fortdauernden Problemen in Bezug auf ihre soziale Situation aufmerksam zu machen. Der 1982 ins Leben gerufene *Zentralrat Deutscher Sinti und Roma* setzt sich bis heute für die Durchsetzung der Interessen der Minderheit ein. Parallel zu dieser Entwicklung waren auch im Umgang mit der nationalsozialistischen Vergangenheit Veränderungen zu be-

400 Vgl. Assmann; Frevert (1999), 143f.
401 Vgl. Widmann (2003), 178.
402 Vgl. Widmann (2001), 65.
403 Vgl. Widmann (2003), 178.
404 Vgl. Assmann; Frevert (1999), 144.
405 Vgl. Frei (2005), 35.
406 Vgl. Rose (1987), 89.

obachten. Frei (2005) weist darauf hin, dass zwar bereits in den 1960er Jahren von der Zeitgeschichtsforschung sowie den Medien faktisches Wissen über den nationalsozialistischen Völkermord vermittelt wurde, aber erst die Ausstrahlung der Fernsehserie „Holocaust" ein Gefühl der Betroffenheit bei der Bevölkerung auszulösen vermochte.[407]

Der folgende Zeitabschnitt von 1983 bis 1995 wird gewählt, da das Jahr 1995 sowohl für Geschichte der Sinti und Roma in der Bundesrepublik Deutschland als auch für den Erinnerungsdiskurs bedeutungsvoll war. Die Bundesregierung unterzeichnete am 11. Mai 1995 beim Europarat das „Rahmenübereinkommen zum Schutz nationaler Minderheiten". Ziel dieser Vereinbarung war es unter anderem, die Gleichstellung nationaler Minderheiten zu fördern sowie den Erhalt und die Weiterentwicklung ihrer jeweiligen Kulturen zu gewährleisten.[408] Naumann (1998) bezeichnet das Jahr 1995 als Gedenkjahr, welches eine „Schwellensituation" im Übergang von der noch durch Zeitzeugen belegten Erinnerung zu einer symbolisch fixierten Form markiert.[409] Dazu Naumann:

> „Die Dramatik dieses Übergangs klang allenthalben an, nirgends aber deutlicher als in der eindringlichen Mahnung, in diesem symbolträchtigen Jahr der fünfzigsten Jahrestage sei nun zum letzten Mal Gelegenheit, die Zeitzeugen zu Wort kommen zu lassen."[410]

Das allgemeine Interesse an dieser Thematik zu dieser Zeit wird beispielsweise auch anhand des Erfolgs von Steven Spielbergs Film „Schindlers Liste", der 1994 in den deutschen Kinos gezeigt wurde, sowie der öffentlichen Diskussion über Daniel Goldhagens Buch „Hitlers willige Vollstrecker", welches 1996 in Deutschland erschien, deutlich.

Die vorliegende Untersuchung der sozialen Situation der Sinti und Roma in der Bundesrepublik Deutschland und die Analyse der parlamentarischen Vorgänge des Deutschen Bundestages, die sich mit der Minderheit beschäftigen, endet mit dem Jahr 2005. Das sich zum sechzigsten Mal jährende Kriegsende soll genutzt werden, um ein Resümee der Lage der Sinti und Roma zu ziehen.

---

407 Vgl. Frei (2005), 37.
408 Vgl. Webseite des Europarats: http://conventions.coe.int/Treaty/ger/Summaries/Html/157.htm
409 Vgl. Naumann (1998), 10f.
410 Naumann (1998), 11.

5.2. Die soziale Situation der Sinti und Roma zwischen 1945 und 1959

5.2.1. Einleitung

Mit der bedingungslosen Kapitulation am 8. Mai 1945 hatten nicht nur alle bisherigen staatlichen Strukturen in Deutschland aufgehört zu existieren, sondern gleichzeitig war auch die Wirtschaft zusammengebrochen. Der Kampf um das tägliche Überleben bestimmte die Erfahrungswelt des Normalbürgers, der sich mit zerstörten Städten und der damit verbundenen Wohnungsnot sowie der streng rationierten Zuteilung von Lebensmitteln über Lebensmittelkarten und Bezugsscheine konfrontiert sah. Von diesen schwierigen Lebensumständen war zur damaligen Zeit fast ausnahmslos jeder betroffen, aber um ein Vielfaches problematischer war die Situation jener einzustufen, die aus den Konzentrationslagern befreit worden waren. Ihnen fehlte nicht nur ein Dach über dem Kopf und etwas zu essen, sondern häufig mussten sie sich zudem mit dem Verlust eines Großteils ihrer Familie auseinandersetzen, der die Verfolgungsmaßnahmen und die Inhaftierung in den Konzentrationslagern durch die Nationalsozialisten nicht überlebt hatte. In äußerst schlechter physischer und psychischer Verfassung war das eigene Leben nicht selten das einzige, was geblieben war. Die durch die Alliierten aus den Konzentrationslagern befreiten Häftlinge wurden in der Regel zunächst in Lagern für sogenannte Displaced Persons untergebracht, die ihnen weit entfernt von ihrer ursprünglichen Heimat eine Unterkunftsmöglichkeit boten. Wie andere Überlebende des Holocaust wurden auch die befreiten Sinti und Roma zunächst in diesen Lagern untergebracht.[411] Die Situation jener Sinti und Roma, die überlebt hatten, beschreibt Bura (1984) wie folgt:

> „Die wenigen, die den Konzentrationslagern entronnen waren, hatten einen Großteil ihrer Angehörigen verloren. Familien und Großfamilien waren auseinandergerissen, Traditionen und Überlebenstechniken mit ihren Trägern verlorengegangen. Die meisten, die gezeichnet von Unterernährung, Entbehrungen, Folter und unmenschlichen Experimenten die KZ-Haft überlebt hatten, waren physisch und psychisch bis ins Mark geschwächt und trugen bis an ihr Lebensende nicht wieder heilbare Folgeschäden davon."[412]

Genaue Angaben über die Zahl der Sinti und Roma, die dem nationalsozialistischen Völkermord zum Opfer fielen, fehlen laut Wippermann (1997) bis heute. Während sowohl Wippermann als auch Zimmermann (1989) Schätzungen nen-

411 Vgl. Kenrick; Puxon (1981), 139.
412 Bura (1984), 13.

nen, die von 200 000 bis 500 000 Opfern ausgehen,[413] spricht Romani Rose, Vorsitzender des *Zentralrats Deutscher Sinti und Roma*, von 500 000 Sinti und Roma, die den Holocaust in Europa nicht überlebt haben.[414] Ebenso wie gesicherte Angaben über die Zahl der Opfer fehlen, liegt auch keine offizielle Statistik vor, die Angaben zur Sinti- und Romabevölkerung in Deutschland im Jahre 1945 oder in den nachfolgenden Jahren machen würde. Margalit (2001) führt in diesem Zusammenhang eine Schätzung von Karl Heinz Sippel aus dem Jahre 1950 an, die davon ausgeht, dass von 18 330 Sinti und Roma, die im Mai 1940 in den Grenzen des Deutschen Reiches gelebt hätten, weniger als 5000 überlebt hätten.[415] Margalit selbst hält diese Zahl der noch in Deutschland lebenden Sinti und Roma für zu niedrig angesetzt und sie sei, so Margalit, nicht zuletzt deswegen nur unter Vorbehalt zu verwenden, da mit Sippel lediglich eine sekundäre Quelle verfügbar sei, in der diese Zahl zitiert werde, die primäre Quelle aber nicht ermittelt werden konnte.

Auch wenn exakte Daten über die Zahl der Opfer und der nach 1945 noch in Deutschland lebenden Sinti und Roma fehlen, besteht kein Zweifel an den weitreichenden Folgen, welche die Verfolgungsmaßnahmen und der Völkermord während der Zeit des Nationalsozialismus für die Sinti und Roma hatten. Reemtsma (1996) weist darauf hin, dass die Opfer nicht nur mit physischen und psychische Schäden der Verfolgung zu kämpfen gehabt hätten, sondern zudem noch damit konfrontiert gewesen seien, dass durch den Verlust zahlreicher Familienangehöriger zugleich die Familie als zentrale soziale Organisationsform teilweise oder vollständig zerstört worden war.[416] Auf der Suche nach überlebenden Familienangehörigen kehrten die Sinti und Roma in den Monaten nach Kriegsende in die Dörfer und Städte zurück, aus denen sie während des Krieges deportiert oder ausgewiesen worden waren.[417] In diesem Zusammenhang stellt Zimmermann (1989) fest:

> „In den ersten Nachkriegsjahren war das Handeln der überlebenden Sinti und Roma weithin von dem Bestreben geleitet, die gebliebenen Familienbindungen zu restituieren, soweit dies nach der Massenvernichtung und auch angesichts der traumatischen, die sozialen Bindungen und das Selbstwertgefühl zerstörenden Wirkung der Zwangssterilisation noch möglich war."[418]

413 Vgl. Wippermann (1997), 167. Zimmermann (1989), 83.
414 Vgl. Rose (1999), 16.
415 Vgl. Margalit (2001), 83.
416 Vgl. Reemtsma (1996), 125.
417 Vgl. Margalit (2001), 83, dazu auch ders. (2003), 156.
418 Zimmermann (1989), 84.

Das Schicksal der Sinti und Roma im Dritten Reich führte in der Nachkriegszeit jedoch keinesfalls dazu, dass sie in den Dörfern und Städten mit offenen Armen empfangen worden wären. Margalit (2003) berichtet von einheitlich negativen Reaktionen der Bevölkerung und der Behörden, die mit der Rückkehr der Sinti und Roma einhergingen.[419] Zimmermann (1989) hingegen merkt an, dass es, bedingt durch den Umstand, dass auch zahlreiche Angehörige der Mehrheitsgesellschaft in der unmittelbaren Nachkriegszeit über keinen festen Wohnsitz verfügt hätten und auf der Suche nach einer neuen Heimat in ganz Deutschland unterwegs gewesen seien, eine Phase gegeben habe, in der Sinti und Roma nicht Ziel von Maßnahmen gewesen seien, die ihre dauerhafte Ansiedlung zu verhindern versucht hätten.[420] Margalit (2003) hingegen stuft die Reaktionen, mit denen die Sinti und Roma bei ihrer Rückkehr konfrontiert wurden, deutlich negativer ein: „Die Deportationen der Sinti und Roma aus Städten und Dörfern während des Krieges führten [...] nach der Kapitulation zu der Erwartungshaltung, die Behörden müssten auch jetzt entsprechenden Eingaben der Bürger nachkommen und die Sinti und Roma aus dem Ort entfernen."[421] Anhand einer Äußerung eines Pfälzer Bürgermeisters aus dem Jahre 1952 wird deutlich, wie unerwünscht eine Rückkehr der Sinti und Roma in die Städte und Gemeinden war:

> „Ich bin strikt dagegen, daß die Zigeuner wieder in Dorfesnähe angesiedelt werden, es würden wieder die gleichen Zustände wie vor 1939 entstehen. Die Bürger meiner Gemeinde müssen hart um ihr tägliches Brot kämpfen und die Zigeuner wollen sich auf Kosten anderer ernähren; da muß man wahrhaft alle Humanität ausschalten ... Abschließend möchte ich nochmals betonen, daß ich eine Niederlassung der Zigeuner im Hahnenbachental und in Dorfesnähe nicht dulden und dies mit allen Mitteln, die mir zur Verfügung stehen, zu verhindern suche."[422]

Die alliierten Militärregierungen erkannten die Sinti und Roma zwar als Opfer rassischer Verfolgung und die amerikanische Besatzungsmacht erklärte 1947 das „Bayrische Gesetz zur Bekämpfung der Zigeuner, Landfahrer und Arbeitsscheuen" von 1926 für ungültig[423], aber dem Verhältnis zwischen der deutschen Bevölkerung und der Minderheit begegneten sie weitgehend mit Gleichgültigkeit. Nach Einschätzung von Margalit (2001) interessierten sich die Alliierten, abgesehen von vereinzelten Maßnahmen im Rahmen der Entnazifizierung, unter die auch die Aufhebung des oben genannten Gesetzes fällt, nicht für die Politik

419 Vgl. Margalit (2003), 165.
420 Vgl. Zimmermann (1989), 84.
421 Margalit (2003), 165.
422 Zitiert nach: Rose (1987), 79.
423 Vgl. Margalit (2007), 486, und Zülch (1980), 79.

deutscher Behörden gegenüber Sinti und Roma.[424] Der Schwerpunkt der Entnazifizierungspolitik habe, so Margalit, auf der Beseitigung des Antisemitismus gelegen und die auch nach dem Krieg existierende negative Haltung gegenüber Sinti und Roma unberücksichtigt gelassen. Die Konsequenzen dieser Verhaltensweise für die Auseinandersetzung mit dem Völkermord an den Sinti und Roma in der Folgezeit werden von Margalit als äußerst nachteilig bewertet:

> „Dieses Desinteresse trug dazu bei, daß die Verfolgung der Zigeuner im Gegensatz zur Shoah von der deutschen Öffentlichkeit nicht als eine politische Angelegenheit begriffen wurde. Während die Haltung gegenüber dem jüdischen Volk zum Prüfstein der Demokratie wurde, blieb die Frage der Einstellung zu Sinti und Roma nach 1945 ein Randthema des politischen Diskurses."[425]

Kaum zutreffend dürfte in Anbetracht dieser Tendenzen die Einschätzung des äußerst umstrittenen „Zigeunerexperten" Hermann Arnold sein, der im Anschluss an die nationalsozialistische Verfolgung der Sinti und Roma von einer „Periode des laissez-faire"[426] spricht. Mit der offenen Ablehnung, fehlenden Vergegenwärtigung des an den Sinti und Roma begangenen Völkermords und der damit einhergehenden nicht vorhandenen Anteilnahme wurde vielmehr bereits in der Nachkriegszeit der Grundstein für den Umgang mit den Sinti und Roma in der Bundesrepublik gelegt, der auch für die folgenden Jahrzehnte richtungsweisend sein sollte.

5.2.2. Arbeit, Beruf, Einkommen und wirtschaftliche Situation

Die wirtschaftliche und berufliche Situation der Sinti und Roma nach 1945 ist nicht das Ergebnis einer Entwicklung, die erst nach dem Zweiten Weltkrieg eingesetzt hätte. Margalit (2007) weist darauf hin, dass die traditionellen Berufe der Sinti und Roma bereits im ersten Drittel des 20. Jahrhunderts durch die zunehmende ökonomische Modernisierung vermehrt an Bedeutung verloren.[427] Wenn Zülch (1979) in diesem Zusammenhang also anmerkt, dass die forcierte Nachkriegsindustrialisierung viele traditionelle Berufe überflüssig machte[428], sollte nicht übersehen werden, dass es sich hierbei keinesfalls um eine abrupt nach dem Krieg einsetzende Entwicklung handelte, sondern sich diese bereits vor Beginn des Zweiten Weltkriegs abgezeichnet hatte.

---

424 Vgl. Margalit (2001), 100.
425 Margalit (2001), 183.
426 Arnold (1965), 79, vgl. Kap. 5.2.6.
427 Margalit (2007), 484.
428 Vgl. Zülch (1979), 13.

Obwohl die sozioökonomische Situation der Sinti und Roma schon vor Kriegsbeginn weitgehend durch Armut und Elend geprägt gewesen sei, so Margalit, habe die nationalsozialistische Verfolgung zu einer deutlichen Verschärfung dieses Zustandes geführt.[429] Die Tatsache, dass die Sinti und Roma nach dem Krieg fast vollständig mittellos waren, ist nicht zuletzt darauf zurückzuführen, dass die Nationalsozialisten ihre meist bescheidenen Vermögenswerte wie Schmuck und Gold enteignet hatten und die Betroffenen nach Kriegsende kaum eine Möglichkeit hatten, ihre Besitztümer zurückzuerhalten.[430] In der Nachkriegszeit waren es jedoch gerade solche Eigentumswerte und der mit ihnen praktizierte Tauschhandel, die häufig die einzige Möglichkeit einer geringen Verbesserung der Lebensumstände darstellten. In diesem Zusammenhang stellt Bura (1984) fest:

> „Es fehlte ihnen an allem, um unter den ohnehin erschwerten Umständen wenigstens einigermaßen erträglich leben zu können. Sie hatten kein Eigentum, das sie auf dem Schwarzmarkt gegen Lebensmittel oder andere lebenswichtige Güter eintauschen konnten, und Geld war bis zur Währungsreform nur bedingt als Zahlungsmittel tauglich."[431]

Jene Sinti und Roma, die aufgrund ihrer physischen und psychischen Verfassung nach häufig jahrelanger Internierung in Konzentrationslagern nicht in der Lage waren, für ihren Lebensunterhalt zu sorgen, waren auf spärlich fließende Fürsorgeleistungen angewiesen.[432] Entschädigungszahlungen, die in dieser Situation unter Umständen als Existenzgrundlage hätten dienen können, blieben den Opfern der nationalsozialistischen Verfolgungsmaßnahmen, sofern sie den Sinti und Roma angehörten, vielfach versagt. Viele Angehörige der Minderheit versuchten beruflich in den Tätigkeitsbereichen wieder Fuß zu fassen, die ihnen auch vor dem Zweiten Weltkrieg zumindest ein spärliches Einkommen gesichert hatten. Laut von Soest (1980) boten diese Arbeitsfelder zumindest zeitlich begrenzt eine durchaus rentable Einkommensquelle: „Nach Ende des 2. Weltkrieges bis Ende der 1950er Jahre scheinen die traditionellen Gewerbe wie Schrotthandel, Musizieren und Kleinhandel mit Kurzwaren und Spitzen durchaus einträglich gewesen zu sein."[433] Seibert (1984) betont den besonderen Charakter dieser von den Sinti und Roma betriebenen Gewerbe und macht deutlich, dass diese in erster Linie wirtschaftliche Randbereiche abgedeckt hätten.[434] Der

---

429 Margalit (2007), 484.
430 Vgl. Bura (1984), 13.
431 Bura (1984), 13.
432 Vgl. Bura (1984), 13.
433 Von Soest (1980), 48.
434 Vgl. Seibert (1984), 72.

wirtschaftliche Strukturwandel im Zuge des Wiederaufbaus führte dazu, dass diese von den Sinti und Roma bedienten ökonomischen Nischen zunehmend an Bedeutung verloren und es in der Nachkriegszeit zu einer fortschreitenden Verschlechterung ihrer wirtschaftlichen Chancen kam. Dazu von Soest:

> „In dem Maße, wie sich die Reparatur von täglichen Gebrauchsgegenständen nicht mehr lohnt, die industrielle Massenproduktion die Neuanschaffung preiswerter gestaltet, der gesamte Kleinhandel auf Grund von Großhandelsmärkten und Supermarktketten seine Marktanteile in immer stärkerem Maße verliert und sich selbst im Rohproduktenhandel eine zunehmende Konzentration bemerkbar macht, werden auch die traditionellen Gewerbe der Zigeuner zurückgedrängt und verlieren ihren wirtschaftlichen Stellenwert."[435]

Auf diesen schwindenden Bedarf an handwerklichen Fähigkeiten weist auch Widmann (2001) hin und führt die Verdrängung des Haus-zu-Haus-Handels primär auf die zunehmende Mobilisierung der Landbevölkerung und die Ausbreitung von Supermärkten in den Dörfern zurück.[436] Neben dem wirtschaftlichen Strukturwandel war es in den 1950er Jahren der verstärkt ausgeübte behördliche und administrative Druck, der den Sinti und Roma zunehmend die Ausübung ihrer Gewerbe erschwerte. Die „Bayrische Landfahrerordnung" aus dem Jahre 1953, die an das „Bayrische Gesetz zur Bekämpfung von Zigeunern, Landfahrern und Arbeitsscheuen" von 1926 anknüpfte, stellte ein erhebliches Hindernis bei der Ausübung des mobilen Gewerbes dar. So untersagte diese „Landfahrerordnung", Kinder im schulpflichtigen Alter mit auf Reisen zu nehmen, schrieb das Mitführen eines „Landfahrerbuches" vor, in dem alle Reisenden aufgelistet werden mussten, und gestattete das Abstellen der Fahrzeuge nur an bestimmten Stellen.[437] Rose (1987) stuft dieses Vorgehen der Behörden als Schikane ein, die eine freie und geregelte Ausübung einer beruflichen Tätigkeit verhindern sollte:

> „Sinti und Roma, die in den ersten beiden Jahrzehnten nach 1945 trotz der durch den Konzentrationslageraufenthalt völlig zerstörten Existenz versuchten, ohne Kapital mit Kleingewerbe oder mit dem Handeln von Kurzwaren in ländlichen Gegenden für die in den Barackenunterkünften zurückgelassenen oder in der wärmeren Jahreszeit mitreisende Familie einen kärglichen Lebensunterhalt zu verdienen, fielen diesen Dauerkontrollen und Razzien der Polizei überall zum Opfer."[438]

Diese Maßnahmen, so Rose, hätten dazu geführt, dass viele Sinti und Roma resigniert hätten, und so aus ehemaligen Händlern häufig Sozialhilfeempfänger

435 Von Soest (1980), 49.
436 Vgl. Widmann (2001), 109.
437 Vgl. Bura (1984), 28.
438 Rose (1987), 82f.

geworden seien. Im Zusammenhang mit zum Teil äußerst rigiden Vorgehen der Behörden gegen Sinti und Roma weist Bura auf eine spezifische Grundkonstellation der Aufbauphase der Bundesrepublik Deutschland hin:

> „Durch das Einordnen in den Produktionsprozeß sollte jede/r mitwirken, die Kriegsschäden zu beseitigen und die Wirtschaft wieder in Gang zu bringen. Unternehmerische Initiative auf der einen Seite sowie Fleiß, Ausdauer, Anpassung und Unterordnung auf der anderen Seite – und war der Lohn dafür auch noch so gering – wurden als notwendige Voraussetzungen des wirtschaftlichen und gesellschaftlichen Normalisierungsprozesses angepriesen. Und was als normal galt, war gesetzlich festgelegt; davon abweichendes Verhalten wurde massiv unterdrückt und kriminalisiert.“

Von dieser Haltung waren Sinti und Roma wohl wie kaum eine andere Minderheit zur damaligen Zeit betroffen. Übersehen wurde bei diesem strikten administrativen Vorgehen allerdings, dass ihnen neben der Ausübung diverser Formen des mobilen Gewerbes kaum Alternativen blieben. Während der Zeit des Nationalsozialismus war ihnen der Schulbesuch untersagt worden, und in der Folge war ein Großteil der Sinti und Roma nach 1945 Analphabeten. Der Zugang zu einer Vielzahl von Berufen war ihnen somit aufgrund mangelnder Bildung vorab versperrt. Jene von ihnen, die dennoch auf dem traditionellen Arbeitsmarkt eine Erwerbsquelle suchten, hatten in der Regel kaum eine Aussicht auf Erfolg. Es herrschte Massenarbeitslosigkeit und daneben waren Diskriminierungen gegen Sinti und Roma bei ihrer Suche nach Arbeit an der Tagesordnung.[439] Die daraus resultierende mangelnde Einbindung in die gängigen Strukturen der Erwerbsarbeit machten es laut Bura für die Umwelt leicht, in den Sinti und Roma wie schon vor 1945 „Parasiten und Arbeitsscheue“ zu sehen.[440] Die Tatsache, dass schlussendlich das ausgrenzende, diskriminierende und restriktive Verhalten der Mehrheitsbevölkerung dazu führte, dass den Sinti und Roma häufig als einzige Einkommensquelle nur Fürsorgeleistungen des Staates blieben, wurde bei dieser vorurteilsbehafteten Beurteilung gänzlich übersehen. Die Einschätzung von Strauß (1997) bezüglich der sozioökonischen Situation der Sinti und Roma zwischen 1945 und 1959 ist wohl kaum zu schwarz gemalt: „Angesichts der ohnehin schwierigen ökonomischen Lage im Nachkrieg kann die Situation der Minderheit nur als absolut desolat bezeichnet werden.“[441]

439 Vgl. Bura (1984), 31, und Schopf (1994), 15.
440 Vgl. Bura (1984), 33.
441 Strauß (1997), 29.

5.2.3. Bildung

In der im Rahmen dieser Arbeit berücksichtigten Literaturauswahl wurden keinerlei spezifische Angaben zur Bildungssituation der Sinti und Roma zwischen 1945 und 1959 gefunden. Bedingt durch die Tatsache, dass ihnen in der Zeit des Nationalsozialismus der Schulbesuch untersagt war, kann jedoch davon ausgegangen werden, dass ein Großteil der Angehörigen der Minderheit nach 1945 Analphabeten waren. Ein Hinweis auf diesen Sachverhalt findet sich bei Margalit (2007).[442]

5.2.4. Bildungs- und Berufschancen der nachfolgenden Generation

Ebenso wie Angaben über die Bildungssituation der erwachsenen Sinti und Roma fehlen, wird in dem hier verwendeten Material auch nicht thematisiert, wie die Bildungs- und Berufschancen der nachfolgenden Generation im Zeitraum zwischen 1945 und 1959 zu bewerten sind.

5.2.5. Gesundheit

Als besonders kritisch ist in der Nachkriegszeit der Gesundheitszustand jener Sinti und Roma zu bewerten, bei denen es sich um Überlebende der Konzentrationslager handelte. Unterernährung, Folter und medizinische Experimente hatten für die Betroffenen nicht nur physische, sondern auch psychische Folgeschäden mit sich gebracht, mit denen sie häufig bis an ihr Lebensende konfrontiert waren.[443] Doch auch um die Gesundheit derer, die den Krieg körperlich größtenteils unversehrt überlebt hatten, war es zwischen 1945 und 1959 nicht immer zum Besten bestellt. Die Ursache für große gesundheitliche Belastungen waren häufig die Wohngelegenheiten, die, wenn überhaupt, nur über unzureichende sanitäre Einrichtungen verfügten und nicht ausreichend Schutz vor der Witterung boten.[444] Widmann (2001) berichtet von konkreten Fällen auf einem Wohnwagenplatz, der den Sinti und Roma in Freiburg zugeteilt worden war:

---

442 Vgl. Margalit (2007), 484.
443 Vgl. Bura (1984), 13, und Margalit (2007), 484.
444 Vgl. Bura (1984), 26.

> „Ein Amtsarzt stellte bei einer Besichtigung des Platzes im August 1951 fest, daß Kreuzottern und Ratten die Kinder gefährdeten und daß Wasseranschluß und Sanitäranlagen fehlten.“[445]

Im Februar 1955, so Widmann, sei von einem Vertreter des Gesundheitsamtes sogar Seuchengefahr in dieser Siedlung festgestellt worden, deren Untergrund einer Schlammwüste geglichen habe und in der die Zustände als menschenunwürdig bezeichnet werden konnten.[446] Die gesundheitliche Situation der Sinti und Roma kann angesichts solcher Berichte in der Zeit zwischen 1945 und 1959 wohl insgesamt als eher problematisch eingestuft werden.

5.2.6. Soziale Kontakte, Vorurteile und Integration

Anders als beim Antisemitismus, der bedingt durch internationalen Druck zumindest im öffentlichen Rahmen ab 1945 nicht mehr toleriert wurde, setzten sich antiziganistische Vorurteile und Stereotype häufig nahtlos fort und beschränkten sich, wie die unter 5.1.1 zitierte Äußerung eines Pfälzer Bürgermeisters zeigt, keinesfalls auf die private Sphäre. Zur abweisenden Haltung der Städte und Gemeinden nach 1945 gegenüber Sinti und Roma stellt Strauß (1997) fest:

> „Die Städte und Kommunen widersetzten sich mit allen Mitteln einer Rückkehr und der Integration der überlebenden Sinti und Roma. Ohne eine Spur von Unrechtsbewußtsein schlugen den Überlebenden Vorurteile und offene Ablehnung entgegen, als sie in ihre alte Heimat zurückkehrten.“[447]

Der durch die Nationalsozialisten begangene Völkermord an den Sinti und Roma wurde in der Nachkriegszeit kaum zur Kenntnis genommen. Statt Mitgefühl, Bedauern oder Anteilnahme für das erlittene Schicksal war es offene Ablehnung, die charakteristisch für das Verhältnis zwischen Mehrheitsgesellschaft und Minderheit in den Jahren nach dem Zweiten Weltkrieg war. Dazu Strauß:

> „Während gegenüber den überlebenden Juden auf Grund des Drucks seitens des internationalen Auslandes und des Staates Israel das offizielle Bedauern für die Nazi-Verbrechen ausgedrückt und seit 1948 förmlich praktiziert wurde, erfuhren die Sinti und Roma keine staatliche Anerkennung der gegen sie verübten Verbrechen. Ihnen gegenüber setzten sich ungebrochen administrative Strukturen der

445 Widmann (2001), 61.
446 Vgl. Widmann (2001), 60.
447 Strauß (1997), 27.

> Ausgrenzung und der Diskriminierung durch, wie besonders an der Arbeit der Polizei zu erweisen ist."[448]

Kennzeichnend für die von Strauß angesprochene fortdauernde Diskriminierung im Vorgehen der Polizei nach 1945 war laut Bura (1984) die Tatsache, dass Verordnungen und Gesetze aus der Zeit vor 1933, die als diskriminierend und diffamierend einzustufen sind, nach 1945 in verschiedenen Bundesländern wieder in Kraft gesetzt worden waren.[449] Dieser Rückgriff auf Gesetze aus der Vorkriegszeit habe dazu geführt, so Bura, dass auch nach 1945 eine Politik gegen Sinti und Roma praktiziert worden sei, die darauf abgezielt habe, Angehörige der Minderheit zu kriminalisieren und zu vertreiben.[450] Auf welcher Basis dieses Vorgehen beruhte, wird von Bura ebenfalls beschrieben:

> „Bezeichnend an diesem polizeilichen ‚Zigeunerbild' ist, daß die Angehörigen der Minderheit kollektiv als gemeingefährliche Elemente diffamiert werden, indem man ihnen bestimmte Eigenschaften unterstellt, die auf überlieferten Klischeevorstellungen basieren. Dieses aus Vorurteilen zusammengezimmerte Problemverständnis bildete die Grundlage polizeilichen Handelns und setzte schon unmittelbar nach Kriegsende einen Kreislauf von Überwachung und Kriminalisierung in Gang."

Ausreichend für polizeiliche Ermittlungen gegen Sinti und Roma sei zu dieser Zeit schon allein die Zugehörigkeit zur Minderheit gewesen. Ein konkreter Tatverdacht habe darüber hinaus nicht vorliegen müssen. Statt sozialpolitische Maßnahmen zu entwickeln, die zu einer Verbesserung der Lage der Sinti und Roma hätten führen können, war es laut Bura (1984) der Polizei in den 1950er Jahren nicht nur überlassen worden festzulegen, welche Art von Problem möglicherweise in Bezug auf die Minderheit überhaupt existierte, sondern auch, wie dieses zu lösen war. Das Lösungsmodell sei, so Bura, denkbar einfach gewesen und habe sich nicht im Geringsten an der eigentlichen Problematik orientiert: „Erfassung, Kriminalisierung und Abschiebung waren die zentralen Mittel des Staates, auf die Sinti und Roma zu reagieren."[451]

In diesem Zusammenhang merkt Schenk (1994) an, dass in Bayern bereits 1946 die „Zigeunerpolizei", welche später in „Landfahrerzentrale" umbenannt wurde und ab 1953 Bundeszuständigkeit besaß, mit der systematischen Erfassung der Sinti und Roma aufgrund ihrer ethnischen Zugehörigkeit fortgefahren sei. Aufgabe der „Landfahrerzentrale", so Schenk, sei das Sammeln jeglicher

448 Strauß (1997), 27f.
449 Vgl. Bura (1984), 14.
450 Vgl. Bura (1984), 16.
451 Bura (1984), 35.

Informationen über Sinti und Roma gewesen. Er beschreibt das Vorgehen der Behörde wie folgt:

> „Diese Informationen sollten die örtlichen Polizeistellen bei der Ermittlungsarbeit unterstützen und wurden nicht allein auf Grund der Straffälligkeit einzelner Personen festgehalten, sondern allgemein auf der Basis der Zugehörigkeit zur Gruppe der Landfahrer erstellt, d. h. wer von der Zentrale als Landfahrer definiert wurde, wurde automatisch erkennungsdienstlich behandelt und registriert, unabhängig von einer begründeten polizeilichen Ermittlung."[452]

Auch in anderen Bundesländern existierten laut Schenk Bearbeitungs- und Erfassungsstellen für Landfahrer, die auf diese Weise ohne das Vorliegen nachweisbarer Gesetzeskonflikte als latent Kriminelle stigmatisiert wurden.[453] Feuerhelm (1987) merkt an, dass jedoch kein bundeseinheitliches Gesetz existierte, welches das Vorgehen gegen Sinti und Roma regelte, und führt dies darauf zurück, dass das „Bayrische Gesetz zur Bekämpfung von Zigeuner, Landfahrer und Arbeitsscheuen" bereits 1946 wegen seines rassistischen Gehalts von den Alliierten aufgehoben wurde und in der Folge kein bundeseinheitlich Gesetz erlassen worden sei. Vorschriften und Verordnungen auf Landesebene hätten hingegen den Vorteil gehabt, dass sie nicht die Publizität bundesweiter Regelungen gehabt hätten, aber dies auf die Wirksamkeit der Regelungen keinen Einfluss gehabt habe, da auch mit ihnen verbindliche Anweisungen an die Polizei erteilt werden konnten.[454]

Widmann (2001) sieht in dem Vorgehen Behörden nach 1945 eine Fortsetzung der Zigeunerpolitik des Kaiserreichs und der Weimarer Republik. Öffentlich habe man sich zwar für eine Sesshaftmachung ausgesprochen, aber im eigenen Verwaltungsgebiet habe man die Sinti und Roma nicht dulden wollen.[455] Wie Widmann schildert, war die Umsetzung dieser Vertreibungsabsicht der Städte und Gemeinden mit Schwierigkeiten verbunden:

> „Weil ihnen dafür gesetzliche Regelungen fehlten, nachdem die Alliierten entsprechende Regelungen außer Kraft gesetzt hatten, wollten sie ihr Ziel durch abschreckende Lebensbedingungen erreichen. Sie verwiesen Sinti und Jenische in Kiesgruben und auf unbefestigte Plätze an den Rändern der Städte, wo sie ohne Wasser und Strom, ohne feste Behausung und Kontakt zu anderen Stadtbewohnern lebten."[456]

---

452 Schenk (1994), 368.
453 Vgl. Schenk (1994), 371.
454 Vgl. Feuerhelm (1987), 30.
455 Vgl. Widmann (2001), 35.
456 Widmann (2001), 190.

Nach Einschätzung von Widmann scheiterten die Kommunen mit dieser Politik, die er als „Abschreckung und Vertreibung“ bezeichnet, aus drei Gründen: Der fehlende rechtliche Rahmen habe dazu geführt, dass notwendige Maßnahmen zur Umsetzung des Ziels der Vertreibung nicht konsequent hätten realisiert werden können. Ein ähnliches Vorgehen anderer Kommunen habe des Weiteren zur Folge gehabt, dass ein Ortswechsel für die Betroffenen keinen Sinn gemacht habe, und drittens hätten die finanziellen und politischen Kosten in keinem Verhältnis zum Nutzen dieses Vorgehens gestanden. Ende der 1950er Jahre habe dieses Konzept letztlich als gescheitert gegolten, und neue Ansätze hätten in den folgenden Jahrzehnten den Umgang der Behörden mit der Minderheit bestimmt. [457] Das Verhältnis zwischen Mehrheitsbevölkerung und Angehörigen der Minderheit war somit in den Nachkriegsjahren geprägt von Ablehnung und fortdauernder Diskriminierung, die insbesondere im rigiden Vorgehen der Polizei deutlich wurde.

5.2.7. Wohnverhältnisse

Es waren stets Stereotype, die das Bild der Mehrheitsbevölkerung von den Sinti und Roma entscheidend prägten. Als besonders persistent hat sich hierbei die Klischeevorstellung vom „fahrenden Volk“ erwiesen, das über keinen festen Wohnsitz verfügt. Dieser populäre Auffassung eines ständig umherziehenden Volkes war schon vor dem ZweitSen Weltkrieg nicht mehr wirklich zutreffend. Der größte Teil der deutschen Sinti und Roma besaß bereits seit dem frühen 20. Jahrhundert feste Winterstandorte.[458] Widmann sieht diesbezüglich eine gravierende Diskrepanz zwischen Wahrnehmung und Realität: „Die Vorstellung vom fahrenden Volk ohne Heimat entstammte der Phantasie der Mehrheitsgesellschaft und hatte mit dem Alltag der Minderheit wenig zu tun.“[459] Laut Seibert (1984) war die Tendenz zur Festansiedlung sogar bereits seit Mitte des 19. Jahrhunderts im deutschen Sprachraum vorhanden und hat sich nach 1945 lediglich verstärkt.[460] Dennoch beeinflusste das Vorurteil der nicht sesshaften Nomaden auch noch in der Zeit nach 1945 maßgeblich das Verhalten von Behörden und die Einstellung der Bevölkerung gegenüber den Sinti und Roma.

457 Vgl. Widmann (2001), 64.
458 Vgl. Widmann (2001), 23.
459 Widmann (2001), 23.
460 Vgl. Seibert (1984), 73.

1945 verfügten Sinti und Roma vielfach nicht mehr über mobile Behausungen, da diese von den Behörden beschlagnahmt, verbrannt oder verkauft worden waren. Die Suche nach einem Dach über dem Kopf beschreibt Margalit (2007) wie folgt:

> „Manchen von ihnen erstanden neue Wohnwagen und kehrten zu ihrer traditionellen Lebensweise zurück. Die meisten schlossen sich jedoch den wenigen Verwandten an, die in den kommunalen Zigeunerlagern überlebt hatten, die nach 1933 errichtet worden waren, oder sie fanden provisorische Unterkünfte.“[461]

Die Wohnungsnot der damaligen Zeit aufgrund des Mangels an 5 bis 6 Millionen Wohnungen bot Angehörigen der Minderheit wenig Auswahl. Bedingt durch den Umstand, dass sie auf dem Wohnungsmarkt kaum eine Chance hatten und bei Vermietern in der Regel auf eine ablehnende Haltung stießen, waren Wohnwagen oder Baracken in dieser Situation häufig die einzigen Behausungen, die für Sinti und Roma verfügbar waren. Den Interessen der wohnungssuchenden Heimatvertriebenen wurde im Rahmen einer Diskussion des Städtetages im Februar 1954 klar Vorrang vor denen der Sinti und Roma eingeräumt.[462]

An den Rändern der Städte entstanden auf Trümmergrundstücken oder in der Nähe von Industrieanlagen und Müllkippen Siedlungen, in denen Sinti und Roma in Holzhütten, Baracken oder Wohnwagen lebten.[463] Bura (1984) beschreibt, unter welchen Bedingungen auf solchen Plätzen gelebt wurde:

> „Die Verhältnisse in derartigen Unterkünften waren äußerst primitiv und kaum mit dem Begriff Wohnen zu bezeichnen. Es gab keine oder völlig unzureichende sanitäre Bedingungen, die räumliche Enge war erdrückend.“[464]

Zum Entstehen dieser Situation trugen nicht zuletzt langlebige Vorurteile der Bevölkerung und das Vorgehen der Behörden bei, das sich eher an Stereotype als an den tatsächlichen Bedürfnissen der Sinti und Roma orientierte. Widmann (2001) spricht in diesem Zusammenhang von sich selbst erfüllenden Prophezeiungen, bei denen das behördliche Vorgehen ständig scheinbare Belege für zugrundeliegende Wahrnehmungsmuster produziert habe:

> „Das Leben in verfallenen Wohnwagen und provisorischen Baracken war das Ergebnis einer Politik, die Sinti auf unbefestigte Plätze fern jeder städtischen Infrastruktur verwies. Das Vorgehen beruhte auf der Annahme, es handle sich bei den ‚Zigeunern‘ ohnehin um Nomaden, die nie Bürger der Stadt werden könnten. Gleichzeitig bestätigte der so entstehende Augenschein aus der Sicht der Stadtverwaltung und der Bevölkerung die ursprüngliche Annahme. Die elenden Zu-

461 Margalit (2007), 483.
462 Vgl. Widmann (2001), 21.
463 Vgl. Schopf (1994), 16, und Bura (1984), 25.
464 Bura (1984), 26.

> stände auf den Plätzen ‚bewiesen' den Beobachtern, daß „Zigeuner" kein Interesse an einem bürgerlichen Leben hätten."[465]

Eine Aussicht auf eine normale Wohnung hatten in der Regel nur Sinti und Roma, die bereit waren, ihre ethnische Herkunft zu verbergen und gleichzeitig über entsprechende finanzielle Mittel verfügten. Für jene, die dies nicht konnten oder wollten, waren Baracken- und Wohnwagensiedlungen an den Stadträndern und in der Nähe von Müllhalden, Kläranlagen und Autobahnen die einzigen Unterkunftsmöglichkeiten, die ihnen zu dieser Zeit zur Verfügung standen.[466] Laut Widmann (2003) war es besonders das Stigma dieser desolaten Wohnwagenplätze, welches eine Integration verhinderte und es den Bewohnern quasi unmöglich machte, eine Wohnung zu finden, auch wenn sie die Miete hätten aufbringen können.[467]

5.2.8. Zusammenfassung

Betrachtet man die einzelnen Faktoren wie Arbeit, Bildung, Gesundheit, Vorurteile, Integration und Wohnverhältnisse, die in ihrer Gesamtheit Einfluss auf die soziale Situation der Sinti und Roma zwischen 1945 und 1959 hatten, so wird deutlich, dass diese als äußerst ungünstig einstuft werden kann. Sinti und Roma waren nach dem Krieg zunächst mit dem Umstand konfrontiert, dass ihre Rückkehr in die Dörfer und Städte keinesfalls von positiven Reaktionen begleitet wurde, sondern vielmehr alles versucht wurde, um ihre Ansiedlung zu verhindern. Fast vollständig mittellos und schlecht oder gar nicht ausgebildet war ihre berufliche und wirtschaftliche Situation in den Nachkriegsjahren desolat. Traditionell von den Sinti und Roma ausgeübte Tätigkeitsfelder wie Musizieren und Kleinhandel boten zumindest zeitlich begrenzt eine leidlich profitable Einnahmequelle. Die von ihnen bedienten ökonomischen Nischen verloren jedoch durch den wirtschaftlichen Strukturwandel zunehmend an Bedeutung und führten zu einer weiteren Verschlechterung ihrer wirtschaftlichen Chancen. Behördlicher und administrativer Druck erschwerte die Gewerbeausübung zusätzlich. Bedingt durch die mangelnde Schul- und Berufsausbildung und unverändert fortbestehenden Vorurteile sowie die kaum vorhandenen Erfolgsaussichten auf dem klassischen Arbeitsmarkt, waren Fürsorgeleistungen häufig die einzige Einkommensquelle, die den Angehörigen der Minderheit blieb.

---

465 Widmann (2001), 45.
466 Vgl. Rose (1987), 83.
467 Widmann (2003), 176.

Als Unterkunftsmöglichkeiten standen den Sinti und Roma zwischen 1945 und 1959 im Regelfall nur Baracken- und Wohnwagensiedlungen an den Stadträndern zur Verfügung. Neben dem beträchtlichen Mangel an Wohnraum in der damaligen Zeit waren es auch hier wie im beruflichen Bereich Vorurteile, die den Betroffenen nahezu jede Aussicht auf Erfolg nahmen, auf dem klassischen Wohnungsmarkt eine Wohnung zu erhalten. Die von ihnen bewohnten Unterkünfte, für die nicht nur räumliche Enge, sondern auch fehlende sanitäre Einrichtungen charakteristisch waren, stellten oftmals eine gesundheitliche Gefahr für die Bewohner dar. In einem Kreislauf aus sich selbst erfüllenden Prophezeiungen führte das Vorgehen der Behörden dazu, dass bestehende Vorurteile durch die armseligen Wohnverhältnisse konstant Bestätigung erfuhren.

Sowohl Rose (1987) als auch Reemtsma (1996) weisen auf die Bedeutung der konstanten Verletzung der Grundrechte und die der fortdauernden Diskriminierung hin, die womöglich noch schwerer wogen als die Unterbringung zwischen Müllhalden und Kläranlagen.[468] Dazu Reemtsma:

> „Mehr noch als elende Wohnbedingungen aber quälte die Sinti, daß es keine staatliche Anerkennung der an ihnen begangenen Verbrechen gab, daß die Täter nicht zur Verantwortung gezogen wurden und sich Strukturen administrativer Ausgrenzung ungebrochen über 1945 erhalten konnten."[469]

Vorurteile und über Jahrhunderte entstandene Klischeevorstellungen prägten auch nach 1945 das Bild der Mehrheitsbevölkerung von der Minderheit. Während zumindest offen geäußerter Antisemitismus bedingt durch internationalen Druck nicht toleriert wurde, setzte sich die Diskriminierung der Sinti und Roma nach dem Krieg de facto ungebrochen fort. Der Maler und Bildhauer Otto Pankok äußerte sich hierzu wie folgt: „Hitler versank, der Rassenhass ist geblieben. Wer das nicht glaubt, dem empfehle ich, einmal mit einem Zigeuner durch die Stadt zu spazieren."[470] Polizeiliche Ermittlungen gegen Sinti und Roma benötigten keinen konkreten Tatverdacht, sondern galten durch die Zugehörigkeit zur Minderheit als ausreichend begründet. Im Zentrum des behördlichen Vorgehens stand die Erfassung, Kriminalisierung und schließlich die Vertreibung der Betroffenen. Die Situation der Sinti und Roma blieb von Ausgrenzung geprägt, bedingt sowohl durch das Verhalten der Mehrheitsbevölkerung als auch der staatlichen Institutionen.

Vor dem Hintergrund der einzelnen Faktoren, die zusammen genommen ein negatives Bild der sozialen Lage der Sinti und Roma in den 1950er Jahren als

---

468 Vgl. Rose (1987), 41.
469 Reemtsma (1996), 126.
470 Zitiert nach: Margalit (2007), 485.

Ganzes bieten, und der fehlenden Bereitschaft der Mehrheitsbevölkerung und der Behörden, problemorientiert und nicht stereotypenbestimmt nach Möglichkeiten zur Verbesserung der Lage der Sinti und Roma zu suchen, war eine positive Zukunftsprognose für das folgende Jahrzehnt kaum realistisch.

5.3. Die soziale Situation der Sinti und Roma zwischen 1960 und 1970

5.3.1. Einleitung

Nachdem sich Ende der 1950er Jahre der Versuch der Städte und Gemeinden als wirkungslos erwiesen hatte, den häufig unerwünschten Aufenthalt der Sinti und Roma durch abschreckende Maßnahmen für die Betroffenen so unerträglich wie möglich zu gestalten und sie auf diese Weise zu vertreiben, suchte man in den 1960er Jahren nach neuen Wegen. Laut Widmann (2001) stand im Zentrum der kommunalpolitischen Überlegungen in diesem Jahrzehnt nicht länger die Frage, wie man die Sinti und Roma vertreiben konnte, sondern vielmehr wie man sich mit ihnen arrangieren konnte.[471] Am Beispiel der Stadt Freiburg schildert Widmann, wie die ordnungsstaatliche Vertreibungspolitik als Handlungsstrategie zunehmend durch ein fürsorgerisches Bewährungskonzept ersetzt wurde, welches sich am Vorgehen gegenüber anderen sozial benachteiligten Gruppen orientierte. Über verschiedene Bewährungsstufen, die sich auf die Unterbringung der Sinti und Roma bezogen, sollten sich diese als vollwertige Bürger beweisen. Dazu Widmann:

> „Das Niveau ihrer Behausungen entsprach den Notunterkünften, in denen die Kommunen vorübergehend Obdachlose unterbrachten. Bewohner solcher Unterkünfte traten in einem Bewährungsprozeß ein, innerhalb dessen sie die Stufen Notunterkunft und Übergangssiedlung bis zur Normalwohnung durchlaufen sollten.“[472]

Sinti und Roma als heimatlose Nomaden zu behandeln, war kaum noch vertretbar, nachdem sie zum Teil bereits eineinhalb Jahrzehnte an einem Ort lebten. Auch wenn man in Anbetracht dieser Tatsache zwangsläufig nach Möglichkeiten suchte, sich mit den unliebsamen Mitbewohnern zu arrangieren, so legte man dennoch keinen großen Wert auf weitere Zuzüge und gestaltete die Bara-

---

471 Vgl. Widmann (2001), 65.
472 Widmann (2001), 75.

ckenwohnungen, die in Freiburg die erste Stufe der Unterbringung im Rahmen des Bewährungskonzepts darstellten, entsprechend primitiv.[473]

Bura (1984) vertritt die Meinung, dass sich die Sinti und Roma in den 1960er Jahren weitgehend „versteckt“ hätten. Bedingt durch den Zustrom ausländischer Gastarbeiter sei es zunehmend schwieriger geworden, alleine aufgrund des äußeren Erscheinungsbildes auf die Zugehörigkeit zur Minderheit zur schließen. Des Öfteren hätten Betroffene diesen Umstand genutzt und es vorgezogen, sich als Ausländer auszugeben, anstatt ihre wahre Identität preiszugeben.[474]

Während Angehörige der Minderheit es zur Vermeidung von Stigmatisierung und Ausgrenzung vorzogen, nicht als solche erkannt zu werden, erlebte ironischerweise parallel hierzu die Zigeunerromantik in den 1960er Jahren eine Hochphase. „Der Zigeunerbaron“ von Johann Strauss erfreute sich nicht nur auf den Operettenbühnen großer Beliebtheit, sondern wurde 1962 zudem auch verfilmt. 1967 feierte die Schlagersängerin Alexandra mit dem Lied „Zigeunerjunge“ beachtliche Erfolge. Zum Inhalt dieses Titels stellt Margalit (2001) Folgendes fest:

> „Dieses Lied bot konzentriert alle romantischen Motive und Stereotypen, die sich mit Zigeunern verbinden ließen und die, neben der sentimentalen Melodie, sicherlich zu der außerordentlichen Popularität des Liedes beitrugen. Das Lied vermittelt die nostalgisch romantischen Vorstellungen bunter und froher Personen beim nächtlichen Lagerfeuer, voller Musik, Tanz und Gelächter.“[475]

Die Diskrepanz zwischen dem realen Leben der Sinti und Roma in den 1960er Jahren und den romantisierten Vorstellungen, die solche Werke vermittelten, hätte kaum größer sein können. Insbesondere die Erfahrungswelt der jüngeren Generation war weniger vom Gitarrenspielen am Lagerfeuer bestimmt als vielmehr von einer hohen Analphabetenquote und dem nicht hinterfragten Vorgang, Kinder von Sinti und Roma nahezu automatisch auf Sonderschulen zu schicken.

Zwar existieren, wie Bura (1984) korrekt feststellt[476], keine repräsentativen Studien über die soziale Situation der Sinti und Roma in der Bundesrepublik Deutschland in den 1960er Jahren, doch mit ihrer im Jahre 1963 veröffentlichten Dissertation „Zigeuner heute“ lieferte Lukrezia Jochimsen zumindest eine Einzelfallstudie, die umfassende Erkenntnisse bietet. Ungeachtet der Tatsache, dass Hundsalz (1980) davor warnt, Ergebnisse einer Stichprobe in der „Zigeun-

473 Vgl. Widmann (2003), 178f.
474 Vgl. Bura (1984), 36.
475 Margalit (2001), 184.
476 Vgl. Bura (1984), 35.

erforschung“ auf andere Gruppen zu übertragen und zu generalisieren[477], war es in den 1960er Jahren die Studie von Jochimsen, welche überhaupt erste konkrete Daten bezüglich der sozialen Situation der Sinti und Roma seit dem Ende des Zweiten Weltkriegs lieferte. Geht man davon aus, dass Widmanns (2001) Einschätzung zutrifft, dass sich die Grundmuster kommunaler Minderheiten- und Sozialpolitik bundesweit ähnelten[478], scheinen insbesondere die von Jochimsen in Hildesheim beobachteten Rahmenbedingungen bis zu einem gewissen Grad vergleichbar mit anderen Städten zu sein. Infolgedessen nehmen die Ergebnisse der Jochimsen-Studie bei der folgenden Beschreibung der sozialen Situation der Sinti und Roma in der Bundesrepublik zwischen 1960 und 1970 einen vergleichsweise großen Stellenwert ein.

5.3.2. Arbeit, Beruf, Einkommen und wirtschaftliche Situation

Der zunehmend schwindende Bedarf an Tätigkeiten der Sinti und Roma, die mit ihren Berufen häufig ökonomische Nischen bedienten, der sich bereits in den Jahren zwischen 1945 und 1959 abzeichnete, setzte sich auch im folgenden Jahrzehnt fort. Der mit dem „Wirtschaftswunder“ verbundene Strukturwandel, der mit industrieller Produktion von Waren, Billigimporten und einer „Wegwerfmentalität“ einher ging, hat laut Bura (1984) den Sinti und Roma verstärkt die Möglichkeit genommen, ihr Einkommen durch eigene Erbwerbstätigkeit zu sichern.[479] Es sei nur noch einem kleinen Prozentsatz möglich gewesen, durch den Handel mit Schrott, Antiquitäten oder Teppichen einen hinlänglichen Verdienst zu erwirtschaften, während sich der überwiegende Teil der Minderheit mit zunehmender Verarmung konfrontiert gesehen habe.[480]

Die Einzelfallstudie von Lukrezia Jochimsen (1963), in deren Zentrum die Analyse der sozialen Situation einer Zigeunergruppe am Rande der Stadt Hildesheim steht, kommt zu vergleichbaren Ergebnissen. Jochimsen nennt drei Entwicklungen, die prägend für die Berufssituation der von ihr untersuchten Gruppe waren: Traditionelle Berufe wie beispielsweise Korbmacher oder Scherenschleifer seien kaum noch ausgeübt worden, während eine Zunahme der Händlertätigkeit zu beobachten gewesen sei. Des Weiteren seien Sinti und Roma, die als Hilfsarbeiter tätig gewesen waren, ständig arbeitslos gewesen, und

477 Vgl. Hundsalz (1980), 55.
478 Vgl. Widmann (2001), 191.
479 Vgl. Bura (1984), 39.
480 Vgl. Bura (1984), 39.

die Arbeitsämter sahen sich außer Stande, ihnen Arbeit zu vermitteln. Schließlich seien im Unterschied zu früheren Zeiten, in denen zahlreiche Familien nur von dem von den Frauen erwirtschafteten Ertrag des Hausierens gelebt hatten, zunehmend auch Männer einer Tätigkeit nachgegangen.[481]

Die handwerklichen Fertigkeiten der Sinti und Roma stießen kaum noch auf Nachfrage, und auch ihre musikalischen Fähigkeiten verloren immer mehr an Bedeutung. Dazu stellt Jochimsen fest:

> „Sowohl Pantoffelmacher, Scherenschleifer, Korbflechter und Kesselflicker als auch Pferdehändler, Kutscher und Schmiede haben heute keine ausreichenden Verdienstmöglichkeiten mehr. Das gleiche gilt für die Musikanten, Schausteller und Artisten, die durch einen veränderten Publikumsgeschmack in bezug auf Unterhaltungsmusik und durch die Ablösung der artistischen Jahrmarktsattraktion vom mechanisierten Vergnügungsbetrieb und der Dorfmusik durch Schallplatten und Rundfunk brotlos geworden sind."[482]

Der Funktionsverlust der traditionell ausgeübten Berufe hatte jedoch nicht nur Einfluss auf die wirtschaftliche Situation der Sinti und Roma, sondern brachte darüber hinaus weitreichende Konsequenzen für die nachfolgende Generation mit sich. Jochimsen erläutert, dass die Ausbildung der Jugendlichen traditionsgemäß innerhalb der Gruppe erfolgt war. Während die Söhne das väterliche Handwerk gelernt hatten, war es Aufgabe der Töchter gewesen, am mütterlichen Hausieren zu partizipieren. Das Wegbrechen der alten Berufe hatte daher negative Folgen für das Selbstwertgefühl mehrerer Generationen. Dazu Jochimsen:

> „Hatten die Zigeuner früher durchaus das Gefühl, etwas ‚gelernt' zu haben, zu einem speziellen Beruf fähig zu sein, so ist dieses Gefühl heute völlig verschwunden. Dies wird dadurch noch besonders verstärkt, daß gleichzeitig mit dem Abbau der speziellen Fähigkeiten keinerlei andere berufliche Ausbildung oder Schulung stattfand, die die nachwachsende Zigeunergeneration in die Lage versetzte, neue Berufe an Stelle der funktionslos gewordenen alten auszuüben."[483]

Dieser Entwicklungsprozess führte laut Jochimsen dazu, dass den jüngeren Sinti und Roma zumeist nur die Möglichkeit blieb, als Hilfsarbeiter oder ungelernte Arbeiter ihren Lebensunterhalt zu verdienen. Gepaart mit dem generellen Unwillen vieler Arbeitgeber, überhaupt Angehörige der Minderheit zu beschäftigen, habe dieses Ausbildungsdefizit zur Folge gehabt, dass ein beträchtlicher Anteil der Jüngeren von Arbeitslosigkeit betroffen gewesen sei und sie ihren Lebensunterhalt durch Fürsorgeleistungen bestreiten mussten.[484]

---

481 Vgl. Jochimsen (1963), 55.
482 Jochimsen (1963), 17.
483 Jochimsen (1963), 17f.
484 Vgl. Jochimsen (1963), 18.

In Zusammenhang mit der wirtschaftlichen Situation weist Jochimsen auf ein weiteres Spezifikum der traditionellen Familienkonstellation der Sinti und Roma hin. Die Kinder leisteten häufig schon mit 15 oder 16 Jahren durch ihre Arbeitskraft einen Beitrag zum Lebensunterhalt der Familie und hätten so zur materiellen Sicherung der Familie beigetragen. Angesichts des bereits beschriebenen Wegfalls der traditionellen Berufe bestand dieser Beitrag in den 1960er Jahren jedoch in erster Linie im Anspruch auf staatliche Transferleistungen:

> „Heute sind viele Kinder wieder der ‚Reichtum' der Zigeuner. Allerdings nur solange die Kindergeldzuschüsse gezahlt werden. Setzen diese dann nacheinander für die älteren Kinder aus, geraten die Familien, die sich an die monatlichen Zuschüsse gewöhnt hatten, in eine schwere finanzielle Krise. Einer beruflichen Arbeit der heranwachsenden Zigeunerkinder stehen die oben beschriebenen Schwierigkeiten im Wege. Also beziehen diese erstmal Arbeitslosenunterstützung, anschließend Wohlfahrtsunterstützung, dann wird nach Möglichkeit geheiratet, und schon um des Kindergeldes willen eine große Familie aufgebaut."[485]

Auf diese Weise entwickelte sich ein geschlossener Kreislauf, der für die Betroffenen kaum Alternativen als die Inanspruchnahme staatlicher Fürsorgeleistungen bereithalten würde. Als letzte Konsequenz führt diese gesamte Entwicklung nach Einschätzung von Jochimsen schließlich dazu, dass Städte und Gemeinden zur Vermeidung von Kosten alles täten, um sich mit dieser Klientel nicht in ihrem Verwaltungsbereich auseinandersetzen zu müssen.[486]

Jochimsen fasst die Ergebnisse der von ihr untersuchten Gruppe hinsichtlich der beruflichen Situation wie folgt zusammen: Signifikant für die Gruppenangehörigen war eine hohe Arbeitslosigkeit, von der die jüngeren Sinti und Roma weitaus häufiger betroffen waren als die älteren. Das durch den Verlust der traditionellen Berufe eingetretene Vakuum konnte durch keine anderen Fertigkeiten oder Möglichkeiten geschlossen werden.[487]

Kritisch beurteilt wird von Zimmermann (1989) in Hinblick auf die von Jochimsen durchgeführte Studie, dass sie das Jahr 1945 bezüglich des Berufslebens der Sinti und Roma als eine Art „Stunde Null" bewertet. Die von den Sinti und Roma ausgeübten Tätigkeiten hätten jedoch nicht erst in der Nachkriegszeit an Bedeutung verloren, sondern dies sei vielmehr das Resultat eines kontinuierlichen Wandels gewesen, der die Wirtschafts- und Sozialstruktur Deutschlands im 20. Jahrhundert insgesamt verändert hätte.[488] Ungeachtet des zweifellos berechtigten Kritikpunktes von Zimmermann bleibt Jochimsens Beobachtung

---

485 Jochimsen (1963), 18.
486 Vgl. Jochimsen (1963), 18.
487 Vgl. Jochimsen (1963), 57f.
488 Vgl. Zimmermann (1989), 90.

des Ist-Zustandes aufschlussreich. Und auch Zimmermann kommt zu dem Fazit, dass „sowohl der langfristige gesellschaftliche Wandel als auch die nationalsozialistische Ausrottungspolitik die überkommenen Strukturen, Verhaltensweisen und Wertorientierungen“[489] der Sinti und Roma erheblich in Mitleidenschaft gezogen hätten.

5.3.3. Bildung

Ebenso wie auch für den Zeitraum von 1945 bis 1959 fehlen auch für das an dieser Stelle untersuchte Jahrzehnt detaillierte Angaben zur Bildungssituation der Sinti und Roma. Thematisiert wird lediglich das Problem des Analphabetismus. In der von Jochimsen (1963) untersuchten Gruppe waren etwas mehr als ein Drittel der Erwachsenen Analphabeten.[490]

5.3.4. Bildungs- und Berufschancen der nachfolgenden Generation

In den 1960er Jahren begann laut Widmann (2007) ein großer Teil der Kinder der Sinti und Roma eine Schule zu besuchen. Wie Widmann am Beispiel der Städte Freiburg und Straubing beschreibt, war es in diesem Zusammenhang allerdings gängige Praxis, Kinder von Angehörigen der Minderheit spätestens ab der zweiten Klasse auf eine Sonderschule zu verweisen.[491] Als Muttersprache hatten die Kinder Romanes gelernt, und die damit verbundenen mangelnden Deutschkenntnisse bei ihrer Einschulung wurden von den Lehrern vielfach als Mangel an Intelligenz ausgelegt.

Jochimsen (1963) stellte bei der von ihr untersuchten Gruppe fest, dass regelmäßige Schulbesuche oder eine abgeschlossene Schulbildung eher die Ausnahme als die Regel waren.[492] Während die Eltern sich vielfach gegen einen Besuch der Sonderschule ihrer Kinder gesträubt hätten, um so eine Deklassierung zu verhindern, seien die Kinder an Volksschulen oftmals unerwünscht gewesen. Auf diese Weise sei die problematische Situation entstanden, dass die Analphabetenquote der Kinder im schulpflichtigen Alter sogar noch 20 Prozent über der mit 33 Prozent bereits hohen Quote der Erwachsenen gelegen hätte.[493]

---

489 Zimmermann (1989), 90f.
490 Vgl. Jochimsen (1963), 57.
491 Vgl. Widmann (2007), 522f.
492 Vgl. Jochimsen (1963), 57.
493 Vgl. Jochimsen (1963), 58.

Widmann (2001) berichtet in diesem Kontext von einem Fall aus Freiburg, bei dem ein Pfarrer das zuständige Amt auf den mangelnden Schulbesuch der Kinder von Sinti und Roma hingewiesen habe.[494] Der Referent für Schulfragen im Bürgermeisteramt habe den Pfarrer daraufhin wissen lassen, dass es weder in Frage käme, dass man diesen Kinder eine eigene Lehrkraft zuweise, noch hielt er den Besuch einer normalen Volksschule für möglich. Darüber hinaus gab er folgende Erklärung ab:

> „Es wird zudem kaum möglich sein, die fast ausnahmslos mehr oder weniger stark verwilderten, unsauberen und mit Ungeziefer behafteten Kinder an der Volksschule zu unterrichten, ohne den Widerspruch der Elternschaft der übrigen Kinder herauszufordern."[495]

In einem praktisch automatisierten Vorgang von Behörden und zuständigen Lehrkräften zu Sonderschülern degradiert, waren die Bildungschancen der nachfolgenden Generation der Sinti und Roma in der Zeit von 1960 bis 1970 äußerst gering. Bedingt durch ihre eigene fehlende Schulbildung war es den Eltern der Betroffenen in dieser Situation kaum möglich, ihre Kinder zu unterstützen. Widmann (2001) kann also nur zugestimmt werden, wenn er feststellt, dass die Kinder der Sinti und Roma auf diese Weise in die soziale Randlage ihrer Eltern hineinwuchsen.[496]

Es waren nicht die tatsächlichen Fähigkeiten der Kinder, die zum damaligen Zeitpunkt über ihre schulische Laufbahn entschieden, sondern ihre Herkunft. Der Leiter des Freiburger Sozial- und Jugendamtes Hans Peter Mehl hat den gewissermaßen vorgezeichneten Weg der jungen Sinti und Roma 1969 wie folgt beschrieben:

> „In solchem unmenschlichen Gefüge und desolaten Klima wächst der junge Mensch, abkömmliches Glied armer, unwissender, gesellschaftlich nicht integrierter Eltern heran und hat in dieser Gesellschaft von vornherein nicht die gleiche Chance zu lernen, erzogen und gebildet zu werden wie die anderen und damit nicht die gleiche Chance, in dieser Gesellschaft zu leben, schon am Start des Lebens hat er das Rennen verloren."[497]

Isoliert betrachtet ist diese Tendenz bereits als besorgniserregend zu bewerten. In Kombination mit der unter 5.2.2 geschilderten Entwicklung eines verstärkten Bedeutungsverlusts der traditionellen Berufe der Sinti und Roma muss die Einschätzung jedoch noch weitaus negativer ausfallen.

494 Vgl. Widmann (2001), 46.
495 Zitiert nach: Widmann (2001), 46.
496 Vgl. Widmann (2001), 105.
497 Zitiert nach: Widmann (2001), 107.

5.3.5. Gesundheit

Die einzigen Angaben zum Gesundheitszustand der Sinti und Roma in der Zeit von 1960 bis 1970 stammen von Widmann (2001) und beziehen sich bedingt durch den Umstand, dass er im Rahmen zweier Fallstudien die Städte Freiburg und Straubing untersucht hat, lediglich auf diese. Da jedoch, wie bereits unter 5.2.1 thematisiert, durchaus von sich ähnelnden Grundmustern der Minderheiten- und Sozialpolitik in den einzelnen Kommunen ausgegangen werden kann, können aufgrund der von Widmann geschilderten Sachverhalte zumindest gewisse Rückschlüsse auf bundesweite Tendenzen gezogen werden.

Wie auch schon im Zeitraum von 1945 bis 1959 waren es auch in diesem Jahrzehnt besonders die Wohnverhältnisse der Sinti und Roma, die negative Auswirkungen auf ihren Gesundheitszustand hatten. Widmann schildert die äußerst ungünstigen hygienischen Bedingungen in einer Siedlung mit Betonbauten am Freiburger Stadtrand, welche den Sinti und Roma von der Stadtverwaltung zur Verfügung gestellt wurde.[498] Auf dem Gelände hätten sich in unmittelbarer Nähe der Betonbauten Abwassergräben befunden und nach starken Regenfällen habe Schmutzwasser in die Wohnungen eindringen können. Eine Mitarbeiterin des Sozialamtes habe im Sommer 1968 berichtet, dass in der Siedlung mehrere Fälle von Rheuma, Asthma, Nierenbeschwerden und Infektionen aufgetreten seien.

Zu öffentlichen Protesten vor dem Freiburger Rathaus durch Betroffene ist es nach Darstellung von Widmann im Sommer 1969 gekommen, nachdem mehrere Kinder und Erwachsene aus der Siedlung in ein Krankenhaus eingewiesen werden mussten.[499] Städtische Repräsentanten hätten daraufhin die Siedlung besucht und erhebliche Mängel festgestellt:

> „Feuchte Böden in den Baracken, Wände, an denen sich Kondenswasser sammelte und kaum zu lüftende Räume. Unverdolte Abwassergräben bedeuteten für die Kinder der Siedlung eine Infektionsgefahr. Die Bewohner litten an Rheuma und Hautkrankheiten. Bei den Frauen stellte man Nierenleiden und bei den Kindern Darminfektionen fest."[500]

Laut Widmann sind im weiteren Verlauf bauliche Veränderungen an den Baracken durchgeführt worden, die jedoch nicht die gewünschte Verbesserung des Gesundheitszustandes der Bewohner zur Folge hatten. Dieser habe sich in der Folgezeit sogar noch verschlechtert. Im Rahmen einer Untersuchung der Be-

---

498 Vgl. Widmann (2001), 86f.
499 Vgl. Widmann (2007), 521f.
500 Widmann (2001), 87.

wohner der Siedlung durch Ärzte der Universitätsklinik seien dann im Oktober 1970 erneut schwere gesundheitliche Schäden festgestellt worden:

> „Fast alle älteren Bewohner litten an chronischen Erkrankungen der Atemwege und an Rheuma. Die chronischen Blasen- und Nierenkrankheiten der Frauen waren nicht zurückgegangen, ebensowenig die Hautkrankheiten sowie die Magen- und Darmstörungen der Kinder. Die als diskriminierend empfundene Unterbringung hatte außerdem zu psychischen Leiden geführt. Die Ärzte schätzten die Sterblichkeit in der Siedlung als überdurchschnittlich hoch ein.“[501]

Widmann legt dar, dass die Mediziner in den Wohnverhältnissen den eindeutigen Auslöser der Krankheiten sahen und eine Verbesserung des Gesundheitszustandes nur durch die Änderung der Wohnsituation für möglich hielten.[502] Grundsätzlich kann davon ausgegangen werden, dass die sich bereits in der Nachkriegszeit abzeichnenden gesundheitlichen Belastungen der Sinti und Roma sich bundesweit durch die weiterhin desolaten Wohnbedingungen weiter verschärft haben und zu ernsthaften gesundheitlichen Problemen geführt haben.

5.3.6. Soziale Kontakte, Vorurteile und Integration

Auch im Zeitraum von 1960 bis 1970 war das Verhältnis von Minderheit und Mehrheitsbevölkerung von Vorurteilen und kaum vorhandenen sozialen Kontakten geprägt. Nach Einschätzung von Jochimsen (1963) bestanden bereits bei den Kindern durch den häufig nur unregelmäßigen Schulbesuch nur wenig Kontakte zu Gleichaltrigen außerhalb der Gruppe der Sinti und Roma. Auch der Kontakt der Erwachsenen zu Personen, die nicht der Minderheit angehörten, sei, so Jochimsen, als gering einzustufen gewesen. In der Regel habe sich dieser auf den beruflichen Bereich der handelnden Männer und hausierenden Frauen beschränkt.[503]

Im Zusammenhang mit der problembehafteten Integration der Sinti und Roma kritisiert Jochimsen besonders die sozialpolitischen Maßnahmen der Kommunen. Insbesondere die starre Unterbringung auf Plätzen an den Rändern der Städte sowie die ablehnende Haltung gegenüber jenen Familien, die versucht hätten, eine normale Wohnung zu bekommen, beurteilt Jochimsen als äußerst negativ.[504] Es sei gerade das Zusammenleben im Wohnwagenlager gewesen, welches zu einer Verstärkung oder Erneuerung der sozialen Isolation beigetra-

---

501 Widmann (2001), 88.
502 Vgl. Widmann (2001), 88f.
503 Vgl. Jochimsen (1963), 16.
504 Vgl. Jochimsen (1963), 107.

gen habe und den kontinuierlichen Kontakt mit der Umwelt verhindert habe.[505] Eine mögliche Lösung der Integrationsproblematik wäre für Jochimsen nicht die Auflösung der Lager gewesen, sondern die Schaffung von Möglichkeiten, die Lager verlassen zu können, sofern dies gewünscht worden sei. Nicht zuletzt die vorurteilsbehaftete und durch Stereotype geleitete Politik der Kommunen war nach Auffassung von Jochimsen dafür verantwortlich, dass keine Eingliederung der Sinti und Roma in die Gesellschaft stattfinden konnte:

> „Will man, daß die sozialpolitischen Maßnahmen zu einer weiteren Anpassung der Zigeuner an unsere Gesellschaft führen, so darf man sie nicht mehr bei einem Gruppenstereotyp ansetzen, das es in der Realität nicht mehr gibt."[506]

Eine Befragung, die Jochimsen unter Anwohnern durchgeführt hat, die im Abstand von 500m bis 2500m zu dem von ihr untersuchten Zigeunerlager lebten, offenbarte die Vorurteile und Sichtweisen der Mehrheitsbevölkerung gegenüber den Sinti und Roma. Das Bild der Mehrheit fasst Jochimsen wie folgt zusammen:

> „Zigeuner sind andersrassige Nomaden, aus fremden Ländern bei uns eingewandert, mit stark negativen Außenseitermerkmalen."[507]

Mit einem Anteil von 81 Prozent assoziierte der überwiegende Teil der Befragten mit den Sinti und Roma negative Eigenschaften, und nur für 10 Prozent der Befragten stellten sie Außenseiter ohne ausgeprägt negative Merkmale dar. Obwohl durchaus zur Kenntnis genommen worden sei, so Jochimsen, dass eine zunehmende Anpassung der Sinti und Roma an ihre Umwelt stattgefunden habe, habe dies nichts am Urteil der Mehrheitsbevölkerung über die Minderheit geändert. Die allgemeine Einstellung habe als stark ablehnend zusammengefasst werden müssen.[508]

Laut Bura (1984) hat es diese allgemeine Ablehnung, Ignoranz und Diskriminierung gegenüber Sinti und Roma möglich gemacht, dass sich in der Wissenschaft wieder ein rassistisches Bild der Minderheit etablieren konnte.[509] Zwischen 1957 und 1975 fällt in bibliographischen Zusammenfassung der nicht-belletristischen Zigeunerliteratur „Neue deutsche Zigeunerbibliographie" von Hohmann (1992) besonders ein Autor auf, der sich gehäuft mit der Minderheit der Sinti und Roma auseinandergesetzt hat.[510] So häufig wie der Landauer

505 Vgl. Jochimsen (1963), 108.
506 Jochimsen (1963), 110.
507 Jochimsen (1963), 89.
508 Vgl. Jochimsen (1963), 104.
509 Vgl. Bura (1984), 40.
510 Vgl. Hohmann (1992), 78f.

Amtsarzt und Professor für Sozialhygiene Dr. Hermann Arnold hat sich im deutschsprachigen Raum bis Ende der 1970er Jahre kaum ein Wissenschaftler zum Thema „Sinti und Roma" geäußert.[511] Sein 1965 erschienenes Buch „Die Zigeuner. Leben und Herkunft der Stämme im deutschen Sprachgebiet" zeigt deutliche ideologische Tendenzen. Dazu bemerkt Spitta (1979):

> „Besonders Hermann Arnold leistet durch seinen biologistischen ‚Forschungs'-Ansatz den traditionellen Vorurteilen gegen das Wandervolk Vorschub – sein Buch über die Zigeuner ist über viele Seiten nichts anderes als eine Neuauflage ‚völkischer' Ideologien."[512]

Bedingt durch den nicht zu unterschätzenden Einfluss, den Arnolds Veröffentlichungen auf das Sinti-und-Roma-Bild der Mehrheitsbevölkerung ab den 1960er Jahren hatten, erfolgt an dieser Stelle eine nähere Analyse seines Forschungsansatzes.

Arnolds (1965) Aufforderung in der Einleitung des Buches, eingefleischte Vorurteile zu überwinden, mag auf den ersten Blick den Anschein erwecken, dass an dieser Stelle tatsächlich eine Auseinandersetzung mit nicht zutreffenden Stereotypen erfolgen solle.[513] Dies ist jedoch keineswegs der Fall. Dazu stellt Hohmann (1988) fest:

> „Er gehört zu jenen, die in der Nachkriegszeit konsequent an der Reproduktion des überkommenen, ausgesprochen vorurteilsvollen Zigeunerbildes gearbeitet und das Zigeunervolk bis in unsere Tage als exotisches Grüppchen, das für sich selbst nicht zu sprechen weiß, dargestellt haben."[514]

Besonders kritisch ist zu sehen, dass Arnold bei dem von ihm in unerträglich wohlmeinender Manier aneinandergereihten Klischees und Unterstellungen den Anspruch auf Wissenschaftlichkeit erhebt. Welches Bild der Minderheit Arnold dabei dem Leser vermittelt, lässt das folgende Zitat erahnen:

> „Die meisten Zigeuner sind kindhaften Gemüts im Guten und im Schlechten, Naturmenschen mit starken Stimmungsausschlägen und Temperamentsäußerungen, leicht entflammt und überschwenglich, aber ohne Ausdauer. Ihr Leben besteht aus lauter Episoden, die sie unreflektiert aneinanderreihen, denn sie sind nicht fähig, konsequent rational zu denken. Der Zigeuner kann deshalb unsere Haltung nicht verstehen, aber er kalkuliert sie in seine Überlegungen ein. Weil er unkritisch und gefühlsbetont denkt, bleibt er stets subjektiv. Lüge und Wahrheit verschwimmen

---

511 Vgl. Koch 2005, 28f.
512 Spitta (1979), 183.
513 Vgl. Arnold (1965), 9.
514 Hohmann (1988), 202.

> ihm ineinander. Er sagt uns das, was *er* glaubt, daß *wir* von ihm hören wollen, und schließlich glaubt er es selbst.“[515]

Äußerungen wie diese, die in Arnolds Publikationen keinesfalls Ausnahmecharakter besitzt, scheinen kaum geeignet, ein vorurteilsfreies Verhältnis zwischen Mehrheitsbevölkerung und Minderheit zu ermöglichen. Auf deutlich mehr Kritik ist jedoch der Versuch Arnolds gestoßen, Robert Ritter und seine Mitarbeiter von jeglicher Schuld am Völkermord an den Sinti und Roma durch die Nationalsozialisten freizusprechen.[516] Arnold zufolge war Ritter, dessen Gutachten, wie in Kapitel 2.2 dargestellt, eine entscheidende Grundlage für die Internierung der Sinti und Roma bildeten, der Minderheit durchaus freundlich gesinnt, solange es sich nicht um „Zigeunermischlinge“ gehandelt habe, sondern um „stammechte“ Sinti.[517] Die Arbeit von Robert Ritter und seinen Mitarbeitern beurteilt Arnold wie folgt:

> „Robert Ritter hat nie der NSDAP angehört. Seine Vorträge vor Polizeifunktionären und so weiter waren frei von Rassenideologie. Auch unter seinen Mitarbeitern waren keine Rassenfanatiker. [...] Wie jeder Forscher war auch Ritter in sein Studienobjekt verliebt, zumindest in die ‚echten‘ Zigeuner. Er wollte das traditionelle Zigeunertum erhalten. Das Intrigenspiel der Mächtigen seiner Zeit machte es schwer, ein solches Ziel direkt anzustreben. Einige Forderungen und Formulierungen Ritters und seiner Mitarbeiter sind nur aus dieser Sicht zu verstehen. Entscheidend bleibt letzten Endes, daß die Ergebnisse der Ritterschen Forschungen nicht zur Vernichtung der Zigeuner beigetragen haben, sondern Differenzierungen der staatlichen Zigeunerpolitik zur Folge hatten, die die Vernichtung eines großen Teils der Zigeuner verzögert und wohl auch verhindert haben.“[518]

Arnold versucht jedoch nicht nur, Ritter zu verteidigen, sondern übernimmt auch unkritisch seine Ergebnisse. Als Quelle für 60 Prozent der in seinem Buch verwendeten Fotos gibt Arnold „Archiv des Autors“ an, obwohl es sich nach Winter (1988) vielmehr um Material aus Ritters „Rassenhygienischer und bevölkerungsbiologischer Forschungsstelle“ handelt.[519] In einzelnen Kapiteln entfällt auf Quellenmaterial, das in der Zeit von 1933 und 1945 veröffentlicht wurde, ein Anteil von zwei Dritteln der Literaturhinweise. Laut Winter liegt der Anteil des von Arnold verwendeten Tabellenmaterials, bei dem es sich um die Arbeit von NS-Rassenforschern handelt, mit 75 Prozent sogar noch über der Quote der verwendeten Literatur und verfolgt nur einen Zweck:

---

515 Arnold (1965), 253.
516 Vgl. Stengel (2004), 95.
517 Vgl. Arnold (1965), 71.
518 Arnold (1965), 294f.
519 Vgl. Winter (1988), 136.

> „Die meisten dieser Tabellen dienen dazu, den Mythen von der ‚Bastardisierung', von der ‚Kriminalität der Zigeuner' sowie von deren ‚entfesselter Fruchtbarkeit' durch Zahlenmaterial den Anschein wissenschaftlicher Unangreifbarkeit zu verleihen."[520]

Nach Einschätzung von Spitta (1979) erweckt Arnold dadurch bei jenen Lesern, die nicht näher mit der Materie vertraut sind, „den Eindruck, als ob es sich hierbei um objektive wissenschaftliche Untersuchungen gehandelt hätte" und verschleiere „die wichtige Rolle, die Ritters rassenbiologische Forschungsstelle bei der Vorbereitung des nationalsozialistischen Völkermords an den Zigeuner spielte"[521].

Die von Arnold vertretene Sichtweise und das vom ihm im Rahmen seiner Publikationen verwendete Material machen deutlich, welch undifferenziertes und rassistisches Bild ein interessierter Leser durch die Lektüre von Arnolds Werken von den Sinti und Roma vermittelt bekam. Besonders beschämend und skandalös ist die Tatsache, dass ein Autor, der unkritisch und ohne jegliche Form der Distanzierung in seinen Veröffentlichungen Forschungsergebnisse von NS-Rassenforschern referiert hat, bis Ende der 1970er Jahre ein gefragter Experte in „Zigeunerfragen" war. Dazu stellt Zülch (1980) fest: „Arnold, überzeugter Vertreter der Eugenik und Rassenhygiene, war mindestens bis 1976 Mitglied des Sachverständigenrates für Zigeunerfragen beim Bundesministerium für Jugend, Familie und Gesundheit [...] sowie langjähriger Berater der katholischen Caritas."[522]

Erst nachdem die *Gesellschaft für bedrohte Völker* sowie der *Zentralrat Deutscher Sinti* 1979 darauf aufmerksam wurden, dass Hermann Arnold Unterlagen der „Rassenhygienischen und bevölkerungsbiologischen Forschungsstelle" von Robert Ritter verwahrte, führten die damit einhergehenden Proteste dazu, dass er seiner Beraterposten enthoben wurde.[523] Nach Einschätzung von Winter (1988) wären die von Arnold unter Verschluss gehaltenen Akten sowohl als Beweismitteln in Wiedergutmachungsverfahren als auch in Verfahren gegen Mitarbeiter des Rassenhygieneinstituts von zentraler Bedeutung gewesen.[524]

Angesichts Arnolds Popularität und Unbestrittenheit erstaunte es nicht, dass Vorurteile und Stereotype auch Jahrzehnte nach Kriegsende noch immer charakteristisch für das Verhältnis zwischen Mehrheitsbevölkerung und Minderheit

520 Winter (1988), 137.
521 Spitta (1979), 187.
522 Zülch (1980), 89.
523 Vgl. Rose (1987), 121, und Winter (1988), 147.
524 Vgl. Winter (1988), 148.

sind, wenn der populärste Experte laut Schenk (1994) folgende Sichtweise vertrat:

> „Arnold versuchte in einem Großteil seiner Schriften zur Lage der Zigeuner in Westdeutschland und Europa den Eindruck zu erwecken, es handele sich hierbei um eine Bevölkerungsgruppe, die ihren Lebensunterhalt auf Kosten der Gesamtgesellschaft und ohne eigene Leistung bestreitet oder – schlimmer noch – die zu einem überwiegenden Teil durch kriminelle Handlungen eine Gefahr darstelle."[525]

5.3.7. Wohnverhältnisse

Wie bereits in der Einleitung angesprochen, erkannten die Kommunen Ende der 1950er Jahre, dass die von ihnen verfolgte Strategie nicht das erhoffte Ziel mit sich brachte, die Sinti und Roma dauerhaft zu vertreiben. Infolgedessen sollten in Freiburg Angehörige der Minderheit mittels eines sogenannten Dreistufenmodells zu angepassten Bürgern der Stadt gemacht werden. Zu dem Dreistufenmodell stellt Widmann (2003) fest:

> „Ihm zufolge quartierten die Sozialverwaltungen generell so genannte Asoziale zunächst in Notunterkünfte ein, um sie dann in Übergangswohnungen und später in Normalwohnungen unterzubringen."[526]

Das Erreichen der nächsten Stufe und somit die Unterbringung in einer besseren Wohnung habe dabei vorausgesetzt, dass sich die Betroffenen durch Wohlverhalten dieses Aufstiegs als würdig erwiesen hatten.[527]

Laut Widmann (2001) kam es in Freiburg zu einer Umsiedlung der Sinti und Roma in Barackensiedlungen, da die bis dahin von ihnen bewohnten Wohnwagenplätze geräumt werden sollten, da in der Nähe eine Siedlung gebaut werden sollte.[528] Auch Bura (1984) stellt fest, dass Veränderungen der Wohnsituation der Sinti und Roma oftmals nicht mit der primären Intention umgesetzt wurden, die Wohnverhältnisse der Betroffenen zu verbessern, sondern es in der Regel nur zu einer Auflösung der Lagerplätze kam, wenn diese für Gewerbegebiete oder andere Zwecke benötigt wurden.[529] Laut Widmann (2001) stellte die Stadt Freiburg zwei Kilometer außerhalb der bewohnten Gebiete eine Fläche für die Sinti und Roma zur Verfügung, auf der Betonbaracken als Unterbringungsmög-

525 Schenk (1994), 189.
526 Widmann (2003), 179.
527 Vgl. Widmann (2007), 520.
528 Vgl. Widmann (2001), 66.
529 Vgl. Bura (1984), 39.

lichkeit dienen sollten.[530] Das Vorhaben der Stadt beschreibt Widmann wie folgt:

> „Eine entsprechende Vorlage der Verwaltung an den Gemeinderat sah im November 1963 vor, daß auf dem neuen Platz Wasser, Strom, Müllgruben und Sanitäranlagen zur Verfügung stehen sollten. Anstelle verrotteter Wohnwagenwracks und selbstgezimmerter Behausungen sollten feste Bauten als Unterkunft dienen. Die verrotteten Wohnwagen und Hütten wären kaum auf den neuen Platz zu transportieren gewesen."[531]

Die Tatsache, dass den Sinti und Roma neue Wohnmöglichkeiten zur Verfügung gestellt wurden, bedeutete allerdings noch lange nicht, dass sie als gleichberechtigte Bürger empfunden wurden. In diesem Kontext merkt Widmann an, dass es dem Gemeinderat und der Verwaltung lediglich darum gegangen sei, gerade das Nötigste zu tun.[532] Die Stadt habe zwar die Anwesenheit der Sinti und Roma akzeptiert, aber sie zugleich ausgegrenzt.[533] Integrationsangebote waren in dem Konzept der Stadt nicht vorgesehen, und Widmann (2007) beschreibt die Situation in den neuen Siedlungen wie folgt:

> „Die Barackensiedlungen lagen wie vorher die Stellplätze weit außerhalb der Wohngebiete, im Falle Freiburgs unmittelbar neben dem Rieselfeld, in dem die Abwässer der Stadt versickerten. Die Bauten verfügten weder über fließendes Wasser noch über Kälteisolierung. Die hygienischen Bedingungen waren so schlecht, dass in der Siedlung am Freiburger Rieselfeld Ratten die Kinder in den Wohnungen anfielen."[534]

Die zunehmend negative Berichterstattung in der Presse über die Siedlung sowie die gesundheitlichen Probleme der Bewohner, die durch die schlechten Wohnbedingungen ausgelöst wurden, führten nach Widmann (2007) schließlich dazu, dass die Sinti und Roma nach und nach in eine Siedlung für sozial schwache Familien abwanderten.[535]

Die von Jochimsen (1963) untersuchte Gruppe von Sinti und Roma lebte im Gegensatz zu den von Widmann beschriebenen Freiburger Sinti und Roma nach wie vor in Wohnwagen auf einem Lagerplatz.[536] Jochimsen stellte allerdings eine deutliche Funktionsteilung zwischen dem Wohnwagen und dem Auto fest:

530 Vgl. Widmann (2001), 70.
531 Widmann (2001), 70.
532 Vgl. Widmann (2001), 74.
533 Vgl. Widmann (2001), 81.
534 Widmann (2007), 520.
535 Vgl. Widmann (2007), 522.
536 Vgl. Jochimsen (1963), 47.

> „Während man mit dem Auto umherfährt, um den Händlerberuf auszuüben, Verwandte zu besuchen oder um vom Lagerplatz wegzukommen und sich ‚draußen' umzusehen, ist der Wohnwagen zur festen Wohnung geworden."[537]

Im Rahmen des ihnen zugeteilten isolierten Lagerplatzes seien die Sinti und Roma, so Jochimsen, sesshaft gewesen. Sie interpretiert dies als starken Anpassungstrend an die Wohnweise der Umwelt. Unterstützung erfährt diese Interpretation durch den Umstand, dass zwei Drittel der Befragten sich eine Wohnung außerhalb des Lagers wünschten. Schwierigkeiten bei der Realisierung dieses Wunsches traten laut Jochimsen auf, weil zum einen dafür notwendige finanzielle Mittel fehlten und zudem eine gewisse Scheu vor dem Leben in einer Einzelwohnung zu beobachten war.[538]

Unabhängig davon, ob als Wohnmöglichkeit ein Wohnwagen oder eine Barackenwohnung diente, erscheint es für die 1960er Jahre keinesfalls mehr angebracht, Sinti und Roma mit einer grundsätzlich nomadisierenden Lebensweise in Verbindung zu bringen. Um die Tätigkeit als Händler auszuüben, wurde in der Regel nicht mehr der Wohnwagen verwendet, sondern ein Auto. Dazu stellt Jochimsen fest:

> „Bedenkt man die in bestimmten Schichten vorhandene und an bestimmte Berufe gekoppelte Mobilität in unserer Gesellschaft, so birgt der Wandel vom nomadisierenden Sippenverband zum Textilhändler vielleicht eine größere Realanpassung als sich auf den ersten Blick vermuten läßt."[539]

Obwohl es bedingt durch die Umsiedlung in Barackenwohnungen in diesem Jahrzehnt zum Teil durchaus gewisse Veränderungen hinsichtlich der Wohnsituation der Sinti und Roma gab, hat sich an den grundsätzlichen Gegebenheiten nur wenig geändert. Wie Bura (1984) anmerkt, sind diese noch immer von dem Zusammenleben auf engstem Raum, der mangelnden Aussicht auf eine Verbesserung der Wohnverhältnisse und der Isolierung von der übrigen Bevölkerung geprägt.[540]

5.3.8. Zusammenfassung

Ähnlich erfolglos wie der Versuch der Städte und Kommunen in den 1950er Jahren zu bewerten ist, Sinti und Roma mit abschreckenden Maßnahmen zu

537 Jochimsen (1963), 47.
538 Vgl. Jochimsen (1963), 50.
539 Jochimsen (1963), 53.
540 Vgl. Bura (1984), 36.

begegnen und sie auf diese Weise zu vertreiben, kann auch die Politik der 1960er Jahre eingestuft werden. Laut Widmann (2001) war das von den Städten praktizierte Vorgehen, das er mit „Bewährung und Kontrolle“ umschreibt, von Beginn an widersprüchlich. Auf der einen Seite sei von den Betroffenen verlangt worden, dass sie ihren Lebensstil der übrigen Bevölkerung anpassten, aber auf der anderen Seite habe man es versäumt, dafür entsprechende Lebensverhältnisse zu schaffen. Dazu Widmann: „Die Städte erwarteten Eingliederung, grenzten aber die Betroffenen argwöhnisch aus und ghettoisierten sie unter elenden Bedingungen.“[541]

In den 1960er Jahren kam es zu ersten Auflösungen der Flächen, die den Sinti und Roma seit der Nachkriegszeit als Stellplätze für ihre Wohnwagen gedient hatten. Das Bestreben der Städte und Kommunen war hierbei jedoch weniger von dem Vorsatz geleitet, die Wohnsituation der Sinti und Roma zu verbessern, sondern zu einer Abschaffung kam es in der Regel nur, wenn die Flächen für andere Zwecke benötigt wurden. Wie am Beispiel Freiburgs beschrieben, entstanden weit außerhalb der bewohnten Gebiete Barackensiedlungen, in denen die Sinti und Roma untergebracht wurden. Die dortigen Wohnverhältnisse unterschieden sich jedoch qualitativ kaum von denen der Wohnwagenplätze, und angemessene sanitäre Einrichtungen fehlten ebenso wie Kälteisolierung.

Wie schon in der Zeit von 1945 bis 1959 hatten die Wohnbedingungen in der Zeit von 1960 bis 1970 hochgradig negative Auswirkungen auf den Gesundheitszustand von Angehörigen der Minderheit. In den Wohnverhältnissen und den damit verbundenen ungenügenden hygienischen Bedingungen wurde von Medizinern der eindeutige Auslöser von Krankheiten gesehen, unter denen die Bewohner der Barackensiedlungen litten. Neben Rheuma, Asthma, Darminfektionen und Nierenbeschwerden waren auch Hautkrankheiten keine Seltenheit. Eine Verbesserung des Gesundheitszustandes der Betroffenen hielten Mediziner nur durch eine Veränderung der Wohnsituation für möglich.[542]

Die als äußerst ungünstig einzustufenden Wohnbedingungen hatten jedoch nicht nur negativen Einfluss auf die Gesundheit der Sinti und Roma, sondern führten darüber hinaus zu einer Verfestigung der Randstellung der Minderheit in der Gesellschaft. In diesem Zusammenhang stellt Widmann (2007) fest:

> „Das Stigma des Asozialenquartiers, das den Siedlungen der Sinti und Jenischen anhing, behindert jedoch in den fünfziger wie in den sechziger Jahren soziale und wirtschaftliche Kontakte zur Stadtbevölkerung. In einer Zeit, in der sich die Nachkriegsgesellschaft der Bundesrepublik neu ordnete, war die Minderheit ausge-

541 Widmann (2001), 84.
542 Vgl. Widmann (2001), 88.

> grenzt und hatte geringe Chancen, an den lokalen Waren-, Dienstleistungs- und Arbeitsmärkten teilzunehmen."[543]

Der zunehmende Bedeutungsverlust der von den Sinti und Roma ausgeübten Tätigkeiten hatte sich bereits in der Nachkriegszeit abgezeichnet und setzte sich auch in diesem Jahrzehnt fort. Industrielle Massenproduktionen und die damit verbundenen günstigen Preise verringerten die Nachfrage nach handwerklichen Tätigkeiten wie Scherenschleifen oder Korbflechten beträchtlich. Nur noch einem kleinen Prozentsatz der Sinti und Roma war es angesichts dieses ökonomischen Wandel noch möglich, sich seinen Lebensunterhalt mit traditionellen Tätigkeiten zu verdienen. Auch für die nachfolgende Generation blieb diese Entwicklung nicht folgenlos. Während die Ausbildung früher traditionsgemäß innerhalb der Familie erfolgte, führte die mangelnde Nachfrage der von den Sinti und Roma ausgeübten Tätigkeiten zu einer zunehmenden Arbeitslosigkeit unter den Jugendlichen der Minderheit.

Die funktionslos gewordenen traditionellen Tätigkeiten konnten nur selten durch neue Berufe ersetzt werden. Besonders die häufig nur mangelhafte Schulbildung der Sinti und Roma spielte in diesem Kontext eine entscheidende Rolle. Zwar begann ein großer Teil der Kinder in den 1960er Jahren eine Schule zu besuchen, aber die Rahmenbedingungen waren vielfach ungünstig. Entscheidend für die Art der Schule, auf die Kinder von Sinti und Roma geschickt wurden, waren weniger individuelle Fähigkeiten als ihre Herkunft.[544] Automatisiert und im Regelfall ohne genaue Prüfung wurden Kinder, deren einziges Problem häufig darin lag, dass sie als Muttersprache nicht Deutsch, sondern Romanes gelernt hatten, auf Sonderschulen geschickt. Eine von Jochimsen (1963) unter den jugendlichen Bewohnern des von ihr untersuchten Wohnwagenplatzes festgestellte Analphabetenquote von über 50 Prozent[545] in Verbindung mit der geschilderten Entwicklung der traditionellen Tätigkeitsbereiche der Sinti und Roma zeigt die berufliche Ausweglosigkeit, an deren Ende vielfach Fürsorgeleistungen als letzte Möglichkeit des Lebensunterhalts standen.

Bezüglich der von ihr untersuchten Gruppe von Sinti und Roma vertritt Jochimsen die Meinung, dass die Vorurteile der Stadtverwaltung und der Bevölkerung wesentlich zur Armut und zur Ausgrenzung von Angehörigen der Minderheit beigetragen hätten. Dazu Jochimsen:

---

543 Widmann (2007), 521.
544 Vgl. Widmann (2007), 522f.
545 Vgl. Jochimsen (1963), 58.

> „Die soziale Lage der untersuchten Außenseitergruppe ist zum großen Teil definiert als ein Resultat der Haltungen und Einstellungen der sozialen Umwelt."[546]

Obwohl zwischen den Sinti und Roma und der übrigen Bevölkerung kaum persönliche Kontakte bestanden und die Anpassungsversuche der Minderheit durchaus zur Kenntnis genommen wurden, änderte dies nichts an der negativen Haltung der Mehrheitsbevölkerung.

Dass sich an der vorurteilsbehafteten Einstellung gegenüber den Sinti und Roma auch in den 1960er Jahren wenig änderte, lag unter anderem auch daran, dass kaum seriöse Publikationen veröffentlicht wurden, die der Bevölkerung auf wissenschaftlicher Ebene ein wirklichkeitsnahes Bild der Sinti und Roma hätten vermitteln können. Neben dem Landauer Amtsarzt Dr. Hermann Arnold, der mit seinem 1965 erschienen Buch „Die Zigeuner. Herkunft und Leben der Stämme im deutschen Sprachgebiet" nicht nur zur Verfestigung althergebrachter negativer Stereotype beitrug, sondern zudem unkritisch Ergebnisse der NS-Rassenforschung übernahm, hat sich bis Ende der 1970er Jahre kaum ein deutscher Wissenschaftler mit der Thematik auseinandergesetzt. Bedingt durch die Tatsache, dass Arnold darüber hinaus sowohl als Berater für das Bundesministerium für Jugend, Familie und Gesundheit tätig war als auch für die Caritas, konnten sich Vorurteile ungebrochen fortsetzen. Diese Faktoren verhinderten über Jahrzehnte eine Integration der Sinti und Roma.

5.4. Die soziale Situation der Sinti und Roma zwischen 1971 und 1982

5.4.1. Einleitung

Mehr als 25 Jahre nach Kriegsende waren alle bisher unternommenen Versuche der Städte und Kommunen gescheitert, Lösungswege für ein konfliktfreies Zusammenleben mit den Sinti und Roma zu finden. Während man in den 1950er Jahren noch versucht hatte, dem Miteinander durch gezielte Vertreibungsversuche der Minderheit zu entgehen, war in den 1960er Jahren der Versuch unternommen worden, Sinti und Roma durch die Mechanismen „Bewährung" und „Kontrolle" zu angepassten Bürgern der Städte zu machen. Gescheitert war dieser Versuch nicht zuletzt aufgrund mangelnder Integrationsangebote.

Unter den lokalen Akteuren in Freiburg setzte sich Ende der 1960er Jahre die Erkenntnis durch, dass es sich bei dem praktizierten Bewährungskonzept um

---

546 Jochimsen (1963), 76.

keine wirksame Methode der Minderheitenpolitik handelt. Dazu Widmann: „Der erhoffte erzieherische Erfolg der primitiven Quartiere war ausgeblieben. Statt ihre Bewohner zu integrieren, hatte die Politik die Ausgrenzung verfestigt.“[547] Gesamtgesellschaftliche Veränderungen und neue Ansätze waren die Basis für eine veränderte Minderheitenpolitik. Widmann beschreibt diese wie folgt:

> „Im Lauf der sechziger Jahre hatte in sozialpolitischen Fachkreisen ein neuer Gestaltungsanspruch Anhänger gefunden, der über die traditionelle Fürsorge hinaus ging. Man empfand die allein verwaltende und helfende Wohlfahrtspflege als immer unzureichender. Ein neues Leitbild der gestaltenden und intervenierenden Sozialpolitik setzte sich durch.“[548]

Diese pädagogische Vorgehensweise umfasste in der Stadt Freiburg neben der Hausaufgabenbetreuung auch vorschulische Angebote für Kinder sowie Unterricht im Lesen und Schreiben für Erwachsene. Prägend für diesen Ansatz sei, so Widmann, die Reformeuphorie der späten 1960er und 1970er Jahre gewesen, die an die weitgehende Gestaltbarkeit gesellschaftlicher Verhältnisse geglaubt habe.[549] Die Deutung von Erziehung als Mittel der Veränderung war in Bezug auf die Sinti und Roma laut Widmann aus folgendem Grund von besonderer Bedeutung:

> „Unausgesprochen dokumentierte sich damit der endgültige Abschied von der biologistischen Annahme eines angeblich unveränderlichen Wesens der ‚Zigeuner‘, das eine Eingliederung in die Gruppe verhinderte – eine Annahme, die in den fünfziger Jahren noch im Reden und Handeln gegenüber der Minderheit mitschwang, wenn sie auch kaum offen zur Sprache gekommen war.“[550]

Schließlich habe ein pluralistischeres Gesellschaftsmodell dazu geführt, dass gesellschaftliche Homogenität zugunsten einer höheren Wertschätzung des Individuums an Bedeutung verloren habe und eine zunehmende Bereitschaft erkennbar geworden sei, unterschiedliche Lebensstile zu tolerieren. Hierzu merkt Widmann an: „Damit verlor eine Politik ihre Legitimation, die jede Abweichung vom Lebensstil der etablierten Mittelschichten durch das Einweisen in eine Bewährungssiedlung bestrafte.“[551]

So vielversprechend diese neuen Ansätze auch erscheinen mögen, so dürfen sie dennoch nicht darüber hinwegtäuschen, dass Ausgrenzung und Diskriminierung auch in diesem Jahrzehnt keineswegs der Vergangenheit angehörten. Aus

547 Widmann (2001), 105.
548 Widmann (2001), 111.
549 Vgl. Widmann (2001), 114.
550 Ebenda.
551 Widmann (2001), 131.

diesem Grund war in dem Zeitraum von 1971 bis 1982 die Gründung der Bürgerrechtsbewegung der Sinti und Roma von zentraler Bedeutung. Zwar waren auch schon vor dieser Zeit Versuche unternommen worden, Organisationen zur Vertretung der Interessen der Sinti und Roma zu gründen, welche allerdings kaum Gehör fanden und bedingt dadurch auch nur über einen entsprechend kurzen Zeitraum existierten. Von Oskar und Vinzenz Rose wurde 1956 der *Verband rassisch Verfolgter nichtjüdischen Glaubens* gegründet, dessen Hauptanliegen die Durchsetzung von Wiedergutmachungsleistungen für Überlebende des nationalsozialistischen Völkermords war.[552] Dieses Bestreben blieb weitgehend erfolglos, und 1971 unternahm Vinzenz Rose daraufhin einen weiteren Versuch, eine Interessenvertretung der Sinti ins Leben zu rufen. Zusammen mit einigen Mitstreitern gründete er das *Zentralkomitee der Sinti Westdeutschlands*, welches 1972 in *Verband der Sinti Deutschlands* umbenannt wurde.[553]

Aus Anlass der Erschießung eines Sinto durch die Polizei organisierte der Verband 1972 die erste Protestdemonstration der Minderheit. Wirklich öffentlichkeitswirksam war diese Aktion allerdings ebenso wenig wie die Errichtung eines Mahnmals auf dem Gelände des Konzentrationslagers Auschwitz-Birkenau, das an die von den Nationalsozialisten ermordeten Sinti und Roma erinnern soll und von Vinzenz Rose aus privaten Mitteln finanziert wurde. Laut Reemtsma (1996) spielte für den Durchbruch der Bürgerrechtsbewegung der Sinti und Roma neben der Unterstützung durch die Menschenrechtsorganisation *Gesellschaft für bedrohte Völker* auch die zunehmende Empfänglichkeit der Bevölkerung für Minderheitenfragen eine maßgebliche Rolle.[554] Auch Widmann (2001) weist auf die Relevanz gesellschaftlicher Veränderungen bezüglich der Bürgerrechtsbewegung der Sinti und Roma hin:

> „Der Generationswechsel nicht nur in der Minderheit, sondern auch in der Mehrheit war Voraussetzung für den Erfolg des politischen Engagements. Die neuen sozialen Bewegungen hatten im Gefolge der Studentenbewegung mit der Thematisierung gesellschaftlicher Ausgrenzung und der Gleichberechtigung von Minderheiten neue politische Interpretationsrahmen aufgespannt, in denen die Organisationen der Sinti und Roma einen Ort finden konnten."[555]

Im Herbst 1979 verzeichnete die Bürgerrechtsarbeit der Sinti und Roma erste Erfolge. Tilman Zülch gab im September 1979 im Auftrag der *Gesellschaft für bedrohte Völker* einen Sammelband mit dem provokanten Titel „In Auschwitz vergast, bis heute verfolgt" heraus, der nicht nur die bis dahin weitgehend unbe-

---

552 Vgl. Reemtsma (1996), 136f.
553 Vgl. Rose (1987), 89.
554 Vgl. Reemtsma (1996), 138.
555 Widmann (2001), 33.

kannte nationalsozialistische Verfolgung der Sinti und Roma thematisierte, sondern sich zudem mit der mangelnden Aufarbeitung dieses Völkermords sowie der fortdauernden Diskriminierung der Minderheit auseinandersetzte.[556] Im Zuge dieser Veröffentlichung erschien nicht nur in dem Wochenmagazin „Der Spiegel" ein erster ausführlicher Bericht über den Völkermord an den Sinti und Roma, sondern auch weitere überregionale Zeitungen und Zeitschriften griffen das Thema auf.[557]

Gemeinsam mit der *Romani Union*, der wichtigsten internationalen Interessenvertretung der Roma, sowie der *Gesellschaft für bedrohte Völker* organisierte der *Verband Deutscher Sinti* am 27. Oktober 1979 auf dem Gelände des ehemaligen Konzentrationslagers Bergen-Belsen die erste internationale Gedenkkundgebung für die 500 000 Sinti und Roma, die dem nationalsozialistischen Völkermord zum Opfer gefallen sind. Neben der Anerkennung des Völkermordes forderten die Organisatoren der Kundgebung zudem von der Bundesregierung Wiedergutmachungsleistungen für die Opfer der nationalsozialistischen Verfolgungsmaßnahmen, ein Ende der behördlichen Sondererfassung sowie die Verbesserung der Wohn- und Ausbildungssituation für Angehörige der Minderheit.[558] Erstmals erfuhr auf diesem Wege eine breite Öffentlichkeit von den Belangen und Forderungen der Sinti und Roma.

Für weltweite Aufmerksamkeit sorgte Ostern 1980 ein Hungerstreik von 12 Vertretern des *Verbandes Deutscher Sinti* im ehemaligen Konzentrationslager Dachau. Neben dem Ziel, nach der Gedenkkundgebung in Bergen-Belsen den Völkermord noch weiter bekannt zu machen, war das zentrale Anliegen der Streikenden, vom bayrischen Innenminister Aufklärung über den Verbleib der „Rasseakten" der „Rassenhygienischen und bevölkerungsbiologischen Forschungsstelle" zu fordern, die eine entscheidende Rolle bei der Planung des nationalsozialistischen Völkermords an den Sinti und Roma gespielt hatten.[559] Wippermann (2005) zufolge waren es dabei weniger die konkreten Forderungen, die hierbei für Aufmerksamkeit sorgten, als vielmehr der Ort, der für den Hungerstreik gewählt worden war. Anders als in der DDR hätten bis dahin in der Bundesrepublik Deutschland noch keine größeren politischen Veranstaltungen in Gedenkstätten stattgefunden, und daher habe der Hungerstreik ein Novum dargestellt:

---

556 Vgl. Rose (1987), 93.
557 Vgl. Wippermann (2005), 78.
558 Vgl. Rose (1987), 93.
559 Vgl. Rose (1987), 94.

> „Die Sinti und Roma waren die ersten, die die Symbolträchtigkeit dieser Orte erkannten und ausnützten. Dies wurde in der Öffentlichkeit keineswegs als anstößig empfunden. Im Gegenteil. Die Bilder von den in Dachau hungernden Sinti und Roma, von denen einige selber Überlebende des Holocaust waren, riefen eine bisher nie dagewesene Sympathie mit den Sinti und Roma hervor.“[560]

Mit dem *Verband Deutscher Sinti* war es endlich gelungen, eine politische Interessenvertretung der Sinti zu etablieren. Im Februar 1982 schlossen sich im Dachverband *Zentralrat Deutscher Sinti und Roma* die Landesverbände und unabhängigen Ortsverbände zusammen.[561] Seit August 1982 wird der *Zentralrat Deutscher Sinti und Roma* als Institution von der Bundesregierung finanziert.

Im Zentrum der Forderungen der verschiedenen Interessenvertretungen der Sinti und Roma stand stets der Wunsch nach offizieller Anerkennung des an der Minderheit begangenen Völkermords. Im Rahmen der 1979 im Konzentrationslager Bergen-Belsen veranstalteten Gedenkkundgebung wies Zülch (1980) auf den Zusammenhang zwischen mangelnder Anerkennung der geschehenen Verbrechen und fortdauernder Diskriminierung der Minderheit hin:

> „Wir haben diesen Völkermord in Deutschland 34 Jahre verdrängt. Keine Bundesregierung von Adenauer bis Schmidt hat ihn offiziell zur Kenntnis genommen. Nur deshalb konnte die Diskriminierung und Verfolgung der deutschen Zigeuner seit 1945 bis heute weitergehen.“[562]

Am 17. März 1982 empfing Helmut Schmidt als erster deutscher Bundeskanzler eine Delegation des *Zentralrates Deutscher Sinti und Roma* und formulierte mit den folgenden Worten erstmals seit Kriegsende eine klare Anerkennung des Völkermords von Seiten der Bundesregierung:

> „Den Sinti und Roma ist durch die NS-Diktatur schweres Unrecht zugefügt worden. Sie wurden aus rassischen Gründen verfolgt. Diese Verbrechen sind als Völkermord anzusehen.“[563]

Auch von dem damaligen Oppositionsführer Helmut Kohl wurde die Delegation zwei Tage später empfangen, und dieser schloss sich der Einschätzung Schmidts an.[564]

Betrachtet man die durchaus beachtlichen Erfolge, die sowohl der *Verband Deutscher Sinti* als auch der *Zentralrat Deutscher Sinti und Roma* innerhalb einer vergleichsweise kurzen Tätigkeitsphase hinsichtlich der Sensibilisierung der Bevölkerung für die fortdauernde Diskriminierung, der Bekanntmachung

560 Vgl. Wippermann (2005), 79.
561 Vgl. Reemtsma (1996), 139.
562 Zülch (1980a), 43.
563 Helmut Schmidt am 17. März 1982, zitiert nach: Rose (1987), 101.
564 Vgl. Rose (1987), 101f.

des bis dahin verschwiegenen Völkermords und dessen offizieller Anerkennung durch einen Vertreter der Bundesregierung erzielen konnten, drängt sich unweigerlich die Frage auf, warum sich nicht früher eine breite Sinti- und Romabewegung etablieren konnte. Nach Einschätzung von Zülch (1980) verhinderte in erster Linie das Unvermögen der Sinti und Roma, sich in den Strukturen der deutschen Nachkriegsgesellschaft zu bewegen, die Entstehung einer breiten Bürgerbewegung innerhalb der Minderheit. Neben den im Krieg erlittenen Verlusten sei dieser Zustand maßgeblich durch den fortdauernden Analphabetismus sowie die ungebrochene Einschüchterung durch Polizei und Behörden verursacht gewesen. Zülch gelangt daher zu folgendem Fazit:

> „Als Randgruppe deklassiert und diskriminiert, war die im Verhältnis zur Gesamtbevölkerung verschwindend kleine Minorität der Sinti und Roma [...] überhaupt nicht im Stande, nach Kriegsende Interesse und ein Bewußtsein der Schuld in der deutschen Öffentlichkeit für die erlittenen Verfolgungen zu wecken, um Anerkennung des Geschehenen durchzusetzen und Vergangenheitsbewältigung und Wiedergutmachung in Gang zu setzen."[565]

Im Gegensatz zu den in Deutschland lebenden Juden, die bereits 1893 den *Centralverein deutscher Staatsbürger jüdischen Glaubens* gegründet hatten[566] und zudem stets auf Gemeindeebene organisiert waren, pflegten die in Großfamilien lebenden Sinti und Roma untereinander in der Regel nur im Rahmen ihrer verwandtschaftlichen Verhältnisse Kontakt. Unter Berücksichtigung dieser Gegebenheiten erscheint es nachvollziehbar, warum der *Zentralrat der Juden in Deutschland* bereits 1950 gegründet wurde, während mit dem *Zentralrat Deutscher Sinti und Roma* eine vergleichbare Interessenvertretung erst 32 Jahre später ins Leben gerufen wurde.

Für die Zusammenfassung der sozialen Situation der Sinti und Roma in der Bundesrepublik Deutschland zwischen 1971 und 1982 ist ein entscheidender Unterschied im Gegensatz zu den zuvor untersuchten Zeiträumen von Bedeutung. Während in der Zeit von 1945 bis 1970 mit der Untersuchung von Lukrezia Jochimsen (1963) lediglich eine Einzelfallstudie vorlag, die sich in empirischer Weise mit der Situation der Minderheit auseinandergesetzt hat, so sind im Zeitraum von 1971 bis 1982 mehrere Studien veröffentlicht worden, die empirisch erhobene Daten zur sozialen Situation der Sinti und Roma in den 1970er Jahren liefern. Dazu Widmann (2001): „Aus drei Forschungsaufträgen, die das Bundesfamilienministerium vergab, gingen in den Jahren 1978, 1980 und 1982 die bislang umfassendsten Berichte zur sozialen Lage der Sinti und Roma in der

565 Zülch (1980), 91f.
566 Vgl. Sorkin (2000), 273.

Bundesrepublik hervor."[567] Während das Ziel der 1978 erschienenen Publikation „Stand der Forschung über Zigeuner und Landfahrer" von Andreas Hundsalz lediglich die Erstellung einer Literaturübersicht zum Thema war, so lieferten die neuen Studien erstmals konkrete Angaben zur sozialen Situation der Sinti und Roma.

Übersehen werden darf in diesem Zusammenhang allerdings nicht, dass sowohl die Studie von Freese, Murko und Wurzbacher aus dem Jahr 1982 als auch die 1980 veröffentlichte Studie von Hundsalz Besonderheiten aufweisen. Im Rahmen der von Freese, Murko und Wurzbacher durchgeführten Untersuchung sollten geeignete Maßnahmen für Sinti und Roma und Landfahrer entwickelt werden: „Dazu erschien es notwendig, in Verbindung mit einer Analyse der jetzigen sozialen, kulturellen und sozio-ökonomischen Situation der sozial betreuten Zigeuner und Landfahrer, bisherige Hilfsmaßnahmen, ihre Ziele und die auftretenden Schwierigkeiten zu untersuchen."[568] Infolgedessen beschäftigt sich diese Studie nur mit Sinti und Roma, die den Sozialämtern bekannt waren und von diesen betreut wurden.[569] Hundsalz (1982) hingegen untersucht in seiner Studie fast ausschließlich die soziale Situation der deutschen Sinti. Informationen über Roma, die in erster Linie nach dem Zweiten Weltkrieg in die Bundesrepublik Deutschland eingewandert sind, liegen kaum vor und sind, sofern vorhanden, hauptsächlich Gesprächen mit Sinti entnommen.[570] Ungeachtet dessen liefern beide Studien erstmals umfassende Angaben zur sozialen Situation der Sinti und Roma in der Bundesrepublik und werden daher vornehmlich bei der folgenden Darstellung der sozialen Situation für den Zeitraum von 1971 bis 1982 berücksichtigt.

5.4.2. Arbeit, Beruf, Einkommen und wirtschaftliche Situation

Der wirtschaftliche Wandel in der Bundesrepublik Deutschland, dessen Entwicklung bereits in den vergangenen Jahrzehnten begonnen hatte, setzte sich auch im Zeitraum von 1971 bis 1982 fort. Daher gab es kaum Veränderungen hinsichtlich der Entwicklungstendenz der wirtschaftlichen und beruflichen Situation der Sinti und Roma, die stets maßgeblich vom wirtschaftlichen Strukturwandel beeinflusst gewesen war. Im Rahmen der Fallanalyse einer Wohnwa-

567 Widmann (2001), 26.
568 Freese; Murko; Wurzbacher (1980), 3.
569 Vgl. Freese, Murko; Wurzbacher (1980), 4.
570 Vgl. Hundsalz (1982), 160f.

gensiedlung in München hat Weiß (1982) festgestellt, dass sowohl berufliche als auch wirtschaftliche Verelendungsprozesse charakteristisch für die Situation der Sinti und Roma waren und sie dadurch in eine soziale Randständigkeit gedrängt wurden. Die Ursachen für Verarmung und Deklassierung hätten in erster Linie im sozioökonomischen Bereich gelegen. Weiß betont jedoch, dass keineswegs alle Sinti und Roma von der wirtschaftlichen Verelendung betroffen waren, sondern es einem kleinen Teil durchaus gelang, die eigenen wirtschaftlichen Grundlagen nicht nur zu festigen, sondern sogar zu erweitern.[571] Auch Marten-Gotthold (1998) weist darauf hin, dass die ökonomischen Verhältnisse der Sinti und Roma ebenso heterogen waren wie die der übrigen Bevölkerung.[572]

Die wirtschaftlichen Veränderungen seit dem Ende des Krieges hatten dennoch für den größten Teil der Sinti und Roma fast ausschließlich negative Konsequenzen. Die Nachfrage nach den traditionell von ihnen ausgeübten Berufen sank, aber neue Berufsfelder konnten kaum erschlossen werden. Der Hauptgrund dafür war in der mangelnden Schul- und Berufsbildung der Sinti und Roma zu suchen. Dazu stellt Bura (1984) fest:

> „Sieht man z. B. auf die schulischen Grundqualifikationen der Sinti und Roma und berücksichtigt, daß Schulabschlüsse mehr als formale Bescheinigungen über den erreichten Bildungsstand beinhalten, sondern grundlegende Ausgangsbedingungen für die Wahrnehmung beruflicher Chancen darstellen, so ist festzustellen, daß sich die Mehrzahl der Betroffenen in einer Situation befindet, die eine berufliche Integration in das dominante Berufsgefüge unmöglich macht."[573]

Trotz schwindender Erträge in ihren traditionellen Tätigkeitsbereichen hätten sich den Angehörigen der Minderheit kaum Alternativmöglichkeiten geboten und sie seien daher gezwungen gewesen, an diesen Einkommensmöglichkeiten festzuhalten.[574] Neben mangelnder Qualifikation waren es zudem häufig Vorurteile von Seiten der Arbeitgeber, die einem Angestelltenverhältnis im Weg standen.[575]

Im Hinblick auf die Folgen dieser Sachlage liefern die Studien von Freese, Murko und Wurzbacher (1980) sowie die Untersuchung von Hundsalz (1982) erstmals konkrete Daten. Hundsalz, der grundsätzlich zwischen jenen Sinti unterscheidet, die Hilfen zum Lebensunterhalt bezogen, und jenen, die unabhängig von staatlichen Fürsorgeleistungen ihr wirtschaftliches Überleben sichern konn-

571 Vgl. Weiß (1982), 85.
572 Vgl. Marten-Gotthold (1998), 36.
573 Bura (1984), 52.
574 Vgl. Bura (1984), 52.
575 Vgl. Sudbrack (1977), 27, und Rom und Cinti Union e.V. (1982), 45.

ten, nennt eine Arbeitslosenquote von 19 Prozent unter jenen, die ohne Hilfen zum Lebensunterhalt auskamen und eine Quote von 45 Prozent unter den Angehörigen der Minderheit, die auf unterstützende Zahlungen angewiesen waren.[576] Freese, Murko und Wurzbacher hingegen gehen sogar von einer Arbeitslosenquote von 75 Prozent unter jenen aus, die nicht mehr schulpflichtig waren. Der Vergleichswert der übrigen Bevölkerung, so die Autoren, hätte zu diesem Zeitpunkt bei unter 50 Prozent gelegen. An dieser Stelle ist allerdings zu beachten, dass diese Prozentzahlen auch Personen einschlossen, die bereits aus dem Berufsleben ausgeschieden waren.[577] Weiß (1982) nennt mit 44 Prozent für den von ihm untersuchten Wohnwagenplatz eine ähnliche Arbeitslosenquote unter den Bewohnern für das Jahr 1979 wie Hundsalz.[578] Wenngleich Abweichungen zwischen den einzelnen Studien bestehen, lässt sich anhand dieser Daten in jedem Fall zweifelsfrei feststellen, dass Sinti und Roma in einem höheren Maße von Arbeitslosigkeit betroffen waren als die übrige Bevölkerung.

Obwohl Freese, Murko und Wurzbacher im Rahmen ihrer Untersuchung festgestellt haben, dass seit der Studie von Jochimsen (1963) ein Rückgang selbstständiger Tätigkeiten unter den Sinti und Roma zu beobachten war, wurden diese gleichwohl auch in den 1970er Jahren noch immer unselbstständigen Tätigkeiten vorgezogen.[579] Laut Hundsalz (1982) gingen ungefähr 80 Prozent der nicht arbeitslosen erwachsenen Sinti einer selbstständigen Tätigkeit nach, bei der es sich in erster Linie um den Verkauf von Waren handelte.[580] Dazu Hundsalz:

> „Die meisten Sinti erledigen den An- und Verkauf ihrer Waren während Tagesreisen, von denen sie wieder zu ihrem Wohnsitz zurückkehren. Parallel zur allgemeinen Seßhaftwerdung der Sinti hat sich demnach ein Trend von reisenden zu eher ‚seßhaften' Tätigkeiten ergeben."[581]

Freese, Murko und Wurzbacher nennen in ihrer Studie einen Anteil von knapp 85 Prozent der berufstätigen Sinti und Roma, die eine selbstständige Arbeit ausübten, während es in der übrigen Bevölkerung nur rund 13 Prozent waren. Während allerdings knapp 87 Prozent der Gesamtbevölkerung in einem Angestelltenverhältnis tätig waren, betrug diese Quote unter den Sinti und Roma lediglich gut 15 Prozent.[582] Weiler (1979) weist in diesem Kontext darauf hin,

576 Vgl. Hundsalz (1982), 85.
577 Vgl. Freese; Murko; Wurzbacher (1980), 317.
578 Vgl. Weiß (1982), 60.
579 Vgl. Freese; Murko; Wurzbacher (1980), 321.
580 Vgl. Hundsalz (1982), 90.
581 Hundsalz (1982), 89.
582 Vgl. Freese; Murko; Wurzbacher (1980), 317.

dass die selbstständig ausübten Tätigkeiten in vielen Fällen keine ausreichenden Verdienstmöglichkeiten geboten hätten und daher zum Teil mehr als die Hälfte der selbstständigen Händler in den Herbst- und Wintermonaten auf zusätzliche Unterstützung durch die Gemeinden angewiesen gewesen sei.[583]

Freese, Murko und Wurzbacher schätzen, dass ungefähr 11 Prozent der Sinti und Roma Hilfen zum Lebensunterhalt von einem Sozialamt bezogen. Damit sei der Anteil unter Angehörigen der Minderheit, so die Autoren, mehr als fünfmal so hoch wie unter der übrigen Bevölkerung gewesen, von der zum untersuchten Zeitpunkt lediglich 2 Prozent auf Fürsorgeleistungen des Staates angewiesen gewesen seien.[584] Hundsalz schätzt die Zahl sogar noch höher ein und geht von 25 Prozent der deutschen Sinti aus, die Hilfen zum Lebensunterhalt bezogen. Dabei sei jedoch zu berücksichtigen, dass ein Großteil der Familien häufig nur ergänzend finanzielle Unterstützung erhalten habe, den größten Teil des Lebensunterhaltes jedoch durch berufliche Tätigkeiten bestritten habe. Kein Zweifel bestehe allerdings daran, dass der hohe Anteil an Sozialhilfeempfängern unter den Sinti ihre soziale Randstellung in der Bundesrepublik Deutschland festigte.[585]

Im Vergleich mit dem Durchschnittseinkommen eines deutschen Haushaltes bewertet Hundsalz das Einkommen von Familien der Minderheit als eher gering und schätzt, dass 20 bis 30 Prozent weniger als 1000 DM zur Verfügung hatten.[586] Hundsalz stellt fest:

> „Ein nicht unerheblicher Teil muß dabei aufgrund der wirtschaftlichen Verhältnisse sogar als arm bezeichnet werden. Die meisten Familien verfügen jedoch über ein durchschnittliches Einkommen, das ihnen einen [...] bescheidenen Lebensstandard ermöglicht. Wirklich wohlhabend ist nur ein kleiner Teil der Familien."[587]

Des Weiteren weist Hundsalz darauf hin, dass es häufig mehr als eine Erwerbsquelle gewesen sei, die das Einkommen der Familie sicherte. Neben Einkünften aus selbstständiger Arbeit, seien es unter anderem Sozialhilfe, Kindergeld oder Wiedergutmachungsleistungen gewesen, die zum Einkommen der Familien beigetragen hätten.[588] Auch Sudbrack (1977) betont die unterschiedlichen Einkommensquellen, die laut ihrer Einschätzung aber lediglich ein Existenzmini-

583 Vgl. Weiler (1979), 81.
584 Vgl. Freese; Murko; Wurzbacher (1980), 252.
585 Vgl. Hundsalz (1982), 94.
586 Vgl. Hundsalz (1982), 22.
587 Hundsalz (1982), 94.
588 Vgl. Hundsalz (1982), 96f.

mum garantiert hätten und keineswegs die schlechte finanzielle Lage der Familien hätten beheben können.[589]

Entscheidende Unterschiede gab es laut Hundsalz (1982) zwischen den Familien, die auf Hilfen zum Lebensunterhalt angewiesen waren, und jenen, die ihr wirtschaftliches Auskommen unabhängig von Unterstützungszahlungen sichern konnten. Neben der schulischen und beruflichen Ausbildung sei sowohl die berufliche Situation als auch die Wohnsituation jener Familien deutlich besser gewesen, die unabhängig von Fürsorgeleistungen gelebt hätten.[590] Grundsätzlich lasse sich erkennen, dass zwischen der Inanspruchnahme von Beihilfen und schlechten Lebensbedingungen ein komplexer und schwer aufzulösender Wirkungszusammenhang bestehe.[591]

Die Studien von Hundsalz (1982) als auch von Freese, Murko und Wurzbacher (1980) lieferten erstmalig Daten zu der sich seit Kriegsende größtenteils zunehmend verschlechternden wirtschaftlichen Situation der Sinti und Roma. Sowohl die hohe Arbeitslosenquote als auch die hohe Zahl der Sozialhilfeempfänger verdeutlichen das Ausmaß der Folgeerscheinungen für die sozioökonomische Situation der Sinti und Roma, die durch den wirtschaftlichen Strukturwandel der vorangegangenen Jahrzehnte ausgelöst worden waren.

5.4.3. Bildung

Für den Zeitraum von 1945 bis 1970 fehlten detaillierte Angaben über die Bildungssituation der erwachsenen Sinti und Roma mit Ausnahme des Hinweises, dass es sich bei einem Großteil von ihnen aufgrund des untersagten Schulbesuches in der Zeit des Nationalsozialismus um Analphabeten gehandelt hat, fast vollständig. Die Studie von Hundsalz zur sozialen Situation der Sinti in der Bundesrepublik Deutschland aus dem Jahre 1982 untersuchte erstmals die Schul- und Ausbildungssituation erwachsener Sinti.

Hundsalz bewertet die Schulbildung der Erwachsenen als ungenügend, da ein hoher Prozentsatz deutscher Sinti entweder über gar keine Schulbildung verfügte oder diese nicht abgeschlossen hatte. Unter denen, die unabhängig von Fürsorgeleistungen lebten, hatten gut 26 Prozent der Betroffenen keinerlei Schulbildung genossen, über 47 Prozent hatten die Schule ohne einen Abschluss verlassen und nur knapp 25 Prozent von ihnen hatten einen Schulabschluss

589 Vgl. Sudbrack (1977), 27.
590 Vgl. Hundsalz (1982), 102.
591 Vgl. Hundsalz (1982), 105.

besessen. Die Quoten von jenen, die auf Hilfen zum Lebensunterhalt angewiesen waren, fielen sogar noch deutlich negativer aus. Von ihnen hatten knapp 40 Prozent keinerlei Schulbildung und über 45 Prozent die Schule nicht abgeschlossen, während nur 15 Prozent einen Schulabschluss besaßen.[592]

Hundsalz' Differenzierung des Bildungsstandes nach dem Alter der Personen zeigt, dass die jüngeren Erwachsenen unter den Sinti Anfang der 1980er Jahre vielfach über eine bessere Schulbildung verfügten als die älteren Erwachsenen. Während mehr als 30 Prozent der unter Dreißigjährigen Sinti die Schule mit einem Abschluss verlassen hatten, waren es unter den über Fünfzigjährigen lediglich 11 Prozent. Unter jenen, die Hilfen zum Lebensunterhalt bekamen, besaßen knapp 20 Prozent der unter Dreißigjährigen einen Schulabschluss, aber nur knapp 9 Prozent der über Fünfzigjährigen.[593] Hundsalz deutet diese Ergebnisse dahingehend, dass von den Sinti in zunehmendem Maße die Notwendigkeit einer Schulbildung erkannt worden sei:

> „Dies scheint vor allem für diejenigen zuzutreffen, deren berufliche und soziale Verhältnisse bereits sehr stark den vergleichbaren Gegebenheiten der übrigen Bevölkerung entsprechend ohne daß diese Sinti freilich ihre kulturelle Eigenständigkeit verlieren."[594]

Obgleich positive Tendenzen erkennbar waren, ändert dies jedoch nichts an dem zum Zeitpunkt der Untersuchung hohen Anteil an Analphabeten unter den deutschen Sinti. Bei jenen, die unabhängig von Fürsorgeleistungen lebten, konnte beinahe jeder Dritte nicht Lesen oder Schreiben, und bei Personen, die Hilfen zum Lebensunterhalt bezogen, lag der Anteil mit 41 % sogar noch deutlich darüber. Berücksichtigt man darüber hinaus die Tatsache, dass Hundsalz sogar jene Sinti nicht zu den Analphabeten gezählt hat, die wahlweise nur Lesen oder Schreiben konnte und dies zum Teil auch nur sehr schlecht, wird deutlich, in welchem Umfang in der Vergangenheit versäumt wurde, einen minimalen Bildungsstandard für Angehörige der Minderheit zu garantieren.

Ungeachtet der Tatsache, dass das Problem der fehlenden Bildung durchaus von Seiten der Politik erkannt wurde, hat man auf die Umsetzung von Maßnahmen zur Verbesserung der Situation verzichtet. Schenk (1994) merkt an, dass die Bayrische Landesregierung 1980 zwar festgestellt hat, dass über 90 Prozent der erwachsenen Sinti und Roma über keine ausreichende Schulbildung verfügten. Dies habe man aber nicht auf fehlende Schul- und Ausbildungsmöglichkeiten zurückgeführt:

---

592 Vgl. Hundsalz (1982), 70f.
593 Vgl. Hundsalz (1982), 72f.
594 Hundsalz (1982), 81.

> „Nach dieser Argumentation [der bayrischen Landesregierung] ist die Schuld für die unzureichende Bildungssituation allein den Zigeunern zuzuschreiben, die offenbar bildungsunwillig sind. Folgerichtig wurde eine ‚Notwendigkeit, spezielle Einrichtungen anzubieten' nicht gesehen."[595]

Die desolate Bildungssituation der Sinti und Roma in den 1970er Jahren ausschließlich auf deren vermeintlichen Bildungsunwillen zurückzuführen, hält Hundsalz für unangemessen. Anders als die Bayrische Landesregierung registrierte Hundsalz bei den Sinti keinen Bildungsunwillen, sondern stellte im Gegenteil dazu sogar eine hohe Lernbereitschaft unter den Erwachsenen fest, die er wie folgt beschreibt:

> „Die hohe Motivation, lesen und schreiben zu lernen, selbst wenn das schulpflichtige Alter bereits überschritten ist, zeigt sich auch in dem guten Zulauf, den die wenigen Kurse zum Erlernen von lesen und schreiben haben, die in manchen Orten der Bundesrepublik für erwachsene Sinti angeboten werden."[596]

Betrachtet man jedoch insgesamt die hohe Analphabetenquote der Sinti und Roma und den nur geringen Anteil von Angehörigen der Minderheit, die über einen Schulabschluss verfügten oder überhaupt eine Schule besucht hatten, so ist die Bildungssituation der Betroffenen im Zeitraum von 1971 bis 1982 als äußerst ungünstig einzustufen.

5.4.4. Bildungs- und Berufschancen der nachfolgenden Generation

Die Bildungssituation und der Bildungsstand der jüngeren Sinti und Roma in der Zeit von 1971 bis 1982 waren allem Anschein nach weniger unzureichend als die der Erwachsenen. Gewisse positive Tendenzen bei der jüngeren Generation dürfen jedoch nicht darüber hinwegtäuschen, dass sich die Situation insgesamt immer noch äußerst problematisch darstellte. So hat Hundsalz (1982) festgestellt, dass zwar fast alle Sinti-Kinder der Schulpflicht nachkamen, aber über 30 Prozent der Kinder, die aus Familien stammten, die auf Hilfen zum Lebensunterhalt angewiesen waren, besuchten die Schule nur unregelmäßig oder sogar sehr selten. Auch bei Kindern, deren Eltern nicht auf Fürsorgeleistungen angewiesen waren, waren es nur gut 76 Prozent der Kinder gewesen, die regelmäßig eine Schule besuchten.[597] Die Befragung von Sozialämtern durch Freese, Murko und Wurzbacher (1980) hatte ergeben, dass laut Einschätzung der Befragten in

595 Schenk (1994), 289.
596 Hundsalz (1982), 76.
597 Vgl. Hundsalz (1982), 58.

knapp 60 Prozent der Orte die Schule von Kindern der Sinti und Roma regelmäßig besucht wurde, der Schulbesuch in 14 Prozent der Orte als unregelmäßig bewertet wurde und in 3,75 Prozent der Orte die Kinder von Angehörigen der Minderheit überhaupt nicht ihrer Schulpflicht nachkamen.[598]

Während es in den 1960er Jahren häufig die Regel war, Kinder von Sinti und Roma in einem praktisch automatisierten Vorgang auf die Sonderschule zu schicken, scheint es diesbezüglich gewisse Veränderungen in den 1970er Jahren gegeben zu haben. Laut Hundsalz besuchten 20 Prozent der Kinder aus Familien, die nicht auf finanzielle Unterstützung vom Sozialamt angewiesen waren eine Sonderschule während der Anteil der Kinder in jenen Familien, die Hilfen zum Lebensunterhalt bezogen, bei 37 Prozent lag.[599] Obwohl im Vergleich zum vorherigen Jahrzehnt durchaus Verbesserungen in diesem Punkt erkennbar sind, lag der Anteil der Sonderschüler unter den Sinti somit noch immer weit über dem der Kinder der übrigen Bevölkerung, der lediglich 3 Prozent betrug.[600] Auch Freese, Murko und Wurzbacher weisen auf diese Problematik hin und deuten den hohen Anteil von Sonderschulbesuchen als ein Zeichen für einen geringen Grad schulischer Integration.[601]

Vorschulische Maßnahmen waren – so es sie gab – offenbar das beste Mittel, den Anteil der Sonderschüler unter Kindern der Sinti und Roma zu senken. Weiß (1982) hat im Rahmen einer Fallstudie in einer Münchener Wohnwagensiedlung festgestellt, dass nach zwei Jahren intensiver sozialpädagogischer Arbeit, die auch eine vorschulische Erziehung umfasste, alle Schulanfänger ihre Schullaufbahn in einer Grundschule beginnen konnten während es zuvor gängige Praxis gewesen war, Kinder aus der Wohnwagensiedlung direkt auf die Sonderschule zu schicken.[602] Auch Hundsalz zeigt in seiner Studie, dass die Leistungen jener Kinder am besten waren, die aus Siedlungen mit vorschulischen Einrichtungen stammten.[603] Ähnliche Entwicklungen waren auch in der Ravensburger Sinti-Siedlung „Ummenwinkel" zu beobachten. Seit 1974 im „Ummenwinkel" eine Spielstube eingerichtet wurde, die neben sportlichen Aktivitäten auch gezielte Förderung und regelmäßige Hausaufgabenbetreuung anbot, war es die Ausnahme und nicht mehr wie zuvor die Regel, dass Kinder aus der Siedlung auf eine Sonderschule geschickt wurden.[604]

598 Vgl. Freese; Murko; Wurzbacher (1980), 297.
599 Vgl. Hundsalz (1982), 62.
600 Vgl. Hundsalz (1982), 57ff.
601 Vgl. Freese; Murko; Wurzbacher (1980), 300.
602 Vgl. Weiß (1982), 172f.
603 Vgl. Hundsalz (1980), 211.
604 Vgl. Lindemann (1991), 30f.

Bezüglich der Faktoren, die entscheidenden Einfluss auf die schulische Situation der Kinder der Sinti und Roma hatten, kommen Hundsalz (1982), Weiß (1982) und Freese, Murko und Wurzbacher (1980) zu ähnlichen Ergebnissen. Problematisch für die schulische Ausbildung der Kinder der Sinti und Roma schien insbesondere der Umstand zu sein, dass sich das deutsche Erziehungs- und Bildungssystem einseitig an den Normen- und Wertvorstellungen der Mittelschicht orientierte. Darüber hinaus erschwerte einerseits die mangelnde Fähigkeit vieler Eltern, ihre Kinder bei den Hausaufgaben zu unterstützen und andererseits häufig diskriminierendes Verhalten von Seiten der Mitschüler und Lehrer den Schulbesuch der Kinder von Sinti und Roma.[605]

5.4.5. Gesundheit

Im Zeitraum von 1945 bis 1970 waren es besonders die Wohnverhältnisse gewesen, die entscheidenden Einfluss auf den Gesundheitszustand der Sinti und Roma genommen hatten. Unzureichende sanitäre Einrichtungen sowie insgesamt ungünstige hygienische Bedingungen in Siedlungen, die von Sinti und Roma bewohnt wurden, waren der Auslöser für Krankheiten wie Rheuma, Asthma oder Infektionskrankheiten gewesen, unter denen die Bewohner dieser Siedlungen litten. Obwohl von den im Rahmen dieser Arbeit berücksichtigten Autoren nicht explizit ein Fortdauern dieser gesundheitlichen Probleme für die 1980er Jahre angeführt wird, kann vermutet werden, dass jene Sinti und Roma, die auch zwischen 1971 und 1982 weiterhin unter ähnlichen Bedingungen lebten, infolgedessen noch immer mit gleichartigen gesundheitlichen Problemen zu kämpfen hatten.

Eine Absicherung gegen Krankheit war unter Sinti und Roma eher die Ausnahme als die Regel. Laut Weiß (1982) und Freese, Murko und Wurzbacher (1980) besaßen Angehörige der Minderheit vielfach nur dann eine Krankenversicherung, wenn ein festes Arbeitsverhältnis mit versicherungspflichtiger Tätigkeit bestand.[606] Einer selbständigen Tätigkeit nachgehende Sinti und Roma, die sich freiwillig kranken- oder rentenversichert hätten, seien hingegen lediglich Einzelfälle gewesen.[607] Die *Rom und Cinti Union e.V.* beklagt in einem Bericht von 1982, dass im Rahmen einer selbstständigen Tätigkeit häufig aufgrund des

605 Vgl. Hundsalz (1982), 66, Weiß (1982), 249, Freese; Murko; Wurzbacher (1980), 304.
606 Vgl. Weiß (1982), 62, Freese; Murko; Wurzbacher (1980), 345.
607 Vgl. Freese; Murko; Wurzbacher (1980), 345.

nur geringen Einkommens auf jegliche Sozialversicherung verzichtet wurde oder von dieser Möglichkeit gar keine Kenntnis bestand.[608]

Arbeitslose oder von der Sozialhilfe lebende Sinti und Roma waren über die zuständigen Behörden abgesichert und erhielten im Krankheitsfall einen Krankenschein, mit dem sie sich ärztlich behandeln lassen konnten.[609] Freese, Murko und Wurzbacher führen an, dass die Pflege kranker Angehöriger häufig innerhalb der Familie stattfand. Sie fassen die Situation insgesamt wie folgt zusammen:

> „Die materielle Sicherung des Alters und der Kranken ist weitgehend durch die Sozialgesetzgebung gewährleistet. Die soziale Sicherheit im engen Sinne, also die Pflege und die Erhaltung persönlicher Kontakte wird in hohem Maße durch die Familie gewährleistet, die damit stärker als bei der Bevölkerungsmehrheit ihre Funktion der sozialen Sicherung erhalten hat."[610]

5.4.6. Soziale Kontakte, Vorurteile und Integration

Charakteristisch für das Verhältnis zwischen Sinti und Roma und der Mehrheitsbevölkerung war für den Zeitraum von 1945 bis 1970, dass nur sehr eingeschränkt soziale Kontakte vorhanden waren und das Bild der Mehrheitsbevölkerung von der Minderheit in der Regel stark vorurteilsbehaftet war. Im Rahmen seiner Studie hat Hundsalz (1982) festgestellt, dass Sinti in erster Linie bei Behördengängen in Kontakt mit der übrigen Bevölkerung kamen. Er nennt hierbei insbesondere die Bundesentschädigungsstellen und die Sozialämter. Die in diesem Zusammenhang gemachten Erfahrungen seien, so Hundsalz, von den Betroffenen überwiegend als negativ beschrieben worden:

> „Sie fühlen sich im Kontakt mit den Behördenvertretern oftmals in völliger Abhängigkeit und Unterlegenheit und in vielfältiger Weise diskriminiert."[611]

Als einen wesentlichen Grund für das Gefühl der Unterlegenheit der Sinti im Umgang mit Behörden nennt Hundsalz den unzureichenden Bildungsstand der Betroffenen und den häufig damit verbundenen Analphabetismus, der ihnen zum Teil schon das Lesen der Wegweiser in den Behörden unmöglich gemacht habe. Darüber hinaus seien zahlreiche Sinti, so Hundsalz, Behördenvertretern bereits mit einer negativen Erwartungshaltung begegnet. Diese sei teilweise auf

608 Vgl. Rom und Cinti Union e.V. (1982), 48.
609 Vgl. Freese; Murko; Wurzbacher (345), Rom und Cinti Union e.V. (1982), 48.
610 Freese; Murko; Wurzbacher (1980), 345.
611 Hundsalz (1982), 18.

die während der Zeit des Nationalsozialismus gemachten negativen Erfahrungen mit Staatsorganen zurückzuführen gewesen und habe das Miteinander zusätzlich erschwert.[612]

Sowohl Hundsalz (1982) als auch Weiß (1982) weisen darauf hin, dass soziale Kontakte auf privater Ebene oftmals ebenso von gegenseitigen Vorurteilen erschwert wurden.[613] Die Bewohner der von Weiß untersuchten Münchner Wohnwagensiedlung wurden von ihrer Umwelt aufgrund ihrer Herkunft, Lebensweise, Wohnsituation und ökonomischen Verhältnisse negativ beurteilt und die übrige Bevölkerung begegnete ihnen mit Ablehnung.[614] Auch Hundsalz hat festgestellt, dass besonders ärmere Sinti, die in Obdachlosen- oder „Zigeunersiedlungen" lebten, von der übrigen Bevölkerung gemieden wurden.[615] Zwar sei der Wunsch nach sozialen Kontakten mit der übrigen Bevölkerung von Seiten der Sinti durchaus vorhanden gewesen, aber dennoch seien solche Beziehungen eher die Ausnahme gewesen. Die Ursache für die Tatsache, dass der Wunsch nach Kontakten zur Mehrheitsbevölkerung in größerem Maße vorhanden war als tatsächliche Kontakte, führt Hundsalz auf die ablehnende Haltung der Umwelt den Sinti gegenüber zurück.[616]

Nicht übersehen werden darf in diesem Zusammenhang allerdings, dass innerhalb der Minderheit durchaus Unterschiede hinsichtlich der Kontakte zur übrigen Bevölkerung bestanden und diese keinesfalls als einheitlich zu beurteilen waren. Auf diesen Sachverhalt weist neben Weiler (1979) auch Hundsalz (1982) hin.[617] Besonders Musiker und jene Sinti, die in einem festen Arbeitsverhältnis standen, so Hundsalz, hätten eher freundschaftliche Beziehungen zu Nicht-Sinti gepflegt als andere. Hundsalz hat zudem einen Zusammenhang zwischen der wirtschaftlichen Situation der Sinti und ihren Kontakten zur Umwelt festgestellt:

> „Eindeutig zeigte sich bei unseren Befragungen, daß die sozial und finanziell besser gestellten Familien [...] weitreichendere Kontakte zur ihrer ‚deutschen' Umwelt aufbauen als die Familien, die isoliert in Ghettos leben und oftmals von Hilfen zum Lebensunterhalt abhängig sind."[618]

Als grundsätzlich gering einzustufen war hingegen das Interesse der erwachsenen Sinti und Roma, am Vereinsleben der übrigen Bevölkerung teilzunehmen.

---

612 Vgl. Hundsalz (1982), 43.
613 Vgl. Weiß (1982), 86. Hundsalz (1982), 43.
614 Vgl. Weiß (1982), 86.
615 Vgl. Hundsalz (1982), 18.
616 Vgl. Hundsalz (1989), 39f.
617 Vgl. Weiler (1979), 205. Hundsalz (1982), 40.
618 Hundsalz (1982), 41.

Freese, Murko und Wurzbacher (1980) führen dies auf eine Abneigung der Sinti und Roma gegenüber einer dafür notwendigen regelmäßigen Teilnahme, der Angst vor zu engem Kontakt mit Personen, die nicht der Minderheit angehören, sowie der generellen Neigung von Randgruppenmitgliedern, möglicher Diskriminierung durch Kontaktverminderung oder -vermeidung aus dem Weg zu gehen, zurück.[619] Zu ähnlichen Ergebnissen kommt Hundsalz im Rahmen seiner Untersuchung und betont darüber hinaus, dass von der nur sehr mäßigen Teilnahme der Sinti am öffentlichen Leben der Gesellschaft auch das Interesse an Politik im Allgemeinen sowie die Teilnahme an Wahlen im Speziellen betroffen gewesen sei. Wie schon bei den sozialen Kontakten waren auch das Interesse am politischen Geschehen und ein damit verbundenes Engagement bei jenen Sinti ausgeprägter, die finanziell unabhängig von Hilfsgeldern lebten. Dazu Hundsalz:

> „Ärmere Sinti fürchten dagegen oft, durch politische Betätigung die Aufmerksamkeit der Öffentlichkeit auf sich zu lenken und damit vielleicht weiteren und noch stärkeren Diskriminierungen ausgesetzt zu sein."[620]

Exemplarisch für die fortdauernde Diskriminierung, mit der Sinti und Roma im Zeitraum von 1971 bis 1982 konfrontiert waren, sei an dieser Stelle die Beschilderung auf Campingplätzen erwähnt. Marten-Gotthold (1998) merkt an, dass es noch in den 1970er Jahren keine Seltenheit war, dass Schilder darauf aufmerksam machten, dass „Landfahrer" auf Campingplätzen nicht erwünscht seien.[621] Zu einer Änderung des Wortlautes dieser Schilder kam es nach Vossen (1983) dann im Zuge der Bürgerrechtsbewegung der Sinti und Roma. Seit 1980 hätten entsprechende Schilder lediglich darauf hingewiesen, dass Camping ausschließlich der Erholung diene und die Ausübung eines Gewerbes auf oder von dem Campingplatz aus nicht gestattet sei.[622] Eine Veränderung des Inhalts der Schilder ging jedoch keinesfalls automatisch mit einer Verhaltensänderung der Campingplatzbesitzer einher, wie Marten-Gotthold betont. Sie berichtet von einer Befragung aus dem Jahr 1979, bei der von sieben Campingplätzen lediglich einer bereit war, Sinti und Roma aufzunehmen.[623]

Nicht immer war die Diskriminierung so offensichtlich wie in diesem Bereich und fand vielfach auch im Verborgenen statt. Laut Feuerhelm (1987) wurde seit 1981 polizeiintern nicht mehr von „Zigeunern" oder „Landfahrern" ge-

619 Vgl. Freese; Murko; Wurzbacher (1980), 374.
620 Hundsalz (1982), 37.
621 Vgl. Marten-Gotthold (1998), 58.
622 Vgl. Vossen (1983), 118f.
623 Vgl. Marten-Gotthold (1998), 58f.

sprochen, sondern stattdessen zur Charakterisierung solcher Personen im Rahmen der polizeilichen Erfassung der Begriff „HWAO“ (häufig wechselnder Aufenthaltsort) verwendet. Geht man nun davon aus, dass mit dieser Begriffsänderung die gesonderte statistische Erfassung vermeintlicher „Zigeunerkriminalität“ beendet wurde, so wird man von Feuerhelm eines Besseren belehrt. Es habe lediglich eine Begriffsänderung stattgefunden, aber eine inhaltliche Differenzierung, die es ermöglicht hätte, auch andere Personen unter diesem Begriff in den Akten der Polizei zu führen, sei ausgeblieben.[624] Bedingt durch die Tatsache, dass der „HWAO“-Begriff polizeiintern synonym zum „Zigeuner“-Begriff verwendet wurde, stuft Feuerhelm dieses Vorgehen als untauglichen Versuch ein, die gesonderte Erfassung der Sinti und Roma zu beenden.[625] Dieses Beispiel zeigt, dass die Diskriminierung der Sinti und Roma längst nicht immer so offensichtlich wie im Fall der Campingplätze zu erkennen war.

Hundsalz unterstreicht die elementare Bedeutung der Überwindung von Vorurteilen, da diese laut seinen Untersuchungsergebnissen eine zentrale Rolle bezüglich der sozialen Benachteiligung von Sinti spielten. Durch Vorurteile „werden den Angehörigen dieses Volkes [...] die Wohnungssuche, die Ausübung der beruflichen Tätigkeit und nicht zuletzt auch der erfolgreiche Abschluß der Schule erschwert.“[626] Vielfach seien es Vorurteile gewesen, die dazu geführt hätten, dass die Betroffenen in eine unterprivilegierte Situation geraten seien. Das Fazit von Hundsalz lautet daher wie folgt:

> „Daher messen wir der Beseitigung der Vorurteile gegenüber den Sinti eine ganz besondere Stellung bei. Unseres Erachtens wird es in diesem Zusammenhang nicht nur wichtig sein, systematische Aufklärung mit dem Ziel zu betreiben, die halbwahren und falschen Informationen über die Sinti zu korrigieren und fehlende zu ergänzen, sondern auch Begegnungen zwischen diesen und Angehörigen unserer Gesellschaft zu ermöglichen und zu fördern.“[627]

Vor dem Hintergrund, dass auch in der Zeit von 1971 bis 1982 noch immer Vorurteile und Diskriminierung kennzeichnend für das Miteinander von Mehrheit und Minderheit waren, kann dieser Einschätzung nur zugestimmt werden.

624 Vgl. Feuerhelm (1987), 298.
625 Vgl. Feuerhelm (1987), 256f.
626 Hundsalz (1982), 24.
627 Hundsalz (1982), 156.

5.4.7. Wohnverhältnisse

Für den Zeitraum von 1971 bis 1982 weisen verschiedene Autoren darauf hin, dass die Wohnverhältnisse der Sinti und Roma als sehr heterogen zu bewerten waren. Neben Familien, die wohnintegriert lebten, gab es auch solche, die in Notunterkünften ihr Obdach fanden oder in Wohnwagen- oder Barackensiedlungen an den Stadträndern wohnten.[628] Auch Marten-Gotthold (1998) und Hundsalz (1982) weisen auf die verschiedenartigen Wohnverhältnisse innerhalb der Minderheit hin und betonen die zum Teil gravierenden Unterschiede.[629] Grundsätzlich ist für diesen Zeitraum festzustellen, dass sich der Trend zur Sesshaftigkeit verstärkt hatte und nur noch ein geringer Teil der Sinti und Roma dauerhaft auf Reisen war, um ein Gewerbe auszuüben. So waren nach Hundsalz (1982) nur noch rund 11 Prozent der Sinti länger als 6 Monate pro Jahr auf Reisen, während insgesamt über 50 Prozent der Befragten durchschnittlich nicht länger als einem Monat pro Jahr verreisten. Dazu Hundsalz:

> „In ebensolchem Maße wie die Seßhaftwerdung insgesamt im Verlaufe der letzten Jahre zugenommen hat, ist die Anzahl der Wochen und Monate im Jahr, in denen die Familien noch auf traditionelle Art mit dem Wohnwagen im Familienverband auf die Reise gehen, zurückgegangen.“[630]

Der Trend zum Leben in immobilen Unterkünften wird auch von Freese, Murko und Wurzbacher (1980) festgestellt, die davon ausgehen, dass lediglich noch rund 3 Prozent der Sinti und Roma die meiste Zeit des Jahres auf Reisen waren. Der direkte Vergleich mit dem Anteil der Sinti und Roma, die überhaupt nicht mehr auf Reisen gingen und der bei rund 16 Prozent lag, zeigt, in welchen Ausmaß das mobile Leben an Bedeutung verloren hatte und Angehörige der Minderheit sesshaft geworden waren.[631]

Die im Rahmen der Untersuchung von Hundsalz (1982) durchgeführten Befragungen ergaben, dass sich die Unterkünfte der Sinti nicht nur in den Randgebieten der Städte und Gemeinden befanden. Kaum Unterschiede habe es hinsichtlich der Lage der Wohnungen zwischen jenen Sinti gegeben, die unabhängig von Fürsorgeleistungen lebten, und solchen, die auf Hilfen zum Lebensunterhalt angewiesen waren. Der Anteil der Sinti, die innerhalb der Stadt lebten, habe in beiden Fällen nahezu 60 Prozent betragen, während lediglich rund 36 Prozent an den Stadträndern gelebt hätten.[632] Diesbezüglich ein anderes Bild

628 Vgl. Weiler (1979), 84.
629 Vgl. Marten-Gotthold (1998), 50. Hundsalz (1982), 107ff.
630 Hundsalz (1982), 49.
631 Vgl. Freese; Murko; Wurzbacher (1980), 354f.
632 Vgl. Hundsalz (1982), 108.

zeigt die Studie von Freese, Murko und Wurzbacher (1980), die zu dem Ergebnis gelangt, dass sich Wohnwagenplätze und Siedlungen der Sinti und Roma auch in den 1970er Jahren noch in regionalen Randlagen befanden.[633] Dabei sei die reine Entfernung zur Innenstadt weniger von Bedeutung gewesen als der qualitative Aspekt solcher Randlagen:

> „Bei den Wohnwagenplätzen und Siedlungen handelt es sich zumeist um optisch abgegrenzte Areale, ihre Erschließung mit öffentlichen Verkehrsmitteln ist nicht selten schlecht und Einkaufsmöglichkeiten für Güter des täglichen Bedarfs sind häufig erst in relativ großer Entfernung (über 1km) gegeben [...].“[634]

Einigkeit scheint hingegen unter den Autoren hinsichtlich der Qualität und Größe der Wohnungen zu bestehen, die von Angehörigen der Minderheit bewohnt wurden. Laut Freese, Murko und Wurzbacher lebten knapp 50 Prozent der Sinti und Roma in Normalwohnungen, während ein Drittel in Einfachstwohnungen untergebracht war und der übrige Teil von weniger als 30 Prozent mehr oder weniger isoliert in Behelfswohnungen, auf Wohnwagenplätzen oder in Zigeunersiedlungen lebte.[635] Diese Zahlen decken sich weitgehend mit Ergebnissen der Studie von Hundsalz. Nach dieser lebten von jenen Sinti, die nicht auf Fürsorgeleistungen angewiesen waren, rund 50 Prozent in Normalwohnungen, ein Drittel in Einfachstwohnungen und der verbleibende Teil von 14 Prozent in Notunterkünften oder mobilen Unterkünften. Eine deutlich andere Verteilung zeigte sich hingegen bei jenen Sinti, die auf Hilfen zum Lebensunterhalt angewiesen waren. Von ihnen, so Hundsalz, hätten lediglich gut 17 Prozent eine Normalwohnung bewohnt, während über 52 Prozent in Einfachstwohnungen gelebt hätten und 21 Prozent in Notunterkünften Obdach gefunden hätten.[636] Hundsalz weist darauf hin, dass sich die Wohnungen der ärmeren Familien nicht nur in Bezug auf die Qualität von denen der wirtschaftlich unabhängigen Familien unterschieden, sondern auch in der Größe:

> „So steht den finanziell und sozial besser gestellten Familien insgesamt mehr Wohnraum zur Verfügung. Dies schlägt sich sowohl in der Größe der Wohnfläche als auch in der Anzahl der Wohnräume nieder.“[637]

Sowohl die Untersuchung von Hundsalz (1982) als auch die Studie von Freese, Murko und Wurzbacher (1980) zeigen, dass keinesfalls alle Angehörigen der Minderheit in den 1970er Jahren von desolaten Wohnverhältnissen betroffen

633 Vgl. Freese; Murko; Wurzbacher (1980), 359.
634 Ebenda.
635 Vgl. Freese; Murko; Wurzbacher (1980), 356.
636 Vgl. Hundsalz (1982), 111.
637 Hundsalz (1982), 112.

waren, sondern ein Teil von ihnen in durchaus mit den Wohnungen der Mehrheitsbevölkerung vergleichbaren Unterkünften lebte. Allerdings dürfe die Tatsache, so Bura (1984), dass ein geringer Teil der Minderheit unter akzeptablen Bedingungen lebte, nicht darüber hinwegtäuschen, dass die Wohnbedingungen des deutlich größeren Teils unzureichend gewesen seien.[638] Unter welchen Bedingungen Sinti und Roma zum Teil leben mussten, verdeutlicht ein Textauszug aus einem am 8. August 1977 in der Frankfurter Allgemeinen Zeitung erschienen Artikel:

> „Die Tapeten sind abgerissen und hängen herab, die Decke weist Löcher auf. Die Eltern schlafen mit den vier Kindern auf zwei Betten, das fünfte ist unterwegs. In der winzigen Küche muß für 14 Personen gekocht werden, ein Badezimmer gibt es nicht, die gemeinsame Toilette ist auf dem Hof. Kakerlaken bevölkern die Wände, und ab und zu schleicht sich eine Ratte durch ein Loch in der Holztreppe ins Wohnzimmer."[639]

Problematisch war zum Teil auch die Situation der wenigen Sinti und Roma, die nicht in Wohnungen lebten, sondern als Unterkünfte einen Wohnwagen besaßen, mit dem sie teilweise noch zur Ausübung ihres Gewerbes von Stadt zu Stadt zogen. Laut Zülch (1980) hatten Sinti und Roma auf den meisten deutschen Campingplätzen bis Ende 1979 auch dann keinen Zutritt, wenn sie nicht als Gewerbetreibende, sondern als Touristen auf Reisen waren.[640] Ungeachtet der Tatsache, dass der Europarat sowohl 1969 als auch 1979 empfahl, für die noch reisenden Sinti und Roma ausreichend ausgestattete Lager- und Durchreiseplätze zur Verfügung zu stellen, zeigt der folgende Bericht der Bundesregierung, dass diese Empfehlungen von den Städten und Gemeinden keineswegs beherzigt wurden:

> „In den letzten Jahrzehnten hat die Zahl der Durchfahrerplätze in Städten und Gemeinden stark abgenommen. Die vorhandenen Durchfahrerplätze verfügen häufig nicht über ausreichende Versorgungseinrichtungen. Da die Errichtung und Betreibung von Durchfahrerplätzen Aufgabe der Städte und Gemeinden ist, hat die Bundesregierung keine unmittelbaren Möglichkeiten, Durchfahrerplätze für Sinti und Roma zu schaffen."[641]

Zusammenfassend lässt sich daher festhalten, dass die Wohnverhältnisse der Sinti und Roma auch im Zeitraum von 1971 bis 1982 größtenteils als unzureichend zu bewerten sind. Zwar lebte ein kleiner Teil meist vermögender Sinti und Roma relativ unauffällig, da sie sich an die vorgefundenen Lebensstandards

---

638 Vgl. Bura (1984), 56.
639 Zitiert nach: Hohmann (1988), 211.
640 Vgl. Zülch (1980), 91.
641 Zitiert nach: Vossen (1983), 118.

angepasst hatten. Ärmere und von finanziellen Unterstützungen abhängige Angehörige der Minderheit hingegen lebten auch in den 1970er Jahren nicht selten isoliert in Ghettos oder in nur mangelhaft ausgestatteten Wohnungen, die hinsichtlich des Komforts und der sanitären Einrichtungen nicht den allgemeinen Standards entsprachen.[642]

5.4.8. Zusammenfassung

Bis in die 1970er Jahre wurde der nationalsozialistische Völkermord an den Sinti und Roma in der Bundesrepublik Deutschland bestenfalls als Randnotiz zur Kenntnis genommen. Nicht nur die Öffentlichkeit nahm kaum Notiz von der Verfolgungsgeschichte der Minderheit, sondern auch die diesbezügliche Haltung der Bundesregierung wurde von Betroffenen immer wieder kritisiert. Die Begleiterscheinungen des Umstandes, dass es fast vier Jahrzehnte gedauert hat, bis 1982 eine deutsche Regierung den Völkermord an den Sinti und Roma politisch anerkannt hat, beurteilt Romani Rose, Vorsitzender des *Zentralrats Deutscher Sinti und Roma*, wie folgt:

> „Während dieser Zeit wurde die nationalsozialistische Vernichtungspolitik gegenüber den Sinti und Roma sowohl in der Geschichtsschreibung als auch in der Gedenkstättenarbeit weitgehend ausgeklammert oder allenfalls in Form einer Fußnote behandelt."[643]

Die seit den 1970er Jahren stattfindende Aufarbeitung dieses Völkermords und das zunehmende Bewusstsein für die sozialen Probleme der Minderheit sind nicht auf Impulse von Seiten der Bundesregierung zurückzuführen, sondern wurden von den Betroffenen weitgehend eigenständig initiiert. Die Gedenkkundgebung in Bergen-Belsen, der Hungerstreik in Dachau und die Gründung des *Zentralrats Deutscher Sinti und Roma* markieren in diesem Zusammenhang wichtige Eckpunkte. Rose (1979) äußert sich deutlich hinsichtlich der Folgen, die diese mangelnde Wahrnehmung in der Vergangenheit in seinen Augen für die soziale Situation der Sinti und Roma in den 1970er Jahren hatte, und unternimmt einen Vergleich mit der Situation der Juden in der Bundesrepublik Deutschland:

> „Durch die Rehabilitierung, die moralische Wiedergutmachung und die Anerkennung des Unrechts ist es den Juden in der Bundesrepublik heute möglich, unter Wahrung ihrer Kultur, ihrer Sprache, ihres Brauchtums und ihrer Religion als

---

642 Vgl. Schwab; Wüpper (1979), 71.
643 Rose (1999), 344.

> deutsche Staatsbürger vollintegriert in unserer Gesellschaft leben zu können. Uns Sinti ist es aber nur möglich, ‚angesehen' in dieser Gesellschaft zu leben, wenn wir unsere Zugehörigkeit und Rasse verleugnen."[644]

Belege für die Behauptung, dass in den 1970er Jahren nur die Verheimlichung ihrer ethnischen Herkunft den Sinti und Roma ein weitgehend gesellschaftlich anerkanntes Leben ermöglicht hätte, liefert die Studie von Hundsalz (1982). Laut Hundsalz war folgender Sachverhalt charakteristisch für jene Familien, die sozial besser gestellt waren:

> „Ihre günstigeren Lebensbedingungen sind nicht selten durch eine sehr weitgehende Anpassung erkauft, die bis zur Verheimlichung oder gar Aufgabe ihrer Identität als Zigeuner reicht, und sie damit in eine möglicherweise verhängnisvolle Doppelidentität zwingt."[645]

Grundsätzlich zeichnete sich die soziale Situation der Sinti und Roma im Zeitraum von 1971 bis 1982 durch ein großes Maß an Heterogenität aus. Widmann (2001) hält es für verfehlt, davon auszugehen, dass es sich bei der Volksgruppe zu diesem Zeitpunkt insgesamt um eine verarmte und ausgegrenzte Minderheit gehandelt habe.[646] Sowohl die Untersuchung von Hundsalz (1982) als auch die Studie von Freese, Murko und Wurzbacher (1980) offenbaren zweifellos besonders hinsichtlich der Wohnsituation als auch in Bezug auf die wirtschaftliche Lage zum Teil erhebliche Binnendifferenzen innerhalb der Minderheit. Obgleich einigen Angehörigen der Minderheit der soziale Aufstieg gelungen war, lebte der größere Teil von ihnen auch in den 1970er Jahren unter ungünstigen Bedingungen.

Die Untersuchungen von Hundsalz sowie Freese, Murko und Wurzbacher gehen für die 1970er Jahre von Arbeitslosenquoten zwischen 19 Prozent und 75 Prozent bei Angehörigen der Minderheit aus. Der direkte Vergleich mit der Arbeitslosenquote der übrigen Bevölkerung, die im Jahr 1979 bei 3,8 Prozent lag[647], verdeutlicht die problematische berufliche Situation der Sinti und Roma. Diese spiegelt sich auch in dem hohen Anteil von Sinti und Roma wieder, die zur Sicherung ihres Lebensunterhalts auf Sozialhilfe angewiesen waren. Die Ergebnisse von Freese, Murko und Wurzbacher (1980) sowie Hundsalz (1982) bewegten sich hierbei im Bereich von 11 bis 25 Prozent.[648] Im Gegensatz dazu zeigten sich in Bezug auf den Bildungsstand der nachfolgenden Generation der Sinti und Roma gewisse positive Tendenzen. War es in den 1960er Jahren quasi

644 Rose (1979), 260.
645 Hundsalz (1982), 25.
646 Vgl. Widmann (2001), 27.
647 Vgl. Bundesanstalt für Arbeit (2002)
648 Vgl. Freese; Murko; Wurzbacher (1980), 252. Hundsalz (1982), 94.

eine nicht hinterfragte Selbstverständlichkeit gewesen, Kinder von Angehörigen der Minderheit auf die Sonderschule zu schicken, konnte dieser Anteil in den 1970er Jahren in erster Linie durch vorschulische Erziehung deutlich gesenkt werden. Dennoch besuchten auch in der Zeit von 1971 bis 1982 deutlich mehr Kinder von Sinti und Roma eine Sonderschule als Kinder der übrigen Bevölkerung.

Vorurteile gehörten trotz der Bürgerrechtsbewegung und der damit verbundenen beginnenden Aufarbeitung des Völkermords und der Thematisierung der fortdauernden Diskriminierung der Sinti und Roma seit Kriegsende auch in den 1970er Jahren nicht der Vergangenheit an. Obwohl der Wunsch nach Kontakt zur übrigen Bevölkerung von Seiten der Sinti und Roma durchaus vorhanden war, wurde ein sozialer Austausch in der Regel durch die ablehnende Haltung der Umwelt verhindert. Daher kam es selten dazu, dass Vorurteile abgebaut werden konnten. Stattdessen wurden Sinti und Roma auch in den 1970er Jahren weiterhin diskriminiert. Unabhängig davon, ob sie als Touristen oder Gewerbetreibende unterwegs waren, wurde ihnen in der Regel untersagt, Campingplätze zu nutzen, da sie dort nicht erwünscht waren. Zum Teil fanden Diskriminierung und Ausgrenzung der Sinti und Roma eher versteckt statt. Die Tatsache, dass polizeiintern seit 1981 nicht mehr von „Zigeunern“ und „Landfahrern“ gesprochen wurde, lässt zunächst vermuten, dass die Sondererfassung von Angehörigen der Minderheit de facto beendet wurde. Nur auf den zweiten Blick wird deutlich, dass auch unter dem Begriff „HWAO“ weiterhin lediglich Sinti und Roma zusammengefasst wurden und eine Sonderbehandlung damit Realität blieb.

Die Zahl der Sinti und Roma, die ein mobiles Gewerbe betrieben und aus diesem Grund die meiste Zeit des Jahres mit dem Wohnwagen auf Reisen waren, hatte bereits in den vorangegangenen Jahrzehnten stetig abgenommen, und auch in dem hier untersuchten Zeitraum war ein fortdauernder Trend zur Sesshaftigkeit zu beobachten. Entscheidenden Einfluss auf die Art der Unterbringung hatte die wirtschaftliche Lage der Betroffenen. Während jene, die unabhängig von Fürsorgeleistungen ihr Auskommen sichern konnten, häufig in Normalwohnungen lebten, blieb denen, die von Hilfen zum Lebensunterhalt abhängig waren, häufig nur eine Einfachstwohnung oder Notunterkunft als Behausung.

Pädagogische Ansätze zur Verbesserung der Lage der Sinti und Roma, wie etwa die vorschulische Betreuung von Kindern oder Unterricht für erwachsene Analphabeten, existierten in den 1970er Jahren durchaus. Neue gesellschaftliche Rahmenbedingungen ebneten den Weg für solche Projekte, aber wie Widmann (2007) anmerkt, wurden diese nicht bundesweit umgesetzt:

> „Der Generationswechsel in den Ämtern und in der lokalen Öffentlichkeit, neue Konzepte der sozialen Arbeit, Bürgerrechtsverbände und eine größere Aufmerksamkeit für Minderheiten in den siebziger Jahren hatten zunächst Spielräume geschaffen. Ob und wie sie genutzt wurden, entschieden vor allem einzelne Akteure vor Ort."[649]

Trotz positiver Ansätze und Verbesserungen erscheint es insgesamt auch für den Zeitraum von 1971 bis 1982 nicht angemessen, von einer zufriedenstellenden sozialen Situation der Sinti und Roma in der Bundesrepublik Deutschland zu sprechen.

5.5. Die soziale Situation der Sinti und Roma zwischen 1983 und 1995

5.5.1. Einleitung

Erste positive Tendenzen, die sich in den 1970er Jahren abzeichneten, wie etwa der geringere Anteil von Kindern der Sinti und Roma, die eine Sonderschule besuchten, setzten sich im Zeitraum von 1983 bis 1995 nicht entsprechend fort. Hohmann (1995) schildert, dass die Situation der Sinti und Roma in den 1990er Jahren in der Bundesrepublik Deutschland in jeder Hinsicht als problematisch zu bewerten war und merkt zur Lage der nachfolgenden Generation an:

> „Mit ihren Familien häufig in soziale Randbereiche abgedrängt und mit dem Stigma der Asozialität behaftet, finden sie kaum Zugang zu Handwerksberufen oder zu Tätigkeiten, die eine höhere schulische Qualifikation voraussetzen."[650]

Auch Schenk (1994) stuft die soziale Lage der Sinti und Roma im Verhältnis zur Restgesellschaft als unterdurchschnittlich ein.[651] Trotz ihrer durchaus beachtlichen Erfolge konnte auch die seit den 1980er Jahren aktive Bürgerrechtsbewegung der Sinti und Roma keine sofortige Verbesserung der bereits seit Jahrzehnten desolaten sozialen Situation der Minderheit bewirken. Dazu Hohmann (1995):

> „Die Bürgerrechtsarbeit wird wohl auch dadurch erschwert, daß die Bundesbürger an der angebotenen „Aussöhnung" allenfalls geringes Interesse zeigen. Ein Unrechtsbewußtsein aufgrund behördlicher und individueller Tatenlosigkeit hinsichtlich möglicher Hilfestellung und Unterstützung existiert in der Bevölkerung ebensowenig wie die Bereitschaft, knappen Wohnraum, rare freie Arbeitsplätze und

---

649 Zimmermann (2007), 185.
650 Hohmann (1995), 9f.
651 Vgl. Schenk (1994), 23.

> das oftmals eingeschränkte Angebot an sozialen Diensten mit ‚Zigeunern' zu teilen."[652]

Im Zusammenhang mit der ungenügenden sozialen Lage von Angehörigen der Minderheit, die sich unter anderem in einer wachsenden Zahl von Sozialhilfeempfängern und der Perspektivlosigkeit für ganze Familien äußerte, weisen Meueler und Papenbrok (1987) auf die Mitschuld der staatlichen Politik hin. Das Ziel der praktizierten Politik habe man zwar offiziell mit „Integration" bezeichnet, aber darunter sei in Wahrheit eine vollständige Assimilierung der Betroffenen verstanden worden.[653] Meueler und Papenbrok machen auf die Folgen dieser ablehnenden Haltung gegenüber der eigenständigen Kultur der Minderheit aufmerksam:

> „Das Bekenntnis zur eigenen Identität galt als wesentliche Ursache für die schlechte soziale Lage derer, die in die Obdachlosenghettos am Rande der Städte abgedrängt waren; gleichzeitig wurde die bestehende Benachteiligung mit einer vorgeblichen ‚Nicht-Integrierbarkeit' gerechtfertigt."[654]

Somit sei den Sinti und Roma nur die Wahl geblieben, ihre eigene Identität für die Chance auf ein normales Leben zu verleugnen oder als Angehörige einer diskriminierten Randgruppe im sozialen Abseits zu leben. Nach Ansicht von Meueler und Papenbrok blieben Hilfsmaßnahmen häufig auch deshalb erfolglos, weil an der Planung und den Entscheidungsprozessen nur selten Angehörige der Minderheit beteiligt waren. Die Autoren erläutern:

> „Programme, die vom oft mangelhaften Informationsstand der herrschenden Eliten und Behörden der Mehrheitsgesellschaft und ihren völlig andersartigen Interessen bestimmt sind, können jedoch nur in Glücksfällen auch im Interesse der Minorität sein."[655]

Beispiele gelungener Hilfsmaßnahmen in der Vergangenheit waren nach Ansicht von Meueler und Papenbrok in erster Linie dann zu beobachten, wenn Vertreter der Minderheit mit engagierten Angehörigen der Mehrheitsbevölkerung zusammenarbeiteten. Bei solchen Programmen handelte es sich im Untersuchungszeitraum gleichwohl eher um Ausnahmeprojekte als um kontinuierliche Maßnahmen zur Verbesserung der sozialen Situation der Sinti und Roma. Entsprechend ernüchternd fällt das Resümee von Meueler und Papenbrok im Hinblick auf die soziale Lage der Minderheit in den 1980er Jahren aus:

---

652 Hohmann (1995), 12.
653 Vgl. Meueler; Papenbrok (1987), 133.
654 Meueler; Papenbrok (1987), 9.
655 Meueler; Papenbrok (1987), 134.

> „Der kulturelle Kontinuitätsbruch, die zunehmende soziale Verelendung und die angesichts sich verschärfender Arbeitslosigkeit steigende Diskriminierung haben Sinti und Roma in eine äußerst prekäre Situation gebracht, der nur wenige entrinnen können, und das oft nur unter Verleugnung ihrer Herkunft und ethnischen Besonderheiten."[656]

Auch Liégeois (1988) weist darauf hin, dass seit Anfang der 1980er Jahre die Schwierigkeiten der Sinti und Roma, als kulturelle Minderheit zu überleben, stetig zunahmen. Ähnlich wie Meueler und Papenbrok beurteilt auch er die in der Vergangenheit unternommenen Versuche der Politik, Sinti und Roma auf Kosten ihrer eigenen Kultur der Lebensweise der Mehrheitsbevölkerung anzupassen, negativ und ist ferner der Meinung, dass dieses Vorgehen darüber hinaus sogar kontraproduktiv war:

> „Die Politik der Assimilation, die kulturelle Minderheiten nur noch als soziale Gruppen betrachtet, hat entgegen ihrer erklärten Absichten und Pläne nicht zur Integration geführt, sondern die betroffenen Menschen weiter ins Abseits gedrängt."[657]

Diese in der Vergangenheit betriebene Politik der Assimilierung und die damit verbundenen Versäumnisse, an den Bedürfnissen der Betroffenen orientierte Maßnahmen der Integrationspolitik zu entwickeln und umzusetzen, waren wesentliche Aspekte, die auch noch in den späten 1980er und frühen 1990er Jahren Einfluss auf die soziale Situation der Sinti und Roma hatten. Darüber hinaus waren es aktuelle gesellschaftliche und politische Entwicklungen, von denen die soziale Lage der Sinti und Roma in der Bundesrepublik Deutschland zu dieser Zeit maßgeblich beeinflusst wurde. Das Ende des real-existierenden Sozialismus in Osteuropa führte zu einer dramatischen Verschlechterung der Lebensbedingungen der in diesen Staaten lebenden Roma. Winckel (2002) merkt an, dass Roma nicht nur jeweils die ersten waren, die aus Arbeitsverhältnissen entlassen wurden, sondern zudem von Pogromen bedroht waren.[658] Die *Gesellschaft für bedrohte Völker* (1995) weist zudem auf gravierende Veränderungen der sozialen Situation der Roma hin, die sich durch den Zerfall Jugoslawiens ergaben:

> „Die Roma im damaligen Jugoslawien befanden sich weitgehend in einem Teufelskreis aus wirtschaftlicher Armut, behördlicher Diskriminierung, mangelnder Bildungschancen und Arbeitslosigkeit. Großenteils in die Elendsviertel der Städte abgedrängt, hatten die meisten von ihnen keine Chance, aus diesem Teufelskreis auszubrechen."[659]

---

656 Meueler; Papenbrok (1987), 17.
657 Liégeois (1988), 3.
658 Vgl. Winckel (2002), 9.
659 Gesellschaft für bedrohte Völker (1995), 280.

Der Zusammenbruch des politischen Systems in Osteuropa sowie der Zerfall Jugoslawiens beendeten die Teilung Europas Ende der 1980er Jahre und Anfang der 1990er Jahre zu massiven Fluchtbewegungen der Roma von Ost- nach Westeuropa führte, von denen auch Deutschland betroffen war. Reemtsma (1996) zufolge handelte es sich bei den Roma unter allen Zuwanderer- und Flüchtlingsgruppen um die einzige Bevölkerungsgruppe, die in der Bundesrepublik Deutschland mit über Jahrhunderten tradierten Wahrnehmungsstrukturen konfrontiert war.[660] Zu der fortdauernden Verbreitung eines stigmatisierenden und vorurteilsbehafteten Bild der Minderheit in den 1980er und 1990er Jahren hätte besonders die Lokalpresse ihren Teil beigetragen, die über Angehörige der Minderheit fast ausschließlich im Zusammenhang mit Kriminalität oder Konflikten berichtet habe. Die Folgen dieser, wie Reemtsma sie nennt, neo-rassistischen Berichterstattung, beschreibt die Autorin wie folgt:

> „Die Bilder trugen sowohl zur Eskalation konfliktgeladener lokaler Situationen als auch zur Bestätigung eines vorurteilsbeladenen Wissenstandes bei denjenigen Lesern bei, die weder von Konflikten noch von konkreten negativen Erfahrungen mit Roma betroffen waren."[661]

In welchem Ausmaß diese von Reemtsma beschriebenen konfliktgeladenen lokalen Situationen tatsächlich eskalierten, zeigt das Beispiel Rostock 1992. Schauplatz ausländerfeindlicher Ausschreitungen, von denen auch Roma betroffen waren, war die Zentrale Aufnahmestelle für Asylbewerber des Landes Mecklenburg-Vorpommern im Rostocker Stadtteil Lichtenhagen, in der Flüchtlinge ein mehrtätiges Registrierungsverfahren durchlaufen mussten. Bedingt durch die Überbelegung des Hauses waren zahlreiche Asylbewerber gezwungen, ohne jegliche sanitäre Versorgung auf dem Rasen vor der Aufnahmestelle ihre Tage und Nächte zu verbringen. Jüttners (2007) Schilderung lässt die unwürdigen Zustände erahnen, denen die Hilfesuchenden ausgesetzt waren:

> „In ihrer Not kriechen sie unter die Balkone im Erdgeschoss oder kauern sich an die kalte Hauswand. Mitleid allerdings kommt in der Nachbarschaft nicht auf – im Gegenteil. Viele Anwohner fühlen sich belästigt, schimpfen über die Zustände rund um das ‚Sonnenblumen-Hochaus'. Im Viertel schwelt die Aggression."[662]

Beschränkten sich die Aggressionen der Anwohner zunächst noch darauf, die Asylsuchenden zu beschimpfen und zu bedrohen, erreichten die ausländerfeindlichen Ausschreitungen mit dem Brand im Flüchtlingsheim in der Nacht des 24. Augusts 1992 ihren negativen Höhepunkt. Laut Krausnick (1996) war es nicht

660 Vgl. Reemtsma (1996), 164.
661 Reemtsma (1996), 167.
662 Jüttner (2007)

zuletzt das Ergebnis der Pressekampagnen und Brandanschläge, dass im Herbst 1992 mit der rumänischen Regierung ein Rückführungsabkommen geschlossen wurde. Dazu Krausnick: „Speziell den rumänischen Roma wurde damit von vornherein pauschal das Asylrecht in der Bundesrepublik abgesprochen und eine Einzelfallprüfung versagt."[663] Konnten zahlreiche Betroffene der Abschiebung zunächst dadurch entgehen, dass sie keine Ausweispapiere vorwiesen, ermöglichte das am 1. November 1992 in Kraft getretene Rückführungsabkommen Abschiebungen auch in solchen Fällen, in denen die Staatsangehörigkeit unklar war und lediglich die Vermutung nahe lag, dass es sich bei den Asylsuchenden um rumänische Staatsbürger handelte.[664]

Von fremdenfeindlichen Übergriffen waren in dem an dieser Stelle untersuchten Zeitraum jedoch nicht nur Roma-Flüchtlinge betroffen. Auch deutsche Sinti und Roma, die seit Jahrhunderten in Deutschland lebten, sahen sich, so Krausnick, zunehmend mit Anfeindungen konfrontiert:

> „Sie erhielten anonyme Drohbriefe, wurden telefonisch terrorisiert, auf offener Straße belästigt und angegriffen. Autos wurden angezündet, Kinder und Jugendliche aufgrund ihres ‚fremden' Aussehens angerempelt und verprügelt. Viele Mütter sind in große Sorge, wenn sich ihre Kinder auf dem Heimweg von der Schule verspäten. Denn immer wieder reicht schon das dunklere Haar, die dunklere Haut, um zum Opfer zu werden."[665]

Winckel (2002) geht in Bezug auf antiziganistische Denk- und Handlungsmuster von großen Teilen der Mehrheitsbevölkerung sogar so weit, staatlichen Instanzen vorzuwerfen, diese seit 1989 konsequent unterstützt und legitimiert zu haben. Anders als der Antisemitismus, der gesellschaftlich geächtet werde, handele es sich beim in Konstruktion und Funktion ähnlichen Antiziganismus um eine weitgehend unhinterfragte Selbstverständlichkeit.[666] Winckel vertritt die Meinung, dass Sinti und Roma auch in den 1990er Jahren in erster Linie als „Zigeuner" wahrgenommen wurden und stigmatisiert wurden. Zur Verantwortung staatlicher Stellen in Bezug auf ein von Stereotypen geprägtes Bild, das die Mehrheitsbevölkerung Sinti und Roma betreffend entwickelt habe, stellt die Autorin fest:

> „Staatliches Handeln unterstützt diese Denkweisen, indem Ansprüchen der Minderheit an die Mehrheitsgesellschaft rigoros jegliche Legitimität abgesprochen

663 Krausnick (1996), 155.
664 Vgl. Gesellschaft für bedrohte Völker (1995), 288.
665 Krausnick (1996), 155f.
666 Vgl. Winckel (2002), 106.

> wird und antiziganistische Stereotypen – gewissermaßen von Staats wegen – reproduziert werden."[667]

Dieses von Winckel kritisierte staatliche Handeln zeigte sich auch auf internationaler Ebene. Im Rahmen der 48. Tagung der Menschenrechtskommission der Vereinten Nationen wurde am 4. März 1992 eine Resolution „Zum Schutz der Roma" mit einem Stimmenverhältnis von 43 Ja-Stimmen, keiner Nein-Stimme und acht Enthaltungen angenommen.[668] Die Resolution, welche die Roma ausdrücklich als Minderheit bezeichnete, wendete sich in erster Linie gegen alle Formen der Diskriminierung. Der Vertreter der Bundesrepublik Deutschland enthielt sich seiner Stimme und die Bundesregierung erklärte dieses Vorgehen damit, dass die Roma in Deutschland nicht als Minderheit anerkannt seien, aber dennoch keiner Diskriminierung ausgesetzt seien.[669] Auch das politische Vorgehen auf nationaler Ebene unterschied sich kaum von dem Handeln im internationalen Rahmen. Die Verfassungskommission zur Änderung des Grundgesetzes legte dem Bundestag 1994 einen Änderungsvorschlag vor, der die Anerkennung und Förderung nationaler Minderheiten durch den Staat vorsah, zu denen nach Vorstellung des *Zentralrats Deutscher Sinti und Roma* auch Angehörige ihrer Minderheit gezählt werden sollten. Obgleich dieser Vorschlag innerhalb der Kommission von einer parteiübergreifenden Mehrheit getragen wurde, lehnte die Parlamentsmehrheit den Vorschlag ab.[670]

Unter Berücksichtigung der bisher auf politischer Ebene fehlenden offiziellen Vereinbarungen zum Schutz der Sinti und Roma in der Bundesrepublik Deutschland muss ein 1995 in diese Richtung geschlossenes Abkommen als positives Zeichen der Minderheitenpolitik bewertet werden. Am 11. Mai 1995 unterzeichnete die Bundesregierung beim Europarat in Straßburg das „Rahmenübereinkommen zum Schutz nationaler Minderheiten". Der Deutsche Bundestag ratifizierte die Vereinbarung am 10. September 1997 und am 1. Februar 1998 trat das Übereinkommen allgemein in Kraft. Die Ziele dieses Vertrages werden wie folgt zusammengefasst:

> „Das Übereinkommen ist das erste rechtsverbindliche multilaterale Instrument Europas, das dem Schutz nationaler Minderheiten im allgemeinen gewidmet ist. Es hat zum Ziel, den Bestand nationaler Minderheiten in dem jeweiligen Hoheitsgebiet der Vertragsstaaten zu schützen. Das Übereinkommen sucht die volle und effektive Gleichstellung der nationalen Minderheiten zu fördern, indem es geeignete Bedingungen schafft, die es ihnen ermöglichen, ihre Kultur zu erhalten und wei-

667 Winckel (2002), 107.
668 Vgl. Jansen (1995), 19f.
669 Vgl. Jansen (1995), 20.
670 Vgl. Frost; Heidmannsberg; Herding; Libbert, Plass-Fiedler (1995), 29.

> terzuentwickeln und ihre Identität zu wahren. Das Übereinkommen legt Grundsätze im Bereich des öffentlichen Lebens für Angehörige nationaler Minderheiten fest, wie das Recht, sich friedlich zu versammeln und sich frei zusammenzuschließen, die freie Meinungsäußerung, die Gedanken-, Gewissens- und Religionsfreiheit und den Zugang zu den Medien. Weiter werden Freiheitsrechte, was den Gebrauch der Sprache, das Bildungswesen und die grenzüberschreitende Zusammenarbeit usw. angeht, niedergelegt."[671]

Die Festlegung des Anwendungsbereiches des Rahmenübereinkommens wurde den unterzeichnenden Vertragsstaaten überlassen. Aus diesem Grund wurde von Seiten der Bundesrepublik Deutschland 1995 eine Erklärung abgegeben, für welche Gruppen diese Vereinbarung Anwendung finden soll:

> „National Minorities in the Federal Republic of Germany are the Danes of German citizen-ship and the members of the Sorbian people with German citizenship. The Framework Convention will also be applied to members of the ethnic groups traditionally resident in Germany, the Frisians of German citizenship and the Sinti and Roma of German citizenship."[672]

Vor dem Hintergrund der auch in den 1980er und 1990er Jahren noch in jeglicher Hinsicht als problematisch zu bezeichnenden sozialen Situation der Sinti und Roma wird die Notwendigkeit einer solchen Grundsatzvereinbarung deutlich. Winckel (2002) weist daraufhin, dass durch die Bürgerrechtsbewegung der Sinti und Roma zwar einige der gröbsten Missstände behoben werden konnten, aber die Folgen jahrhundertelanger antiziganistischer Politik auch noch in den 1990er Jahren sichtbar waren. [673] Es erscheint daher in besonderem Maße für den Zeitraum von 1983 bis 1995 zutreffend zu sein, wenn Widmann (2003) anmerkt, dass die Folgen langjähriger Ausgrenzung nicht durch einmalige politische Entscheidungen zu überwinden seien, sondern es als Daueraufgabe akzeptiert werden müsse, dem Ideal der Chancengleichheit für alle Bevölkerungsteile näherzukommen.[674]

5.5.2. Arbeit, Beruf, Einkommen und wirtschaftliche Situation

Die berufliche Situation der Sinti und Roma kann ähnlich wie in den vorangegangenen Jahrzehnten auch in der Zeit von 1983 bis 1995 als problematisch bewertet werden. Ein Ende der Entwicklung, dass traditionelle Berufszweige

---

671 Homepage des Europarat: http://conventions.coe.int/Treaty/ger/Summaries/Html/157.htm

672 Homepage des Europarat, Liste der Erklärungen zum Vertrag 157: http://conventions.coe.int/Treaty/Commun/ListeDeclarations.asp?NT=157&CM=1&DF=&CL=GER&VL=1

673 Winckel (2002), 179.

674 Vgl. Widmann (2003), 188.

immer mehr an Bedeutung verloren, aber neue Arbeitsfelder aufgrund mangelnder Schulbildung nur selten durch Angehörige der Minderheit erschlossen werden konnten, zeichnete sich auch in den 1980er und 1990er Jahren nicht ab. Meueler und Papenbrok (1987) merken an, dass noch immer der Handel mit Schrott, Textilien, Teppichen und Autos als hauptsächliche Einnahmequelle diente. Der Hausiererhandel sei immer mehr zurückgegangen und kunsthandwerkliche Arbeiten hätten eher eine Ausnahme dargestellt. Ein weiterer Erwerbszweig sei ferner die Musik gewesen, die in der Regel aber nur nebenberuflich ausgeübt worden sei. Als besonders ausgeprägt stufen Meueler und Papenbrok die Existenznöte jener Familien ein, die aufgrund des nicht vorhandenen Kapitals keine Möglichkeit hatten, kostenintensive Waren einzukaufen, die das Handeln mit einer größeren Gewinnspanne ermöglicht hätten.[675]

Hohmann (1995) macht deutlich, dass es nur noch einem geringen Teil der Sinti und Roma zu dieser Zeit möglich war, durch die traditionelle Tätigkeit als Händler sein Einkommen zu sichern.[676] Laut Einschätzung der *Gesellschaft für bedrohte Völker* (1995) waren es die zunehmenden Schwierigkeiten der Sinti und Roma, sich in den traditionell von ihnen ausgeübten Gewerben zu behaupten, die dazu führten, dass ein Großteil von ihnen von Sozialhilfe abhängig wurde.[677] In Anbetracht dieses Sachverhalts erscheint die Bewertung der beruflichen Situation der Sinti und Roma durch die *Gesellschaft für bedrohte Völker* realistisch: „Die berufliche und soziale Integration der erwachsenen Sinti und Roma ließ weiter zu wünschen übrig."[678]

5.5.3. Bildung

Ebenso wie für den Zeitraum von 1945 bis 1970 so gut wie keine detaillierten Information zum Bildungsstand der erwachsenen Sinti und Roma existierten, lieferte die im Rahmen dieser Arbeit verwendete Literatur auch für die Zeit von 1983 bis 1995 nahezu keine umfassenden Angaben zu dem entsprechenden Sachverhalt. Der *Gesellschaft für bedrohte Völker* zufolge gab es bedingt durch den Umstand, dass Sinti und Roma während der Zeit des Nationalsozialismus der Zugang zu Bildungsinstitutionen verwehrt worden war, auch Ende der 1980er und Anfang der 1990er Jahre noch eine Vielzahl älterer Angehöriger der

675 Vgl. Meuler; Papenbrok (1987), 108.
676 Vgl. Hohmann (1995), 11.
677 Vgl. Gesellschaft für bedrohte Völker (1995), 279.
678 Gesellschaft für bedrohte Völker (1995), 279.

Minderheit, die weder lesen noch schreiben konnten.[679] Darüber hinaus wird, sofern die Bildungssituation der erwachsenen Sinti und Roma in diesem Zeitraum thematisiert wird, in erster Linie auf die 1982 veröffentlichte Studie von Hundsalz zurückgegriffen und deren Ergebnisse zitiert. Es kann also nur vermutet werden, dass auch in dem Jahrzehnt nach Veröffentlichung der Hundsalzschen Studie ein vergleichsweise hoher Anteil der Sinti Analphabeten waren und insbesondere die Bildungssituation der älteren Angehörigen der Minderheit noch immer als desolat einzustufen war.

5.5.4. Bildungs- und Berufschancen der nachfolgenden Generation

Laut Liégeois (1988) erkannten die Sinti und Roma seit den 1980er Jahren zunehmend die Bedeutung einer schulischen Ausbildung ihrer Kinder. Aus diesem Grund hätten zunehmend Kinder von Angehörigen der Minderheit eine Schule besucht.[680] Die Tatsache, so Liégeois, dass die Zahl der Kinder von Sinti und Roma, die in Deutschland eine Schule besuchten, eine der höchsten in Europa gewesen sei, dürfe nicht über die mit dem Schulbesuch verbundenen Probleme hinwegtäuschen. Der Autor führt an, dass auch Ende der 1980er Jahre noch immer ein Großteil der Kinder von Sinti und Roma eine Sonderschule besucht hätten.[681] Auch Meueler und Papenbrok (1988) weisen auf den weiterhin überproportional hohen Anteil von Sonderschülern unter den Kindern der Sinti und Roma hin und stellen die Behauptung auf, dass auch Ende der 1980er Jahre noch immer zahlreiche Schulbehörden die Kinder automatisch auf Sonderschulen geschickt hätten.[682]

Im Rahmen eines Berichts der Kommission der Europäischen Gemeinschaften aus dem Jahre 1989 (1997) über „Die schulische Betreuung der Kinder von Sinti, Roma und Fahrenden“ wird darüber hinaus auf die Schwierigkeiten der schulischen Betreuung jener Kinder hingewiesen, deren Eltern noch nicht sesshaft waren:

> „Die Mobilität bringt hinsichtlich der schulischen Betreuung gewisse Schwierigkeiten mit sich, die vor allem im Zusammenhang mit dem häufigen Schulwechsel

679 Vgl. Gesellschaft für bedrohte Völker (1995), 279.
680 Vgl. Liégeois (1988), 3.
681 Vgl. Liégeois (1988), 134.
682 Vgl. Meuler; Papenbrok (1987), 106f.

> und der Konfrontation mit unterschiedlichen pädagogischen Konzepten sowie mit der fehlenden Kontinuität im Unterricht und dem Lehrerwechsel stehen."[683]

Um diesen besonderen Umständen gerecht zu werden, so die Kommission, seien differenzierte Lösungen notwendig. Solche seien in einigen Bundesländern in Form eines Systems aus Stamm- und Zweigschulen bereits ansatzweise umgesetzt worden. Bei der Stammschule handelte es sich um eine Schule in der Nähe des Winterstandortes der Familie. Sie war für die schulische Laufbahn des Kindes zuständig und erarbeitete gemeinsam mit den Eltern das Programm für die Reisesaison. Die Klassenlehrer hielten den Kontakt zu den Eltern und den Zweigschulen aufrecht und übernahmen zudem eine beratende Funktion in Schul- und Erziehungsfragen.[684]

Liégeois (1988) wehrt sich gegen die Unterstellung, Sinti und Roma hätten sich geweigert, ihre Kinder in die Schule zu schicken, und zitiert in diesem Zusammenhang eine Stellungnahme des *Zentralrates Deutscher Sinti und Roma* gegenüber dem Ministerium für Jugend, Familie und Gesundheit:

> „Wenn heute einzelne Wissenschaftler behaupten, daß der bewußte Verzicht auf das Schriftliche, d. h. der Verzicht auf Schule, ein Teil der ethnischen Identität der Sinti und Roma sei, so sagen sie dies offenbar in Unkenntnis der Geschichte, denn Sinti und Roma wollen nicht etwa nicht zur Schule, sondern durften es nicht aufgrund der Verfolgungen der Vergangenheit und besonders während des Nationalsozialismus."[685]

Es ist anzunehmen, dass sich die Stellungnahme des *Zentralrats Deutscher Sinti und Roma* auf folgende Äußerung Rakelmanns (1981) bezieht: „Man kann sagen, daß der bewußte Verzicht auf das Schriftliche ein Teil der positiven ethnische Identität für viele Zigeuner ist."[686] Äußerungen wie diese haben in der Vergangenheit zweifelsohne keinen Beitrag zur Integration der Sinti und Roma geleistet und entsprachen, wie sich anhand des von Hundsalz (1982) festgestellten guten Zulaufs von Schreib- und Lese-Kursen für Erwachsene ablesen lässt[687], zudem offenkundig nicht der Realität.

Kritisiert wird von Liégeois der Umstand, dass von behördlicher Seite keine Maßnahmen zur Verbesserung der schulischen Betreuung der Kinder von Sinti und Roma umgesetzt wurden und die Bundesrepublik Deutschland es den Ländern überließ, mögliche Initiativen zu entwickeln:

683 Kommission der Europäischen Gemeinschaften (1997), 34.
684 Vgl. Kommission der Europäischen Gemeinschaften (1997), 42.
685 Liégeois (1988), 148.
686 Rakelmann (1981), 173.
687 Vgl. Hundsalz (1982), 76.

> „Weder das Kultusministerium noch die Länderkommission für Bildungsplanung, noch die Kultusministerkonferenz oder die Kultusministerien der Länder, die für die Bildungsfragen zuständig sind, haben bisher von der Existenz der Sinti als Minderheit in ihren Schulen Notiz genommen."[688]

Unter Berücksichtigung dieser Faktoren scheint es auch für den Zeitraum von 1983 bis 1995 nicht angemessen, von einer schulischen Integration der Kinder von Sinti und Roma zu sprechen. Zur Realisierung von Verbesserungen im Bereich der Bildungssituation der nachfolgenden Generation der Sinti und Roma scheint insbesondere der Ansatz von Liégeois vielversprechend, der die Einbeziehung der Minderheit vorschlägt:

> „Integration muß verstanden werden als aktiver Prozeß, der von den Sinti bewußt mitgestaltet wird. Integration darf nicht verstanden werden als Prozeß mehr oder weniger passiver Anpassung an neue, veränderte gesellschaftliche Bedingungen."[689]

5.5.5. Gesundheit

Kein Autor der im Rahmen dieser Arbeit verwendeten Literatur macht explizite Angaben zur gesundheitlichen Situation oder Versorgung der Sinti und Roma im Zeitraum von 1983 bis 1995.

5.5.6. Soziale Kontakte, Vorurteile und Integration

Vorurteile gegenüber Sinti und Roma sowie ihre Diskriminierung gehörten auch im Zeitraum von 1983 bis 1995 nicht der Vergangenheit an. Laut Hohmann (1995) wurde auch in den 1980er Jahren noch ein stark vorurteilsbehaftetes Bild der Minderheit in Zeitungen, Rundfunk und Fernsehen vermittelt, das sie vielfach als Diebe und Betrüger darstellte.[690] Auch die *Gesellschaft für bedrohte Völker* (1995) hat im Verlauf der letzten Jahrzehnte kaum Fortschritte hinsichtlich der Presseberichterstattung über Sinti und Roma feststellen können:

> „Noch heute bestärkt die Art, wie in Zeitungen über Sinti und Roma berichtet wird, bestehende Vorurteile in der Bevölkerung gegenüber dieser Minderheit. So stehen etwa 70 Prozent der Meldungen über Sinti und Roma im Zusammenhang

---

688 Liégeois (1988), 132.
689 Liégeois (1988), 351.
690 Vgl. Hohmann (1995), 11.

> mit Kriminalitätsberichterstattung; positive Berichte über die Kultur und Lebensweise dieser Minderheit gibt es kaum."[691]

In diesem Zusammenhang führen auch Osterkamp und Wiesner (1994) an, dass Sinti und Roma fast ausschließlich als Problem der öffentlichen Ordnung und somit im Zusammenhang mit Kriminalität oder Konflikten thematisiert wurden. Soziale oder politische Hintergründe solcher Konflikte hätten, so die Autorinnen, im Rahmen der Berichterstattung in den Medien keine Berücksichtigung gefunden.[692] Winkel (2002), die Berichte aus Tages- und Wochenzeitungen über Sinti und Roma ausgewertet hat, stellt zudem fest:

> „Der überwiegende Teil der für diese Arbeit ausgewerteten Beiträge und Meldungen in den neunziger Jahren reproduziert – mal subtil und indirekt, mal offen und unverblümt – antiziganistische Bilder, Stereotypen und Zuschreibungen."[693]

Hohmann belegt, dass dieses negative Bild der Minderheit nicht nur in Medien verbreitet wurde, sondern auch bis in den Schulunterricht hinein reichte, wie ein 1983 „im Auftrag des Bundesministers für Bildung und Wissenschaft erstelltes Gutachten zur Behandlung der Geschichte und aktuellen Situation von Sinti und Roma im Unterricht sowie als Gegenstand der Lehrerfortbildung gezeigt"[694] habe.

Zusammenfassend lässt sich daher festhalten, dass auch in den späten 1980er und frühen 1990er Jahren das Verhältnis zwischen Minderheit und Mehrheitsbevölkerung deutlich mehr von Vorurteilen und Diskriminierung geprägt war als von sozialen Kontakten und Integration. Entsprechend ernüchternd fällt daher auch die Einschätzung des *Roma National Congress* (1995) hinsichtlich der Lage der Sinti und Roma aus:

> „Die ‚Zigeuner'-Verfolgung findet in Deutschland kontinuierlich bis zum heutigen Tage statt, immer in Übereinstimmung mit Zeitgeist und politischer Stimmungslage mehr oder weniger abgesichert durch Gesetzgebung."[695]

5.5.7. Wohnverhältnisse

Während insbesondere die Studie von Hundsalz aus dem Jahre 1982 vergleichsweise detaillierte Informationen über die Wohnverhältnisse der Sinti und

---

691 Gesellschaft für bedrohte Völker (1995), 279.
692 Vgl. Osterkamp; Wiesner (1994), 101.
693 Winkel (2002), 145.
694 Hohmann (1995), 11.
695 Roma National Congress (1995), 77.

Roma im Zeitraum von 1971 bis 1982 lieferte, fehlen vergleichbare Studien für den an dieser Stelle untersuchten Zeitraum fast vollständig. So zitieren Meueler und Papenbrok (1987) auch sechs Jahre nach Veröffentlichung der Hundsalzschen Studien noch deren Ergebnisse.[696] Es kann vermutet werden, dass es hinsichtlich der zentralen Aspekte keine wesentlichen Veränderungen gab. Bezugnehmend auf die Studie von Hundsalz weisen Meueler und Papenbrok auf die zunehmende Sesshaftigkeit der Sinti und Roma hin und thematisieren die zum größten Teil weiterhin unbefriedigenden Wohnverhältnisse der Minderheit.[697]

Schenk (1994) merkt darüber hinaus an, dass die Wohnbedingungen von Angehörigen der Minderheit grundsätzlich noch immer ausgeprägt heterogen waren. In Marburg, Köln, Freiburg, Straubing und Landau seien Modellprojekte finanziert worden, die akzeptablen Wohnraum für Sinti und Roma schaffen sollten. Im Vergleich dazu hätten die Sinti und Roma in Hanau, München, Darmstadt und anderen Städten sogar noch bis Mitte der 1980er Jahre in Wohnwagen gelebt.[698] Die Wohnungssuche gestaltete sich häufig schwierig für Angehörige der Minderheit. Dazu stellt Rakelmann (1988) fest:

> „Manche Familien suchen jahrelang eine Mietwohnung und scheitern immer wieder an den festgefahrenen Vorstellungen von Vermietern und Nachbarn, die niemanden neben sich zulassen wollen, der nicht genau wie sie selbst lebt."[699]

Für den Zeitraum von 1983 bis 1995 kann somit zusammenfassend festgehalten werden, dass für die Wohnsituation der Sinti und Roma wie auch in den 1970er Jahren eine ausgeprägte Heterogenität charakteristisch war und die Wohnungssuche von Angehörigen der Minderheit häufig durch Vorurteile der Mehrheitsbevölkerung zum Scheitern verurteilt war.

5.5.8. Zusammenfassung

Die Bürgerrechtsbewegung der Sinti und Roma konnte Ende der 1970er und Anfang der 1980er Jahre insbesondere im Bereich der öffentlichen Wahrnehmung des den Angehörigen der Minderheit widerfahrenen Unrechts deutliche Fortschritte erzielen. Die *Gesellschaft für bedrohte Völker* (1995) verweist in diesem Kontext unter anderem auf die offizielle Anerkennung der Sinti und Roma als rassisch Verfolgte während der Zeit des Nationalsozialismus und die

---

696 Vgl. Meueler; Papenbrok (1987), 106.
697 Vgl. Meueler; Papenbrok (1987), 106.
698 Vgl. Schenk (1994), 22f.
699 Rakelmann (1988), 98.

Verbesserung der Anerkennungspraxis in Wiedergutmachungsverfahren.[700] Die positiven Impulse, die von der Bürgerrechtsbewegung ausgingen, führten jedoch nicht zu durchschlagenden Veränderungen der sozialen Situation der Minderheit in den 1980er und frühen 1990er Jahren. Die Vergangenheitsbewältigung, so die *Gesellschaft für bedrohte Völker*, habe im Laufe der Zeit in Deutschland zunehmend an Bedeutung gewonnen, und auch Sinti und Roma seien vermehrt Teil derselben geworden. Die Bilanz hinsichtlich der konkreten Förderung der Minderheit fällt hingegen weitaus weniger positiv aus:

> „Nur zögernd entwickelten sich Ansätze einer gezielten schulischen Förderung von Kindern und Jugendlichen der Sinti und Roma. Die berufliche und soziale Integration der erwachsenen Sinti und Roma ließ weiter zu wünschen übrig. Viele Ältere können noch heute nicht lesen und schreiben, weil ihnen der Zugang zu Bildungsinstitutionen während des Nationalsozialismus verwehrt geblieben war. Die Mehrzahl der erwachsenen Sinti und Roma waren und sind noch abhängig von der Sozialhilfe, weil es für sie immer schwieriger wurde, sich in ihren traditionellen Gewerben wirtschaftlich zu behaupten."[701]

Das zögerliche Verhalten der Bundesrepublik Deutschland, konkrete Maßnahmen zum Schutz der Sinti und Roma sowie zur Verbesserung ihrer sozialen Situation umzusetzen, zeigte sich unter anderem in der fehlenden Zustimmung zur Resolution „Zum Schutz der Roma", die 1992 im Rahmen der Menschenrechtskommission der Vereinten Nationen verabschiedet wurde. Ähnlich verhalten war das Vorgehen der Bundesrepublik Deutschland im Hinblick auf die Anerkennung der Sinti und Roma als nationale Minderheit. Obschon sich der *Zentralrat Deutscher Sinti und Roma* stets für eine solche eingesetzt hatte, erfolgte diese erst im Mai 1995.

In den späten 1980er und frühen 1990er Jahren flohen im Zuge des Zusammenbruchs kommunistischer Staaten in Osteuropa auch zahlreiche in diesen Ostblockstaaten lebenden Roma nach Deutschland. Dort stießen sie auf jahrhundertealte Vorurteile und waren, wie das 1992 mit Rumänien geschlossene Rückführungsabkommen zeigt, nicht nur unerwünscht, sondern wurden zudem Opfer ausländerfeindlicher Übergriffe, die in Rostock-Lichtenhagen ihren negativen Höhepunkt fanden. Neben asylsuchenden Roma wurden auch seit Jahrhunderten in Deutschland lebende Sinti und Roma Opfer fremdenfeindlicher Anfeindungen. Wippermann (1997) stellt zu dem fortdauernden Antiziganismus in der Bundesrepublik Deutschland fest:

700 Vgl. Gesellschaft für bedrohte Völker (1995), 278.
701 Gesellschaft für bedrohte Völker (1995), 279.

> „Während die Vorurteilsbereitschaft gegenüber den Juden sukzessive auf 20 Prozent zurückging, ist der Antiziganismus von 51 Prozent im Jahr 1987 auf 64 Prozent 1992 und 68 Prozent 1994 gestiegen.“[702]

Unter Berücksichtigung all dieser Faktoren scheint es auch für den Zeitraum von 1983 bis 1995 nicht angemessen, von einer Verbesserung der sozialen Situation der Sinti und Roma in der Bundesrepublik zu sprechen. Wie die von Wippermann genannten Werte zeigen, ist hingegen sogar eine Verschlechterung dahingehend erkennbar, dass die Vorurteile der Mehrheitsbevölkerung gegenüber der Minderheit seit 1987 stetig zunahmen. Mihok und Widmann (2001) nennen Umfrageergebnisse, denen zufolge Sinti und Roma die mit Abstand unbeliebteste aller Volksgruppen in Deutschland war. [703]Auch fünfzig Jahre nach Kriegsende waren Sinti und Roma somit noch immer weit davon entfernt, ein Leben jenseits von Diskriminierung, Ausgrenzung und Randständigkeit in Deutschland führen zu können.

5.6. Die soziale Situation der Sinti und Roma zwischen 1996 und 2005

5.6.1. Einleitung

Am 11. Mai 1995 unterzeichnete die Bundesregierung das „Rahmenübereinkommen zum Schutz nationaler Minderheiten“, welches am 10. September 1997 vom Bundestag ratifiziert wurde und am 1. Februar 1998 in Kraft trat. Inwieweit die in diesem Vertrag vereinbarten Grundsätze tatsächlich umgesetzt wurden, überprüfte im Juni 2001 eine Delegation des Beratenden Ausschusses für das Rahmenübereinkommen zum Schutz nationaler Minderheiten. Informationen zur Beurteilung der Umsetzung wurden nicht nur bei Regierungsvertretern eingeholt, sondern auch bei nichtstaatlichen Organisationen (NGOs) sowie anderen unabhängigen Stellen. Diese gesammelten Informationen liefern vergleichsweise genaue Anhaltspunkte bezüglich der sozialen Lage der Sinti und Roma Ende der 1990er Jahre und in den Anfangsjahren des 21. Jahrhunderts. Im Hinblick auf die Realisierung der Ziele wird festgestellt:

> „Hinsichtlich der Umsetzung des Rahmenübereinkommens vertritt der Beratende Ausschuss die Auffassung, dass Deutschland achtbare Anstrengungen unternommen hat, um die nationalen Minderheiten und deren Kultur zu unterstützen, insbe-

702 Wippermann (1997), 242f.
703 Vgl. Mihok; Widmann (2001), 42.

> sondere durch die finanzielle Unterstützung seitens des Bundes und die verschiedenen Maßnahmen der Ländern in den Bereichen Bildung, Medien und Kultur."[704]

Der Bericht des Beratenden Ausschusses lässt jedoch keine Zweifel daran, dass trotz dieser unternommenen „achtbaren Anstrengungen" speziell in Bezug auf den Schutz der nationalen Minderheit der Sinti und Roma keine vollumfänglichen Erfolge erzielt werden konnten. In diesem Zusammenhang wird bemerkt:

> „Es bestehen anhaltende Probleme hinsichtlich der ablehnenden oder feindseligen Einstellungen gegenüber Angehörigen der Minderheit der Roma/Sinti, und es sind erhebliche Anstrengungen erforderlich, um die effektive Teilhabe dieser Minderheit insbesondere am kulturellen, gesellschaftlichen und wirtschaftlichen Leben zu gewährleisten."[705]

Zu ähnlichen Erkenntnissen kommt auch das EU Accession Monitoring Program (EUMAP) des *Open Society Institutes* welches 2002 nicht nur für fünf EU-Mitgliedsländer (Frankreich, Deutschland, Italien, Spanien und das Großbritannien) einen umfassenden Überblick über die Gesetzgebung und Einrichtungen für den Minderheitenschutz erstellte, sondern in jedem dieser fünf größten Mitgliedsstaaten zudem die Situation einer gefährdeten Minderheitengruppe untersuchte und hierbei im Fall der Bundesrepublik Deutschland die Lage der Sinti und Roma analysierte.[706] Die deutsche Regierung habe zwar, so stellt der Bericht fest, in den vergangenen Jahren eine Reihe von positiven Schritten unternommen, um die Benachteiligungen von Sinti und Roma in der Vergangenheit anzuerkennen, aber dennoch habe bislang keine hinreichende Auseinandersetzung mit bestehendem Antiziganismus und dessen Folgen stattgefunden.[707] Die Sinti und Roma seien zwar als nationale Minderheit anerkannt gewesen, aber die Wahrnehmung ihrer Minderheitenrechte sei in der Praxis häufig mit ernsthaften Schwierigkeiten verbunden gewesen. In diesem Zusammenhang werden Versuche genannt, das Recht auf Sprache und Bildung zu sichern, die oft auf den Widerstand der verantwortlichen staatlichen Stellen getroffen seien. Des Weiteren wird die tatsächliche Förderung der Minderheitenrechte als verbesserungsfähig eingestuft:

---

704 Beratender Ausschuss für das Rahmenübereinkommen zum Schutz nationaler Minderheiten (2002), 2.
705 Beratender Ausschuss für das Rahmenübereinkommen zum Schutz nationaler Minderheiten (2002), 2.
706 Vgl. Open Society Institute (2002), 41.
707 Vgl. Open Society Institute (2002), 79.

> „Allgemein beschränkt sich die staatliche Unterstützung der Sinti und Roma Minderheit auf die kulturelle Sphäre, ohne die Verbesserung ihrer gesetzlichen und politischen Rechte angemessen zu berücksichtigen."[708]

Das *Open Society Institute* (2002) stellt fest, dass Deutschland zwar die wichtigsten Menschenrechtsdokumente gegen Diskriminierung für den Schutz von Minderheitenrechten ratifiziert habe, aber die Gesetzgebung keinen umfassenden Schutz vor Diskriminierung garantiere:

> „Die Gerichte benutzen nur selten die bestehenden Mittel, um Fälle von ethnischer oder rassistischer Diskriminierung zu verhandeln. Ungeachtet der vielen Fälle von rassistisch motivierter Diskriminierung, einschließlich der gegen Sinti und Roma, fehlt so gut wie jede Rechtsprechung."[709]

Unter Berücksichtigung dieser festgestellten Sachverhalte überrascht es, dass sich Daniel Strauß vom *Landesverband Deutscher Sinti und Roma in Baden-Württemberg* 2005 dahingehend äußerte, dass es aus seiner Sicht seit Inkrafttreten des „Rahmenübereinkommens zum Schutz nationaler Minderheiten" „eine deutliche veränderte und positive Haltung und Handhabung in der Minderheitenpolitik seitens der Landesregierung gegenüber dem *Landesverband Deutscher Sinti und Roma*" gegeben habe.[710] Diese Divergenz zwischen anhaltenden Problemen in Bezug auf die soziale Lage der Sinti und Roma auf der einen Seite und der positiven Wahrnehmung der Bemühungen der Landesregierung auf der anderen Seite lässt sich nur dahingehend erklären, dass durchaus Maßnahmen zur Verbesserung der Situation der Minderheit initiiert wurden, diese aber noch keine umfassenden Veränderungen erzielen konnten. Inwieweit sich die soziale Lage der Sinti und Roma in der Bundesrepublik Deutschland zwischen 1996 und 2005 im Vergleich zu den vorherigen Jahrzehnten tatsächlich verändert hat und welche Aspekte kennzeichnend für sie waren, wird im Folgenden dargestellt.

5.6.2. Arbeit, Beruf, Einkommen und wirtschaftliche Situation

Der Bericht des Beratenden Ausschusses für das Rahmenübereinkommen zum Schutz nationaler Minderheiten hat 2002 in seiner Stellungnahme zu Deutschland festgestellt, dass es für Angehörige der Minderheit der Sinti und Roma weitaus schwieriger war als für die übrige Bevölkerung, einen Arbeitsplatz zu

708 Open Society Institute (2002), 81.
709 Open Society Institute (2002), 79.
710 Strauß (2005), 77.

finden.[711] Zwar seien die Behörden davon ausgegangen, dass die Zugehörigkeit zu einer nationalen Minderheit keine Auswirkungen auf den wirtschaftlichen Status der Betroffenen gehabt habe, aber gleichzeitig hätten sie darauf hingewiesen, dass keine statistischen Daten vorgelegen hätten, anhand derer „sie die Arbeitslosenquote für jede nationale Minderheit ermitteln oder detaillierter nach Alter, Geschlecht oder geographischen Unterscheidungsmerkmalen“[712] hätten unterteilen können. Aus diesem Grund empfahl der Beratende Ausschuss den deutschen Behörden, die sozioökonomische Lage der Minderheit nicht nur zu prüfen, sondern gegebenenfalls auch Maßnahmen zu ergreifen, um eine Gleichstellung in diesem Bereich zu erreichen.[713]

Auch das *Open Society Institute* (2002) geht auf die Problematik fehlender Statistiken ein, mit Hilfe derer eine vergleichsweise genaue Angabe der Arbeitslosenquote unter Angehörigen der Minderheit möglich gewesen wäre.[714] Infolgedessen seien lediglich Schätzungen möglich:

> „Vertreter der Minderheit meinen, daß die Arbeitslosenrate unter Sinti- und Romagemeinschaften unverhältnismäßig hoch ist; Schätzungen reichen von 60 bis 90 Prozent.“[715]

Als Gründe für die hohen geschätzten Arbeitslosenquoten unter Sinti und Roma, die deutlich über der nationalen Arbeitslosenrate von ungefähr neun Prozent im Jahr 2001 lagen, nennen Vertreter der Minderheit zum einen Diskriminierung von Seiten offizieller und privater Arbeitgeber und zum anderen den niedrigen Ausbildungsstand von Angehörigen der Minderheit. Darüber hinaus, so das *Open Society Institute,* sei eine weitere Ursache für diese vergleichsweise drastischen Werte denkbar:

> „Einige Experten weisen darauf hin, daß die hohen Schätzungen der Arbeitslosigkeit unter Sinti und Roma auch ein Ergebnis informeller Beschäftigung sein kann; selbstständige Personen könnten von Behörden als arbeitslos wahrgenommen werden.“[716]

Die Ausführungen des *Open Society Institutes* lassen keinen Zweifel daran aufkommen, dass es vielfach der nur mangelhafte Ausbildungsstand war, der zahlreichen Sinti und Roma den Zugang zu einer Reihe von Beschäftigungen versperrt habe. Das *Open Society Institute* weist allerdings auch auf die diesbezüg-

---

711 Vgl. Beratender Ausschuss für das Rahmenübereinkommen zum Schutz nationaler Minderheiten (2002), Art. 5/ Pkt. 24, 10.
712 Ebenda.
713 Vgl. ebenda.
714 Vgl. Open Society Institute (2002), 111.
715 Ebenda.
716 Ebenda.

lichen Einwände eines Angehörigen der Minderheit hin, nach dessen Einschätzung die Lage jener Sinti und Roma mit einer Ausbildung auf dem Arbeitsmarkt aufgrund bestehender Vorurteile nicht besser gewesen sei als die derjenigen, die keine Ausbildung besessen hätten.[717] Zwar sei im Rahmen von Bewerbungen, so das *Open Society Institute,* keine Erhebung der eventuellen Zugehörigkeit zu einer ethnischen Minderheit erfolgt, aber gerade bei Angehörigen der Minderheit, die in relativ geschlossenen Siedlungen gelebt hätten, seien dahingehende Rückschlüsse schon aufgrund der angegebenen Adresse möglich gewesen. Ein Nachweis der Diskriminierung auf dem Arbeitsmarkt gestaltete sich häufig schwierig:

> „Eine rassistische Motivation hinter der Ablehnung, Sinti und Roma anzustellen, oder hinter ihrer plötzlichen Entlassung wird niemals offen ausgedrückt, so daß Rechtsmittel nur schwer eingelegt werden können und es gibt keine Stellenanzeigen, die Sinti und Roma ausdrücklich von der Bewerbung um offene Stellen ausschließen."[718]

Im Zusammenhang mit dieser Problematik weist das *Open Society Institute* auf das Fehlen einer speziellen und umfassenden Gesetzgebung hin, die ethnische oder rassistische Diskriminierung auf dem Arbeitsmarkt untersagte. Die in der Gesetzgebung vorhandenen antidiskriminierenden Bestimmungen hätten nicht alle Formen von Diskriminierung abgedeckt. Bei genauer Betrachtung dieser Fakten und unter Berücksichtigung der Tatsache, dass nach Ansicht von Minderheitenvertretern Sinti und Roma durch Antiziganismus und negative Vorurteile auf dem Arbeitsmarkt massiv diskriminiert waren[719], muss auch für den Zeitraum von 1996 bis 2005 die berufliche Situation von Angehörigen der Minderheit als problematisch eingestuft werden.

5.6.3. Bildung

Die Bildungssituation der erwachsenen Sinti und Roma in der Zeit von 1996 bis 2005 wird ähnlich wie in dem zuvor untersuchten Zeitraum in der im Rahmen dieser Arbeit verwendeten Literatur kaum thematisiert. Wie die Ausführungen von Krausnick und Strauß (2008) zeigen, waren wie auch in den vorangegangenen Jahrzehnten weiterhin die fehlenden Lese- und Schreibkenntnisse ein zentrales Problem:

717 Vgl. Open Society Institute (2002), 109.
718 Open Society Institute (2002), 110.
719 Vgl. Open Society Institute (2002), 109.

> „Die Schulverbote in der NS-Zeit, die Ermordung einer ganzen Generation von Kulturvermittlern und lehrenden Eltern, die Nichtbeschulung eines Teils der Nachkriegsgeneration sowie traumatische Schulängste infolge der NS-Deportationen von Kindern verursachten erhebliche Bildungsdefizite bis hin zum Analphabetismus."[720]

Es kann folglich davon ausgegangen werden, dass kaum Verbesserungen hinsichtlich der Bildungssituation der erwachsenen Sinti und Roma von 1996 bis 2005 im Vergleich zu vorherigen Jahrzehnten eintraten, in denen Analphabetismus ebenfalls stets zu den zentralen Problemen gehörte.

5.6.4. Bildungs- und Berufschancen der nachfolgenden Generation

Der Beratende Ausschuss für das Rahmenübereinkommen zum Schutz nationaler Minderheiten hat im Zusammenhang mit der Überprüfung der Umsetzung der Vereinbarungen 2002 festgestellt, dass die Kinder von Sinti und Roma in der Sekundarstufe I und in Sonderschulen übervertreten waren und dementsprechend an Mittel- und Oberschulen untervertreten waren.[721] Auch das *Open Society Institute* (2002) berichtet von einem hohen Anteil an Sonderschülern unter Kindern der Sinti und Roma und beschreibt die Verfahrensweise, die aus Schülern Sonderschüler machte, wie folgt:

> „Die Überweisung zur Sonderschule gründet auf den niedrigen schulischen Leistungen eines Kindes in der Regelschule, bewertet auf der Grundlage von Tests und der Empfehlung des Lehrers. Die Auffassung einiger Fachleute in Deutschland jedoch weist auf den selektiven Charakter des Schulsystems hin, durch den, wenn auch nicht ausdrücklich gegen eine Minderheitengruppe gerichtet, diejenigen Kinder mit schwächeren Deutschkenntnissen oder mit einem unterschiedlichen kulturellen oder sozialen Hintergrund, zusammen mit Kindern, die langsamer lernen, herausgesiebt werden."[722]

Obschon Vertreter der Minderheit darauf hinwiesen, dass häufig mangelhafte Deutschkenntnisse einen negativen Einfluss auf die Leistungen der Kinder ausübten, wurde dieses Problem von offizieller Seite quasi nicht zur Kenntnis genommen. So heißt es 1999 in dem ersten Bericht der Bundesrepublik Deutschland zum Rahmenübereinkommen des Europarats zum Schutz nationaler Minderheiten: „Die Kinder der deutschen Sinti und Roma wachsen zweisprachig mit

---

720 Krausnick; Strauß (2008), 108.
721 Vgl. Beratender Ausschuss für das Rahmenübereinkommen zum Schutz nationaler Minderheiten (2002), Art. 6/ Pkt. 36, 13.
722 Open Society Institute (2002), 97.

Romanes und Deutsch auf und beherrschen in der Regel beide Sprachen."[723] In einer weiteren Stellungnahme geht die Bundesrepublik Deutschland 2002 auf den vom Beratenden Ausschuss angemerkten hohen Anteil von Sonderschülern unter Kindern der Sinti und Roma ein und hält dahingehende zuverlässige Rückschlüsse aufgrund einer nicht erfolgten statistischen Erfassung für nicht möglich:

> „Insofern ist eine geringere Bildungsbeteiligung dieser Schülergruppe verlässlich statistisch nicht nachweisbar. Diese Schülergruppe hat Zugang zu allen schulischen Angeboten und Fördermaßnahmen, die anderen Schülerinnen und Schülern auch offen stehen."[724]

Trotz des Mangels an offiziellen Daten sah das *Open Society Institute* (2002) in der ethnischen Ausgrenzung an den Schulen nicht nur ein ernstes sondern auch ein zunehmendes Problem.[725] Als Gründe für die niedrigen schulischen Leistungen wurden das Fehlen vorschulischer Erziehung, die schlechten Lebensbedingungen der Sinti- und Romakinder, die kaum Raum und Möglichkeiten zur Erledigung von Hausarbeiten geboten hätten und die oftmals mangelnde Kompetenz der Eltern, ihre Kinder beim Lernen unterstützen zu können genannt.[726] Die Bundesregierung betont, dass die Länder im Bedarfsfall durchaus Förderungsmöglichkeiten angeboten hätten, und sieht die schulischen Defizite der Kinder deutscher Sinti und Roma wie folgt begründet:

> „Ursache dieser Defizite ist zum einen der schwere Übergang vom traditionellen Verständnis der Familie als allumfassende Sozialgemeinschaft zur modernen Gesellschaft mit Schulpflicht und meist außerhalb der Familie stattfindender Berufsausbildung. Zum anderen haben aber bei den Eltern bzw. Großeltern noch vorhandene Abwehrreaktionen gegenüber der öffentlichen Schule ihren Einfluss, die aus der Ausgrenzung dieser Menschen und ihren negativen Erfahrungen in der Schule sowie dem nachfolgenden Abgeschnittensein von jeglicher Bildung während der Verfolgung durch die NS-Gewaltherrschaft herrühren."[727]

Geht man davon aus, dass der Anteil der Kinder von Sinti und Roma, die eine Sonderschule besuchten, über dem der Kinder der übrigen Bevölkerung lag, und berücksichtigt man zudem, dass die Forschung Hinweise dafür lieferte, dass Sinti- und Romakinder häufiger und früher als Gleichaltrige die Schule abbrachen, zeichnet sich ab, in welchem Ausmaß die Berufsmöglichkeiten der betroffenen Kinder eingeschränkt waren.[728] Auch Mihok und Widmann (2001)

723 Erster Bericht der Bundesrepublik Deutschland (1999), 112.
724 Stellungnahme der Bundesrepublik Deutschland (2002), 15.
725 Vgl. Open Society Institute (2002), 99.
726 Vgl. Open Society Institute (2002), 101.
727 Erster Bericht der Bundesrepublik Deutschland (1999), 98f.
728 Vgl. Open Society Institute (2002), 105f.

merken an, dass mangelnde schulische Qualifikation vielfach ein Hindernis bei dem Wechsel in Berufe außerhalb der traditionellen Gewerbe war.[729]

Zusammenfassend lässt sich festhalten, dass auch sechs Jahrzehnte nach Kriegsende noch nicht von einer umfassenden Integration der Minderheit der Sinti und Roma im Bildungsbereich gesprochen werden konnte. Ungeachtet der zweifelsohne vorhandenen Missstände scheinen geeignete Maßnahmen zur Beseitigung ebendieser gefehlt zu haben. Zur Verbesserung der Bildungssituation der nachfolgenden Generation der Sinti und Roma fordert Strauß (2005) eine gründliche Untersuchung der Ursachen ein:

> „Was insbesondere Not tut, ist die Feststellung des konkreten Handlungs- und Unterstützungsbedarfs für die Entwicklung und Bildung der Sinti/Roma Kinder vor Ort; respektive der Analyse der Ursachen für die andauernde Bildungsmisere und das Versagen eines selektiven Bildungssystems, das Bildungsferne und Ausschuss produziert."[730]

5.6.5. Gesundheit

Gemäß den Ausführungen des *Open Society Institutes* (2002) waren sowohl für Deutschland als auch für das übrige Europa nur sehr wenige Informationen über die besonderen gesundheitlichen Probleme der Sinti und Roma verfügbar. Es hätten weder offizielle Statistiken noch Untersuchungen zur Lebenserwartung, der Kindersterblichkeit oder anderen Gesundheitsfragen vorgelegen. Trotz dieses Mangels, so das *Open Society Institute,* habe es zahlreiche Belege für Gesundheitsrisiken gegeben, denen Angehörige der Minderheit ausgesetzt gewesen seien.[731] Ähnlich wie bereits in den 1960er Jahren, wo insbesondere in den desolaten Wohnverhältnissen der Sinti und Roma die Ursache für zahlreiche Krankheitsbilder zu suchen war, scheint diese Problematik auch im Zeitraum von 1996 bis 2005 weiterhin relevant gewesen zu sein. Das *Open Society Institute* berichtet von hohen Krankheitsziffern unter Kindern einer Ravensburger Sinti-Siedlung, die in den ungesunden Wohnbedingungen dieser Siedlung begründet gewesen seien.[732] Auch Minderheitenvertreter, die in Herzkrankheiten, Asthma und Rheumatismus die größten Gesundheitsprobleme sahen, führten diese auf die vielfach mangelhaften Wohnverhältnisse zurück:

729 Vgl. Mihok; Widmann (2001), 45.
730 Strauß (2005), 82.
731 Vgl. Open Society Institute (2002), 125.
732 Ebenda.

> „Asthma und Rheumatismus sind für die Mitarbeiter der Union[733] direkte Folge der Lebensbedingungen in Roma-Ghettos; die meisten Gebäude in den Roma-Nachbarschaften sind feucht, nur schlecht mit Kohle oder Öl zu heizen, mit schlechter Belüftung und schlecht ausgestattet."[734]

Nach Ansicht des *Open Society Institutes* kann davon ausgegangen werden, dass ähnliche Lebensbedingungen wie jene, die an dieser Stelle für Hamburg beschrieben wurden, auch in anderen Städten zu vergleichbaren Gesundheitsproblemen führten. Darüber hinaus wird auf den besonderen Zusammenhang zwischen der Verfolgungsgeschichte der Sinti und Roma und ihrer gesundheitlichen Versorgung Ende der 1990er Jahre und zu Beginn des 21. Jahrhunderts hingewiesen:

> „Angesichts der katastrophalen Folgen medizinischer Forschungen an Sinti und Roma in Deutschland vor und während des Zweiten Weltkrieges sowie der anschließenden Diskriminierungen durch die Gesundheitsbehörden hegen Angehörige der Sinti- und Romagemeinschaften ein starkes Mißtrauen gegenüber jeder wissenschaftlichen oder medizinischen Untersuchung ihrer Gesundheit. Es hat keinen Versuch der Gesundheitsbehörden gegeben, dieses Mißtrauen zu überwinden, um so in einem ersten Schritt die potentiellen Gesundheitsprobleme unter Sinti- und Romagemeinschaften anzusprechen."[735]

Unter Berücksichtigung dieser Aspekte kann Krausnick und Strauß (2008) dahingehend zugestimmt werden, dass die Minderheit der Sinti und Roma zu den benachteiligten Gruppen bei der Gesundheitsfürsorge gehörte.[736] Es scheint demzufolge nicht angemessen, von einer befriedigenden Situation für Angehörige der Minderheit im Bereich der Gesundheit in der Zeit von 1996 bis 2005 zu sprechen, die mit jener der Mehrheitsbevölkerung vergleichbar gewesen wäre.

5.6.6. Soziale Kontakte, Vorurteile und Integration

Auch im Zeitraum von 1996 bis 2005 waren Vorurteile und Diskriminierung Bestandteile des Verhältnisses zwischen Sinti und Roma und der Mehrheitsbevölkerung. Im Rahmen seines Deutschlandbesuches hat der Beratende Ausschuss für das Rahmenübereinkommen zum Schutz nationaler Minderheiten (2002) festgestellt, dass Angehörige der dänischen, friesischen und sorbischen Minderheit in der Regel harmonisch mit ihren Mitbürgern zusammenlebten und

---

733 Gemeint ist die *Rom- und Cinti-Union e.V.* mit Sitz in Hamburg.
734 Open Society Institute (2002), 125f.
735 Open Society Insitute (2002), 126.
736 Vgl. Krausnick; Strauß (2008), 107.

als vollwertige Mitglieder der Gesellschaft angesehen wurden. Vertreter der Sinti und Roma hingegen hätten von einer weiterhin ablehnenden oder feindseligen Haltung einzelner Behörden und der allgemeinen Bevölkerung gegenüber Angehörigen ihrer Minderheit berichtet.[737] Zur Verbesserung dieser Situation empfahl der Ausschuss insbesondere im Bildungsbereich eine verbesserte Aufklärung über Minderheitenkulturen.

Darüber hinaus bemängelte der Beratende Ausschuss die Berichterstattung über Sinti und Roma in den Medien, die dahingehend eingestuft wurde, dass sie gängige Stereotype in Bezug auf die Minderheit bekräftigt habe. Ungeachtet der Tatsache, dass bereits 1994 von Seiten der Deutschen Medienbehörde eine Selbstverpflichtung abgegeben wurde, auf die Nennung der ethnischen oder religiösen Zugehörigkeit von Tatverdächtigen in Nachrichten zu verzichten, sofern diese Angaben nicht notwendig für das Verständnis seien, sieht der Beratende Ausschuss Mängel hinsichtlich der Umsetzung:

> „Von Roma/Sinti-Vertretern mitgeteilte glaubwürdige Informationen lassen jedoch darauf schließen, dass die Selbstkontrolle der deutschen Medien bestimmte Zeitungen nicht daran hindert, bei der Berichterstattung über Straftaten die ethnische Herkunft von Tatverdächtigen zu erwähnen, wenn es sich bei diesen um Sinti/Roma handelt, und dadurch die vorherrschenden Klischees zu bestärken."[738]

Die Bundesrepublik Deutschland stellte diesbezüglich lediglich fest, dass der Artikel 5 des Grundgesetzes nur ein sehr eingeschränktes Einwirken staatlicher Stellen auf die Presse und den Rundfunk erlaube, aber die Landesbehörden bereits veranlasst hätten, in ihren Pressemitteilungen keine Hinweise auf die Zugehörigkeit zu einer bestimmten Bevölkerungsgruppe zu geben. Für die Befolgung und Überprüfung der in diesem Zusammenhang abgegebenen Selbstverpflichtung der Medien, die vom Beratenden Ausschuss empfohlen wurde, sah sich die Bundesregierung hingegen nicht zuständig und verwies auf die Eigenverantwortlichkeit der Medien.[739] Bereits in ihrem ersten Bericht zum Rahmenübereinkommen zum Schutz nationaler Minderheiten (1999) bezog die Bundesrepublik Deutschland Stellung zu den Vorwürfen des *Zentralrats Deutscher Sinti und Roma*, dass Medienberichte noch immer stigmatisierende Vorurteile und Diskriminierungen zu Lasten der Minderheit enthielten. Die Regierungschefs der Länder, so wird angemerkt, seien auf einer Konferenz im April 1999 zu der Annahme gelangt, dass die Probleme von Minderheiten von den

737 Vgl. Beratender Ausschuss für das Rahmenübereinkommen zum Schutz nationaler Minderheiten (2002), Art. 6/ Pkt. 33, 12.

738 Beratender Ausschuss für das Rahmenübereinkommen zum Schutz nationaler Minderheiten (2002), Art. 6/ Pkt. 34, 12.

739 Vgl. Stellungnahme der Bundesrepublik Deutschland (2002), 14.

öffentlich-rechtlichen Medien sachgerecht behandelt worden seien. Des Weiteren wurde festgestellt:

> „Sie sind zugleich zu dem Ergebnis gelangt, dass die Diskriminierung von Minderheiten schwerpunktmäßig nicht die Medien betrifft, sondern ein allgemeines gesellschaftliches Problem darstellt. Es besteht also ein politischer Handlungsbedarf durch Aufklärung. Aus dieser Erkenntnis heraus stellen die Regierungschefs der Länder übereinstimmend fest, dass keine konkreten Anhaltspunkte für eine Diskriminierung von Minderheiten in den Medien vorliegen, die eine Änderung der Mediengesetze erfordern würden."[740]

Zweifelsohne ist diesem Standpunkt der Regierungschefs der Länder dahingehend zuzustimmen, dass es sich bei der Diskriminierung um ein allgemeines gesellschaftliches Problem handelte. Nicht berücksichtigt wurden bei dieser Betrachtungsweise allerdings mögliche existente Wechselbeziehungen zwischen der Berichterstattung der Medien und Vorurteilsstrukturen der Bevölkerung, die durch die Art der Medienberichte unter Umständen Bekräftigung erfuhren und somit eine potenzielle Grundlage für die Diskriminierung der Minderheit der Sinti und Roma darstellten.

Eine Form der Diskriminierung stellte auch die bis Oktober 2001 in Bayern erfolgte ethnische Sonderfassung von tatverdächtigen Sinti und Roma durch Polizeibehörden dar. Während in allen anderen Bundesländern, so das *Open Society Institute* (2002), Polizeiformulare zur Beschreibung eines Tatverdächtigen lediglich die vier Formularfelder „Nord-Europäisch", „Mediterran", „Asiatisch" und „Afrikanisch" enthalten hätten, sei als fünftes Feld „Personentyp Sinti und Roma" Bestandteil der bayrischen Formulare gewesen. [741] Wie der Beratende Ausschuss zum Rahmenübereinkommen zum Schutz nationaler Minderheiten (2002) festgestellt hat, wurden diese Angaben von Polizeibeamten lediglich aufgrund der äußeren Erscheinung des Verdächtigen eingetragen ohne den betroffenen Personen ein Mitspracherecht einzuräumen oder ihre Zustimmung einzuholen.[742] Jeder Angehöriger einer nationalen Minderheit, so der Beratende Ausschuss, habe aber das Recht gehabt, frei darüber zu entscheiden, ob er als ein solcher behandelt werden wolle oder nicht und diese Entscheidung habe darüber hinaus nicht mit Nachteilen verbunden sein dürfen. Entsprechend negativ fällt die Beurteilung der in Bayern praktizierten Vorgehensweise aus:

> „Der Beratende Ausschuss ist zutiefst besorgt darüber, dass es die polizeiliche Praxis in Bayern hinsichtlich der Verwendung eines Personenbeschreibungsblatts

740 Erster Bericht der Bundesrepublik Deutschland (1999), 21.

741 Open Society Institute (2002), 128.

742 Vgl. Beratender Ausschuss für das Rahmenübereinkommen zum Schutz nationaler Minderheiten (2002), Art. 3/ Pkt. 19, 7.

> ermöglicht hat, dass ein von der Polizei verhörter Verdächtiger nach seiner Volkszugehörigkeit erfasst wird, ohne dass seine Zustimmung eingeholt wird und ohne dass er überhaupt hierüber unterrichtet wird, womit die vorgenannte freie Entscheidung nicht mehr gewährleistet ist."[743]

Laut der Stellungnahme der Bundesrepublik Deutschland (2002) scheint diese im Gegensatz zum *Zentralrat Deutscher Sinti und Roma* kein wirkliches Problem in diesem Vorgehen gesehen zu haben. So wird darauf verwiesen, dass das Ausfüllen des Personenbeschreibungsbogens durch Polizeibeamte stets ohne ein Mitspracherecht des jeweiligen Tatverdächtigen erfolge und die Kategorisierung „Typ Sinti/Roma" sich lediglich auf das äußere Erscheinungsbild gestützt habe und eine tatsächliche Zugehörigkeit zur Minderheit hierfür keine Voraussetzung gewesen sei. Die Bayrische Staatsregierung hielt es daher für fraglich, ob diese Vorgehensweise überhaupt einen Verstoß gegen das Rahmenübereinkommen zum Schutz nationaler Minderheiten darstellte, und merkt dazu an:

> „Im Gegensatz zur Bewertung durch den Zentralrat der deutschen Sinti und Roma handelte es sich aus diesem Grund nach Auffassung der Bayrischen Staatsregierung auch nicht um eine Sondererfassung der Minderheit Sinti/Roma, da eben auch Personen unter diesem Personenbeschreibungsmerkmal zu erfassen waren, die lediglich vom äußeren Erscheinungsbild dem Typ zuzuordnen waren, nicht jedoch tatsächlich der Volksgruppe zugehörig waren."[744]

Obschon das Personenbeschreibungsmerkmal „Typ Sinti/Roma" 2001 aus dem Personenbeschreibungsbogen der bayrischen Polizei herausgenommen wurde, macht das *Open Society Institute* (2002) darauf aufmerksam, dass Vertreter der Sinti und Roma den Verdacht gehabt hätten, dass diese Kennzeichnung inoffiziell fortgesetzt worden sei. Als Indiz hierfür wird ein Hinweis der bayrischen Polizei gesehen, die im Zusammenhang mit Betrugsfällen vor „einer mobilen ethnischen Minderheit mit südländischem Aussehen"[745] warnte.

Angehörige der Minderheit der Sinti und Roma erfuhren zwischen 1996 und 2005 Diskriminierung nicht nur in den Medien oder im Rahmen polizeilicher Untersuchungen. Für das Jahr 2000 registrierte der Beratende Ausschuss für das Rahmenübereinkommen zum Schutz nationaler Minderheiten (2002) eine deutliche Zunahme extremistisch, fremdenfeindlich oder antisemitisch motivierter Straftaten gegenüber dem Jahr 1999. Davon seien, so der Beratende Ausschuss, in erster Linie in Deutschland lebende Ausländer aus nichteuropäischen Staaten

743 Beratender Ausschuss für das Rahmenübereinkommen zum Schutz nationaler Minderheiten (2002), Art. 3/ Pkt. 21, 8.
744 Stellungnahme der Bundesrepublik Deutschland (2002), 9.
745 Open Society Institute (2002), 129.

betroffen gewesen, aber bisweilen auch Sinti und Roma.[746] Laut Aussage des *Open Society Institutes* (2002) gehörte das Maß an rassistisch motivierter Gewalt in Deutschland im Jahr 2001 zu den höchsten innerhalb der EU, und es zeichnete sich zudem ein weiterer Anstieg ab.[747] Allerdings hätte es sich schwierig gestaltet, Art und Umfang ethnischer und rassistischer Diskriminierung exakt nachzuweisen, da verlässliche statistische Daten gefehlt hätten.[748]

Zusammenfassend lässt sich festhalten, dass Sinti und Roma auch sechzig Jahre nach Kriegsende keine vollumfänglich integrierten und akzeptierten Mitbürger in Deutschland waren, sondern weiterhin Opfer von Vorurteilen, Ausgrenzung und Diskriminierung waren. Von welchem Ausmaß diesbezüglich auszugehen ist, verdeutlicht abschließend das Resümee des *Open Society Institutes* (2002):

> „Antiziganismus wird im Alltagsleben durch den Gebrauch von diffamierenden Vorurteilen und von Klischees in den Medien spürbar, durch den Mangel an objektiver und umfassender Darstellung von Sinti und Roma in Geschichts- und Schulbüchern und durch den Ausschluß der Sinti und Roma von Bildung, Arbeit, Wohnen und aus der Gesellschaft im ganzen."[749]

5.6.7. Wohnverhältnisse

Ähnlich wie in den vorangegangenen Jahrzehnten war auch die Wohnsituation der Sinti und Roma im Zeitraum von 1996 bis 2005 sehr heterogen. Das *Open Society Institute* (2002) merkt an, dass einige Familien in ähnlichen Verhältnissen wie die übrige Bevölkerung lebten, aber grundsätzlich davon ausgegangen werden könnte, dass die Lebensbedingungen der Mehrheit der Sinti und Roma eher unterdurchschnittlich waren, und stellt diesbezüglich fest:

> „Ursachen sind Armut und Abhängigkeit von sozialen Hilfen, langjährige Vernachlässigung von Seiten der Behörden und Diskriminierung beim Zugang zum privaten Wohnungsbau."[750]

Eine Studie des Landeszentrums für Zuwanderung in Nordrhein-Westfalen, so das *Open Society Institute,* hätte weitreichende diskriminierende Praktiken bei den Besitzern privater Häuser gezeigt. Vermieter hätten von Personen, die sie

---

746 Vgl. Beratender Ausschuss für das Rahmenübereinkommen zum Schutz nationaler Minderheiten (2002), Art. 6/ Pkt. 38, 13.
747 Vgl. Open Society Institute (2002), 131.
748 Vgl. Open Society Institute (2002), 95.
749 Open Society Institute (2002), 88.
750 Open Society Institute (2002), 114.

aufgrund ihres äußeren Erscheinungsbildes für Ausländer gehalten hätten, weitaus mehr Referenzen als üblich verlangt. Unterstützung erfuhren Wohnungsbesitzer in ihrer ablehnenden Haltung gegenüber Sinti und Roma zum Teil von offizieller Seite.[751] Das *Open Society Institute* berichtet von einem Fall aus dem Jahr 1996, in dem ein Wohnungsbesitzer einer Sinti-Familie einen Mietvertrag lediglich mit der Begründung verweigert habe, dass sie Zigeuner seien. Eine diesbezügliche Klage der Familie scheiterte und das Bochumer Amtsgericht gab dem Wohnungseigentümer Recht. Begründet wurde diese Entscheidung wie folgt:

> „Diese ethnische Gruppe ist traditionell vornehmlich rastlos und … ist eindeutig nicht repräsentativ für den durchschnittlich geeigneten Mieter mit entsprechenden Zukunftsperspektiven, so daß die Erwartungen auf weitere fruchtbare Verhandlungen seitens der Kläger völlig unbegründet und unhaltbar waren.“[752]

Die Tatsache, dass zu diesem Zeitpunkt bereits nahezu alle Angehörigen der Minderheit sesshaft waren[753], fand in diesem Urteil keinerlei Beachtung, und stattdessen zog man es vor, bei der Begründung der Entscheidung auf tradierte Vorurteilsstrukturen zurückzugreifen. Vergleichbar persistent wie das Vorurteil der nicht sesshaften Nomaden erwies sich zudem die Annahme, dass Sinti und Roma vorzugsweise gemeinsam in abgegrenzten Wohngebieten leben würden. Diese Sichtweise wurde auch von der Bundesregierung vertreten, die sich im Jahr 2000 dahingehend äußerte, dass insbesondere Ausländer es vorziehen würden, in selbstabgrenzenden Gemeinschaften zu leben.[754] Das *Open Society Institute* (2002) verweist in diesem Kontext auf die Kritik von Vertretern der Sinti und Roma, die bemängelten, dass kein ernsthafter Dialog mit den Betroffenen erfolgt sei und stattdessen in paternalistischer Art und Weise eine fortdauernde Ghettoisierung der Minderheit durch die Behörden forciert worden sei. Gleichzeitig, so das *Open Society Institute,* hätten Vertreter der Minderheit aber auch eingeräumt, dass die Wohnungsproblematik der Sinti und Roma sich durch einen hohen Komplexitätsgrad ausgezeichnet habe.[755] Zwar habe das Leben in der Gemeinschaft die Pflege ihrer Kultur ermöglicht, aber dennoch sei eine erzwungene Ansiedlung unter desolaten Bedingungen, wie sie vielfach für Wohnsiedlungen der Sinti und Roma charakteristisch gewesen sei, keine akzeptable Lösung gewesen. Im Zusammenhang mit der Entwicklung von Wohn-

751 Vgl. Open Society Institute (2002), 118.
752 Open Society Institute (2002), 119.
753 Vgl. Krausnick; Strauß (2008), 101.
754 Vgl. Open Society Institute (2002), 114f.
755 Vgl. Open Society Institute (2002), 118.

bauprogrammen empfahl der Hohe Kommissar für Nationale Minderheiten der OSZE daher Folgendes:

> „Die freie Wahl einzelner Roma-Gemeinschaften, zusammen mit anderen Roma zu leben, sei zu respektieren; gleichwohl sollten die Regierungen sicherstellen, daß Wohnungsbauprogramme nicht die Ausgrenzung befördern.“[756]

Das *Open Society Institute* unterstreicht die Notwendigkeit eines ernsthaften und langfristigen Dialogs mit Vertretern der Sinti und Roma, um diese Ausgewogenheit zu erreichen. Eine entsprechende Erforderlichkeit wird nicht zuletzt angesichts der Feststellung von Krausnick und Strauß (2008) deutlich, die anmerken, dass auch in dem an dieser Stelle untersuchten Zeitraum zahlreiche Sinti und Roma unter zum Teil katastrophalen Wohnbedingungen lebten und unter anderem bedingt durch offene Ablehnung vielfach kaum eine Möglichkeit hatten, ihre Wohnsituation aus eigener Kraft zu verbessern.[757]

5.6.8. Zusammenfassung

Die nähere Betrachtung der verschiedenen Teilbereiche hat auch für den Zeitraum von 1996 bis 2005 gezeigt, dass die soziale Situation der Minderheit der Sinti und Roma im Vergleich zu jener der übrigen Bevölkerung als weitaus nachteiliger einzustufen war. Strauß (2005) merkt an, dass die Wahrnehmung der Lebenswirklichkeit von Sinti und Roma oder die Rechtfertigung der ihnen zugemuteten Verhältnisse auch Anfang des 21. Jahrhunderts noch von romantischen Klischees und rassistischen Stereotype dominiert wurde.[758] Ein Beispiel für diesen Sachverhalt stellt die unter 5.5.7 zitierte Urteilsbegründung des Bochumer Amtsgerichts dar, die in Sinti und Roma eine „rastlose ethnische Gruppe“ sah und ihre Eignung als Mieter in Frage stellte. Unter diesen Umständen verwundert es nicht, dass es im Zusammenhang mit den insgesamt heterogenen Lebensverhältnissen der Minderheit zwar durchaus Sinti und Roma gab, deren Lebenssituation mit jener der übrigen Bevölkerung vergleichbar war, aber die Lebensbedingungen der Majorität von Angehörigen der Minderheit eher unterdurchschnittlich waren.

Dies zeigte sich nicht nur im Bereich der Wohnverhältnisse, sondern betraf auch die Bereiche Arbeit, Bildung und Gesundheit. Hohe Analphabetenquoten der erwachsenen Sinti und Roma, ein vergleichsweise großer Anteil von Son-

---

756 Ebenda.
757 Vgl. Krausnick; Strauß (2008), 104.
758 Vgl. Strauß (2005), 78.

derschülern unter Kindern der Minderheit sowie diverse gesundheitliche Probleme verdeutlichen die problematische Situation der Sinti und Roma in der Bundesrepublik Deutschland zu Beginn des 21. Jahrhunderts. Prägend war für diese darüber hinaus ein hohes Maß an Vorurteilen, Ausgrenzung und Diskriminierung, mit dem Angehörige der Minderheit konfrontiert waren. Auffallend ist, dass in keinem dieser Bereiche exakte statistische Daten vorliegen, die es ermöglicht hätten, die tatsächlichen Dimensionen der Benachteiligung zu erfassen. In diesem Zusammenhang stellt das *Open Society Institute* (2002) fest:

> „Das Fehlen zuverlässiger ethnischer Statistiken stellt ein ernsthaftes Hindernis für den Nachweis der Diskriminierung von Minderheitengruppen, für die aktive Bekämpfung von Diskriminierung und für die Entwicklung einer zielgerichteten Politik zur Verbesserung der Lage von Sinti und Roma dar."[759]

Dieser Mangel an zuverlässigen statistischen Angaben zu nationalen Minderheiten wird auch vom Beratenden Ausschuss für das Rahmenübereinkommen zum Schutz nationaler Minderheiten (2002) beklagt. Dieser hält das Sicherstellen der umfassenden und effektiven Gleichstellung nationaler Minderheiten aufgrund fehlender Daten für problematisch:

> „Nach Überzeugung des Beratenden Ausschusses müssen erhebliche Anstrengungen unternommen werden, um die wirksame Teilhabe der Roma/Sinti-Minderheit – insbesondere am wirtschaftlichen, gesellschaftlichen und kulturellen Leben – sicherzustellen, und dem Ausschuss ist sehr daran gelegen, dass diese Maßnahmen durch die Erfassung einschlägiger Daten über ihre Auswirkung und Verwirklichung einer vollen und wirksamen Gleichstellung sorgfältig überwacht werden."[760]

Eine solche Erhebung lehnte die Bundesrepublik Deutschland in ihrer Stellungnahme (2002) zu den Ausführungen und Empfehlungen des Beratenden Ausschusses ab und begründete diese Zurückweisung unter anderem mit der Verfolgung von Minderheiten im Dritten Reich.[761] Des Weiteren sei eine solche Erfassung nationaler Minderheiten nur mit einem unverhältnismäßig hohen Aufwand möglich und ungeachtet dessen sei zudem von keiner der nationalen Minderheiten der Wunsch nach einer statistischen Erfassung geäußert worden. So plausibel diese Gründe auch erscheinen mögen, bleibt es offen, inwieweit ohne verlässliche statistische Daten tatsächlich Verbesserungen in Bezug auf die soziale Situation der Sinti und Roma umgesetzt werden können, die in Anbe-

---

759 Open Society Institute (2002), 79.

760 Beratender Ausschuss für das Rahmenübereinkommen zum Schutz nationaler Minderheiten (2002), Art. 15/ Pkt. 66, 20.

761 Vgl. Stellungnahme der Bundesrepublik Deutschland (2002), 10.

tracht der auch noch zu Beginn des 21. Jahrhunderts vorhandenen Defizite in sämtlichen Lebensbereichen dringend notwendig erscheinen.

5.7. Die Wiedergutmachungspraxis

Die nationalsozialistische Vernichtungspolitik bedeutete nicht nur für Millionen von Menschen den Tod in Konzentrationslagern, sondern hinterließ zudem bei Kriegsende unzählige Überlebende, die physisch und psychisch gebrochen waren, zum Teil jahrelang ihrer Freiheit beraubt worden waren, ihren Besitz verloren hatten oder denen das Recht auf Bildung und Ausbildung versagt geblieben war. Die Entschädigungszahlungen, die in diesem Zusammenhang seit 1945 an die Opfer des Nationalsozialismus gezahlt wurden, werden auch als „Wiedergutmachungsleistungen" bezeichnet. Wirklich wiedergutmachen ließ sich das ausgestandene Leid damit natürlich nicht – bestenfalls war es möglich, finanzielle Entschädigungen anzubieten. Stengel (2004) fasst die in diesem Bereich durchgeführten Maßnahmen wie folgt zusammen:

> „Unter Wiedergutmachung wird das gesamte Rechtsgebiet der Ausgleichung der Verfolgungsschäden und die Gesamtheit der Leistungen der Bundesrepublik an die ehemaligen Opfer des Nationalsozialismus verstanden. Die zwei wichtigsten Teilbereiche sind die Rückerstattung oder Restitution entzogenen Vermögens und die individuelle Entschädigung für die durch die Verfolgung entstandenen Personenschäden; daneben gab es einige gesetzliche und außergesetzliche Sonderregelungen."[762]

Auf Initiative der Militärregierungen wurde bereits kurz nach Kriegsende auf Länderebene mit dem Entwurf von Entschädigungsgesetzen begonnen. Die Hilfs- und Entschädigungspolitik der einzelnen Länder orientierte sich dabei an den Gesetzen und Verordnungen der jeweiligen Militärregierung.[763] Eine einheitliche Regelung der durchgeführten Hilfsmaßnahmen existierte aber vorerst nicht, und so waren durchaus Unterschiede im diesbezüglichen Vorgehen in den einzelnen Ländern der westlichen Besatzungszonen vorhanden. Nach ersten fürsorgerischen Maßnahmen wurden diverse regional unterschiedliche Vorschriften in Bezug auf mögliche Entschädigungen realisiert. Die starken Abweichungen der einzelnen Verordnungen führten dazu, dass von Seiten der Verfolgten zunehmend auf die Dringlichkeit einer Vereinheitlichung hingewiesen wurde.[764] In der amerikanischen Besatzungszone wurde daraufhin das erste

762 Stengel (2004), 8.
763 Vgl. Margalit (2003), 157.
764 Vgl. Reimesch (2002), 6.

länderübergreifende Entschädigungsgesetz erlassen, welches rückwirkend zum 1. April 1949 in Kraft trat.[765] Auch in den Ländern der britischen Besatzungszone wurden 1949 gesetzliche Regelungen für Entschädigungen verabschiedet, und Anfang 1950 wurden schließlich auch vergleichbare Richtlinien in den Ländern der französischen Besatzungszone erlassen. Stengel weist auf die Unterschiede der einzelnen Entschädigungsregelungen in jeweiligen Besatzungszonen hin: Während es sich bei der in der amerikanischen Besatzungszone erlassenen Verordnung um ein umfassendes Gesetz gehandelt habe, seien in der britischen Zone lediglich Bestimmungen über Haftentschädigungen vorgesehen gewesen. Das in der französischen Zone verabschiedete Entschädigungsgesetz, so Stengel, habe sich wiederum an dem Entschädigungsgesetz der US-Zone orientiert.[766] Körber (1988) erläutert, dass man auch nach Gründung der Bundesrepublik Deutschland zunächst weiter auf Länderebene in Entschädigungsfragen vorgegangen sei.[767] Die erste bundeseinheitliche Regelung war das am 1. Oktober 1953 in Kraft getretene Bundesergänzungsgesetz (BErgG). Dazu merkt Stengel an:

> „Wie sein Name sagt, sollte es die bestehenden Ländergesetze auf dem Niveau des US-Entschädigungsgesetzes ergänzen und vereinheitlichen. Es war ein Flickwerk, das von Anfang an auf breite Kritik stieß. Außenpolitische und fiskalische Gesichtspunkte fanden deutlich mehr Berücksichtigung als der Gedanke an die grundsätzliche Rechtmäßigkeit der Ansprüche der Verfolgten."

Sowohl Reimesch als auch Stengel merken an, dass der provisorische Charakter dieses Gesetzes bereits bei seiner Verabschiedung bekannt war und daher entsprechend zügig mit einer grundlegenden Novellierung begonnen wurde.[768] Im Sommer 1954 erstellte ein Gremium aus Vertretern des Bundestages, des Bundesrates und der Bundesregierung einen Entwurf für ein neues Bundesentschädigungsgesetz (BEG), das am 29. Juni 1956 rückwirkend zum 1. Oktober 1953 in Kraft trat.[769] Allerdings handelte es sich auch hierbei nicht um eine endgültige gesetzliche Regelung. Im Zuge der Anwendung, so Reimesch, hätten sich gewisse Mängel gezeigt, die weitere Änderungen erforderlich gemacht hätten. Nach Stengel (2004) führten insbesondere zahlreiche unberücksichtigte Opfer sowie Gerichtsurteile zu Ungunsten der Verfolgten dazu, dass eine erneute Än-

765 Vgl. Stengel (2004), 16f.
766 Vgl. ebenda.
767 Vgl. Körber (1988), 169.
768 Vgl. Reimesch (2003), 8, sowie Stengel (2004), 31.
769 Vgl. Reimesch (2003), 9.

derung des Bundesentschädigungsgesetzes gefordert wurde.[770] Diesbezüglich stellt das Bundesministerium der Finanzen (2009) fest:

> „Dabei war man sich darüber klar, dass eine Novellierung nicht alle Forderungen der Berechtigten berücksichtigen und auch im Hinblick auf den hohen Erledigungsstand nicht alle abgeschlossenen Fälle wieder neu aufgerollt werden konnten. Die aus diesem Grunde angestrebte Novellierung sollte den endgültigen Abschluss der Gesetzgebung auf diesem Gebiet bilden.“[771]

Nach vierjähriger Beratung der zuständigen Stellen wurde das BEG-Schlussgesetz am 26. Mai 1965 vom Bundestag und am 9. Juli 1965 vom Bundesrat angenommen und trat am 14. September 1965 in Kraft. Explizite gesetzliche Regelungen, die sich mit der Entschädigung der Sinti und Roma beschäftigten, existierten bis zum BEG-Schlussgesetz nicht. Dieses griff jedoch die geänderte Rechtsprechung bezüglich des vermeintlichen Beginns einer kollektiven Verfolgung der Sinti und Roma aus rassischen Gründen auf und ging zum ersten Mal in der Rechtsprechung ausdrücklich auf die Entschädigung der Sinti und Roma ein. Sah es der Bundesgerichtshof 1956 noch als erwiesen an, dass von einer Verfolgung der Sinti und Roma aus rassischen Gründen erst ab der Durchführung des Auschwitz-Erlasses von Himmler und somit ab März 1943 auszugehen sei, wurde diese Urteil 1963 partiell aufgehoben, und „Gründen der Rasse“ wurde bereits für ab 1938 durchgeführte Verfolgungsmaßnahmen an Sinti und Roma eine „Mitursächlichkeit“ eingeräumt. Entscheidend für die Entschädigung der Sinti und Roma in der Zeit nach 1965 war daher folgende Vereinbarung des BEG-Schlussgesetzes:

> „Soweit vor Verkündung dieses Gesetzes nach dem Bundesergänzungsgesetz oder dem Bundesentschädigungsgesetz ein Anspruch eines Zigeuners wegen der Verfolgung aus Gründen seiner Rasse durch unanfechtbaren Bescheid oder rechtskräftig gerichtlich mit der Begründung abgelehnt worden ist, daß für die Zeit vom 8. Dezember 1938 bis zum 1. März 1943 die Voraussetzungen der §§ 1 und 2 BEG nicht gegeben seien, so ist auf Antrag des Berechtigten erneut über diesen Anspruch zu entscheiden.“[772]

Opfer der nationalsozialistischen Verfolgung erhielten aber auch schon vor der Verabschiedung von offiziellen Entschädigungsgesetzen finanzielle Unterstützung. Margalit (2003) erläutert, dass die Alliierten nach der bedingungslosen Kapitulation den deutschen Behörden die Anweisung erteilten, Hilfe für NS-Opfer zu leisten und für diesen Zweck entsprechende Mittel bereitzustellen.[773]

770 Vgl. Stengel (2004), 32.
771 Bundesministerium der Finanzen (2009), 7.
772 BEG-SchlussG vom 14.9.1965, Art. IV, Abs. 2.
773 Vgl. Margalit (2003), 157.

Neben den Kommunen, den Besatzungsbehörden und den Wohlfahrtsorganisationen waren es laut Stengel (2004) darüber hinaus Selbsthilfeinitiativen, die für die aus Lagern, Gefängnissen oder Konzentrationslagern befreiten Verfolgten eine erste Anlaufstelle für Unterstützungsleistungen darstellten. Die Überlebenden der nationalsozialistischen Verfolgungsmaßnahmen hätten bevorzugt mit Kleidung, Wohnraum, Arbeitsplätzen und Lebensmitteln durch die kommunalen Fürsorgestellen versorgt werden sollen. Ziel dieser Maßnahmen sei es aber nicht gewesen, so Stengel, die Überlebenden für erlittenes Unrecht zu entschädigen, sondern übergangsweise den für sie lebensnotwendigen Bedarf zu sichern.[774]

Sowohl Stengel als auch Margalit weisen darauf hin, dass es bereits in dieser ersten Phase Tendenzen gab, Unterschiede in der Behandlung zwischen den einzelnen Gruppen der Verfolgten zu machen. Sinti und Roma seien zwar, so Stengel, bereits in den ersten Jahren nach 1945 in vielen Ländern ausdrücklich als Verfolgte anerkannt worden, aber im Gegensatz zu anderen Verfolgtengruppen seien Unterstützungsleistungen bei ihnen an Bedingungen geknüpft gewesen.[775] Laut Stengel mussten Überlebende, die der Minderheit der Sinti und Roma angehörten, unter anderem in Nordrhein-Westfalen und Rheinland-Pfalz für ihre Anerkennung als Verfolgte einen ständigen Wohnsitz und eine regelmäßige Arbeit nachweisen. Diese Praxis beurteilt Stengel wie folgt:

> „Diese Einschränkungen, die nur bei Sinti und Roma üblich waren, widersprachen der Funktion der Verfolgtenausweise. Wenn Hilfeleistungen, zu denen aus gutem Grund gehörte, den zurückkehrenden Verfolgten Zugang zu Wohnung und Arbeit zu ermöglichen, davon abhängig gemacht wurden, dass die Verfolgten regelmäßige Arbeit und einen festen Wohnsitz hatten, konnte das nur zu einem Ausschluss von Betreuungsmaßnahmen führen."[776]

Margalit schildert, dass niemand daran zweifelte, dass die Motive der nationalsozialistischen Judenverfolgung rassistischer Art gewesen waren, aber ein entsprechender Hintergrund der Verfolgung der Sinti und Roma bereits kurz nach Ende des Krieges unter anderem von der Beamtenschaft in Frage gestellt wurde.[777] In diesem Zusammenhang weist Stengel darauf hin, dass auch einige Organisationen politisch Verfolgter durchaus daran interessiert gewesen seien, sich von anderen Opfergruppen abzugrenzen, die als „Asoziale" oder „Kriminelle" abgeurteilt wurden. Diese Bestrebungen, so Stengel, seien von tief verwurzelten Ressentiments geprägt gewesen, die durch den Nationalsozialismus zusätzliche Verstärkung erfahren hätten:

774 Vgl. Stengel (2004), 14.
775 Vgl. Stengel (2004), 15.
776 Ebenda.
777 Vgl. Margalit, 158.

> „Gegen sie [die Ressentiments] waren weder die politischen Gegner des NS noch die Verantwortlichen in den Länderbehörden gefeit, die zum Teil auch selbstverständlich davon ausgingen, dass neben den Kriminellen die so genannten Asozialen und die geistig Behinderten, die ab 1940 vermehrt in den KZs inhaftiert waren, eines Verfolgtenstatusses nicht würdig seien.“[778]

Stengel (2004) erläutert, dass sowohl die Länderregierungen als auch die Besatzungsbehörden sich zunächst auf die Restitution des durch die Nationalsozialisten entzogenen Vermögens konzentrierten. Grundsätzlich sei die Wiedergutmachung vor 1949 mit Ausnahme des Widerstands der Restitutionspflichtigen kaum Gegenstand öffentlicher Debatten gewesen und habe weitgehend hinter verschlossenen Türen stattgefunden.[779] Diesbezüglich waren zu Beginn der 1950er Jahre Veränderungen zu beobachten. Stengel zufolge war es bereits bei Gründung der Bundesrepublik Deutschland in den Augen vieler Deutscher weniger die eigene nationalsozialistische Vergangenheit gewesen, mit der man sich auf politischer Ebene habe beschäftigen sollen, als vielmehr ein baldiges Ende der von den Alliierten initiierten Entnazifizierungsmaßnahmen. Dies habe sich, so Stengel, unter anderem auch daran gezeigt, dass sich eine Vielzahl von Zeitungsartikeln oder Initiativen mit den „Opfern“ der Entnazifizierung beschäftigt habe, während ein vergleichbarer Einsatz für die Opfer des Nationalsozialismus nicht zu beobachten gewesen sei:

> „Das Mitgefühl oder zumindest die Vorsicht gegenüber den Opfern, die es in einer kurze Phase nach Kriegsende in Teilen der Bevölkerung gegeben hatte, hatte sich bald verflüchtigt, und die deutsche Bevölkerung war immer weniger bereit, die Privilegien, die den Verfolgten meist auf Veranlassung der Alliierten eingeräumt worden waren, zu tolerieren. Die Rehabilitierung der NS-Opfer geriet in Konkurrenz zu der der ‚Entnazifizierungsopfer‘, die jedoch in der Regel mehr Unterstützung erfuhren und selbstverständlicher integriert wurden als die Verfolgten.“[780]

Unabhängig von der vielfach ablehnenden Haltung der Bevölkerung im Hinblick auf Entschädigungsleistungen an ehemalige NS-Opfer hatten grundsätzlich all jene Anspruch auf Wiedergutmachung, die wegen ihrer politischen Überzeugung, aus Gründen der Rasse, des Glaubens oder der Weltanschauung verfolgt worden waren und hierdurch Schäden an Leben, Körper, Freiheit, Eigentum, Vermögen oder wirtschaftlichen Fortkommen erlitten hatten.[781] Gemäß Reimesch (2003) wurde prinzipiell nicht geleugnet, dass auch die Opfer unter den Sinti und Roma aus rassischen Gründen verfolgt worden waren. Uneinigkeit habe allerdings, so Reimesch, dahingehend bestanden, ab wann von Verfol-

---

778 Stengel (2004), 14.
779 Vgl. Stengel (2004), 15.
780 Stengel (2004), 21.
781 Vgl. Reimesch (2003), 7.

gungsmaßnahmen aus rassischen Motiven im Sinne einer Kollektivverfolgung ausgegangen werden konnte. Ein entsprechend inkonsistentes Bild offenbart sich daher bei der Betrachtung der entsprechenden Rechtsprechung in den 1950er und 1960er Jahren.

So sah das Oberlandesgericht Frankfurt 1952 die rassische Verfolgung der Sinti und Roma trotz fehlender ausdrücklicher Betonung der „besonderen Rasse“ ab den Nürnberger Rassengesetzen als gegeben an. Sowohl das Oberlandesgericht Stuttgart wie auch das in Neustadt stellten hingegen 1953 fest, dass bis mindestens Mitte 1942 nicht von einer allgemeinen rassischen Verfolgung der Sinti und Roma ausgegangen werden könne.[782] Zu einer wieder anderen Entscheidung kam das Oberlandesgericht Koblenz, welches im Jahr 1955 urteilte, dass spätestens die im Mai 1940 durchgeführten Deportationen als rassische Verfolgung zu bewerten seien. Diese Entscheidung wurde laut Reimesch damit begründet, dass ab diesem Zeitpunkt militärische oder sicherheitspolizeiliche Gesichtspunkte von einer ausgeprägten rassenpolitischen Tendenz verdrängt worden seien.[783] Diese divergente Rechtsprechung der Oberlandesgerichte beendete der Bundesgerichtshof 1956 mit einem Grundsatzurteil. Laut Auffassung des Bundesgerichtshofs ist erst ab der Durchführung des „Auschwitz-Erlasses“ von Himmler ab dem 1. März 1943 von einer Kollektivverfolgung der Sinti und Roma auszugehen.[784] Margalit (2007) sieht im Gegensatz dazu bereits in den Polizeierlassen, die ab 1938 herausgegeben wurden, deutliche Hinweise auf rassische Motive.[785] Der Bundesgerichtshof hingegen stufte diese Maßnahmen als „sicherheitspolitische und kriminalpräventive“ Aktionen ein und begründete dies wie folgt:

> „Da die Zigeuner sich in weitem Maße einer Seßhaftmachung widersetzt haben, gelten sie als asozial. Sie neigen, wie die Erfahrung zeigt, zur Kriminalität, besonders zu Diebstählen und Betrügereien, es fehlen ihnen vielfach die sittlichen Antriebe der Achtung vor fremden Eigentum, weil ihnen wie primitiven Untermenschen ein ungehemmter Okkupationstrieb eigen ist.“[786]

Der Bundesgerichtshof vertrat die Meinung, dass Maßnahmen, von denen Sinti und Roma vor März 1943 betroffen gewesen seien, sich nicht von jenen unterschieden hätten, die bereits vor 1933 durchgeführt worden seien, um das „Zigeunerunwesen zu bekämpfen“. Es sei dabei nicht die Rasse als solche gewesen, die als Grund für die Verordnungen anzusehen sei, sondern vielmehr die asozi-

---

782 Vgl. Reimesch (2003), 105ff.
783 Vgl. Reimesch (2003), 107.
784 Vgl. Reimesch (2003), 109.
785 Vgl. Margalit (2007), 501.
786 BGH vom 7. Januar 1956, zitiert nach Margalit (2007), 501.

alen Eigenschaften der Sinti und Roma. Somit habe es sich auch bei den Erlassen aus der Zeit vor 1943 um polizeiliche Vorbeugungs- und Sicherheitsmaßnahmen gehandelt.[787]

Dieses Grundsatzurteil des Bundesgerichtshofs stieß jedoch keinesfalls auf einhellige Zustimmung. Reimesch zufolge sind in ihrer Urteilssprechung unter anderem die Oberlandesgerichte in Hamburg, Köln, Frankfurt und Oldenburg nicht dem Grundsatzurteil des Bundesgerichtshofs gefolgt, sondern sahen es auf der Basis von Dokumenten, die in erster Linie von der United Restitution Organisation, der größten Rechtshilfeorganisation jüdischer Verfolgter, zur Verfügung gestellt worden waren, als gegeben an, dass eine rassische Verfolgung der Sinti und Roma bereits vor dem 1. März 1943 stattgefunden hat.[788] Diese Urteile der Oberlandesgerichte wurden größtenteils vom Bundesgerichtshof aufgehoben.

Entscheidend für die spätere Veränderung der Haltung des Bundesgerichtshofs war in den folgenden Jahren ein Gutachten von Hans Buchheim vom Institut für Zeitgeschichte und ein Aufsatz des Präsidenten des Entschädigungssenats des Oberlandesgerichts in Frankfurt, Dr. Franz Cavelli-Adorno. Buchheim beschäftigte sich in seinem Gutachten von 1958 mit der Frage, welche gegen Sinti und Roma gerichteten Maßnahmen tatsächlich rassisch motiviert waren und wie insbesondere die Deportationen aus dem Jahr 1940 zu bewerten waren.[789] Buchheim sah es als erwiesen an, dass bereits 1938 rassenbiologische Gründe eine entscheidende Rolle im Vorgehen der Nationalsozialisten gegen die Sinti und Roma gespielt hätten und die 1940 erfolgten Deportationen als rassische Verfolgung zu verstehen seien. Cavelli-Adorno kritisierte in seinem umfangreichen Artikel nicht nur die Rechtsprechung des Bundesgerichtshofs, sondern versuchte zudem nachzuweisen, dass es nicht zutreffend sei, davon auszugehen, dass vor März 1943 nur in Einzelfällen Sinti und Roma aus rassischen Gründen verfolgt worden seien.[790] Unter dem Eindruck der massiven Kritik rückte der Bundesgerichtshof 1963 schließlich von seiner bisherigen Rechtsprechung ab und hob das Grundsatzurteil von 1956 zum Teil auf.[791] Stengel merkt in diesem Zusammenhang an, dass der BGH in seinem Urteil aus dem Jahr 1963 rassische Gründe für die ab 1938 gegen Sinti und Roma durchgeführten Maßnahmen und Deportationen allerdings lediglich als „mitursächlich" einstufte und sich nicht dazu entschließen konnte, diese Verfolgungsmaßnahmen als ausschließlich

---

787 Vgl. Reimesch (2003), 109.
788 Vgl. Reimesch (2003), 111.
789 Vgl. Stengel (2004), 72.
790 Vgl. Stengel (2004), 73.
791 Vgl. Reimesch (2003), 123.

rassisch motiviert zu bewerten. Entsprechend verhalten fällt die Beurteilung des Urteils von Reimesch (2003) aus:

> „Das BGH-Urteil von 1963 war letztlich nur eine halbherzige Abkehr von der alten Rechtsprechung. Der BGH konnte sich nicht dazu durchringen, ausdrücklich von seiner These von der Asozialität der Sinti und Roma abzurücken und räumte daher lediglich die ‚Mitursächlichkeit' rassischer Verfolgungsgründe ein."[792]

Auch wenn Reimesch zweifelsohne dahingehend zuzustimmen ist, dass es sich bei dem Urteil des Bundesgerichtshofs nur um eine halbherzige Neuerung der alten Rechtsprechung handelte, so darf dennoch nicht übersehen werden, dass mit diesem Entscheid durchaus positive Veränderungen in der Entschädigungspraxis für Sinti und Roma verbunden waren. Insbesondere die Berücksichtigung dieses Urteils im BEG-Schlussgesetz von 1965 ermöglichte nun auch jenen Angehörigen der Minderheit ihren Anspruch auf Entschädigung geltend zu machen, die bereits vor dem 1. März 1943 verfolgt worden waren. Obschon es nicht angemessen erscheint, diesbezüglich von einer optimalen Lösung zu sprechen, stellte die neue Entschädigungspraxis gleichwohl eine deutliche Verbesserung gegenüber der zuvor praktizierten Vorgehensweise dar. Stengel (2004) weist ausdrücklich auf die Folgen der Tatsache hin, dass bis 1965 den Texten der Bundesentschädigungsgesetze keine Angaben zur Entschädigung verfolgter Sinti und Roma zu entnehmen waren. Es habe im Ermessensspielraum der Behörden und Gerichte gelegen, ob und inwieweit Sinti und Roma entschädigt wurden.[793] In diesem Zusammenhang sind auch die Urteile der Gerichte zu sehen, die vielfach zwischen einer Verfolgung aus Gründen der Rasse oder der Asozialität differenzierten und dabei vollkommen übersahen, dass sie sich in ihren Urteilsbegründungen zum Teil unreflektiert des Jargons und der rassistischen Argumentation der Nationalsozialisten bedienten. In diesem Kontext stellt Stengel fest:

> „Diese Richter hatten – und damit standen sie keinesfalls allein – ein Zigeunerbild, das sich von dem der nationalsozialistischen Behörden erst ab dem Punkt unterschied, wo diese sich – ohne den ‚Umweg' über angebliche Verhaltensmerkmale – allein unter Berufung auf die ‚Rasse', daran machten, die Sinti und Roma zu erfassen und zu vernichten."[794]

Stengel (2004) macht deutlich, dass bei der Betrachtung der Argumentation der Gerichte nicht die gesellschaftliche Situation der Sinti und Roma und ihre fortdauernde Diskriminierung in verschiedenen gesellschaftlichen Bereichen nach

792 Reimesch (2003), 131.
793 Vgl. Stengel (2004), 57.
794 Stengel (2004), 71.

1945 übersehen werden dürfe. Sinti und Roma seien, so die Autorin, in den 1950er und 1960er Jahren nicht als wirklich unschuldige Opfer gesehen worden, sondern vielmehr als sicherheitspolizeiliches Problem, das präventive Maßnahmen erfordert habe.[795] Darüber hinaus sieht Stengel einen Zusammenhang zwischen materieller und moralischer Wiedergutmachung, wobei letztere bis Ende der 1970er Jahre in Form öffentlichen Gedenkens nicht stattgefunden habe. Sie folgert daraus:

> „Die Entschädigungspraxis gegenüber Sinti und Roma konnte als Bestätigung der allgemeinen Auffassung angesehen werden, dass es an ‚Zigeunern' nichts ‚wiedergutzumachen' gibt, weil sie nicht zu den eigentlichen Opfern des Nationalsozialismus gehören. Die fehlende Präsenz der Sinti und Roma im Rahmen der öffentlichen Gedenkkultur hat umgekehrt dafür gesorgt, dass die Urteile der Gerichte zur Entschädigung der Sinti und Roma nicht auf Widerspruch stießen und die Entschädigungsorgane sich mit ihren Entscheidungen ganz in Übereinstimmung mit dem gesellschaftlichen Mainstream sehen konnten."[796]

Negativ dürfte sich zudem auf die durch die Gerichte gewährten Entschädigungszahlungen ausgewirkt haben, dass Sinti und Roma sich zur Durchsetzung ihrer Ansprüche weder organisierten noch über eine generelle Interessenvertretung verfügten. Reimesch (2003) ist der Meinung, dass die Fähigkeit der Opfer, sich zu organisieren, um ihre Forderungen zu äußern und durchzusetzen, von entscheidender Bedeutung gewesen sei. In diesem Punkt hätten sich Sinti und Roma von anderen Verfolgtengruppen wie beispielsweise den Juden unterschieden, deren Entschädigungsberechtigung vom Bundesgerichtshof nicht in Frage gestellt worden sei. Dazu Reimesch:

> „Diese [die Juden] hatten sich mit der Claims Conference zu einer effektiven Interessenvertretung zusammengeschlossen und erhielten zudem Unterstützung seitens der westlichen Besatzungsmächte und des Staates Israel."[797]

Zusammenfassend lässt sich festhalten, dass die entschädigungsrechtliche Behandlung der Sinti und Roma als mangelhaft zu bewerten ist. Wie selbstverständlich griffen Richter in ihren Urteilsbegründungen auf unreflektierte Vorurteilsstrukturen und den Jargon der Nationalsozialisten zurück und schreckten darüber hinaus auch nicht davor zurück, in den Entschädigungsverfahren die Opfer mit ihren ehemaligen Verfolgern in der Form zu konfrontieren, sie als Sachverständige zu konsultieren.[798] Zwar enthielten die ersten Versionen des Bundesentschädigungsgesetzes keine expliziten Hinweise auf die Entschädi-

795 Vgl. Stengel (2004), 100.
796 Ebrenda.
797 Reimesch (2003), 173.
798 Vgl. Stengel (2004), 79.

gung der Sinti und Roma, aber da Angehörige der Minderheit grundsätzlich zu den Verfolgten gezählt wurden, oblag es den Gerichten, darüber zu entscheiden, wer entschädigt wurde und wer nicht. Dementsprechend waren ablehnende Urteile weniger eine Folge der Gesetzeslage, sondern vielmehr die Konsequenz zum Teil sehr subjektiver richterlicher Entscheidungen. Vielfach war auch schon das Einreichen eines Antrags auf Entschädigung mit großen Schwierigkeiten für Sinti und Roma verbunden. Dieser hatte schriftlich zu erfolgen, und gerade jene Sinti und Roma, denen das Recht auf eine Schulbildung im Dritten Reich versagt geblieben war, standen als Analphabeten vor einer nicht selten unüberwindbaren Hürde.[799] Jene, die es schließlich trotz aller Widrigkeiten geschafft hatten, ihr Recht auf Entschädigung durchzusetzen, konnten aber noch nicht davon ausgehen, das ihnen zugesprochene Geld auch tatsächlich zu erhalten. Ein zentrales Defizit der Entschädigungspraxis lag darin, dass Wiedergutmachungsleistungen auf andere staatliche Leistungen wie beispielsweise Sozialhilfe angerechnet wurden und den Verfolgten daher oft gar nicht ausgezahlt wurden.[800]

Vergleichbare Schwierigkeiten zeigten sich zum Teil auch in der Anwendung der „Richtlinien für die Vergabe von Mitteln an Verfolgte nicht jüdischer Abstammung zur Abgeltung von Härten in Einzelfällen im Rahmen der Wiedergutmachung“, die seit dem 26. August 1981 garantieren sollten, dass Verfolgte nicht jüdischer Abstammung, die bisher aus formellen Gründen keine Entschädigungsleistungen erhalten hatten, einmalige Beihilfen in Höhe von bis zu DM 5000 gewährt werden sollten.[801] Diese einmaligen Beihilfen wurden allerdings nur jenen Verfolgten zugesprochen, die in der Vergangenheit noch keinerlei Entschädigungszahlungen erhalten hatten. Rose (1987) kritisiert im Zusammenhang mit dieser außergesetzlichen Regelung unter anderem die Tatsache, dass bedingt durch dieses Vorgehen auch die Ansprüche von Verfolgten zurückgewiesen wurden, die in der Vergangenheit lediglich eine Entschädigung von weniger als DM 100 erhalten hatten.[802] Erst das Einschreiten des *Zentralrats Deutscher Sinti und Roma*, so Rose, habe in vielen Fällen bewirken können, dass man auch solchen Sinti und Roma, denen in der Vergangenheit nur minimale Entschädigungsleistungen gewährt worden waren, die Pauschalsumme in Höhe von DM 5000 bewilligt habe. Roses Beurteilung dieser Regelung fällt dennoch alles andere als positiv aus:

799 Vgl. Körber (1988), 169.
800 Vgl. Margalit (2007), 503.
801 Vgl. Bundesministerium der Finanzen (2009), 20.
802 Vgl. Rose (1987), 60.

> „Die ‚Härteregelung' von 1981, insbesondere der darin enthaltene Wiedergutmachungsdispositionsfonds, unterliegt einer Willkürpraxis des Finanzministers und läßt wegen des fehlenden Rechtsanspruches so gut wie keine verwaltungsgerichtliche Überprüfung zu."[803]

Das abschließende Zitat von Wippermann (1997) macht deutlich, in welchem Ausmaß diese in vielerlei Hinsicht nur als defizitär zu beurteilende Entschädigungspraxis Einfluss auf die soziale Situation der Sinti und Roma in der Bundesrepublik Deutschland nach 1945 hatte:

> „Da den Sinti und Roma die ‚Wiedergutmachung' im wesentlichen verweigert wurde, entstand auch kein Schamgefühl. Deshalb konnte der Antiziganismus nach 1945 mehr oder minder ungebrochen fortleben, während der Antisemitismus nach dem Holocaust wenigstens formal und offiziell geächtet wurde. Während die überlebenden Juden zu ‚jüdischen Mitbürgern' ernannt wurden, blieben die Sinti und Roma im wesentlichen das, was sie immer gewesen waren, nämlich ‚Zigeuner' bzw., wie man jetzt geradezu pleonastisch sagte, ‚Asoziale und Randgruppen'."[804]

5.8. Fazit

Beschäftigt man sich mit der sozialen Situation der Sinti und Roma in der Bundesrepublik Deutschland zwischen 1945 und 2005, so fällt unweigerlich der Mangel an empirischen Daten auf. Mit Ausnahme einer Einzelfallstudie von Lukrezia Jochimsen aus den 1960er Jahren widmeten sich bis in die 1980er Jahre keine empirischen Untersuchungen der Lage der Minderheit. Erst für die 1980er Jahren stehen als Ergebnis zweier durch das Ministerium für Jugend, Familie und Gesundheit vergebenen Forschungsaufträge empirisch erhobene Daten zur Verfügung. Obgleich sich diese Studien von Freese, Murko und Wurzbacher sowie Hundsalz nur auf einen begrenzten Teil der Sinti und Roma bezogen, liefern sie dennoch zum ersten Mal detaillierte Angaben zur sozialen Situation der Minderheit in der Bundesrepublik Deutschland.[805] Wie die Ausführungen in diesem Kapitel gezeigt haben, war es trotz fehlender empirischer Studien möglich, mittels einer sehr genauen Auswertung der Sekundärliteratur ein ungefähres Bild von der sozialen Lage der Sinti und Roma auch für den vorhergehenden Zeitraum zwischen 1945 und 1980 zu zeichnen.

---

803 Rose (1987), 62.
804 Wippermann (1997), 190.
805 Freese, Murko und Wurzbacher untersuchten in ihrer Studie nur die Situation der den Sozialämtern bekannten Sinti und Roma, und Hundsalz widmete sich in seiner Untersuchung fast ausschließlich der Lage der deutschen Sinti.

Charakteristisch für die soziale Lage der Sinti und Roma bis 1980 ist der geringe Grad an positiven Veränderungen in den Bereichen Arbeit, Bildung, Gesundheit, Integration und Wohnen. Boten die von den Angehörigen der Minderheiten bedienten wirtschaftlichen Randbereiche ihnen bis in die 1950er Jahre zeitlich begrenzt durchaus eine rentable Einnahmequelle, führte der im Zuge des Wiederaufbaus stattfindende wirtschaftliche Strukturwandel zu einer fortschreitenden Verschlechterung der beruflichen Möglichkeiten der Sinti und Roma. Die zu Beginn der 1950er Jahre herrschende Massenarbeitslosigkeit sowie die fehlende Schulbildung der Sinti und Roma in Folge des ihnen untersagten Schulbesuchs während der Zeit des Nationalsozialismus machten die Arbeitssuche auf dem klassischen Arbeitsmarkt nur wenig aussichtsreich. Als einzige Einkommensquelle blieben vielfach nur die Fürsorgeleistungen des Staats übrig. Der wirtschaftliche Niedergang setzte sich für die Sinti und Roma auch in den 1960er und 1970er Jahren fort. Der Prozentsatz von Angehörigen der Minderheit, denen Händlertätigkeiten einen ausreichenden Verdienst sicherten, war gering. Neue Tätigkeitsfelder konnten kaum erschlossen werden, und ein hoher Anteil von Arbeitslosen unter den Sinti und Roma war die Folge. Zu Beginn der 1980er Jahre zeigten Studien zum ersten Mal das tatsächliche Ausmaß dieser Entwicklungen: Arbeitslosenquoten von deutlich über 50 Prozent. Auch in den späten 1980er und in den frühen 1990er Jahren blieb dieser Trend bestehen. Ein hoher Anteil von Sozialhilfeempfängern in den 1990er Jahren kann als Indiz dafür gewertet werden, dass die traditionell ausgeübten Tätigkeitsbereiche Angehörigen der Minderheit kaum noch ein Auskommen sicherten und sie zu neuen Arbeitsfeldern nur begrenzt Zugang fanden. Wie defizitär die berufliche Situation der Sinti und Roma auch zu Beginn des neuen Jahrtausends noch war, wird anhand des Berichts des Beratenden Ausschusses für das Rahmenübereinkommen zum Schutz nationaler Minderheiten (2002) deutlich. Dieser stellt fest, dass sich die Suche nach einem Arbeitsplatz für Sinti und Roma deutlich schwieriger gestaltete als für Angehörige der Mehrheitsbevölkerung.[806] Vertreter der Minderheit schätzten die Arbeitslosenquote unter Sinti und Roma auf 60 bis 90 Prozent. Ursache dieser hohen Zahlen konnte nach Meinung von Experten allerdings durchaus auch ein hohes Maß an informeller Beschäftigung sein.[807]

Übersehen werden darf prinzipiell nicht, dass die Situation innerhalb der Minderheit ebenso wenig einheitlich war wie innerhalb der übrigen Bevölke-

---

806 Vgl. Beratender Ausschuss für das Rahmenübereinkommen zum Schutz nationaler Minderheiten (2002), Art 5/ Pkt. 24, 10.
807 Vgl. Open Society Institute (2002), 111.

rung. Ungeachtet dieser Heterogenität kann aber grundsätzlich davon ausgegangen werden, dass die wirtschaftlichen Veränderungen seit Kriegsende für den überwiegenden Teil der Sinti und Roma mit negativen Folgeerscheinungen verbunden war. Fest steht, dass sechzig Jahre nach Ende des Krieges noch immer unübersehbare Defizite für die berufliche und wirtschaftliche Situation der Sinti und Roma charakteristisch waren.

In unmittelbarem Zusammenhang mit der Berufssituation der Sinti und Roma stand ihre Bildungssituation. Negative Auswirkungen auf den Bildungsstand der erwachsenen Angehörigen der Minderheit hatten vorrangig die während der Zeit des Nationalsozialismus existierenden Schulverbote für Sinti und Roma. Die Folgeerscheinungen dieser Politik zeigten sich in den Jahrzehnten nach Kriegsende insbesondere in Form der hohen Analphabetenquoten unter erwachsenen Sinti und Roma. Obschon bei Angehörigen der Minderheit auch jenseits des schulpflichtigen Alters durchaus die Motivation vorhanden war, noch Lese- oder Schreibkenntnisse zu erwerben, konnte auch Ende der 1980er und zu Beginn der 1990er Jahre ein Großteil der älteren Sinti und Roma weder lesen noch schreiben.

Ähnlich ungünstig wie die Bildungssituation der erwachsenen Sinti und Roma stellte sich auch die der nachfolgenden Generationen dar. Angaben zu den Bildungs- und Berufschancen der jungen Sinti und Roma fehlen für die 1950er Jahre vollständig. In den 1960er Jahren begann ein Großteil der Kinder von Angehörigen der Minderheit eine Schule zu besuchen. Regelmäßige Schulbesuche oder eine abgeschlossene Schulbildung waren ungeachtet dieser Tatsache eher die Ausnahme als die Regel. Auffallend im Zusammenhang mit der Bildungssituation der Kinder der Sinti und Roma in den 1960er Jahren ist der hohe Anteil von Sonderschülern. Vielfach war es gängige Praxis, Kinder von Angehörigen der Minderheit in einem praktisch automatisierten Vorgang spätestens ab der zweiten Klasse auf eine Sonderschule zu schicken. Es waren weniger die Fähigkeiten der Kinder, die über die schulische Laufbahn entschieden, sondern vielmehr ihre ethnische Herkunft und ihre teilweise mangelhaften Deutschkenntnisse, die einer besonderen Förderung bedurft hätten. In den 1970er Jahren lag der Anteil von Sonderschülern unter den Kindern der Sinti und Roma zwar noch immer deutlich über dem der Kinder der übrigen Bevölkerung, hatte aber im Vergleich zu den vorherigen Jahrzehnten deutlich abgenommen. Vornehmlich vorschulische Maßnahmen schienen besonders geeignet, den Anteil der Sonderschüler unter Kindern der Sinti und Roma zu verringern. Trotz der Ende der 1970er und Anfang der 1980er Jahre erkennbaren Fortschritte, besuchte auch in den späten 1980er Jahren sowie in den frühen 1990er Jahren noch immer ein beträchtlicher Anteil der Kinder der Sinti und Roma eine Sonderschule. Auch nach der Jahrtausendwende waren Kinder von Angehörigen der Minderheit in der Sekundarstufe I und in Sonderschulen übervertreten und folglich an Mittel- und Oberschulen untervertreten. Es überrascht daher nicht, dass das *Open Society Institute* (2002) trotz fehlender verlässlicher statistischer Daten in der ethnischen Ausgrenzung an den Schulen sowohl ein ernstes als auch ein zunehmendes Problem sah.[808] Bedingt durch den Umstand, dass die Bildungspolitik in der Bundesrepublik Deutschland in den Kompetenzbereich der Länder fällt, wurden diesbezüglich auf Bundesebene keinerlei Maßnahmen entwickelt. Darüber hinaus hielt die Bundesregierung eine Benachteiligung der Kinder von Sinti und Roma für nicht verlässlich nachweisbar und betonte stattdessen, dass ihnen alle schulischen Angebote und Fördermaßnahmen offen gestanden hätten.[809] Konkrete bundespolitische Maßnahmen zur Bekämpfung der Bildungsmisere der Kinder von Angehörigen der Minderheiten existierten demzufolge nicht, und so scheint es nicht angemessen, sechs Jahrzehnte nach Kriegsende von einer Integration im Bildungsbereich mit den damit verbundenen gleichen Chancen und Möglichkeiten zu sprechen.

Hinweise auf die gesundheitliche Situation der Sinti und Roma zwischen 1945 und 2005 finden sich in der Literatur nur sehr begrenzt. Ausführlichere Angaben für den Zeitraum von 1945 bis 1970 liefert vor allem Widmann (2001), auch wenn sich seine Angaben nur auf die Situation in den Städten Freiburg und Straubing beziehen. Dennoch sind anhand dieser Beispiele zumindest gewisse Tendenzen erkennbar. Bedenklich war nach 1945 besonders der Gesundheitszustand jener Sinti und Roma, die der nationalsozialistischen Vernichtungsmaschinerie lebend entkommen waren. Zum Teil jahrelange Unterernährung, Folter und medizinische Experimente hatten nicht nur seelische Spuren hinterlassen, sondern gingen auch mit physischen Folgeschäden einher. Allerdings hatten nicht nur die Überlebenden der Konzentrationslager unter den Sinti und Roma nach 1945 mit zum Teil erheblichen gesundheitlichen Problemen zu kämpfen. Insbesondere die Wohnverhältnisse waren häufig der Grund für gesundheitliche Belastungen. Unzureichende sanitäre Einrichtungen und mangelnder Schutz vor der Witterung führten in den 1950er Jahren vielfach zu Erkrankungen unter den Sinti und Roma.

An diesem Zustand änderte sich auch im Zeitraum von 1960 bis 1970 kaum etwas. Offene Abwassergräben und feuchte Böden und Wände in den Baracken einer Freiburger Siedlung für Angehörige der Minderheit waren Ursache von Rheuma, Asthma, Nierenbeschwerden und Infektionen. Für Mediziner bestand kein Zweifel daran, dass der Auslöser dieser Krankheiten in den Wohnverhält-

808 Vgl. Open Society Institute (2002), 99.
809 Vgl. Stellungnahme der Bundesrepublik Deutschland (2002), 15.

nissen lag. Obschon für die Zeit von 1971 bis 1982 diesbezügliche Angaben fehlen, kann vermutet werden, dass Sinti und Roma, die unter ähnlichen Wohnbedingungen lebten wie im vorherigen Jahrzehnt, auch weiterhin mit ähnlichen gesundheitlichen Problemen konfrontiert waren. Vielfach fehlte auch eine Absicherung für den Krankheitsfall. Dass selbstständig tätige Sinti und Roma kranken- oder rentenversichert waren, war eher eine Ausnahme. Krankenversichert waren in der Regel nur jene Angehörige der Minderheit, die in einem Angestelltenverhältnis beschäftigt waren. Sinti und Roma, die arbeitslos gemeldet waren oder von Sozialhilfe lebten, waren über die zuständigen Behörden abgesichert und hatten im Bedarfsfall Anspruch auf einen Krankenschein, mit dem sie ärztliche Leistungen in Anspruch nehmen konnten.

Für den Zeitraum von 1983 bis 1995 fehlen Informationen über die gesundheitliche Situation oder Versorgung von Angehörigen der Minderheit. Zwischen 1996 und 2005 waren es noch immer die Wohnverhältnisse, die sich zum Teil äußerst ungünstig auf den Gesundheitszustand der Sinti und Roma auswirkten. So sah das *Open Society Institute* (2002) die hohe Anzahl von kranken Kindern in einer Ravensburger Sinti-Siedlung in gesundheitsgefährdenden Wohnverhältnissen der Siedlung begründet.[810] Wie bereits in den 1960er Jahren führten auch um die Jahrtausendwende mangelhafte Wohnverhältnisse zu Rheuma und Asthma bei den Bewohnern der entsprechenden Siedlungen. Das *Open Society Institute* beklagte, dass Gesundheitsbehörden keine Versuche unternahmen, das vorhandene Misstrauen von Angehörigen der Minderheit gegenüber medizinischen Untersuchungen zu beseitigen, welches auf den Missbrauch zu medizinischen Forschungszwecken während des Nationalsozialismus zurückging.[811] Es lässt sich also festhalten, dass die gesundheitliche Situation der Sinti und Roma vornehmlich durch die zum Teil äußerst ungünstigen Wohnbedingungen über Jahrzehnte negativ beeinflusst wurde. Angesichts der zum Teil erheblichen gesundheitlichen Beschwerden, mit denen Angehörige der Minderheit bedingt durch diese zu kämpfen hatten, erscheint es nicht angemessen, von einer zufriedenstellenden Situation zu sprechen.

Wichtige Teilaspekte im Hinblick auf die soziale Situation der Sinti und Roma stellten bereits seit Kriegsende einerseits die Integration und die damit unmittelbar verbundenen sozialen Kontakte zur Mehrheitsbevölkerung sowie andererseits die vorhandenen Vorurteile dar. Bereits kurz nach Kriegsende begegnete die Bevölkerung den Angehörigen der Minderheit mit offener Ablehnung. Doch nicht nur das Verhältnis der Bevölkerung zu den Sinti und Roma

810 Vgl. Open Society Institute (2002), 125.
811 Vgl. Open Society Institute (2002), 126.

war durch Vorurteile und eine abweisende Haltung geprägt. Auch auf offizieller Ebene setzten sich die Mechanismen der Ausgrenzung und Diskriminierung nach 1945 nahezu ungebrochen fort. Diskriminierende und diffamierende Verordnungen und Gesetze aus der Zeit vor 1933, die nach 1945 in einigen Bundesländern wieder in Kraft gesetzt wurden, führten zu einer Politik der Kriminalisierung und Vertreibung der Sinti und Roma. Polizeiliche Ermittlungen bedurften nicht zwangsläufig eines konkreten Tatverdachts, für eine Verdächtigung reichte allein die Zugehörigkeit zur Minderheit aus. Bedingt durch den Umstand, dass für die Politik der Vertreibung der Städte und Kommunen vielfach eine gesetzliche Grundlage fehlte, versuchte man eine Abwanderung der Sinti und Roma durch abschreckende Lebensumstände zu erreichen. Angehörigen der Minderheit wurden Plätze ohne Wasser, Strom und feste Unterkünfte zugeteilt. Vergleichbare Maßnahmen in zahlreichen Städte und Kommunen führten dazu, dass der gewünschte Erfolg – die Vertreibung der Sinti und Roma – ausblieb, da ein Ortswechsel für die Betroffenen keine Änderung ihrer Lage bedeutet hätte.

Charakteristisch für das Verhältnis von Minderheit und Mehrheitsbevölkerung waren auch in der Zeit von 1960 bis 1970 kaum vorhandene soziale Kontakte und eine Vielzahl von Vorurteilen. Obgleich von der Mehrheitsbevölkerung zum Teil durchaus zur Kenntnis genommen wurde, dass Anpassungsversuche der Sinti und Roma vorhanden waren, änderte dies nur wenig an der stark ablehnenden Haltung. Die Diskriminierung und Ablehnung der Sinti und Roma durch die Bevölkerung waren der Nährboden für ein vorurteilsbehaftetes Bild, das sich in den Nachkriegsjahrzehnten sogar in der Wissenschaft durchsetzen konnte. Maßgeblich beteiligt an diesem Prozess war der Landauer Amtsarzt und Professor für Sozialhygiene Dr. Hermann Arnold. Dieser erhob für die von ihm propagierten Klischees und Unterstellungen in Bezug auf Sinti und Roma nicht nur den Anspruch auf Wissenschaftlichkeit, sondern unternahm darüber hinaus den Versuch, den führenden „Zigeuner-Wissenschaftler" des Nationalsozialismus Robert Ritter und seine ehemaligen Mitarbeiter von einer Mitschuld am Völkermord an den Angehörigen der Minderheit freizusprechen. Arnold konnte sein rassistisches Bild nicht nur in seinen Büchern propagieren, sondern beeinflusste zudem die Minderheitenpolitik bis Ende der 1970er Jahre als gefragter Experte auf Bundesebene und Berater der Caritas.

Vor diesem Hintergrund überrascht es nicht, dass die Mehrheitsbevölkerung auch in den 1970er Jahren noch ein stark vorurteilsbehaftetes Bild von den Sinti und Roma hatte, was soziale Kontakte fortdauernd erschwerte. Diesbezüglich gab es aber durchaus Unterschiede innerhalb der Minderheit. So verfügten Musiker und Angehörige der Minderheit, die in einem festen Arbeitsverhältnis standen, über deutlich mehr Kontakte zu Angehörigen der Mehrheitsbevölkerung als andere. Die immer noch vorhandene Diskriminierung der Sinti und Roma erfolgte teilweise offen, wie im Beispiel der Campingplätze, die in Form von Schildern deutlich machten, dass Landfahrer nicht erwünscht seien, und teilweise verdeckt wie im Fall polizeilicher Maßnahmen. Zwar wurde polizeiintern die Sonderkennzeichnung von Angehörigen der Minderheit mittels des Zusatzes ZN für „Zigeunername" 1981 eingestellt. Feuerhelm (1987) ist jedoch der Ansicht, dass der neu eingeführte Begriff „HWAO" (häufig wechselnder Aufenthaltsort), anders als von der Polizei versichert nicht mit einer inhaltlichen Differenzierung einherging, sondern lediglich eine Begriffsänderung darstellte.[812] Ihren Anteil an der Verbreitung eines stark vorurteilsbehafteten Bildes der Minderheit hatten auch die Medien. Anfang der 1990er Jahre wurde über Angehörige der Minderheit in erster Linie in Zusammenhang mit Kriminalität oder Konflikten berichtet. Positive Berichte über die Kultur und das Leben der Sinti und Roma bildeten eine seltene Ausnahme.

Nachdem das Verhältnis von Minderheit und Mehrheit über Jahrzehnte geprägt war von Vorurteilen, Ablehnung und Diskriminierung, sind die Feststellungen des Beratenden Ausschusses für das Rahmenübereinkommen zum Schutz nationaler Minderheiten aus dem Jahr 2002 wenig überraschend. Darin wird konstatiert, dass Angehörige anderer nationaler Minderheiten akzeptiert und integriert in der Bundesrepublik Deutschland lebten, während Vertreter der Sinti und Roma von einer ablehnenden und feindseligen Haltung der Behörden und Bevölkerung berichteten.[813] Eine deutliche Zunahme fremdenfeindlich motivierter Straftaten, von denen, wie der Beratende Ausschuss mitteilt, mitunter auch Sinti und Roma betroffen waren, deutet auf einen weiteren Aspekt der Problematik hin.[814] Wenn das *Open Society Institute* (2002) feststellt, dass der Antiziganismus alle Bereiche des alltäglichen Lebens durchsetzt, wird das Ausmaß an Ausgrenzung und Diskriminierung deutlich, von dem Sinti und Roma auch noch nach 60 Jahre nach Kriegsende betroffen waren.[815]

Klischeevorstellungen spielten stets eine entscheidende Rolle bei dem Bild, das die Mehrheitsbevölkerung von den Sinti und Roma hatte. Besonders weit verbreitet war die Annahme, dass Angehörige der Minderheit ausschließlich in mobilen Unterkünften leben und sich nur selten langfristig an einem Ort aufhalten würden obwohl bereits zu Beginn des 20. Jahrhunderts ein Großteil der

812 Vgl. Feuerhelm (1987), 298.
813 Vgl. Beratender Ausschuss für das Rahmenübereinkommen zum Schutz nationaler Minderheiten (2002), Art. 6/ Pkt. 33.
814 Vgl. Beratender Ausschuss für das Rahmenübereinkommen zum Schutz nationaler Minderheiten (2002), Art. 6/ Pkt. 38.
815 Vgl. Open Society Institute (2002), 88.

deutschen Sinti und Roma zumindest feste Winterstandorte besessen hatte. Nach Kriegsende blieb Angehörigen der Minderheit vielfach keine andere Möglichkeit, als mit Wohnwagen oder Baracken als Unterkunft vorlieb zu nehmen. Die Wohnungsnot in der Zeit nach 1945 sowie die ablehnende Haltung, auf die sie bei Vermietern stießen, boten kaum Alternativmöglichkeiten. Auf Trümmergrundstücken oder in der Nähe von Industriegebieten oder Müllkippen entstanden Siedlungen, in denen Sinti und Roma in Baracken, Holzhütten oder Wohnwagen in den Randbezirken der Städte und Gemeinden lebten. Geleitet von der Annahme, dass Angehörige der Minderheit kein Interesse an „bürgerlichen Wohnverhältnissen" hätten, waren Plätze ohne jegliche Infrastruktur und sanitäre Einrichtungen vielfach die einzigen Wohnmöglichkeiten, die man ihnen zubilligte. Die Option auf ein Dach über dem Kopf auf dem freien Wohnungsmarkt hatten meist nur jene Sinti und Roma, die bereit waren, ihre ethnische Herkunft zu verbergen. Ziel der von den Städten und Kommunen betriebenen Politik der Ausgrenzung war es, eine dauerhafte Ansiedlung der Sinti und Roma in ihrem Gebiet zu verhindern und sie durch elende Wohnbedingungen zu vertreiben. In den 1960er Jahren zeigte sich jedoch, dass dieses Vorgehen nicht zielführend war. Nun suchte man nach neuen Wegen des Zusammenlebens mit der Minderheit. In Freiburg sollten sich Angehörige der Minderheit als würdige Bürger der Stadt erweisen und dann in einer Art Belohnungssystem stufenweise besseren Wohnraum zur Verfügung gestellt bekommen. Als problematisch wird von Widmann (2001) in diesem Zusammenhang bewertet, dass zwar die Anwesenheit der Sinti und Roma akzeptiert wurde, aber man sie gleichzeitig durch die Randlage der entsprechenden Siedlungen ausgrenzte und es zudem versäumte, Integrationsangebote zu machen.[816] Die seit Kriegsende bestehenden Lagerplätze der Sinti und Roma wurden vielfach nicht aufgelöst, um die Wohnverhältnisse zu verbessern, sondern weil die entsprechenden Areale für Gewerbegebiete ohne andere Vorhaben benötigt wurden. Es verwundert daher nicht, dass trotz gewisser Veränderungen der Wohnverhältnisse in den 1960er Jahren kein Wandel der grundsätzlichen Gegebenheiten eintrat. Isoliert von der übrigen Bevölkerung lebte ein Großteil der Sinti und Roma noch immer unter unzureichenden Bedingungen auf engstem Raum.

Bereits in den 1950er und 1960er Jahren war ein zunehmender Trend zur Sesshaftigkeit unter den Sinti und Roma zu beobachten, der sich in den 1970er Jahren verstärkt fortsetzte. Nur noch ein sehr geringer Teil von Angehörigen der Minderheit war während des gesamten Jahres auf Reisen. Für den Zeitraum von 1971 bis 1982 wird in der Literatur mehrfach auf die Heterogenität der Wohn-

---

816 Vgl. Widmann (2001), 81.

verhältnisse von Angehörigen der Minderheit hingewiesen. Neben Sinti und Roma, die noch immer in Behelfswohnungen, auf Wohnwagenplätzen oder in Zigeunersiedlungen lebten, gab es auch solche, die einen besseren Lebensstandard erreicht hatten, der mit dem der Mehrheitsbevölkerung vergleichbar war. Trotz einiger Verbesserungen darf nicht übersehen werden, dass die Wohnbedingungen des größeren Teils der Minderheit weiterhin unzureichend waren. Für die späten 1980er Jahre sowie die frühen 1990er Jahren fehlen detaillierte Angaben zu den Wohnverhältnissen der Sinti und Roma fast vollständig. Sofern in der Literatur Bezug auf dieses Thema in dem entsprechend Zeitraum genommen wird, werden die Ergebnisse der Studien von Hundsalz (1982) sowie Freese, Murko und Wurzbacher (1980) zitiert. Es kann also davon ausgegangen werden, dass auch zwischen 1983 und 1995 eine ausgeprägte Heterogenität für die Wohnbedingungen der Sinti und Roma charakteristisch war. Daran änderte sich wohl auch zwischen 1996 und 2005 kaum etwas. Zwar gab es auch in diesem Zeitraum Familien, die in vergleichbaren Verhältnissen wie Angehörige der Mehrheitsbevölkerung lebten. Die Lebensbedingungen der Mehrheit der Sinti und Roma waren aber eher unterdurchschnittlich. Von Vertretern der Minderheit wurde in diesem Zusammenhang beklagt, dass von Seiten der Behörden nicht gemeinsam mit den Betroffenen nach Lösungsmöglichkeiten gesucht worden sei, sondern Sinti und Roma weiterhin in Ghettos abdrängt worden seien.[817] Ungeachtet der Tatsache, dass es zweifelsohne Angehörige der Minderheit gab, die wohnintegriert lebten, scheint es in Anbetracht der Tatsache, dass die Lebenssituation der meisten Sinti und Roma eher unterdurchschnittlich war, nicht angemessen, von zufriedenstellenden Verhältnissen zu sprechen.

Betrachtet man die soziale Situation der Sinti und Roma zwischen 1945 und 2005 in ihrer Gesamtheit, so zeichnet sich diese in negativer Hinsicht durch ein hohes Maß an Kontinuität aus. In einzelnen Teilbereichen waren über Jahrzehnte keinerlei positive Veränderungen der seit Kriegsende als desolat zu bewertenden Lage der Minderheit festzustellen. Wurden Maßnahmen und Veränderungen durchgeführt, geschah dies nicht unbedingt immer mit der primären Intention, die Situation der Sinti und Roma zu verbessern. In welchem Ausmaß aber auch 60 Jahre nach Kriegsende noch Handlungsbedarf bestand, wird anhand einer Äußerung des Beratenden Ausschusses für das Rahmenübereinkommen zum Schutz nationaler Minderheiten (2002) deutlich: Um eine umfassende Einbindung der Sinti und Roma in das wirtschaftliche, gesellschaftliche und

817 Vgl. Open Society Institute (2002), 118.

kulturelle Leben zu erreichen, seien noch „erhebliche Anstrengungen“[818] notwendig.

Obgleich in dieser Hinsicht zweifelsohne das Engagement des Bundes sowie der Städte und Kommunen gefordert ist, besteht natürlich auch eine Eigenverantwortlichkeit der Betroffenen. Die insbesondere seit den 1970er Jahren in der Literatur immer wieder betonten Binnendifferenzen innerhalb der Minderheit lassen den Schluss zu, dass bis zu einem gewissen Grad durchaus Möglichkeiten zur Verbesserung der Situation vorhanden waren. Die auch zu Beginn des neuen Jahrtausends noch immer meist unterdurchschnittlich guten Lebensbedingungen lassen es im Ganzen betrachtet jedoch nicht angemessen erscheinen, ein positives Fazit hinsichtlich der Entwicklung der sozialen Situation der Sinti und Roma in der Bundesrepublik Deutschland zwischen 1945 und 2005 zu ziehen.

818 Vgl. Beratender Ausschuss für das Rahmenübereinkommen zum Schutz nationaler Minderheiten (2002), Art. 15/ Pkt. 66, 20.

6. Parlamentarische Vorgänge zum Thema „Sinti und Roma“ von 1949 bis 2005

6.1. Einleitung

Gleichbehandlung und Toleranz sind zentrale Werte einer demokratischen Kultur. Diskriminierung und Ungleichbehandlung hingegen stehen im Widerspruch zu den Grundüberzeugungen einer Demokratie, wie sie in der Bundesrepublik Deutschland seit 1949 existiert. Im Zusammenhang mit dieser politischen Kultur der Demokratie vertritt Lepsius (1993) die Meinung, dass sich eine ebensolche erst langsam herausbildete und die Einführung einer parlamentarischen Demokratie praktisch im Vorgriff auf sie geschah.[819] Während die politischen Institutionen in den Gründungsjahren der Bundesrepublik Deutschland errichtet worden seien, so Lepsius (2009), habe die entsprechende Bildung einer demokratischen politischen Kultur längere Zeit in Anspruch genommen, und so sei es durchaus angemessen, zunächst von einer „Demokratie ohne Demokraten“ zu sprechen.[820] Dazu Lepsius:

> „Politische Kultur ist wie jede typisch geltende Verhaltensorientierung das Ergebnis von Sozialisationsprozessen, durch die bestimmte Denk- und Glaubensmuster, Wertbeziehungen und Ordnungsvorstellungen gelernt werden. Wertorientierungen für politisches Verhalten werden durch die Rahmenbedingungen, die Institutionen setzen, konkretisiert und entwickeln sich in der Auseinandersetzung mit den Wirkungen dieser Institutionen.“[821]

Es kommt die Frage auf, welche diesbezüglichen Impulse von Seiten des Deutschen Bundestages als Parlament wünschenswert gewesen wären. In diesem Zusammenhang stellt Dubiel (1999) die These auf, dass sich eben jene demokratische Kultur, die im Gegensatz zum demokratischen System nicht von Beginn an vorhanden war, nur in dem Maße entwickeln konnte, wie den Erinnerungen an die Vergangenheit Raum gegeben wurde.[822] Eine Antwort darauf,

---

819 Vgl. Lepsius (1993), 235.
820 Vgl. Lepsius (2009), 63f.
821 Lepsius (2009), 63.
822 Vgl. Dubiel (1999), 10.

warum dies möglicherweise gerade in den Vorgängen des Deutschen Bundestages hätte stattfinden sollen, findet sich ebenfalls bei Dubiel:

> „Schließlich ist das Parlament nach gängigem liberaldemokratischen Selbstverständnis die Schnittstelle, an der die Interessen und Meinungen der Bürger mit den Verhandlungen der Politiker vermittelt werden sollen. Das Parlament ist die Membran zwischen Gesellschaft und Staat, der Resonanzboden der bürgerlichen Öffentlichkeit zum einen und demokratische Kontrollinstanz der staatlichen Administration zum anderen.“[823]

Dubiel räumt allerdings ein, das der Deutsche Bundestag erst im Laufe seines Bestehens in die Rolle des „Resonanzbodens“ hineingewachsen sei. Zunächst habe sich der Bundestag als „Arbeitsparlament“ verstanden, in der die Partizipation an der Gesetzgebung von größerer Bedeutung war als die öffentliche Debatte kontroverser Positionen.[824]

6.1.1. Der Deutsche Bundestag

„Von den fünf obersten Staatsorganen der Bundesrepublik Deutschland – Bundespräsident, Bundestag, Bundesregierung, Bundesrat und Bundesverfassungsgericht – ist der Deutsche Bundestag das einzige durch die Wahl von der Bevölkerung legitimierte Organ und schon von daher in einer herausgehobenen Position“[825] so Anderson. Nach Ansicht von Zeh (2008) sind die an den Bundestag gerichteten Erwartungen hoch. In aktuellen Diskussionen zeige sich, dass wichtige Entscheidungen, wie unter anderem die Lösung intensiv thematisierter Probleme, vom Deutschen Bundestag erwartet werden.[826] Lammert (2008) weist darauf hin, dass die Rolle des Bundestages im Grundgesetz deutlich bescheidener beschrieben ist, als vielfach angenommen werde. Artikel 77 des Grundgesetzes sehe lediglich vor, dass Bundesgesetze vom Bundestag beschlossen würden. Für alle jenseits dieser ausdrücklichen Norm vorhandenen Erwartungen an die Rolle des Parlaments gäbe es keine verfassungsrechtliche Anforderung.[827] Ungeachtet der im Grundgesetz verankerten Aufgabe des Deutschen Bundestages übernimmt dieser jedoch weit mehr Funktionen als den Beschluss von Bundesgesetzen. Ismayr (2000) unterscheidet zwischen folgenden Parlamentsfunktionen:

---

823 Dubiel (1999), 13.
824 Vgl. Dubiel (1999), 296.
825 Anderson (2008), 5.
826 Vgl. Zeh (2008), 59.
827 Vgl. Lammert (2008), 52f.

1) Kreations- und Rekrutierungsfunktion, welche nicht nur die Regierungsbildung beinhaltet, sondern auch Zuständigkeiten bei der Wahl anderer Verfassungsorgane
2) Gesetzgebungsfunktion, die auch die Haushaltsbestimmung umfasst
3) Kontroll- und Initiativfunktion, unter der insbesondere die Kontrolle von Regierung und Verwaltung zu verstehen ist
4) Repräsentations- und Kommunikationsfunktion, die neben der Artikulation öffentlicher Meinungen und Interessen der Bevölkerung und der Mitwirkung am öffentlichen Diskurs auch die Publizität staatlich-politischer Informationen und Willensbildungsprozesse umfasst[828]

Im Zusammenhang mit der im Rahmen dieser Arbeit behandelten Frage, inwieweit sich der Deutsche Bundestag im Zeitraum von 1949 bis 2005 mit der Vergangenheit, Gegenwart oder Zukunft der Sinti und Roma in Deutschland beschäftigt hat, ist insbesondere seine Repräsentations- und Kommunikationsfunktion von Bedeutung. Im Zentrum dieser Funktion steht die Sicherung der Legitimität staatlichen Handelns, bei dem kommunikative Aspekte eine entscheidende Rolle spielen. Die Kommunikation zwischen Abgeordneten und Bürgern verläuft hierbei in zwei Richtungen. Durch Diskussionen und die Formulierung politischer Aussagen sollen der Bevölkerung Informationen vermittelt werden und ihr dadurch die Partizipation ermöglicht werden. Neben dieser sogenannten „Willensbildungsfunktion“ umfasst die Repräsentations- und Kommunikationsfunktion darüber hinaus auch die „Artikulationsfunktion“. Aufgabe der Abgeordneten ist es, gesellschaftliche Interessen aufzugreifen und für deren angemessene Berücksichtigung in den politischen Entscheidungsprozessen zu sorgen.[829] Ismayr (2000) fasst die Rolle der Repräsentations- und Kommunikationsfunktion wie folgt zusammen:

> „Demokratische Legitimation staatlichen Handelns setzt Transparenz des Entscheidungsprozesses und stete wechselseitige Kommunikation zwischen dem Parlament und den Bürgern voraus. Sie hängt von der Fähigkeit der Abgeordneten und Fraktionen ab, die von Parteigliederungen, Interessengruppen, Bürgerinitiativen, Kirchen, Publizistik etc. entwickelten Meinungen, Interessen und politischen Positionen wahrzunehmen, zu aggregieren und zu artikulieren und auf dieser Grundlage gemeinwohlorientiert konzeptionelle Alternativen in öffentlicher Debatte so zu begründen und zu vermitteln, daß kritisches Mitdenken, Kontrolle und Mitwirkung der Bürger begünstigt werden.“[830]

828 Vgl. Ismayr (2000), 34.
829 Vgl. Oberreuter (2003).
830 Ismayr (2000), 312.

Artikel 42 des Grundgesetzes legt fest, dass der Deutsche Bundestag öffentlich verhandelt. Der interessierte Bürger hat die Möglichkeit, die Plenardebatten entweder vor Ort auf einer Besuchertribüne oder über diverse Formen der medialen Berichterstattung zu verfolgen. Tatsächlich handelt es sich bei den öffentlich verhandelten Debatten jedoch nur um eine kleinen Teil der Arbeit des Deutschen Bundestages. In jeder Wahlperiode werden durch Beschluss des Bundestages zahlreiche ständige Ausschüsse eingesetzt, die von der Geschäftsordnung als „vorbereitende Beschlussorgane des Bundestages" bezeichnet werden.[831] Diese Beratungen sind nicht öffentlich und machen einen Großteil der Arbeit aus, den Abgeordnete im Deutschen Bundestag leisten. Dazu Zeh (2008): „Statistisch finden etwa zehnmal so viele Sitzungen von Ausschüssen, Arbeitskreisen der Fraktion und sonstigen Gremien statt wie Sitzungen des Plenums."[832] Das Plenum sei nicht der Ort, an dem Entscheidungen erarbeitet würden.[833] Kaiser und Rauer (2007) merken an, dass die Abgeordneten sich nicht erst im Plenum eine Meinung bilden, und stellen diesbezüglich fest:

> „Vielmehr werden hier Entscheidungen öffentlich diskutiert, die in den Fraktionen und Ausschüssen noch weitgehend unter Ausschluss der Öffentlichkeit vorbereitet wurden. In den Plenardebatten soll der Prozess der Meinungsbildung in geraffter Form vor aller Augen und Ohren wiederholt werden."[834]

Auch wenn die Entscheidungsprozesse vielfach hinter verschlossenen Türen ablaufen und nur in zusammengefasster Form für den Bürger im Rahmen von Plenardebatten öffentlich gemacht werden, ändert dies nichts an der Tatsache, dass der Deutsche Bundestag eine entscheidende Schnittstelle zwischen Staat und Gesellschaft bildet. Für Lammert (2008) stellt der Deutsche Bundestag bei den bedeutenden aktuellen und grundsätzlichen Fragen das wichtigste Forum der Nation dar.[835] Das Wechselspiel zwischen Bürgern und Politik sorgt nicht nur für eine angemessene Berücksichtigung der vielfältigen Interessen der Bevölkerung auf Bundesebene, sondern ermöglicht dem Bürger zugleich die kritische Auseinandersetzung mit zentralen politischen und gesellschaftlichen Themen und macht so eine politische Willensbildung möglich.

---

831 Vgl. Linn; Sobolewksi (2011), 24ff.
832 Zeh (2008), 76.
833 Vgl. Vgl. Zeh (2008), 78.
834 Kaiser; Rauer (2007), 161.
835 Vgl. Lammert (2008), 56.

6.1.2. Plenardebatten und Fragerecht

Gemäß § 19 der Geschäftsordnung des Deutschen Bundestages werden sowohl Termine als auch Tagesordnungspunkte der Sitzungen des Bundestages vom Ältestenrat[836] vereinbart sofern der Bundestag nicht vorher darüber beschließt oder sie vom Präsidenten selbstständig festgesetzt werden. Größere Plenardebatten zu einem selbstgewählten Thema können insbesondere von der Opposition aber auch durch eine „Große Anfrage“ durchgesetzt werden. „Große Anfragen“ können sowohl von einer Fraktion als auch von 5 von Hundert der Abgeordneten an die Regierung gerichtet werden. Dazu Ismayr (2000):

> „Der Präsident (Präsidialamt) leitet die Große Anfrage dem Bundeskanzleramt zu und fordert die Bundesregierung auf, sich zu erklären, ob und wann sie antworten werde (§ 101 GOBT). Parlamentarische Geschäftsführer und Ältestenrat planen aufgrund der Ankündigungen der Ministerien (Vorlagenlisten) die Plenardebatten ein. Auf Verlangen einer Fraktion muß eine Große Anfrage nach Eingang der Antwort, oder wenn die Bundesregierung überhaupt oder für die nächsten drei Wochen die Beantwortung der Großen Anfrage ablehnt, auf die Tagesordnung gesetzt werden (§§ 101, 102 GOBT).“[837]

Um die Regierung zu veranlassen, zu größeren Themenkomplexen grundsätzlich und detailliert Stellung zu beziehen, sei die „Große Anfrage“ besonders geeignet.[838] Das Fragerecht, welches zu den klassischen Kontrollkompetenzen von Parlament und Abgeordneten gehört und dazu dient, sich öffentlich in kritischer Weise mit der Politik der Regierung auseinanderzusetzen, umfasst neben der „Großen Anfrage“ auch „Kleine Anfragen“ auch „Einzelfragen“ und die „Aktuelle Stunde“. Ebenso wie „Große Anfragen“ können auch „Kleine Anfragen“ nur von einer Fraktion oder einer entsprechenden Anzahl von Abgeordneten vorgelegt werden. Anders als die „Großen Anfragen“ werden sie jedoch nur schriftlich beantwortet und können nicht als Verhandlungspunkt auf die Tagesordnung gesetzt werden und sind somit kein Mittel zur Durchsetzung von Plenardebatten. Laut Ismayr (2000) muss diese Tatsache die öffentliche Wirkung „Kleiner Anfragen“ nicht zwangsläufig beeinträchtigen, da sowohl in Plenardebatten zu einem entsprechendem Themenbereich als auch in „Aktuellen Stun-

---

836 Mitglieder des Ältestenrat sind neben dem Bundestagspräsident und seinen stellvertretenden Präsidenten 23 weitere Abgeordnete der Fraktionen, die von der jeweiligen Mitgliederzahl abhängen. Aufgabe des Ältestenrats ist es laut § 6 der Geschäftsordnung des Deutschen Bundestages, den Präsidenten bei der Führung seiner Geschäfte zu unterstützen und über innere Angelegenheiten des Bundestages zu beschließen.

837 Ismayr (2000), 333.

838 Vgl. ebenda.

den" Bezug auf die Antworten genommen werden kann.[839] Darüber hinaus dienen „Kleine Anfragen" häufig zur inhaltlichen Vorbereitung „Großer Anfragen".[840] Anders als „Große und Kleine Anfragen" benötigen „Einzelfragen" nicht die Unterstützung einer Fraktion oder eines Quorums. Sie gehören zu den wenigen Kompetenzen der Geschäftsordnung des Deutschen Bundestages, die dem einzelnen Abgeordneten zukommen. Wöchentlich hat jeder Bundestagsabgeordnete die Möglichkeit, zwei Fragen zur mündlichen Beantwortung an die Bundesregierung zu richten, und kann darüber hinaus monatlich vier Fragen zur schriftlichen Beantwortung stellen.[841] Die Abgeordneten können auf diese Weise nicht nur konkrete Sachinformationen erfragen, sondern haben zudem die Möglichkeit, Bewertungen, Handlungsabsichten und Planungen der Regierung in den gewünschten Themenbereichen zu erfahren.[842] Die „Aktuelle Stunde" wurde 1965 als Möglichkeit eingeführt, zeitnah aktuelle Themen in Form einer politischen Debatte mit Kurzbeiträgen zu diskutieren. „Aktuelle Stunden" werden entweder aufgrund interfraktioneller Vereinbarungen im Ältestenrat oder bei entsprechendem Verlangen einer Fraktion oder von 5 Prozent der Abgeordneten einberufen. In diesem Zusammenhang stellt Ismayr (2000) fest:

> „Während die Regierung jederzeit durch Regierungserklärungen Stellung nehmen und eine Debatte auslösen konnte und die Regierungsfraktionen nach der Geschäftsordnung immerhin die Möglichkeit besitzen, eine Plenardebatte durch Mehrheitsbeschluß durchzusetzen, blieb der Opposition nur der Weg, durch (abgestimmte) Fragen in der Fragestunde die Regierung zu aktuellen Stellungnahmen herauszufordern."[843]

Die Attraktivität „Aktueller Stunden" für die Oppositionsfraktionen sei im Besonderen darauf zurückzuführen, dass diese es ihr ermöglichten, in jeder Sitzungswoche aktuelle Debattenthemen festzulegen und auf diese Weise das Setzen politischer Akzente erlaubten.[844]

Ungeachtet der Tatsache, dass die Tagesordnungspunkte für die Plenarsitzungen des Deutschen Bundestages in der Regel vom Ältestenrat festlegt werden, und es der Regierung obliegt, durch Regierungserklärungen eine Debatte zu initiieren, räumen sowohl die verschiedenen Frageformen als auch die „Aktuelle Stunde" insbesondere der Opposition nicht nur die Möglichkeit ein, die Regierung zu kontrollieren, sondern auch Angelegenheiten zu thematisieren, die

---

839 Vgl. Ismayr (2000), 341.
840 Vgl. Ismayr (2000), 338.
841 Vgl. Ismayr (2000), 343.
842 Vgl. Ismayr (2000), 345.
843 Ismayr (2000), 346.
844 Vgl. Ismayr (2000), 349.

bis dahin aus ihrer Sicht nicht in ausreichendem Maße oder nicht in zufriedenstellender Weise behandelt wurden.

Zusammenfassend lässt sich nach Ismayr (2000) Folgendes über „Große und Kleine Anfragen“ sowie „Einzelfragen“ und „Aktuelle Stunden“ festhalten:

> „Diese Instrumente dienen einmal dazu, Informationen zu beschaffen, die Abgeordnete für ihre Gesetzgebungs- und Kontrolltätigkeit in Ausschüssen und Plenum benötigen. Sie dienen aber auch ‚unmittelbar‘ der Kontrolle der Regierung(smehrheit), indem sie die Möglichkeit eröffnen, sich vor der Öffentlichkeit kritisch mit der Regierungspolitik auseinanderzusetzen und Alternativen zu präsentieren und so die Regierungsmehrheit veranlassen, ihre Position zu begründen. Die Fraktionen nutzen diese Kontrollinstrumente auch dann, wenn sie die nötigen Informationen bereits anderweitig beschafft haben und sich möglicherweise auch über die Haltung der Regierung im Klaren sind, weil sie eben auch dazu dienen, die öffentliche Auseinandersetzung zu suchen.“[845]

6.2. Vorgänge des Deutschen Bundestages zwischen 1949 und 1970

Im Zeitraum von 1949 bis 1970 hat sich der Deutsche Bundestag im Rahmen keines einzigen parlamentarischen Vorgangs mit der Gegenwart oder Vergangenheit der Sinti und Roma beschäftigt. Sinti und Roma wurden insbesondere in den 1950er und 1960er vielfach im behördlichen Bereich auch im Zusammenhang mit Landfahrern genannt. Um auszuschließen, dass möglicherweise Vorgänge, die sich mit der Minderheit beschäftigten, unter diesem Suchbegriff in den Registern zu den Verhandlungen des Deutschen Bundestages geführt werden, wurden die Register der 1. bis 7. Wahlperiode neben den für alle Wahlperioden verwendeten Suchbegriffen „Sinti“, „Roma“ und „Zigeuner“ darüber hinaus auch noch nach der Bezeichnung „Landfahrer“ durchsucht. Auch diese Suche lieferte keine Vorgänge, die sich in irgendeiner Form mit der gegenwärtigen Situation oder der Verfolgungsgeschichte der Sinti und Roma beschäftigt hätten.

845 Ismayr (2000), 331.

6.3. Vorgänge des Deutschen Bundestages zwischen 1971 und 1982

6.3.1. Thematisierung der Gegenwart und Zukunft der Sinti und Roma

Sinti und Roma waren im August 1978 erstmals Thema eines Vorganges des Deutschen Bundestages. Der Abgeordnete Hermann Schmitt-Vockenhausen (SPD) verlangte anlässlich einer Fragestunde von der Bundesregierung eine Antwort auf folgende Frage:

> „Welche Möglichkeiten sieht die Bundesregierung, im Rahmen der EG oder auch im Rahmen der Länder des Europarates überörtlich wirksame Entscheidungen herbeizuführen, die die ausweglose Situation der von Land zu Land abgeschobenen Zigeuner, denen auch die Kommunen meist beim besten Willen nicht helfen können, dadurch [zu] verbessern, daß den Zigeunern allgemein anerkannte Ausweispapiere gegeben werden."[846]

Neben diesem ersten Vorgang gab es in der 8. Wahlperiode (14. Dezember 1976 bis 4. November 1980) noch sechs weitere Vorgänge, die sich sowohl mit der sozialen Situation der Sinti und Roma als auch mit der Frage der Wiedergutmachung der nationalsozialistischen Verfolgung beschäftigten.

6.3.1.1. Soziale Situation

Zehn Monate nach der Gründung des *Zentralrats Deutscher Sinti und Roma* im Februar 1982 bezog die Bundesregierung im Rahmen einer Antwort auf eine große Anfrage von 12 Abgeordneten sowie der Fraktionen der SPD und FDP erstmals in einem Vorgang des Deutschen Bundestages ausführlich Stellung zu Lage und Forderungen der Sinti und Roma. Die von der Bundesregierung im Rahmen der Drucksache 9/2360 wiedergegebenen Zahlen zur Arbeitslosigkeit und Bildung der Sinti und Roma stammten aus der „Studie zur sozialen Situation der Sinti in der Bundesrepublik Deutschland" von Andreas Hundsalz, welche im Auftrag der Bundesregierung angefertigt worden war und in dieser Arbeit unter 5.3 Berücksichtigung fand.

---

846 IIX. WP, 1978, Drs. 8/2042, 6.

Arbeit, Beruf, Einkommen und wirtschaftliche Situation

Der Parlamentarische Staatssekretär Andreas von Schoeler (FDP)[847] wies 1978 darauf hin, dass es sich bei den Problemen der Sinti und Roma in erster Linie und wirtschaftliche und soziale Schwierigkeiten handelte.[848] Anhand einer Äußerung des Bundesministers für Jugend, Familie und Gesundheit aus dem Jahr 1982, der die wirtschaftliche Situation der Minderheit als heterogen beschrieb, wird deutlich, dass Sinti und Roma von diesen wirtschaftlichen Schwierigkeiten in unterschiedlichen Ausprägungen betroffen waren. Während 15 Prozent der Sinti und Roma, so der Bundesminister für JFG, auf ständige Hilfen zum Lebensunterhalt nach Bundessozialhilfegesetz angewiesen seien, existiere auch ein kleiner Teil, der seinem Einkommen nach dem Mittelstand zuzurechnen sei.[849] Im Rahmen der Bemessung der Sozialhilfeleistungen würden Kraftfahrzeuge und Wohnwagen nicht angerechnet, da diese nicht als verwertbares Vermögen angesehen würden.[850] Die Folgen der unzureichenden Bildung der Sinti und Roma zeigten sich nach Einschätzung des Bundesministers für JFG auch im Berufsleben: Die Arbeitslosenquote sei mit 25 Prozent vergleichsweise hoch, und lediglich 20 Prozent der Sinti und Roma seien in einem Anstellungsverhältnis beschäftigt. Dies sei nicht zuletzt auf Vorurteile zurückzuführen, mit denen Sinti und Roma bei der Stellensuche konfrontiert seien.[851]

Thematisiert wurden im Zusammenhang mit der beruflichen und wirtschaftlichen Situation der Sinti und Roma auch Möglichkeiten der Fortbildung und Umschulung. Im Rahmen einer Fragestunde stellte die Abgeordnete Brigitte Erler (SPD) die Frage, welche möglichen Maßnahmen zur Fortbildung und Umschulung der Sinti und Roma existierten, die außerhalb des Arbeitsförderungsgesetzes lägen, für welches ein Nachweis einer mindestens zweijährigen beruflichen Tätigkeit erforderlich sei, der für selbstständig Tätige nicht zu erbringen sei. Die Parlamentarische Staatssekretärin Irmgard Karwatzki (CDU) erklärte, dass im Einzelfall Förderungsmöglichkeiten nach dem Bundessozialhilfegesetz bestünden, welche aber in erster Linie in Beratung und persönlicher Betreuung bestehen würden. Während darüber hinaus Hilfen für eine Ausbildung vorgesehen seien, sehe das BSHG keine Förderung von Fortbildungen oder Umschulungen vor. Aufgrund fehlender abschließender Regelungen seien

847 Von Schoeler war bis 1982 Mitglied der der FDP und wechselte dann zur SPD.
848 Vgl. IIX. WP, 1978, Drs. 8/2042, 7.
849 Vgl. IX. WP, 1982, Drs. 9/2360, 2.
850 Vgl. IX. WP, 1982, Drs. 9/2360, 19.
851 Vgl. IX. WP, 1982, Drs. 9/2360, 2.

in Einzelfällen Maßnahmen zur Fortbildung oder Umschulung jedoch nicht ausgeschlossen.[852]

Im Rahmen einer Antwort auf eine mündliche Anfrage erklärte der Parlamentarische Staatssekretär Karl Fred Zander (SPD) darüber hinaus, dass für Sinti und Roma, sofern sie deutsche Staatsbürger seien, die gleichen Rechte und Pflichten wie für alle Deutschen gälten. Soziale Maßnahmen, die zur Absicherung der wirtschaftlichen und sozialen Lage der Sinti und Roma notwendig seien, würden gewährt, und dabei würde das Ziel verfolgt, die Eigenständigkeit der Personengruppe nicht zu beeinträchtigen.[853] Leistungen für hilfsbedürftige Sinti und Roma nach dem Bundessozialhilfegesetz würden ebenso wie für andere deutsche Staatsbürger bewilligt. Zander erläuterte, dass für jene Sinti und Roma, die signifikante Schwierigkeiten hinsichtlich der Teilnahme am Leben in der Gemeinschaft hätten, Hilfen zur Überwindung dieser Schwierigkeiten zur Verfügung gestellt würden:

> „Diese Hilfe umfaßt alle Maßnahmen, die notwendig sind, um die Schwierigkeiten abzuwenden, zu beseitigen, zu mildern oder ihre Verschlimmerung zu verhüten, vor allem Beratung und persönliche Betreuung, Maßnahmen bei der Beschaffung und Erhaltung einer Wohnung, zur Erlangung und Sicherung eines Arbeits- und Ausbildungsplatzes, um das Nachholen eines Ausbildungsabschlusses einer allgemeinbildenden Schule zu erleichtern, sowie zur Gestaltung der Freizeit.“[854]

Im Rahmen von drei Forschungsvorhaben, so Zander, werde gegenwärtig überprüft, inwieweit die Hilfsmöglichkeiten ausreichend seien oder ob sie ergänzt oder gegebenenfalls durch neue Hilfsmethoden ersetzt werden müssten. Entsprechende notwendige Konsequenzen würden aus den Untersuchungen gezogen werden.[855]

Bildung

Im Rahmen der Antwort auf die „Große Anfrage“ von 12 Abgeordneten sowie der Fraktionen der SPD und FDP stellte der Bundesminister für Jugend, Familie

---

852 Vgl. IX. WP, 1983, Drs. 9/2409, 33.
853 Vgl. IIX. WP, 1979, 142. Sitz., 11329.
854 IIX. WP, 1979, 142. Sitz., 11330.
855 Bei den von Zander an dieser Stelle erwähnten Forschungsvorhaben handelt es sich um die Literaturanalyse von Hundsalz (1978), die Studie zur sozialen Situation der Sinti in der BRD (1980), welche ebenfalls von Hundsalz stammt, sowie die Untersuchung von Freese, Murko und Wurzbacher über Hilfen für Zigeuner und Landfahrer (1982). Sowohl die 1980 veröffentlichte Studie von Hundsalz als auch die Untersuchung von Freese, Murko und Wurzbacher wurden in dieser Arbeit zur Beschreibung der sozialen Situation der Sinti und Roma im Zeitraum von 1971 bis 1982 unter 5.3. berücksichtigt.

und Gesundheit 1982 fest, dass 35 Prozent der erwachsenen Sinti in Deutschland Analphabeten seien und lediglich 20 Prozent von ihnen die Schule mit einem Schulabschluss verlassen hätten.[856] Der Bundesminister für JFG nahm darüber hinaus Stellung zu Weiterbildungsmöglichkeiten für erwachsene Sinti und Roma. Sofern es sich um Personen mit deutscher Staatsangehörigkeit handele, könnten bei Erfüllen der allgemeinen Voraussetzungen Förderungsleistungen nach dem Arbeitsförderungsgesetz gewährt werden. Es könnten jedoch keine Angaben dazu gemacht werden, in welchem Umfang Maßnahmen zur beruflichen Fortbildung oder Umschulung genutzt würden, da im Rahmen der Statistik zwar zwischen deutschen und ausländischen Teilnehmern unterschieden werde, aber die Volkszugehörigkeit nicht gesondert erfasst werde.[857] Verbesserungsbedarf sah der Bundesminister für JFG in diesem Bereich nicht. Er kam zu folgendem Urteil:

> „Bei der gegebenen Rechtslage bieten sich ausreichend Möglichkeiten zur beruflichen Fortbildung und Umschulung der Sinti, Roma und verwandter Gruppen. Eine Änderung der gesetzlichen Vorschriften ist insoweit nicht erforderlich."[858]

Bildungs- und Berufschancen der nachfolgenden Generation

Die Bildungs- und Berufschancen der nachfolgenden Generation der Sinti und Roma waren im Oktober 1979 erstmalig Thema eines Vorgangs des Deutschen Bundestages. Auf die mündliche Frage des Abgeordneten Klaus Thüsing (SPD), ob die Bundesregierung speziell auf Kinder der Sinti und Roma beschränkte schulische Förderungsmaßnahmen für erforderlich halte, erwiderte der Parlamentarische Staatssekretär Björn Engholm (SPD), dass entsprechende Maßnahmen für möglich und erforderlich gehalten würden. In diesem Zusammenhang sei es allerdings notwendig herauszufinden, welche Förderungsmaßnahmen den Bedürfnissen der Kinder der Sinti und Roma angemessen seien. Erfahrungen aus anderen Ländern würden zwar existieren, seien aber nicht in systematisch aufbereiteter Form verfügbar.[859] Des Weiteren würden, so Engholm, Informationen vorliegen, die darauf hindeuten würden, dass ein großer Teil der Kinder der Sinti und Roma die Schule gar nicht oder nur unregelmäßig besuchen würde. Infolgedessen hätten weniger Kinder einen Schulabschluss und somit auch schlechtere Berufsaussichten.[860] Eine Zusatzfrage des Abgeordneten

---

856 Vgl. IX. WP, 1982, Drs. 9/2360, 2.
857 Vgl. IX. WP, 1982, Drs. 9/2360, 16.
858 IX. WP, 1982, Drs. 9/2360, 16.
859 Vgl. IIX. WP, 1979, 176. Sitz., 13894.
860 Vgl. IIX. WP, 1979. 176.Sitz., 13894f.

Kroll-Schlüter zielte auf mögliche Defizite der Bundesregierung bei der Behandlung der Sinti und Roma ab:

> „Herr Staatssekretär, wenn wir, wie sie richtig sagen, den Zigeunern wegen des im Dritten Reich erlittenen Leidens soviel schuldig sind, warum liegen der Bundesregierung bis jetzt nicht internationale Erfahrungen im Umgang mit ihnen vor und warum sind ihr weder Fakten noch Daten, die eine bessere Betreuung und die Schaffung eines größeren Bildungsangebotes ermöglichen würden, bekannt?“[861]

Staatssekretär Engholm beantwortete diese Frage nicht, sondern verwies auf die Kompetenz der Länder in diesem Bereich und machte zudem auf die nicht erfolgende ethnische Erfassung in der Bundesrepublik Deutschland aufmerksam, die entsprechende Auskünfte erschwere. Die vorliegenden Daten seien relativ unvollständig, aber bezüglich der Schullaufbahn der Kinder der Sinti und Roma lasse sich ihnen entnehmen, dass die Mehrzahl Sonder- oder Hauptschulen besuche und nur ein geringer Teil einen Schulabschluss schaffe. Aufgrund der schulischen Situation sei in der Folge eine berufliche Ausbildung eine seltene Ausnahme.[862]

Neben möglichen schulischen und beruflichen Förderungsmöglichkeiten und der Problematik des großen Anteils von Sonder- und Hauptschülern unter den Kindern der Sinti und Roma wurden auch weitere grundsätzliche Schwierigkeiten des Schulbesuches behandelt. So stellte die Abgeordnete Heide Simonis (SPD) Fragen an die Bundesregierung bezüglich der Schulpflicht und der Auffälligkeit der Schullaufbahn von Kindern der Sinti und Roma. Simonis wollte wissen, ob die Bundesregierung Informationen darüber habe, dass Kinder der Sinti und Roma der bestehenden Schulpflicht nicht nachkämen und sich ihre Schullaufbahn von der der übrigen Kinder unterscheide. Der Parlamentarische Staatssekretär Engholm erklärte, dass insbesondere Kinder aus nicht-sesshaften Familien der Schulpflicht gar nicht oder nur unregelmäßig nachkämen. Eine Untersuchung habe gezeigt, dass 10 Prozent der Kinder der Sinti und Roma keine Schule besuchen würden. Diese Tatsache würde sich auf die Schullaufbahn der Kinder auswirken, und viele von ihnen müssten bereits die erste Klasse wiederholen. Der Anteil der Kinder, die eine Sonderschule besuchen würden, sei hoch, und nur wenigen würde es gelingen, einen Hauptschulabschluss zu erreichen.[863]

Drei Jahre nachdem Engholm auf diese Defizite hinsichtlich der Schulpflicht der Kinder der Sinti und Roma eingegangen war, stellte der Bundesminister für

---

861 IIX. WP, 1979, 176. Sitz., 13895.
862 Vgl. IIX. WP, 1979. 176. Sitz., 13895.
863 Vgl. IIX. WP, 1979, 178. Sitz., 14060.

Jugend, Familie und Gesundheit in seiner Antwort auf die Große Anfrage zu „Lage und Forderungen der Sinti, Roma und verwandter Gruppen" 1982 fest, dass sich die Ausbildung der Sinti und Roma gegenüber früheren Jahren deutlich gebessert habe und fast alle Kinder der Schulpflicht nachkämen. Dennoch sei die Bildungssituation verglichen mit der übrigen Bevölkerung als ungünstig einzustufen.[864] Im Rahmen eines Sachverständigengesprächs, bei dem neben Wissenschaftlern auch der Bundesminister für Bildung und Wissenschaft sowie Vertreter des *Zentralrats Deutscher Sinti und Roma* anwesend waren, sei betont worden, dass die Bildungsproblematik nicht isoliert betrachtet werden dürfe:

> „Besonders in Familien, die in wirtschaftlicher Armut, in Wohnungsnot und in sozialen Ghetto-Situationen leben, wird eine grundlegende Verbesserung der Bildungsmöglichkeiten der Kinder nur erreichbar sein, wenn die Familien auch ihre Gesamtsituation durchgreifend verbessern können."[865]

Zwar würden in der Bundesrepublik Deutschland Sintikinder weitaus regelmäßiger die Schule besuchen als in vergleichbaren Ländern, aber Verbesserungsbedarf sei dennoch vorhanden. Insbesondere die schulische Betreuung von Kindern aus Familien, die längere Zeit auf Reisen seien, gestaltete sich schwierig. Darüber hinaus besuche ein Großteil der Kinder aus reisenden Familien die Schule nur unregelmäßig.[866] In diesem Zusammenhang stellte der Bundesminister für JGF fest:

> „Bei reisenden Sintikindern führt aber der ständige Wechsel von Schulen und Lehrern während der Reisezeit zusammen mit anderen generell ungünstigen Faktoren (z. B. Deutsch als Zweitsprache, eher ungünstige soziale und wirtschaftliche Lage der Familien, unzureichende Unterstüzungsmöglichkeiten der Eltern bei der Bewältigung schulischer Anforderungen) sehr häufig dazu, daß ihnen kaum mehr als Grundkenntnisse in Schreiben, Lesen und Rechnen vermittelt werden können."[867]

Es lägen keine internationalen Erfahrungen vor, die auf die deutschen Verhältnisse übertragbar seien, da diese sich in der Regel auf ein zentral organisiertes Bildungssystem bezögen.

Gesundheit

Die gesundheitliche Situation der Sinti und Roma wurde im Zeitraum von 1971 bis 1982 in den Vorgängen des Deutschen Bundestages praktisch nicht thematisiert. Der Parlamentarische Staatssekretär Andreas von Schoeler (FDP) stellte

---

864 Vgl. IX. WP, 1982, Drs. 9/2360, 2.
865 IX. WP, 1982, Drs. 9/2360, 13.
866 Vgl. IX. WP, 1982, Drs. 9/2360, 13.
867 IX. WP, 1982, Drs. 9/2360, 13.

lediglich im August 1978 die Behauptung auf, dass angemessene medizinische Einrichtungen für Sinti und Roma fehlen würden.[868]

Soziale Kontakte, Vorurteile und Diskriminierung

Die Integration der Sinti und Roma in die deutsche Gesellschaft wurde erstmals im März 1979 in einem Vorgang des Deutschen Bundestages thematisiert. Auf die mündliche Frage des Abgeordneten Heinz Menzel (SPD), inwieweit der Bundesregierung Forschungsergebnisse über die Integrationsmöglichkeiten von Sinti und Roma in das gesellschaftliche Leben in der BRD vorlägen und ob Forschungsvorhaben gefördert werden sollten, die gegebenenfalls Lösungsmöglichkeiten für dieses Problem erarbeiten würden, verwies der Parlamentarische Staatssekretär Karl Fred Zander (SPD) auf die drei Forschungsvorhaben, die von der Bundesregierung Ende der 1970er Jahre gefördert wurden. Sobald die Ergebnisse dieser Untersuchungen vorlägen, würden diese ausgewertet, und es werde geprüft werden, welche Maßnahmen durch das Bundesministerium für Jugend, Familie und Gesundheit ergriffen werden könnten.[869]

1982 stellte der Bundesminister für Jugend, Familie und Gesundheit in seiner Antwort auf die Große Anfrage von 12 Abgeordneten sowie der Fraktionen der SPD und FDP fest, dass Diskriminierung und Vorurteile noch immer den Umgang mit Sinti und Roma bestimmten:

> „Die Mehrheitsbevölkerung begegnet den Sinti und Roma weitgehend noch mit Vorurteilen, Kontaktvermeidung und teilweise mit Diskriminierungen. Der Bundesregierung sind bis in die jüngste Zeit Fälle von Diskriminierungen auch von Behörden und Verwaltungen bekannt geworden.“[870]

Zu diesen Fällen von Diskriminierung durch Behörden und Verwaltungen schien der Bundesminister für JFG jedoch nicht die gesonderte Erfassung von sogenannten „Zigeunernnamen“ im polizeilichen Informationssystem INPOL zu verstehen. Der Speicherung zusätzlicher bekannter Namen stünden keine rechtlichen Bedenken gegenüber, und dies gelte auch für Namen, die von Angehörigen einer ethnischen Gruppen geführt würden. Zweifelhaft sei lediglich, ob eine Kennzeichnung dieser zusätzlichen Namen in Form des Zusatzes „ZN“ („Zigeunername“) rechtlich vertretbar sei.[871] Der Bundesminister für JFG vertrat jedoch die Meinung, dass nicht davon ausgegangen werden könne,

868 Vgl. IIX. WP, 1978, Drs. 8/2042, 7.
869 Vgl. IIX. WP, 1979, 146. Sitz., 11713.
870 IX. WP, 1982, Drs. 9/2360, 2.
871 Vgl. IX. WP, 1982, Drs. 9/2360, 8.

> „daß die Speicherung des Zusatzes ‚ZN' den Tatbestand einer Benachteiligung (Diskriminierung) wegen Abstammung oder Rasse im Sinne von Artikel 3 Abs. 3 des Grundgesetzes erfüllt, da Anknüpfungspunkt und -zweck der näheren Kennzeichnung lediglich ist, der Polizei im Rahmen ihrer Aufgabenerfüllung – etwa bei der Fahndung – neben dem bekannten zusätzlichen Namen ein weiteres Identifizierungsmerkmal zur Verfügung zu stellen."[872]

Bund und Länder hätten, so der Bundesminister, hinsichtlich der Notwendigkeit des Zusatzes „ZN" unterschiedliche Auffassungen. Während der Bund und eine Minderheit der Länder der Meinung seien, dass es ausreichend sei, zusätzliche Namen lediglich mit dem der Kennzeichnung „SN" für „sonstige Namen" zu registrieren, erachtete die Mehrzahl der Länder es als notwendig, auch weiterhin die Abkürzung „ZN" im Zusammenhang mit Sinti und Roma zu verwenden. Unter Berücksichtigung des geschichtlichen Hintergrunds seien der Bund und die Minderheit der Länder der Meinung, dass ein etwaiger polizeilicher Nutzen es nicht rechtfertige, „auch nur den Anschein einer Diskriminierung aufkommen zu lassen."[873]

Neben der Kritik an der polizeilichen Sondererfassung der Sinti und Roma wurde im Rahmen der Großen Anfrage 1982 auch die Frage gestellt, inwieweit die von der Bundesregierung geförderten Forschungsarbeiten Aufschluss über diskriminierende Darstellungen von Sinti und Roma in Unterrichtsmaterialien geben würden. Der Bundesminister für Jugend, Familie und Gesundheit machte deutlich, dass nach dem Ergebnis von bis dahin nur einer vorliegenden Untersuchung nicht in erster Linie die diskriminierende Darstellung von Sinti und Roma in Schulbüchern und Unterrichtsmaterialien ein Problem darstelle, sondern vielmehr die Tatsache, dass ihre Geschichte und gegenwärtige Situation kaum thematisiert würden. Zum Abbau von Fehlinformationen und damit verbundener Diskriminierung sah die Bundesregierung in diesem Punkt Handlungsbedarf.[874]

Am Abbau von Vorurteilen und Diskriminierung wollte auch die Bundesregierung selbst mitarbeiten. Im Rahmen einer Fragestunde des Deutschen Bundestages erklärte der Parlamentarische Staatssekretär Andreas von Schoeler (FDP), dass die Bundesregierung sich bemühe, die Lage der Sinti und Roma in der Bundesrepublik Deutschland zu verbessern. Von Schoeler postulierte:

> „Die Bundesregierung tritt dafür ein, daß Sinti und Roma im Rahmen der geltenden Gesetze ein eigenverantwortliches Leben frei von Benachteiligungen und Diskriminierungen führen können."[875]

---

872 IX.WP, 1982, Drs. 9/2360, 8f.
873 IX.WP, 1982, Drs. 9/2360, 9.
874 Vgl. IX. WP, 1982, Drs. 9/2360, 16f.
875 IX. WP, 1981, 14. Sitz., 486.

Wohnverhältnisse

Der Bundesminister für Jugend, Familie und Gesundheit stellte 1982 fest, dass Sinti und Roma entgegen der weitverbreiteten Meinung größtenteils sesshaft waren und nur noch 10 Prozent von ihnen dauerhaft auf Reisen waren. Die Reisedauer habe im Vergleich zu einst deutlich abgenommen, und nur noch 25 Prozent der Familien seien länger als drei Monate im Jahr auf Reisen. Grund hierfür seien unter anderem fehlende Stellplätze und „Behinderungen" während des Reisens.[876] In diesem Zusammenhang bezog die Bundesregierung klar Stellung gegen Zutrittsverbote zu Campingplätzen, von denen neben Landfahrern auch Sinti und Roma betroffen waren:

> „Ein allgemeines Zutrittsverbot für Landfahrer, wie es in den Empfehlungen für das Campingwesen des Deutschen Fremdenverkehrsverbandes von 1972 enthalten war, ist ebenso wie Verbote an einzelnen Campingplätzen ‚Für Zigeuner und Landfahrer kein Zutritt' mit der in Artikel 3 Abs. 3 des Grundgesetzes zum Ausdruck kommenden Wertentscheidung nicht vereinbar."[877]

Darüber hinaus, so stellte die Bundesregierung fest, würden Schilder solchen Inhalts, die an öffentlichen Stellen angebracht seien, eine Störung der öffentlichen Ordnung darstellen, da sie klar rassendiskriminierend seien.[878]

Neben der Lage der noch reisenden Sinti und Roma wurden auch Aspekte der Wohnungssituation der sesshaften Sinti und Roma behandelt. Im Rahmen der Großen Anfrage von 1982 verlangten die zwölf Abgeordneten und Fraktionen der SPD und FDP Auskunft darüber, wie die in Freiburg-Weingarten und Köln durchgeführten Modellprojekte für spezielle Wohnungsbauprogramme für Sinti und Roma von der Bundesregierung beurteilt würden und welche weiteren Maßnahmen zur Wohnraumversorgung von Sinti und Roma vorgesehen seien.[879] Sowohl das Projekt in Freiburg-Weingarten als auch jenes in Köln wurden von der Bundesregierung positiv beurteilt, aber gleichzeitig wurde betont, dass für ein Sonderwohnungsbauprogramm des Bundes für Sinti und Roma nicht die entsprechenden Voraussetzungen gegeben seien. Des Weiteren stellte der Bundesminister für Jugend, Familie und Gesundheit fest:

> „Es besteht auch keine Veranlassung, diese Gruppen ausdrücklich in die Zielgruppen des öffentlich geförderten Sozialen Wohnungsbaus aufzunehmen, da nach der Verwaltungsvereinbarung zwischen Bund und Ländern über die Förderung des Sozialen Wohnungsbaus zu dieser Zielgruppe schon jetzt insbesondere kinderreiche Familien und alleinstehende Elternteile mit Kindern gehören. […] Die Ver-

876 Vgl. IX. WP, 1982, Drs. 9/2360, 2.
877 IX. WP, 1982, Drs. 9/2360, 12.
878 Vgl. IX. WP, 1982, Drs. 9/2360, 12.
879 Vgl. IX. WP, 1982, Drs. 9/2360, 9.

> waltungsvereinbarung enthält also schon die wesentlichen Tatbestände und Voraussetzungen für eine Förderung des sozialen Wohnungsbaus für Sinti, Roma und verwandte Gruppen.“[880]

Die zuständigen Stellen für die Durchführung des Sozialen Wohnungsbaus seien vor diesem Hintergrund gebeten worden, ein besonderes Augenmerk auf die Bedürfnisse der Sinti zu legen und sie bei den Wohnungsbauprogrammen in adäquater Weise zu berücksichtigen.[881]

6.3.1.2. Zielvorgaben für zukünftiges politisches Handeln

Künftiges politischen Handeln wurde im Zeitraum von 1971 bis 1982 in Bezug auf mögliche Verbesserungen der Bildungssituation der Kinder von reisenden Sinti und Roma thematisiert. Im Rahmen der Antwort auf die Große Anfrage von zwölf Abgeordneten sowie der Fraktionen der SPD und FDP erläuterte der Bundesminister für Jugend, Familie und Gesundheit, dass anlässlich eines Sachverständigengesprächs beim Bundesminister für Bildung und Wissenschaft von Vertretern der Minderheit klare Ideen geäußert wurden. Diese würden sich weitgehend mit jenen decken, die von den Verfassern eines vom Bundesminister für Jugend, Familie und Gesundheit geförderten Forschungsvorhabens[882] empfohlen wurden. Demnach sei es für einen erfolgreichen Unterricht mit Sintikindern unabdingbar, dass ihre kulturellen und sozialen Traditionen berücksichtigt würden, intensive Kontakte zu den Eltern gepflegt würden, auf die Zweisprachigkeit der Kinder Rücksicht genommen werde, Fördermaßnahmen umgesetzt würden und durch Kontakt zu Mitschülern und Eltern diskriminierendes Verhalten abgebaut werde.[883] Für die schulische Betreuung reisender Kinder der Sinti und Roma sollten neben diesen allgemeinen Voraussetzungen für einen erfolgreichen Unterricht spezielle Unterrichtsmaterialien entwickelt werden, die sowohl Grundlage des Unterrichts am Wohnort als auch während der Reisezeit sein könnten. Lern- und Übungshefte sollten die Kinder während der Reise begleiten und eine Weiterbeschäftigung mit bereits Erlerntem ermöglichen.[884] Lehrer an den Aufenthaltsorten sollte es mittels der Lernhefte möglich

---

880 IX. WP, 1982, Drs. 9/2360, 11.
881 Vgl. IX. WP, 1982, Drs. 9/2360, 11.
882 Gemeint ist die Studie von Freese, Murko und Wurzbacher „Hilfen für Zigeuner und Landfahrer“, die 1980 veröffentlicht wurde und unter 5.3 dieser Arbeit berücksichtigt wurde, um die soziale Situation der Sinti und Roma im Zeitraum von 1971 bis 1982 zu beschreiben.
883 Vgl. IX. WP, 1982, Drs. 9/2360, 13f.
884 Vgl. IX. WP, 1982, Drs. 9/2360, 14.

sein, sich über den Wissensstand der Kinder zu informieren, um sie so gezielt fördern zu können. Schließlich sei es empfehlenswert, dass Lehrer an Schulen in Orten, die regelmäßig von reisenden Sinti und Roma aufgesucht würden, gezielt für den Unterricht der Kinder geschult würden.[885] Vollumfängliche Verbesserungen wurden von diesen Maßnahmen jedoch nicht erwartet:

> „Die Verfasser des erwähnten Forschungsberichtes gehen davon aus, daß solche Maßnahmen allein nicht ausreichen, um die Mehrheit bis zum Hauptschulabschluß zu führen. Es sei aber erreichbar, daß sie die notwendigen Grundqualifikationen für die Bewältigung der Anforderung einer reisenden Lebensweise erwerben. Gleichzeitig könnte damit auch die Grundlage für ein späteres Nachholen des Hauptschulabschlusses im Rahmen der vorhandenen Möglichkeiten gelegt werden.“[886]

Die Umsetzung dieser Vorschläge sei Aufgabe der Länder und erfordere eine Einigung der Länder hinsichtlich der Durchführung entsprechender Maßnahmen. Langfristige positive Änderungen der Situation der Sinti und Roma seien nur durch Verbesserungen der Bildungs- und Ausbildungsmöglichkeiten zu erreichen.[887]

6.3.2. Thematisierung der Vergangenheit der Sinti und Roma

6.3.2.1. Erinnerung und Thematisierung der nationalsozialistischen Verfolgung

Die nationalsozialistische Verfolgung der Sinti und Roma wurde im Oktober 1979 zum ersten Mal im Rahmen eines Vorgangs des Deutschen Bundestages thematisiert. Der Parlamentarische Staatssekretär beim Bundesminister für Bildung und Wissenschaft Björn Engholm (SPD) machte anlässlich einer Fragestunde deutlich, dass bekannt sei, dass „den Zigeunern in der Phase des Nationalsozialismus bitteres Unrecht zugefügt worden ist“[888], und vertrat die Meinung, dass nicht zuletzt deshalb alle Kräfte dafür eingesetzt werden sollten, um zu helfen, wo geholfen werden könne.[889] Von „Völkermord“ war im Zusammenhang mit dem den Sinti und Roma „zugefügten bitteren Unrecht“ zu diesem Zeitpunkt jedoch noch nicht die Rede.

---

885 Vgl. IX. WP, 1982, Drs. 9/2360, 15.
886 IX. WP, 1982, Drs. 9/2360, 15.
887 Vgl. IX. WP, 1982, Drs. 9/2360, 3.
888 IIX. WP, 1979, 176. Sitz., 13894.
889 Vgl. IIX. WP, 1979, 176. Sitz., 13894.

Nachdem Helmut Schmidt als erster deutscher Bundeskanzler am 17. März 1982 eine Delegation des *Zentralrates Deutscher Sinti und Roma* empfing und in diesem Zusammenhang die erste offizielle Anerkennung des Völkermords an den Sinti und Roma von Seiten der Bundesregierung formulierte, findet sich wenig später eine solche Anerkennung auch in einem Vorgang des Deutschen Bundestages. Auf die im Rahmen der Großen Anfrage von zwölf Abgeordneten sowie der Fraktionen der SPD und FDP gestellte Frage, ob die Bundesregierung die Auffassung teile, dass die Sinti aus rassischen Gründen während der Zeit des Nationalsozialismus verfolgt worden seien und dies als „Völkermord" zu bezeichnen sei, antwortete die Bundesregierung Folgendes:

> „Den Sinti und Roma ist durch die NS-Diktatur schweres Unrecht zugefügt worden. Sie wurden aus rassischen Gründen verfolgt und viele von ihnen ermordet. Diese Verbrechen sind als Völkermord (jetzt § 220 a StGB) anzusehen."[890]

6.3.2.2. Wiedergutmachung für NS-Verfolgte

Die Wiedergutmachung für die Opfer der nationalsozialistischen Verfolgung unter den Sinti und Roma wurde erstmals im März 1979 im Rahmen einer Fragestunde der Sitzung des Deutschen Bundestages thematisiert. Der Abgeordnete Volkmar Kretkowski (SPD) stellte die Frage, was die „Bundesregierungen seit Ende des Krieges hinsichtlich der Leiden der Zigeuner im Dritten Reich zur Wiedergutmachung (nicht nur in materieller Form) getan"[891] hätten. Die mündliche Anfrage des Abgeordneten Kretkowski wurde vom Parlamentarischen Staatssekretär beim Bundesminister für Finanzen Karl Haehser (SPD) dahingehend beantwortet, dass alle bisherigen Bundesregierungen der Wiedergutmachung nationalsozialistischen Unrechts stets höchste moralische und politische Priorität eingeräumt hätten.[892] Grundlage für entsprechende Entschädigungen sei das Bundesentschädigungsgesetz (BEG), welches auch die Sinti und Roma als aus rassischen Gründen Verfolgte einstufe:

> „Das bedeutet, daß den Zigeunern für einen Schaden an Leben (Hinterbliebenenversorgung) sowie für einen Schaden an Körper oder Gesundheit sowie für Schäden an wirtschaftlichen und beruflichen Fortkommen Kapitalentschädigungen und unter bestimmten Voraussetzungen Entschädigungsrenten gewährt werden. Ferner haben sie Anspruch auf Heilverfahren, wenn sie einen Gesundheitsschaden erlitten

---

890 IX. WP, 1982, Drs. 9/2360, 3.
891 IIX. WP, 1979, Drs. 8/2608, 28.
892 Vgl. IIX. WP, 1979, 142. Sitz., 11308.

haben, sowie auf eine Kapitalentschädigung für eine Freiheitsentziehung oder Freiheitsbeschränkung."[893]

Es würden keine Unterschiede zwischen Sinti und Roma und anderen Gruppen Verfolgter gemacht.

Eine entscheidende Rolle beim nationalsozialistischen Völkermord an den Sinti und Roma spielte, wie in Kapitel 2.2 dargestellt, die „Rassenhygienische und bevölkerungsbiologische Forschungsstelle" in Berlin-Dahlem. Der Leiter des Instituts, Robert Ritter, und seine Mitarbeiter arbeiteten an der systematischen Erfassung aller in Deutschland lebenden Angehörigen der Minderheit und lieferten mit den im Rahmen dieses Vorhabens entstandenen Gutachten eine entscheidende Grundlage für die Deportationen der Sinti und Roma. Der Verbleib dieser Akten war auch Jahrzehnte nach Kriegsende noch ungeklärt, und so forderten zwölf Vertreter des *Verbandes Deutscher Sinti* im Zuge eines Hungerstreiks im Konzentrationslager Dachau Aufklärung über den Aufbewahrungsort der Unterlagen.[894] Diese Problematik wurde auch im Deutschen Bundestag thematisiert. Der Abgeordnete Wolfgang Börnsen (CDU) forderte im November 1981 im Rahmen einer Fragestunde Aufklärung darüber, wie sich die Bundesregierung erkläre, dass das bis dahin als verschollen gegoltene Zigeunerarchiv angeblich mit Wissen des Bundesministeriums des Inneren in der Universität Tübingen verwahrt worden sei und ob sich in diesem Archiv Dokumente befänden, die Wiedergutmachungsansprüche der Sinti und Roma belegen könnten. Der Parlamentarische Staatssekretär Andreas von Schoeler (FDP) machte in seiner Antwort deutlich, dass das Bundesarchiv erst im August 1979 von der Existenz dieser Akten erfahren hätte, obwohl alle Bundesbehörden und die Ministerpräsidenten der Länder bereits im Jahr 1952 vom Bundesinnenminister aufgefordert worden seien, alle unter Umständen für Wiedergutmachungsansprüche relevanten Akten zur Verfügung zu stellen. Inwieweit das Zigeunerarchiv Unterlagen enthalte, die Wiedergutmachungsansprüche belegen könnten, würde der Bundesminister der Finanzen im Benehmen mit den Bundesländern, die für die Durchführung des Bundesentschädigungsgesetzes zuständig seien, überprüfen.[895]

Im Rahmen der Antwort auf die Große Anfrage von zwölf Abgeordneten sowie der Fraktionen der SPD und FDP ging die Bundesregierung im Dezember 1982 noch einmal detailliert auf die Wiedergutmachungsleistungen für Sinti und Roma ein. Das Ergebnis: Sinti und Roma hätten und würden wie andere Ver-

---

893 IIX. WP, 1979, 142. Sitz., 11308f.
894 Vgl. Rose (1987), 94.
895 Vgl. IX. WP, 1981, 66. Sitz., 3836.

folgtengruppen Entschädigungsleistungen nach dem BEG-Schlussgesetz erhalten, sofern sie die Voraussetzungen für entsprechende Ansprüche erfüllen würden und die gesetzlichen Anmeldefristen einhielten.[896] Die Bundesregierung stellte fest:

> „Sinti und Roma haben als rassisch Verfolgte wegen der ihnen zugefügten Schäden, insbesondere wegen Personenschäden, d. h. Schäden an Leben, Freiheit, Körper oder Gesundheit, Entschädigungsleistungen erhalten."[897]

Es sei jedoch anzunehmen, dass die Durchsetzung der Ansprüche auf Wiedergutmachung mit Schwierigkeiten verbunden gewesen sei. In diesem Zusammenhang verwies die Bundesregierung auf das Urteil des BGH von 1956, welches rassische Gründe für die Verfolgung der Sinti und Roma erst ab der Durchführung des „Auschwitz-Erlasses" von Himmler anerkannte und für vor diesem Zeitpunkt durchgeführte Verfolgungsmaßnahmen sicherheitspolitische Gründe als gegeben ansah. Im Zuge der geänderten Rechtsprechung hätten jedoch jene Betroffenen, deren Anträge mit der Begründung abgelehnt worden waren, dass rassische Gründe nicht ursächlich für die Verfolgung zwischen 1938 und 1943 gewesen seien, erneut einen Antrag nach dem BEG-Schlussgesetz von 1965 stellen können. Allerdings sei davon auszugehen, dass Sinti und Roma oftmals die ihnen gesetzlich zustehenden Entschädigungsleistungen erhalten hätten. Dazu die Bundesregierung:

> „Dies liegt u. a. daran, daß die Betreffenden ihre Entschädigungsansprüche nicht oder nicht rechtzeitig angemeldet oder die ihnen gesetzlich obliegende Mitwirkung unterlassen haben."[898]

Die „besondere Lebensweise" der Sinti und Roma und ihre „Ungeübtheit in Verwaltungsangelegenheiten" habe es ihnen nicht nur erschwert, ihre Ansprüche geltend zu machen, sondern habe auch bei der Bearbeitung entsprechender Anträge durch die Entschädigungsbehörden zu Schwierigkeiten geführt, weil die Antragsteller „vor der Verfolgung häufig keinen festen Wohnsitz hatten und oft auch nicht in der Lage waren, im Entschädigungsverfahren Ausweispapiere zur eigenen Identifizierung vorzulegen."[899] Man habe zwar Rücksicht auf die besondere Situation der Sinti und Roma genommen, aber im Interesse einer Gleichbehandlung aller Antragsteller habe man jedoch nicht auf gewisse Mindestanforderungen verzichten können. Die Bundesregierung macht jedoch darauf aufmerksam, dass für Verfolgte unter den Sinti und Roma, die aus formel-

---

896 Vgl. IX. WP, 1982, Drs. 9/2360, 3f.
897 IX. WP, 1982, Drs. 9/2360, 4.
898 IX. WP, 1982, Drs. 9/2360, 4.
899 IX. WP, 1982, Drs. 9/2360, 4f.

len Gründen[900] keine Entschädigungsleistungen erhalten hätten, die Möglichkeit bestünde, Ansprüche nach der im August 1981 erlassenen Härteregelung für Verfolgte nichtjüdischer Abstammung geltend zu machen.[901]

6.3.3. Zusammenfassung

29 Jahre nach der ersten Sitzung des Deutschen Bundestages am 7. September 1949 wurde die soziale Situation der Sinti und Roma erstmals im August 1978 in einem Vorgang des Deutschen Bundestages thematisiert. Bei den parlamentarischen Vorgängen, bei denen zwischen 1978 und 1982 Sinti und Roma erwähnt wurden, handelte es sich fast ausschließlich um mündliche oder schriftliche Anfragen einzelner Abgeordneter, die von Parlamentarischen Staatssekretären beantwortet wurden. Eine Ausnahme bildete hierbei die Große Anfrage zu „Lage und Forderungen der Sinti, Roma und verwandter Gruppen"[902] von zwölf Abgeordneten sowie der Fraktionen der SPD und FDP, die im August 1982 gestellt wurde und im Dezember 1982 von der Bundesregierung beantwortet wurde.[903] In diesem Zusammenhang nahm der Bundesminister für Jugend, Familie und Gesundheit zum ersten Mal ausführlich Stellung zur Lage der Sinti und Roma.

Bei den Problemen der Sinti und Roma handelte es sich nach Einschätzung der Bundesregierung in erster Linie um wirtschaftliche und soziale Schwierigkeiten, wobei die wirtschaftliche Situation der Minderheit insgesamt als heterogen zu bewerten sei. Der Bundesminister für Jugend, Familie und Gesundheit stufte die wirtschaftliche Situation der Minderheit 1982 als heterogen ein, da neben solchen Sinti und Roma, die auf Sozialhilfe angewiesen waren, ein Teil auch über ein mit dem Mittelstand vergleichbares Einkommen verfügte. Nach Meinung des Bundesministers für JFG wirkte sich insbesondere die unzureichende Bildung der Sinti und Roma auf ihre berufliche Situation aus und war Ursache der vergleichsweise hohen Arbeitslosenquoten. Grundsätzlich hatten hilfsbedürftige Angehörige der Minderheit, sofern es sich um deutsche Staatsbürger handelte, Anspruch auf Leistungen nach dem Bundessozialhilfegesetz.

---

900 Formelle Gründe sind in solchen Fällen gegeben, in denen es den Betroffenen nicht möglich war, gesetzliche Antragsfristen einzuhalten oder Stichtags- und Wohnsitzvoraussetzungen nach dem BEG-Schlussgesetz zu erfüllen.
901 Vgl. IX. WP, 1982, Drs. 9/2360, 5.
902 IX. WP, 1982, Drs. 9/1935.
903 IX. WP, 1982, Drs. 9/2360.

Die unzureichende Bildungssituation der Sinti und Roma sowie die in diesem Zusammenhang besonders auffälligen hohen Analphabetenquoten waren der Bundesregierung spätestens seit Ende der 1970er Jahre bekannt. Förderungsmaßnahmen wurden für notwendig erachtet, aber gleichzeitig wies man immer wieder die Verantwortung von sich und machte auf die Zuständigkeit der Länder in diesem Bereich aufmerksam. Auch die Problematik des vielfach gar nicht oder nur unregelmäßig erfolgenden Schulbesuchs der Kinder der Sinti und Roma und der hohe Anteil von Haupt- und Sonderschülern wurde in den parlamentarischen Vorgängen des Deutschen Bundestages zwischen 1971 und 1982 thematisiert. Der Bundesminister für Jugend, Familie und Gesundheit betonte, dass die Bildungsproblematik nicht isoliert von der Gesamtsituation der Sinti und Roma betrachtet werden dürfe. Grundlegende Verbesserungen der Bildungssituation seien nur dann möglich, wenn sich die Situation insgesamt verändere.[904]

Das Verhältnis zwischen Mehrheitsbevölkerung und Minderheit war nach Einschätzung des Bundesministers für Jugend, Familie und Gesundheit 1982 noch immer geprägt von Vorurteilen, Kontaktvermeidung und Diskriminierung. Auch von Behörden und Verwaltungen seien in jüngster Zeit Fälle von Diskriminierung bekannt geworden.[905] Die zu diesem Zeitpunkt noch immer erfolgende gesonderte Erfassung von sogenannten „Zigeunernamen“ im Informationssystem der Polizei stellte nach Meinung der Bundesregierung jedoch nicht den Tatbestand einer Benachteiligung oder Diskriminierung nach Artikel 3 Absatz 3 des Grundgesetzes dar. Grundsätzlich betonte die Bundesregierung, dass Maßnahmen zum Abbau von Diskriminierung notwendig seien und sie selber dafür eintrete, dass Sinti und Roma ein Leben ohne Benachteiligungen und Diskriminierungen führen könnten.[906]

Dass nur noch ein geringer Teil der Sinti und Roma in Deutschland auf Reisen war und der überwiegende Teil sesshaft geworden war, führte der Bundesminister für JFG auf zunehmende Schwierigkeiten zurück, die ein mobiles Leben stellte. Insbesondere Zutrittsverbote, von denen reisende Familien betroffen waren, wurden von der Bundesregierung scharf kritisiert. Anders als bei der Sondererfassung der Polizei sah die Bundesregierung hier den Tatbestand der Benachteiligung oder Diskriminierung nach Artikel 3 Absatz 3 des Grundgesetzes erfüllt. Neben der Situation der noch in mobilen Unterkünften lebenden Sinti und Roma wurde auch die Lage der sesshaften Angehörigen der Minder-

---

904 Vgl. IX. WP, 1982, Drs. 9/2360, 13.
905 Vgl. IX. WP, 1982, Drs. 9/2360, 2.
906 Vgl. IX. WP, 1981, 14. Sitz., 486.

heit in den Vorgängen des Deutschen Bundestages zwischen 1971 und 1982 behandelt. Obwohl im Rahmen von zwei Modellprojekten in Freiburg-Weingarten und Köln positive Erfahrungen mit Sonderwohnbauprogrammen für Sinti und Roma gemacht worden waren, plante die Bundesregierung keine weiteren entsprechenden Maßnahmen. In ihren Augen gehörten kinderreiche Familien bereits zur Zielgruppe des sozialen Wohnungsbaus. Weiterführende Maßnahmen wurden deshalb nicht für notwendig erachtet, um die Wohnverhältnisse der Sinti und Roma zu verbessern. Die zuständigen Stellen sollten lediglich darauf hingewiesen werden, Angehörige der Minderheit angemessen bei den Wohnbauprogrammen zu berücksichtigen.

Insgesamt fiel das Fazit der Bundesregierung bezüglich der sozialen Situation der Sinti und Roma in ihrer Stellungnahme zur Lage der Minderheit aus dem Jahr 1982 ernüchternd aus:

> „Die Bundesregierung geht davon aus, daß der Mehrzahl der Sinti und Roma eine gleichberechtigte Teilhabe am gesellschaftlichen und politischen Leben sowie am wirtschaftlichen Wohlstand noch nicht gelungen ist.“[907]

Verbesserungsmöglichkeiten für die Zukunft wurden bis 1982 ausschließlich bezogen auf die Bildungssituation der nachfolgenden Generation erwogen, und Änderungsbedarf wurde insbesondere bezogen auf die problematische Situation der Kinder von noch reisenden Sinti und Roma gesehen. Neben besonderen Fördermaßnahmen sollte insbesondere auf die Zweisprachigkeit der Kinder Rücksicht genommen werden und noch immer vorhandene Vorurteile von Mitschülern und Lehrkräften abgebaut werden. Allerdings wies die Bundesregierung in diesem Zusammenhang erneut auf die Zuständigkeit der Länder hin und plante auf Bundesebene keine entsprechenden Schritte.

Im Oktober 1979 wurde vom Parlamentarischen Staatssekretär Björn Engholm (SPD) erstmals im Rahmen eines Vorgangs des Deutschen Bundestages Stellung zur nationalsozialistischen Verfolgung der Sinti und Roma genommen. Engholm bezeichnete diese als „bitteres Unrecht“ und sah es als Pflicht an, Angehörigen der Minderheit Hilfe zuteil werden zu lassen.[908] Der Begriff „Völkermord“ wurde im Zusammenhang mit der Verfolgung der Sinti und Roma durch die Nationalsozialisten zum ersten Mal 1982 in einem Vorgang des Deutschen Bundestages verwendet. Dies geschah neun Monate, nachdem Bundeskanzler Helmut Schmidt die erste offizielle Anerkennung des Völkermordes an den Sinti und Roma formuliert hatte.

---

907 IX. WP, 1982, Drs. 9/2360, 3.

908 Vgl. IIX. WP, 1979, 176. Sitz., 13894.

Im März 1979 war die Wiedergutmachung für die Opfer der nationalsozialistischen Verfolgung unter den Sinti und Roma erstmals Thema eines Vorgangs des Deutschen Bundestages. Die Bundesregierung erklärte in den folgenden Jahren mehrfach, dass ihrer Ansicht nach in der Wiedergutmachungspraxis keine Unterschiede zwischen Sinti und Roma und Gruppen anderer Verfolgter gemacht worden seien. Betont wurde in diesem Zusammenhang auch, dass der Wiedergutmachung nationalsozialistischen Unrechts von höchster moralischer und politischer Priorität gewesen sei. Trotz der fortwährenden Betonung der Gleichbehandlung aller Verfolgtengruppen räumte der Bundesminister für Jugend, Familie und Gesundheit 1982 mögliche Schwierigkeiten der Sinti und Roma bei der Durchsetzung von Wiedergutmachungsansprüchen ein. Neben dem Urteil des Bundesgerichtshofes von 1956, welches eine Verfolgung der Minderheit aus rassischen Gründen erst ab 1943 als erwiesen ansah, nannte der Bundesminister für JFG in diesem Kontext nicht eingehaltene Fristen und eine nicht ausreichende Mitarbeit der Betroffenen in den Entschädigungsfahren als Ursache für Probleme bei der Entschädigung. Es sei zwar Rücksicht auf die Situation der Sinti und Roma genommen worden, aber um eine Gleichbehandlung aller Antragsteller zu gewährleisten, habe man auf gewisse Mindestanforderungen nicht verzichten können. Für jene, die aus formellen Gründen keine Entschädigungsleistungen erhalten hätten, bestehe jedoch die Möglichkeit, Ansprüche nach der Härteregelung für Verfolgte nichtjüdischer Abstammung vom August 1981 geltend zu machen.[909]

6.4. Vorgänge des Deutschen Bundestages zwischen 1983 und 1995

6.4.1. Thematisierung der Gegenwart und Zukunft der Sinti und Roma

Nachdem Sinti und Roma erstmals im August 1978 Thema eines Vorgangs des Deutschen Bundestages waren, fand am 7. November 1985 die erste Debatte über die Minderheit im Plenum des Deutschen Bundestages statt. Vorausgegangen war dieser Sitzung des Bundestages eine Große Anfrage[910] zu „Lage und Forderungen der Sinti, Roma und verwandter Gruppen“ der Abgeordneten Joseph Fischer (Die Grünen), Otto Schily (Die Grünen) und Christa Reetz (Die Grünen) sowie der Fraktion Die Grünen im September 1984, die von der Bun-

909 Vgl. IX. WP, 1982, Drs. 9/2360, 4.
910 X. WP, 1984, Drs. 10/2032 (neu).

desregierung im Mai 1985 beantwortet[911] wurde. Im Vorfeld der Beratung dieser Großen Anfrage im Plenum des Deutschen Bundestages stellte darüber hinaus die Fraktion der SPD einen Antrag zur „Verbesserung der Situation der Sinti und Roma"[912], die Fraktionen der CDU/CSU und FDP stellten einen Antrag zu „Lage der Sinti, Roma und verwandter Gruppen" und die Abgeordneten Hans-Christian Ströbele (Die Grünen), Otto Schily (Die Grünen) und Christa Reetz (Die Grünen) und die Fraktion Die Grünen einen Entschließungsantrag zu „Lage und Forderungen der Sinti, Roma und verwandte Gruppen" (1985).[913] In unterschiedlichen Ausprägungen und mit verschiedenen Schwerpunkten äußerten alle Fraktionen in ihren Anträgen Beschlussempfehlungen für den Bundestag, in deren Zentrum jeweils eine Verbesserung der Situation der Sinti und Roma stand. Einen Sonderfall bildet hierbei der Entschließungsantrag der Abgeordneten Fischer, Schily und Reetz und der Fraktion Die Grünen, der vom *Zentralrat Deutscher Sinti und Roma* formuliert wurde und unverändert übernommen wurde.[914]

Der Zusammenbruch kommunistischer Staaten in Osteuropa führte in den späten 1980er und frühen 1990er Jahren zu Flüchtlingsbewegungen nach Westeuropa, von denen auch die Bundesrepublik Deutschland betroffen war. Unter den Flüchtlingen waren auch zahlreiche Roma.[915] Infolgedessen beschäftigten sich die Abgeordneten des Deutschen Bundestages zwischen April 1991 und April 1993 in diversen Vorgängen mit der Situation heimatloser Roma-Flüchtlinge. Neben Fragen zu möglichen Bleiberechtsregelungen[916] wurden unter anderem auch Fragen zur Durchführung des 1992 mit Rumänien geschlossenen Rückführungsabkommens gestellt.[917]

---

911 X. WP, 1985, Drs. 10/3292.

912 X. WP, 1985, Drs. 10/4127.

913 X. WP, 1985, Drs. 10/4129.

914 Vgl. X. WP, Drs. 10/4129, 1.

915 Die Länderbereichsleiter im Bundesamt für die Anerkennung ausländischer Flüchtlinge haben 1992 geschätzt, dass es sich bei 50 bis 60 Prozent der rumänischen Asylbewerber um Roma handelt und ihr Anteil unter denen aus Rest-Jugoslawien 25 bis 30 Prozent ausmachte. (XII. WP, 1992, Drs. 12/3446, 10.)

916 XII. WP, 1991, Drs. 12/394.

917 XII. WP, 1993, 12/4397. XII. WP, 1993, 12/4580.

6.4.1.1. Soziale Situation

Arbeit, Beruf, Einkommen und wirtschaftliche Situation

Im Rahmen eines Berichts über die Situation der Sinti, Roma und verwandter Gruppen nahm die Bundesregierung im Oktober 1986 Stellung zur beruflichen und wirtschaftlichen Situation der Sinti und Roma: Die Sozialhilfeempfänger unter den Sinti und Roma würden im Rahmen der Statistik nicht gesondert erfasst, aber laut Schätzungen der Bundesländer seien mehr als die Hälfte der Sinti und Roma auf Hilfen zum Lebensunterhalt angewiesen. Bei der Bemessung der Sozialhilfe würden Kraftfahrzeuge und Wohnwagen nicht als verwertbares Vermögen eingestuft und in der Regel gebe es keine Schwierigkeiten bei der Gewährung von Sozialhilfe. Vereinzelt sei es jedoch zu Problemen bei der Gewährung ergänzender Hilfen zum Lebensunterhalt gekommen.[918] Eine Umfrage des Deutschen Städtetages, die allerdings nicht als repräsentativ eingestuft werden könne, habe gezeigt, dass die Ausübung eines Gewerbes Sinti und Roma in der Regel ebenso wie allen anderen Gewerbetreibenden gestattet sei und sie auf Antrag eine Reisegewerbekarte erhalten würden. Vornehmlich handele es sich bei der ausgeübten Tätigkeit um ambulanten Handel, für den jedoch nur verhältnismäßig selten feste Plätze angeboten würden.[919]

Bildung

Die Bundesregierung erklärte 1986 in einem Bericht über Wiedergutmachung nationalsozialistischen Unrechts sowie zur Lage der Sinti und Roma, dass der Deutsche Volkshochschulverband im Auftrag des Bundesministeriums für Bildung und Wissenschaft im Rahmen eines Projekts Maßnahmen zur Alphabetisierung von Erwachsenen durchgeführt habe. Entsprechende Angebote von über 260 Volkshochschulen könnten auch von Sinti und Roma genutzt werden.[920] Darüber hinaus würden in Einzelfällen Kurse zur Alphabetisierung für Sinti und Roma nach § 72 des BSHG besonders gefördert, und es gebe in einzelnen Städten mit einem hohen Anteil von Sinti und Roma spezielle Kursangebote. Erfahrungen hätten gezeigt, dass die Volkshochschulprogramme zur Alphabetisierung von den Sinti und Roma gut angenommen würden.[921]

---

918 Vgl. X. WP, 1986, Drs. 10/6287, 53.
919 Vgl. X. WP, 1986, Drs. 10/6287, 56.
920 Vgl. X. WP, 1986, Drs. 19/6287, 53.
921 Vgl. X. WP, 1986, Drs. 10/6287, 54.

Bildungs- und Berufschancen der nachfolgenden Generation

Die Bundesregierung merkte im Rahmen der Antwort auf die Große Anfrage von drei Abgeordneten sowie der Fraktion Die Grünen 1985 an, dass die Zuständigkeit für schulische Themen gemäß der innerstaatlichen Aufgabenverteilung bei den Ländern liege und Maßnahmen der Ausbildungsförderung für Sinti und Roma infolgedessen nicht Aufgabe des Bundes seien. Grundsätzlich sei die Bundesregierung bereit, an Sachverständigengesprächen zur beruflichen Bildung der Sinti und Roma, wie sie bereits in der Vergangenheit stattgefunden hätten, teilzunehmen. Bezüglich der vorschulischen und schulischen Bildung verwies sie jedoch auf die Kultusministerkonferenz, mit der in diesem Bereich das Gespräch gesucht werden solle.[922] Darüber hinaus stellte die Bundesregierung fest, dass Sinti und Roma unabhängig von ihrer Staatsangehörigkeit Anspruch darauf hätten, die Berufsberatung und Ausbildungsstellenvermittlung zu nutzen. Sofern es sich um deutsche Staatsbürger, Staatsangehörige der EG-Mitgliedsstaaten oder anerkannte Asylberechtigte handele, bestehe darüber hinaus ein Anspruch auf Ausbildungsförderung nach § 40 des Arbeitsförderungsgesetzes.[923] In einem Bericht über Wiedergutmachung und Entschädigung sowie über die Lage der Sinti und Roma merkte die Bundesregierung weiterhin Folgendes an:

> „Im Rahmen des Programms für die Förderung der Berufsbildung von benachteiligten Jugendlichen können auch junge Sinti und Roma eine Ausbildung in anerkannten Ausbildungsberufen erhalten. Die Stützmaßnahmen des Programms ermöglichen es, evtl. vorhandene schulische Defizite und soziale Schwierigkeiten abzubauen, die ohne eine begleitende Förderung einen Ausbildungserfolg gefährden würden."[924]

Gesundheit

Die Bundesregierung ging in ihrer Antwort auf die Große Anfrage von drei Abgeordneten sowie der Fraktion Die Grünen auch auf die gesundheitliche Situation der Sinti und Roma ein.[925] Hierbei bezog sie sich in erster Linie auf die 1980 im Rahmen der Schriftenreihe des Bundesministers für Jugend, Familie und Gesundheit erschienene Studie „Hilfen für Zigeuner und Landfahrer":

> „Es wird ausgeführt, daß die gesundheitliche Betreuung dadurch verbessert werden sollte, daß die Voraussetzungen für die Durchführung regelmäßiger Mütterbe-

922 Vgl. X. WP, 1985, Drs. 10/3292, 14.
923 Vgl. X. WP, 1985, Drs. 10/3292, 9.
924 X. WP, 1986, Drs. 10/6287, 54.
925 Zu finden im Literaturverzeichnis unter Freese, Murko und Wurzbacher.

> ratung, Impfaktionen, Reihenuntersuchungen etc. geschaffen werden. Dabei sei durchweg die Relevanz von Tabus zu beachten und zu respektieren."[926]

Die Autoren der Untersuchung hätten die medizinische Betreuung der Sinti und Roma insgesamt als befriedigend eingestuft. In einem 1986 veröffentlichten Bericht stellte die Bundesregierung zudem fest, dass gesonderte Maßnahmen im Bereich der Gesundheitsfürsorge für Sinti und Roma nicht existierten, aber vorhandene Angebote wie von der übrigen Bevölkerung genutzt werden könnten.[927]

Soziale Kontakte, Vorurteile und Integration

Im Rahmen ihrer Antwort auf die Anfrage von drei Abgeordneten sowie der Fraktion Die Grünnen machte die Bundesregierung deutlich, dass in der Bundesrepublik Deutschland keine Gesetze existieren, welche die Sinti und Roma als ethnische Gruppe diskriminieren würden. Es sei jedoch nicht ausgeschlossen, dass die Anwendung von Vorschriften und allgemein gültigen Gesetze negative Folgen für Sinti und Roma hätte, die nach traditioneller Art lebten.[928] Diesen Sachverhalt sprach auch der Abgeordnete Wolfgang Götzer (CSU) am 7. November 1985 anlässlich der ersten Debatte über Sinti und Roma im Deutschen Bundestag an:

> „In der Bundesrepublik Deutschland gibt es keine Gesetze, die die Sinti, Roma und verwandte Gruppen als besondere ethnische Gruppe diskriminieren. In der Verwaltungspraxis unseres Staates gilt der Grundsatz der Gleichbehandlung. Jeder Sinti und Roma deutscher Staatsangehörigkeit ist Deutscher mit allen Rechten und Pflichten."[929]

Auch Götzer schloss allerdings nicht aus, dass insbesondere Sinti und Roma mit traditioneller Lebensweise Nachteile aufgrund allgemein gültiger Gesetze haben könnten. Es sei aber davon auszugehen, dass entsprechende Schwierigkeiten künftig zu vermeiden seien, wenn auf Seiten der Behörden Kenntnisse über die traditionelle Lebensweise der Sinti und Roma vorhanden seien und bei der Anwendung der Gesetze berücksichtigt würden.[930] Götzer sah jedoch nicht nur die Bundesregierung in der Pflicht, an der Integration der Sinti und Roma mitzuwirken:

---

926 X. WP, 1985, Drs. 10/3292, 10.
927 Vgl. X. WP, 1986, Drs. 10/6287, 55.
928 Vgl. X. WP, 1985, Drs. 10/3292, 11.
929 X. WP, 1985, 171. Sitz., 12816.
930 Vgl. X. WP, 1985, 171. Sitz., 12816.

> „Auch wenn die gesetzlichen Voraussetzungen dafür geschaffen sind, daß die Sinti und Roma in der Bundesrepublik Deutschland ihr Leben frei von Diskriminierung und Benachteiligungen gestalten können, so sind wir alle gleichwohl in dem Bemühen gefordert, durch Aufklärung zum Abbau von Vorurteilen beizutragen, die möglicherweise immer noch in unserer Gesellschaft gegenüber Sinti und Roma vorhanden sind."[931]

Der Abgeordnete Hermann Kroll-Schlüter (CDU) hielt es nicht für angemessen, von einer generellen Diskriminierung der Sinti und Roma zu sprechen. Es sei jedoch nicht zu leugnen, dass sowohl das Verhältnis der Mehrheitsbevölkerung als auch jenes der Behörden zu den Sinti und Roma zum Teil durch Vorurteile gesteuert sei.[932]

Eine entsprechende Diskriminierung der Sinti und Roma durch das polizeiliche Informationssystem INPOL sah die Bundesregierung allerdings nicht gegeben. Obwohl man der Auffassung war, dass die Speicherung des Zusatzes „ZN"[933] nicht den Tatbestand einer Benachteiligung nach Artikel 3 Absatz 3 des Grundgesetzes erfüllt habe, sei man dem Wunsch des *Zentralrates Deutscher Sinti und Roma* nachgekommen und verzichte in Zukunft auf eine entsprechende Kennzeichnung.[934] Der im Mai 1983 neu eingeführte Begriff „HWAO" (häufig wechselnder Aufenthaltsort) ersetze nicht die Kennzeichnung „ZN" und beschränke sich nicht auf Sinti und Roma, sondern finde Verwendung für all jene Tatverdächtige, die ihren Aufenthaltsort häufig wechseln oder keine ständige Bindung an einen festen Wohnort haben.[935] Die Frage, ob der personengebundene Hinweis „HWAO" im Einklang mit dem Grundgesetz und anderen gesetzlichen Regelungen stehe, wurde von der Bundesregierung eindeutig positiv beantwortet:

> „Die Bundesregierung hält die Einführung des neuen personengebundenen Hinweises mit dem Grundgesetz und den sonstigen gesetzlichen Bestimmungen für vereinbar."[936]

In der ersten Debatte über Sinti und Roma im November 1985 unterstrich der Abgeordnete Hans-Jochen Vogel (SPD) noch einmal die Notwendigkeit der „Unterbindung diskriminierender Kennzeichnungen in behördlichen Verfahren und Informationssystemen."[937]

---

931 X. WP, 1985, 171. Sitz., 12817.
932 Vgl. X. WP, 1985, 171. Sitz., 12811.
933 Der Zusatz „ZN" steht für „Zigeunername" und wurde bis 1983 im polizeilichen Informationssystem INPOL verwendet, um zusätzliche Namen tatverdächtiger Sinti und Roma zu erfassen.
934 Vgl. X. WP, 1985, Drs. 10/3292, 7.
935 Vgl. X. WP, 1985, Drs. 10/3292, 6.
936 Vgl. X. WP, 1985, Drs. 10/3292, 7.
937 X. WP, 1985, 171. Sitz., 12810.

Ebenfalls anlässlich der ersten Debatte über Sinti und Roma im Plenum des Deutschen Bundestages merkte die Abgeordnete Inge Segall (FDP) an, dass man sich der Tatsache bewusst sei, dass trotz der geschaffenen gesetzlichen Voraussetzungen für ein diskriminierungsfreies Leben zahlreiche Bürger Sinti und Roma noch immer mit Vorurteilen und Verständnislosigkeit begegnen würden.[938] Segall betonte in diesem Zusammenhang die Verantwortung der Länder:

> „Noch vor der Bundesregierung sind besonders die Länder, aber auch die Städte und Gemeinden gefordert. Sie sind mit den Problemen der Sinti und Roma am unmittelbarsten konfrontiert und könnten Diskriminierung und Vorurteile durch sinnvolle Beratung und verständnisvolle Gemeindeverwaltungen am besten abbauen.“[939]

Auch nach Meinung von Gerhart Baum (FDP) fielen Maßnahmen zur Vermeidung von Diskriminierung nicht ausschließlich in den Zuständigkeitsbereich des Bundes, sondern auch in den der Länder und Gemeinden. Darüber hinaus appellierte Baum auch an die Bürger, sich für die Gleichbehandlung der Sinti und Roma einzusetzen.[940] Wie Baum sah auch der Abgeordnete Hermann Kroll-Schlüter (CDU) die Aufarbeitung und den Abbau von Vorurteilen als die Aufgabe aller Bürger an.[941] Toleranz und das Aufeinanderzugehen betrachtete die Abgeordnete Segall hierbei als wesentliche Voraussetzungen:

> „Integration, ohne jemandem seine Eigenart zu nehmen, erfordert Verständnis, die Bereitschaft, zuzuhören, und auch das ehrliche Bemühen, zu helfen.“[942]

Wohnverhältnisse

Die Bundesregierung wies 1985 im Rahmen der Antwort auf eine Große Anfrage von drei Abgeordneten sowie der Fraktion Die Grünen darauf hin, dass der Bundesminister für Jugend, Familie und Gesundheit die Bundesvereinigung der Kommunalen Spitzenverbände 1983 auf fehlende Durchfahrerplätze hingewiesen habe. Darüber hinaus habe der Deutsche Städtetag nach einem Gespräch mit dem *Zentralrat Deutscher Sinti und Roma* seinen Mitgliedsstädten empfohlen, ausreichend ausgestattete Durchfahrerplätze für reisende Sinti und Roma zur Verfügung zu stellen.[943] In einem Bericht über die Lage der Sinti und Roma

938 Vgl. X. WP, 1985, 171. Sitz., 12820.
939 X. WP, 1985, 171. Sitz., 12820.
940 Vgl. X. WP, 1985, 171. Sitz., 12814.
941 Vgl. X. WP, 1985, 171. Sitz., 12811.
942 X. WP, 1985, 171. Sitz., 12820.
943 Vgl. X. WP, 1985, Drs. 10/3292, 9.

ging die Bundesregierung 1986 auf Defizite bezüglich der Wohnverhältnisse ein:

> „Trotz punktueller Fortschritte erweist sich die Wohnsituation der Sinti und Roma insgesamt weiterhin als unbefriedigend. Insbesondere Mehrgenerationen- und kinderreiche Familien finden nur schwer angemessene Wohnungen, die den besonderen Anforderungen für Sinti- und Roma-Familien entsprechen und eine Gewerbeausübung zulassen."[944]

6.4.1.2. Zielvorgaben für zukünftiges politisches Handeln

Nachdem am 7. November 1985 zum ersten Mal im Plenum des Deutschen Bundestages über „Lage und Forderungen der Sinti, Roma und verwandter Gruppen" debattiert worden war, forderte der Deutsche Bundestag die Bundesregierung im Rahmen eines Entschließungsantrags im Juni 1986 auf, in einem detaillierten Bericht zum einen Stellung zu Wiedergutmachungsleistungen für Sinti und Roma zu nehmen und zum anderen zu prüfen, wie eine Verbesserung der „Lebenschancen der Sinti und Roma" zu erreichen sein könnte.[945] Ein Großteil der Zielvorgaben für zukünftiges politisches Handeln, die im Folgenden zusammengefasst werden, stammen aus diesem Bericht.

Die Bundesregierung machte deutlich, dass sie sich über Schwierigkeiten hinsichtlich der Situation der Sinti und Roma bewusst sei und infolgedessen Empfehlungen für Veränderungsmaßnahmen vorlegen werde. Maßnahmen zur Verbesserung der Gesundheits- und Wohnsituation würden aber in den Zuständigkeitsbereich der Länder und Kommunen fallen und könnten von der Bundesregierung nicht beeinflusst werden.[946] Trotz dieser Feststellung nahm die Bundesregierung Stellung zu möglichen Verbesserungen bezüglich der gesundheitlichen Versorgung und der Wohnsituation der Sinti und Roma. Auch wenn die Bundesregierung die gesundheitliche Versorgung der Sinti und Roma insgesamt als befriedigend einstufte, sah sie bei Beachtung der kulturellen und sozialen Besonderheiten der Minderheit Optimierungspotenzial. Grundlage aller Bemühungen müsse sein, dass zuständige Stellen wie der öffentliche Gesundheitsdienst oder stationäre Einrichtungen das Vertrauen der Sinti und Roma vor Ort gewönnen:

> „Erfahrungen zeigen, daß aufsuchende Betreuung auf Lagerplätzen wie auch in Sinti- und Roma-Siedlungen eine Verbesserung der Ortshygiene, der Mütterbera-

944 X. WP, 1986, Drs. 10/6287, 53.
945 Vgl. X. WP, 1986, Drs. 10/5765, 1f.
946 Vgl. X. WP, 1986, Drs. 10/6287, 52.

> tung, der Gesundheitsfürsorge für Säuglinge und Kleinkinder, sowie Impfaktionen und Reihenuntersuchungen ermöglichen.“[947]

Verbesserungsmöglichkeiten hinsichtlich der noch immer als defizitär eingestuften Wohnsituation der Sinti und Roma lagen für die Bundesregierung in der Einbeziehung der Sinti und Roma bei Instandsetzungsarbeiten oder beim Bau von Wohnraum, in der Schaffung von Wohnraum, der den Lebensgewohnheiten der Betroffenen entspreche und die Ausübung eines Gewerbes zulasse, sowie in der flexiblen Handhabung der Wohnungsbauförderung.[948]

Zur Verbesserung der schulischen Bildung von Sinti und Roma existierten laut Angabe der Bundesregierung keine konkreten Methoden, die wissenschaftlich abgesichert wären und sich bundesweit einsetzen ließen. Allerdings würden im Rahmen eines Modellprojekts in Zusammenarbeit mit dem Land Bremen im Zeitraum von 1986 bis 1989 Verbesserungsmöglichkeiten der Lernbedingungen überprüft werden.[949] Nähere Angaben zu möglichen Verbesserungen der Bildungssituation der Kinder der Sinti und Roma finden sich in einem am 24. Mai 1984 angenommenen Entschließungsentwurf des Europarates, von dem auch der Deutsche Bundestag und Bundesrat unterrichtet wurden.[950] In diesem wird die schulische Betreuung der Roma in Europa als besorgniserregend eingestuft und die Wichtigkeit einer Schulbildung betont:

> „Der Schulunterricht hat insbesondere, weil er das Rüstzeug für eine Anpassung an die sich wandelnde Umwelt und für die persönliche und berufliche Selbstständigkeit vermitteln kann, eine wichtige Aufgabe im Hinblick auf die kulturelle, soziale und wirtschaftliche Zukunft der Zigeuner zu erfüllen.“[951]

Neben strukturellen Maßnahmen, wie unter anderem die Entwicklung eines Fernunterrichts für reisende Kinder, sieht der Entschließungsentwurf Handlungspotenzial in Bezug auf Weiter- und Zusatzausbildungen der Lehrer sowie in Bezug auf die verstärkte Vermittlung von Informationen an Schulen, an Lehrkräfte und Eltern.[952] Der Bundesrat nahm zu diesen vorgelegten Maßnahmen wie folgt Stellung:

> „Der Bundesrat begrüßt die Bemühungen der Gemeinschaft um die schulische Betreuung der Kinder der in den Entschließungsentwürfen genannten Personenkreise.

947 X. WP, 1986, Drs. 10/6287, 55.
948 Vgl. X. WP, 1986, Drs. 10/6287, 53.
949 Vgl. X. WP, 1986, Drs. 10/6287, 54.
950 Vgl. XI. WP, 1989, Drs. 232/89.
951 XI. WP, 1986, Drs. 232/89, 1.
952 Vgl. XI. WP, 1986, Drs. 232/89, 2f.

> Er weist darauf hin, daß in der Bundesrepublik Deutschland die in den Entschließungsentwürfen genannten Kinder bereits schulisch betreut werden."[953]

Potenzial für politisches Handeln wurde auch in einer möglichen Anerkennung der Sinti und Roma als Minderheit gesehen. Der Abgeordnete Hans-Christian Ströbele (Die Grünen) plädierte dafür, der Forderung der Sinti und Roma nachzukommen und sie „als ethnische Minderheit [mit] eigener Sprache, Kultur, Geschichte und Identität"[954] anzuerkennen. Entsprechenden Handlungsbedarf sah die Bundesrepublik zu Beginn der 1990er Jahre in Bezug auf eine offizielle Anerkennung der Sinti und Roma als eine Minderheit jedoch nicht. Am 4. März 1992 verabschiedete die Menschenrechtskommission der Vereinten Nationen eine Resolution „Zum Schutz der Roma", bei der sich Deutschland seiner Stimme enthielt. Die Resolution wandte sich gegen alle Formen der Diskriminierung und bezeichnete die Roma darüber hinaus ausdrücklich als Minderheit.[955] Die Stimmenenthaltung der deutschen Delegation wurde von der Bundesregierung damit begründet, dass in Deutschland Menschen grundsätzlich nicht aufgrund ihrer Rasse oder aus anderen Gründen diskriminiert werden dürften und Entsprechendes somit auch für Roma gelte. Ferner hätten Roma in der Bundesrepublik Deutschland keinen Minderheitenstatus, und die Resolution weise zudem Defizite in Bezug auf sich illegal im Land aufhaltende Personen auf.[956] Des Weiteren stellte die Bundesregierung fest:

> „Nach Auffassung der Bundesregierung wird der universelle Charakter der Menschenrechte auf lange Sicht ausgehöhlt, wenn für einzelne Gruppen Sonderregelungen getroffen werden."[957]

Diese Meinung hatte die Bundesrepublik Deutschland am 11. Mai 1995 offenbar geändert, als sie beim Europarat in Straßburg das „Rahmenübereinkommen zum Schutz nationaler Minderheiten" unterzeichnete. Der Deutsche Bundestag ratifizierte die Vereinbarung am 10. September 1997, und am 1. Februar 1998 trat das Übereinkommen allgemein in Kraft.

Besondere Bedeutung in Bezug auf mögliche Veränderungen der sozialen Situation der Sinti und Roma maß die Bundesregierung 1986 in einem Bericht der Einrichtung von Beratungsstellen bei, die den Betroffenen bei der Nutzung von Rechten und Möglichkeiten hilfreich zur Seite stehen sollen.[958] Darüber hinaus betrachtete sie es als essenziell, dass die Suche nach Lösungsmöglich-

---

953 XI. WP, 1986, Drs. 232/89 (Beschluß), 1.
954 X. WP, 1985, 171. Sitz., 12813.
955 Vgl. Jansen (1995), 19f.
956 Vgl. XII. WP, 1992, Drs. 12/2367, 2.
957 XII. WP, 1992, Drs. 12/2367, 3.
958 Vgl. X. WP, 1986, Drs. 10/6287, 52.

keiten zur Verbesserung der sozialen Situation der Sinti und Roma in Zusammenarbeit mit Minderheitenvertretern erfolge, da kulturelle und soziale Besonderheiten nur auf diesem Weg in ausreichendem Maße berücksichtigt werden könnten.[959] In diesem Zusammenhang wies die Bundesregierung auch auf die Verdienste der Interessenvertretung der Sinti und Roma in der Vergangenheit und auf zu erwartende positive Impulse in der Zukunft hin:

> „Sie [die Bundesregierung] ist der Meinung, daß die Selbstorganisation der Sinti und Roma, d. h. ihre verbandspolitische Vertretung, dazu beigetragen hat und weiterhin dazu beitragen wird, die Stellung der Sinti und Roma in der deutschen Gesellschaft zu verdeutlichen, Vorurteile abzubauen, der von ihr vertretenen ethnischen Gruppe Selbstvertrauen zu geben und Beistand bei der Interessenvertretung zu leisten.“[960]

Zusammenfassend stellt die Bundesregierung hinsichtlich möglicher positiver Veränderungen der sozialen Lage der Sinti und Roma Folgendes fest:

> „Die wichtigsten Voraussetzungen zur Verbesserung der sozialen Situation der Sinti und Roma sind die Förderung ihrer Eigenverantwortlichkeit, ihrer Selbstständigkeit sowie ihrer schulischen und beruflichen Ausbildung und damit die Wiederherstellung ihrer wirtschaftlichen Selbstständigkeit.“[961]

6.4.2. Thematisierung der Vergangenheit der Sinti und Roma

Sowohl die Erinnerung an die nationalsozialistische Verfolgung der Sinti und Roma als auch die Thematisierung der Wiedergutmachung wurden für den Zeitraum von 1949 bis 1993 ausschließlich in den Vorgängen des Deutschen Bundestages untersucht. Für den Zeitraum von 1994 bis 2005 soll zudem ein jährlicher Vorgang im Bundesrat berücksichtigt werden, der aufgrund seines besonderen Charakters im Zusammenhang mit der Thematisierung der Sinti und Roma auf höchster politischer Ebene nicht außer Acht gelassen werden darf. Seit 1994 findet anlässlich des Jahrestages des „Auschwitz-Erlasses“ Heinrich Himmlers vom 16. Dezember 1942, welcher die Deportation aller Sinti und Roma anordnete, die innerhalb der Grenzen des Deutschen Reiches lebten, eine Gedenkveranstaltung im Bundesrat statt.[962] In seiner Plenarsitzung gedenkt der Bundesrat mit einer Schweigeminute und einer Rede des Bundesratspräsidenten der Sinti und Roma, die Opfer des nationalsozialistischen Völkermords wurden.

959 Vgl. X. WP, 1986, Drs. 10/6287, 53.
960 X. WP, 1986, Drs. 10/6287, 53.
961 X. WP, 1986, Drs. 10/6287, 52.
962 Das Datum der Gedenkveranstaltung variiert.

Hierbei handelt es sich um einen einzigartigen Vorgang, denn keiner der weiteren Opfergruppen der nationalsozialistischen Verfolgung wird mit einer vergleichbaren Einzelaktion im Deutschen Bundestag oder Bundesrat gedacht.[963] Es existieren jedoch weitere Gedenkveranstaltungen für alle Opfer des Nationalsozialismus. Der ehemalige Bundespräsident Roman Herzog proklamierte im Jahr 1996 den 27. Januar als den „Tag des Gedenkens an die Opfer des Nationalsozialismus“. Anlässlich der Befreiung der Überlebenden des Konzentrationslagers Auschwitz durch die Rote Armee am 27. Januar 1945 finden seit 1996 jährlich Gedenkveranstaltungen in der ganzen Bundesrepublik Deutschland statt, und auch der Deutsche Bundestag gedenkt der Opfer des Nationalsozialismus in Form einer Feierstunde im Plenum. Die Rede wird hierbei von einem Gastredner gehalten.[964] Darüber hinaus wurde der 27. Januar von den Vereinten Nationen 2005 als „International Day of Commemoration to honour the victims of the Holocaust“ proklamiert und wird seit 2006 weltweit begangen.[965]

6.4.2.1. Erinnerung und Thematisierung der nationalsozialistischen Verfolgung

Wie schon im Rahmen ihrer Antwort auf die Große Anfrage zu „Lage und Forderungen der Sinti, Roma und verwandter Gruppen“ vom 21. Dezember 1982 bezog die Bundesregierung auch 1985 in ihrer Antwort auf eine Große Anfrage gleichen Namens Stellung zum Völkermord an den Sinti und Roma. Auf die Frage, ob sich aus der Anerkennung des nationalsozialistischen Völkermords an der Minderheit für die Bundesregierung die gleiche Verantwortung ergebe wie gegenüber dem jüdischen Volk, macht die Bundesregierung in ihrer Antwort deutlich, dass für Sinti und Roma ebenso wie für andere aus rassischen Gründen Verfolgte das Bundesentschädigungsgesetz Gültigkeit besitze und darüber hinaus 1981 eine Härteregelung für Verfolgte nichtjüdischen Glaubens verabschiedet worden sei, die sich inhaltlich nicht von der 1980 verabschiedeten für jüdische Verfolgte unterscheide.[966] Auf die verspätete Anerkennung des Völkermordes an den Sinti und Roma und mögliche damit verbundene Folgen angesprochen, gab die Bundesregierung zurück, dass sie bereits frühzeitig rassische

---

963 Schriftl. Antwort von Martina Fuge, Presse und Öffentlichkeitsarbeit Bundesrat vom 22. Juli 2011 auf Anfrage.

964 Schriftl. Antwort von Katharina Schultze, Texte und Anfragen Bundestag vom 22. Juli 2011 auf Anfrage.

965 Schriftl. Antwort von Dr. Schawaller, Deutscher Bundestag – Verwaltung vom 21. Juli 2011 auf Anfrage.

966 Vgl. X. WP, 1985, Drs. 10/3292, 1.

Gründe für die Verfolgung der Sinti und Roma als erwiesen angesehen habe. Für finanzielle Wiedergutmachung sei generell keine Anerkennung des Völkermordes im strafrechtlichen Sinn Voraussetzung, und Sinti und Roma seien ohne zeitliche Verzögerung nach dem Bundesentschädigungsgesetz anspruchsberechtigt gewesen.[967]

Auch im Zuge der ersten Debatte im Plenum des Deutschen Bundestages über Sinti und Roma am 7. November 1985 wurde die nationalsozialistische Verfolgung der Minderheit thematisiert. Bundeskanzler Helmut Kohl (CDU) nannte die Zahl von 500 000 Sinti und Roma, die Opfer des Völkermordes geworden seien, und machte darauf aufmerksam, dass die Verfolgungsmaßnahmen „lange vor den Verbrechen gegen Leib und Leben“[968] begonnen hätten. Nach Gründung der Bundesrepublik Deutschland habe man nach Versöhnung gesucht, und dabei habe jene mit den Juden und dem Staat Israel Vorrang genossen. Kohl räumte in diesem Zusammenhang allerdings ein, dass Sinti und Roma eine entsprechende Solidarität nicht in gleichem Maße genossen hätten.[969] Auch der Abgeordnete Hans-Jochen Vogel (SPD) führte an, dass die nationalsozialistische Verfolgung der Sinti und Roma kaum öffentlich wahrgenommen worden sei.[970] Wie Kohl und Vogel wies auch Gerhart Baum (FDP) auf dieses Defizit hin:

> „Den Sinti und Roma ist in der Nazidiktatur schweres Unrecht zugefügt worden, das als Völkermord anzusehen ist. Sinti und Roma sind Opfer von rassisch begründeter Verfolgung und von Mord geworden. Diese Tatsache ist spät, viel zu spät ins öffentliche Bewußtsein gerückt worden und noch heute vielen Bürgern unseres Landes gar nicht genau bewußt.“[971]

Es mag bezweifelt werden, dass die Häufigkeit und die Ausführlichkeit, mit der in den folgenden Jahren der Völkermord an den Sinti und Roma im Rahmen der Vorgänge des Deutschen Bundestags thematisiert wurde, zu diesbezüglichen positiven Veränderungen des öffentlichen Bewusstseins beigetragen hat. Nachdem im Zeitraum zwischen 1979 und 1985 nicht nur die Bundesregierung, sondern auch Vertreter aller im Deutschen Bundestag vertretenen Fraktionen die Verfolgung der Sinti und Roma als Völkermord anerkannten und dazu Stellung nahmen, fanden vergleichbare Vorgänge in den folgenden Jahren nur sehr vereinzelt statt. Anlässlich eines Antrags der Fraktion der SPD zur „Verbesserung

967 Ebenda.
968 X. WP, 1985, 171. Sitz., 12808.
969 Vgl. X. WP, 1985, 171. Sitz., 12809.
970 Vgl. X. WP, 1985, 171. Sitz., 12809f.
971 X. WP, 1985, 171. Sitz., 12813.

der Situation der Sinti und Roma"[972] und eines Antrags der Fraktion Die Grünen zur „Verleihung einer kommunalen Ehrenbürgerschaft an Verfolgte des Nationalsozialismus"[973] wurde im Rahmen der entsprechenden Aussprache im Deutschen Bundestag auch der Völkermord an den Sinti und Roma thematisiert. Erneut bekräftigten Vertreter aller Fraktionen, dass es sich bei den Verbrechen der Nationalsozialisten gegen Sinti und Roma um Völkermord gehandelt habe.[974]

In ausführlicherer Form wurde der Völkermord an den Sinti und Roma erst wieder am 18. Mai 1994 behandelt. Aus Anlass des 50. Jahrestages der Liquidierung des als „Zigeunerlager" bezeichneten Bereichs des Konzentrationslagers Auschwitz-Birkenau wurde im Rahmen einer Bundesratssitzung der in Auschwitz ermordeten Sinti und Roma gedacht.[975] Bundesratspräsidentin Rita Süssmuth erinnerte an die 22 000 Sinti und Roma aus ganz Europa, die zwischen 1943 und 1944 deportiert worden waren:

> „Tausende fanden dort den qualvollen Tod in den Gaskammern, bei menschenverachtenden medizinischen Experimenten oder starben an den Folgen der unmenschlichen Lagerbedingungen, an Hunger und Seuchen."[976]

Das Gedenken an die Sinti und Roma, die in Auschwitz ihr Leben lassen mussten, finde, so Süssmuth, stellvertretend für alle 500 000 Opfer des nationalsozialistischen Völkermords unter den Sinti und Roma statt. Süssmuth sah in den Verbrechen eine Mahnung, jegliche Form von Übergriffen zu verhindern und die Menschenwürde zu achten. Zum Nutzen von Erinnerung stellte Süssmuth fest:

> „Erinnern macht nur Sinn, wenn wir daraus lernen, anders zu handeln, nämlich Unrecht an Menschen nicht zuzulassen, Hilfe nicht zu verweigern, Menschenleben gemeinsam zu schützen."[977]

Im gleichen Jahr gedachte man im Bundesrat noch ein weiteres Mal der Sinti und Roma, die Opfer des Völkermords durch die Nationalsozialisten geworden waren. Die erste Rede des seit 1994 anlässlich des Jahrestages des „Auschwitz-Erlasses" von Himmler jährlich stattfindenden Gedenkens im Bundesrat hielt der damalige Bundesratspräsident Johannes Rau. Dieser erinnerte an die zahlreichen Sinti und Roma, die in den Konzentrationslagern gefoltert und ermordet

---

972 XI. WP, 1987, Drs. 11/224.
973 XI. WP, 1987, Drs. 11/1385.
974 Vgl. XI. WP, 1989, 129. Sitz., 9489ff.
975 Vgl. XII. WP, 1994, 227. Sitz. BR, 19605.
976 XII. WP, 1994, 227. Sitz. BR, 19605.
977 Ebenda.

wurden. An diesem Völkermord seien viele beteiligt gewesen, und nur ein geringer Teil der Bevölkerung habe den Verfolgten geholfen.[978] Grundlage der Verfolgung seien jahrhundertealte Vorurteile gewesen, die auch heute noch existieren würden:

> „Die Sinti und Roma, die heute in unserer Mitte leben, tragen an der schweren Last der Vergangenheit. Viele von ihnen fühlen sich auch in der Bundesrepublik Deutschland mehr geduldet als respektiert. Auch heute gibt es in unserer Gesellschaft Vorurteile gegenüber Sinti und Roma. Wir wissen viel zu wenig über ihre Geschichte, über ihre Sprache und über ihre Kultur."[979]

Diese Kombination aus Unwissenheit und Vorurteilen berge Gefahrenpotenzial, so Rau. Daher sei es notwendig, gegen Vorurteile und Unwissenheit vorzugehen. Rau führte aus, dass nicht nur die Verbrechen der Vergangenheit eine Mahnung seien, sondern auch die fremdenfeindlichen Übergriffe der damaligen Gegenwart. Unter die Erinnerung an die Verbrechen der Vergangenheit dürfe kein Schlussstrich gezogen werden. Der Wunsch nach Vergessen ist nach Meinung von Rau zwar verständlich, aber diesem müsse man sich entgegenstellen, denn nur Erinnern ermögliche eine Versöhnung.[980] Grundsätzlich, so Rau, gelte Folgendes:

> „Wie wir mit Menschen zusammenleben, die bei uns fremd sind, oder sich – wie die Sinti und Roma – nicht aufgenommen fühlen, weil sie eine Minderheit sind, das bleibt die Probe darauf, ob wir die Lehren der Vergangenheit begriffen haben. Hier entscheidet sich, inwieweit unsere Geschichte zu einem kulturellen Boden geworden ist, der in einer humanen und demokratischen Weise Früchte trägt."[981]

In den folgenden Monaten wurde weder im Deutschen Bundestag noch im Bundesrat über den nationalsozialistischen Völkermord an den Sinti und Roma gesprochen. Thematisiert wurde dieser erst wieder im Dezember 1995 anlässlich der jährlichen Gedenkveranstaltung im Bundesrat. Bundesratspräsident Edmund Stoiber verglich in seiner Rede die Folgen, die der „Auschwitz-Erlass" Heinrich Himmlers für die Sinti und Roma hatte, mit jenen der Wannsee-Konferenz für die Juden.[982] Sinti und Roma hätten vor dem Krieg weitgehend integriert gelebt und hätten als Deutsche am Gemeinschaftsleben teilgenommen. Ihr Todesurteil sei die nationalsozialistische Rassenkunde gewesen. Die damit verbundenen Deportationen hätten kaum Gegenwehr in der Bevölkerung erzeugt. Stoiber erläuterte, dass eine große Zahl von Sinti und Roma in den Konzentrationsla-

978 Vgl. XIII. WP, 1994, 678. Sitz. BR, 625.
979 XIII. WP, 1994, 678. Sitz., 626.
980 Vgl. XIII. WP, 1994, 678. Sitz. BR, 626f.
981 XIII. WP, 1994, 678. Sitz. BR, 626.
982 Vgl. XIII. WP, 1995, 692. Sitz. BR, 555.

gern Opfer medizinischer Versuche geworden sei.[983] In diesem Zusammenhang appellierte Stoiber an seine Zuhörerschaft:

> „Das Unfaßbare, das damals den Menschen angetan wurde, darf nicht dem Vergessen anheimfallen!“[984]

Unter diesen Teil der Deutschen Geschichte könne man keinen Schlussstrich ziehen. Das Gedenken an die Verbrechen des nationalsozialistischen Regimes bringe die Verantwortung mit sich, eine Wiederholung zu verhindern.[985]

6.4.2.2. Wiedergutmachung für NS-Verfolgte

Im Rahmen einer Antwort auf eine Große Anfrage von drei Abgeordneten sowie der Fraktion Die Grünen hat die Bundesregierung im Mai 1985 auch Stellung zur Wiedergutmachung für Verfolgte unter den Sinti und Roma genommen. Die in einer Frage nach Meinung der Bundesregierung implizierte Unterstellung, dass es durch die Zusammenarbeit von Wiedergutmachungsbehörden und der „Landfahrerzentrale“ des Bayerischen Landeskriminalamtes zu Benachteiligungen der Sinti und Roma gekommen sei, wurde entschieden zurückgewiesen. Die Auskünfte des Bayerischen Landeskriminalamtes hätten bei nicht in ausreichendem Maße vorliegenden Nachweisen sogar dazu beigetragen, dass Entschädigungen erst möglich geworden seien.[986] Darüber hinaus stellte die Bundesregierung fest:

> „Die Auskünfte konnten allerdings auch dazu führen, daß für bestimmte Maßnahmen andere als rassische Gründe (etwa Inhaftierung wegen krimineller Straftaten) festgestellt worden sind oder sich Angaben über Zeit und Umfang von Maßnahmen ganz und gar als unrichtig erwiesen haben.“[987]

Auch hinsichtlich des Sachverhalts, dass Sozialbehörden „Überleitungsansprüche“ auf von Sinti und Roma erhaltene Wiedergutmachungsleistungen geltend gemacht hatten, sah die Bundesregierung keinen Handlungsbedarf: Gemäß eines Urteils des Bundesgerichtshofs seien Entschädigungsrenten vordergründig für die Versorgung der Verfolgten bestimmt und somit bei Sozialhilfeempfängern als Einkommen zu berücksichtigen. Dieses Vorgehen stehe „im Einklang mit dem Wiedergutmachungsgedanken und dem Sinn der Entschädigungsregelun-

983 Vgl. XIII. WP, 1995, 692. Sitz. BR, 556.
984 XIII. WP, 1995, 692. Sitz. BR, 556.
985 Vgl. XIII. WP, 1995, 692. Sitz. BR, 556.
986 Vgl. X. WP, 1985, Drs. 10/3292, 2.
987 X. WP, 1985, Drs. 10/3292, 2.

gen des BEG.“[988] Ebenso wenig waren nach Meinung der Bundesregierung Defizite bei der 1981 verabschiedeten Härteregelung für Verfolgte nichtjüdischen Glaubens zu erkennen. Es würden keine Unterschiede zwischen den einzelnen Verfolgtengruppen gemacht, und Sinti und Roma seien Begünstigte eines erheblichen Teils der Zahlungen.[989] Die Ablehnung von Anträgen von solchen Personen, die in der Vergangenheit bereits geringe Entschädigungsleistungen erhalten hatten, wurde von der Bundesregierung nicht in Frage gestellt. Der Fonds für Härteleistungen sei für jene Opfer gedacht, die aus formellen Gründen bis dahin keine Entschädigungsleistungen erhalten hätten, und könne grundsätzlich keine Antragsteller berücksichtigen, die in der Vergangenheit – die Höhe des Betrags spiele dabei keine Rolle – entschädigt worden seien.[990] Eine Verwaltung der Mittel des Fonds für Härteleistungen für nichtjüdische Verfolgte durch deren eigene Organisationen wurde von der Bundesregierung abgelehnt. In Bezug auf die jüdischen Verfolgten sei eine Ausnahme in Form der „Conference on Jewish Material Claims against Germany“ gerechtfertigt, da diese Organisation annähernd alle jüdischen Verfolgten vertrete und darüber hinaus die dafür notwendigen Erfahrungen mitbringe.[991]

Auch in der auf die Große Anfrage folgenden ersten Debatte über Sinti und Roma am 7. November 1985 im Deutschen Bundestag wurde die Thematik der Wiedergutmachung aufgegriffen. Die Beurteilung der Handhabung der Wiedergutmachungspraxis fiel dabei zum Teil höchst unterschiedlich aus. Der Abgeordnete Hans-Jochen Vogel (SPD) machte deutlich, dass ungeachtet der Tatsache, dass Sinti und Roma gemäß der allgemeinen Entschädigungsregelungen anspruchsberechtigt seien, der Völkermord an ihnen kaum öffentlich zur Kenntnis genommen werde.[992] Als notwendig erachtete es Vogel, dass die 1981 verabschiedeten Härtefallrichtlinien geändert würden. Vogel hielt es für einen Missstand,

> „daß Wiedergutmachungsleistungen auf andere staatliche Leistungen angerechnet werden und der Verfolgte deshalb im Ergebnis ebenso steht, als ob er nicht verfolgt worden wäre.“[993]

Auch der Abgeordnete Hermann Kroll-Schlüter (CDU) sah diesbezüglich offensichtlich Verbesserungspotenzial und begrüsste eine Initiative des Landes Niedersachsen zur Änderung des Bundessozialhilfegesetz. Diese sah vor, dass nach

988 Ebenda.
989 Vgl. X. WP, 1985, Drs. 10/3292, 2.
990 Vgl. X. WP, 1985, Drs. 10/3292, 3.
991 Vgl. X. WP, 1985, Drs. 10/3292, 3.
992 Vgl. X. WP, 1985, 171. Sitz., 12809.
993 X. WP, 1985, 171. Sitz., 12810.

dem Bundesentschädigungsgesetz gezahlte Renten teilweise nicht mehr auf die Sozialhilfe angerechnet würden. Weitere mögliche Unzulänglichkeiten in der Umsetzung des Bundesentschädigungsgesetzes wurden von Kroll-Schlüter nicht erwähnt.[994] Besonders hart ging hingegen der Abgeordnete Hans-Christian Ströbele (Die Grünen) mit der Wiedergutmachungsregelung ins Gericht, die er als ungerecht und unmenschlich bewertete:

> „Die Opfer waren, wenn sie wenigstens eine Chance haben wollten, häufig gezwungen, nachzuweisen, daß Angehörige ermordet oder gefoltert wurden. Und was sich in den Gerichtsverfahren abspielte: Dort traten Zeugen auf, die ehemalige Zigeunerspezialisten beim Reichssicherheitshauptamt waren und die nun als Zeugen gegen Sinti und Roma auftreten durften."[995]

Nach Ansicht von Ströbele waren Verbesserungen hinsichtlich der Wiedergutmachung dahingehend angemessen, dass an ehemals verfolgte Sinti und Roma eine Grundrente in Höhe von DM 2000 gezahlt würde und zudem die Kosten für Kranken- und Kurbehandlungen sowie für Urlaube übernommen würden.[996] Im Gegensatz zu Ströble stufte der Abgeordnete Wolfgang Götzer (CSU) das Bundesentschädigungsgesetz als einen wichtigen Beitrag zur finanziellen Wiedergutmachung ein und behauptete:

> „Die Wiedergutmachungsbehörden haben sich gemäß den Richtlinien des BEG dafür eingesetzt, daß die Sinti und Roma als Verfolgtengruppe im Rahmen der Praxis der Wiedergutmachung keine Benachteiligungen gegenüber anderen Verfolgtengruppen hinzunehmen hatten."[997]

Götzer hielt es für verständlich, dass die Wiedergutmachung von zentralem Interesse für die Betroffenen sei, warnte aber davor, die Debatte über die Situation der Sinti und Roma ausschließlich unter dem Gesichtspunkt der nationalsozialistischen Verfolgung zu führen. Die mit der sozialen Situation der Sinti und Roma verbundenen Schwierigkeiten seien weitaus älter und würden auch in anderen Ländern existieren.[998]

Ausführlich Stellung zur Wiedergutmachungpraxis nahm die Bundesregierung dann 1986 in einem „Bericht über Wiedergutmachung und Entschädigung für nationalsozialistisches Unrecht sowie über die Lage der Sinti, Roma und verwandter Gruppen". Auch an dieser Stelle wurde noch einmal betont, dass Sinti und Roma bereits zu Beginn der Wiedergutmachung als rassisch Verfolgte anerkannt worden seien und die gleichen Ansprüche gehabt hätten wie die ande-

---

994 Vgl. X. WP, 1985, 171. Sitz., 12811.
995 X. WP, 1985, 171. Sitz., 12812.
996 Vgl. X. WP, 1985, 171. Sitz., 12812.
997 X. WP, 1985, 171. Sitz., 12816.
998 Vgl. X. WP, 1985, 171. Sitz., 12816.

ren Verfolgten. Zwar sei zunächst strittig gewesen, ab welchem Zeitpunkt von einer Kollektivverfolgung der Sinti und Roma auszugehen war. Das Urteil des Bundesgerichtshofs von 1956, welches eine rassisch motivierte Verfolgung erst ab 1943 als erwiesen ansah, habe bis zu seiner Berichtigung 1963 jedoch nur geringe Auswirkungen gehabt.[999] Das BEG-Schlussgesetz habe diesen Sachverhalt ausreichend berücksichtigt:

> „Um jede Benachteiligung von Zigeunern, die durch die frühere Rechtsprechung des BGH entstanden sein konnte, zu beseitigen und eine uneingeschränkte Wahrnehmung des Rechts auf Entschädigung zu ermöglichen, hat der Gesetzgeber die Zigeunerfrage im BEG-Schlußgesetz noch einmal ausdrücklich aufgegriffen und auch formell rückwirkend eine Möglichkeit geschaffen, die alte Rechtsprechung des BGH auch im Einzelfall uneingeschränkt zu korrigieren.“[1000]

Darüber hinaus hätten die Länder ihre Bereitschaft erklärt, Fälle zu untersuchen, in denen die Zahlung von Entschädigungsleistungen aufgrund der alten Rechtsprechung des Bundesgerichtshofs abgelehnt worden sei. In diesem Zusammenhang sei der *Zentralrat Deutscher Sinti und Roma* vom Bundesminister der Finanzen aufgefordert worden, benachteiligte Personen zu nennen. Dies, so die Bundesregierung, sei nicht erfolgt.[1001]

Zur behördlichen Praxis der Wiedergutmachung merkte die Bundesregierung an, dass keine Unterschiede zwischen den Anträgen der Sinti und Roma und jenen der anderen Verfolgtengruppen gemacht wurden. Zu Schwierigkeiten sei es es nur in solchen Fällen gekommen, in denen die Ansprüche nicht durch einen Anwalt vertreten worden seien und sich Defizite bei der „Begründung und Weiterverfolgung der Anträge ergeben“[1002] hätten. Negative Konsequenzen habe dies jedoch nur gehabt, wenn es zudem an der Mitwirkung der Antragsteller gemangelt habe. Zu möglichen Diskrepanzen bezüglich der Höhe der Entschädigungsleistungen für einzelne Sinti und Roma im Vergleich zu anderen Verfolgten merkt die Bundesregierung an:

> „Daß Kapitalentschädigungen wie auch Renten für Sinti und Roma im Vergleich zu anderen Verfolgtengruppen im Einzelfall oft geringer ausfielen, ist darauf zurückzuführen, daß Sinti, Roma und verwandte Gruppen zu Beginn der Verfolgung regelmäßig nicht die wirtschaftliche und soziale Stellung besaßen, wie sie ein erheblicher Teil der übrigen Verfolgten hatte. Infolgedessen konnten sie zum Beispiel Gesundheitsschadensrenten nur entsprechend der vergleichbaren Beamten-

999 Vgl. X. WP, 1986, Drs. 10/6287, 34.
1000 X. WP, 1986, Drs. 10/6287, 34.
1001 Vgl. X. WP, 1986, Drs. 10/6287, 34.
1002 X. WP, 1986, Drs. 10/6287, 35.

> gruppe des einfachen Dienstes beanspruchen und auch weniger Schäden im beruflichen oder wirtschaftlichen Fortkommen geltend machen."[1003]

Statistiken, anhand derer man Entschädigungsleistungen an einzelne Gruppen Verfolgter nachvollziehen könnte, würden jedoch nicht existieren. Statistisch erfasst worden seien lediglich finanzielle Aufwendungen und die damit verbundenen Leistungen.[1004] Darüber hinausgehende Maßnahmen, anhand derer die Entschädigungsleistungen an einzelne Verfolgtengruppen hätten nachvollzogen werden können, waren nach Ansicht der Bundesregierung nicht erforderlich:

> „Hierzu bestand auch kein Anlaß, weil die gesetzlichen Entschädigungstatbestände hinsichtlich Art, Umfang oder Höhe der Entschädigungsleistung nicht darauf abstellen, ob jemand aus rassischen Gründen, sei es als Jude, Sinti oder Roma, oder aus politischen, religiösen oder weltanschaulichen Gründen verfolgt worden ist."[1005]

Die Bundesregierung erläuterte, dass Sinti und Roma neben dem Anspruch auf Entschädigung nach dem Bundesentschädigungsgesetz gemäß den Richtlinien der Bundesregierung für Härteleistungen an Verfolgte nichtjüdischer Abstammung vom 26. August 1981 die Möglichkeit hätten, zusätzliche Hilfen zu beantragen. Ferner hätten jene, die nicht aus rassischen Gründen verfolgt worden seien, Ansprüche nach dem Allgemeinen Kriegsfolgengesetz (AKG).[1006]

Erneut thematisiert wurde die Wiedergutmachungsgesetzgebung im Rahmen einer Sitzung des Deutschen Bundestages am 13. November 1986, in der unter anderem über den „Bericht der Bundesregierung über Wiedergutmachung und Entschädigung für nationalsozialistisches Unrecht sowie über die Lage der Sinti, Roma und verwandter Gruppen" beraten wurde. Ähnlich wie im vorherigen Jahr anlässlich der ersten Debatte über Sinti und Roma im Plenum des Deutschen Bundestages gingen die Meinungen über die Bewertung der Wiedergutmachungspraxis auseinander. Während der Parlamentarische Staatssekretär Friedrich Voss (CDU) die Meinung vertrat, dass Sinti und Roma keine andere Behandlung erfahren hätten als andere Verfolgte, zeigte sich der Abgeordnete Hans-Christian Ströbele empört darüber, dass Sinti und Roma von Entschädigungszahlungen nach dem BEG ausgeschlossen gewesen seien.[1007]

Die Bundesregierung zog 1986 insgesamt ein positives Fazit bezüglich der Wiedergutmachungsleistungen für Sinti und Roma:

1003 X. WP, 1986, Drs. 10/6287, 35.
1004 Vgl. X. WP, 1986, Drs. 10/6287, 35.
1005 X. WP, 1986, Drs. 10/6287, 35.
1006 Vgl. X. WP, 1986, Drs. 10/6287, 36.
1007 Vgl. X. WP, 1986, 246. Sitz., 19064ff.

„Zusammenfassend ist festzustellen, daß die bei Kriegsende lebende Elterngeneration der Sinti und Roma über die gegebenen Entschädigungsmöglichkeiten hinreichend informiert war und hiervon in vergleichbarem Umfang wie andere Verfolgtengruppen Gebrauch gemacht hat. Sinti und Roma sind weder von Gesetzes wegen, noch, wie alle Länder ausnahmslos übereinstimmend hervorheben, bei der Durchführung von Entschädigungsverfahren gegenüber den aus anderen in § 1 BEG genannten Gründen Verfolgten benachteiligt worden."[1008]

6.4.3. *Zusammenfassung*

Im Zeitraum zwischen 1983 und 1995 wurden sowohl die Vergangenheit als auch die Gegenwart der Sinti und Roma sowie Zielvorgaben für zukünftiges politisches Handeln in Bezug auf die Minderheit ausführlich in den Vorgängen des Deutschen Bundestages thematisiert. Darüber hinaus wurde die Lage der Sinti und Roma am 7. November 1985 erstmalig im Rahmen einer Sitzung des Deutschen Bundestages behandelt. Dazu der Abgeordnete Horst Jaunich (SPD):

„Der Zentralrat Deutscher Sinti und Roma erblickt in dem heutigen Tag, an dem zum erstenmal in der Geschichte der Bundesrepublik Deutschland über dringende Fragen dieser ethnischen Minderheit im Deutschen Bundestag debattiert wird, einen Tag von historischer Bedeutung."[1009]

Niemand, so Jaunich, sei Schuld daran, dass dies nicht früher geschehen sei. Erst zu Beginn der 1980er Jahre hätten sich Landtage und Fraktionen des Deutschen Bundestages mit der Situation der Sinti und Roma beschäftigt, und auch eine Interessenvertretung sei erst zu diesem Zeitpunkt gegründet worden.[1010]

Im Zusammenhang mit der beruflichen und wirtschaftlichen Situation wies die Bundesregierung auf den vergleichsweise hohen Anteil an Sozialhilfeempfängern unter den Sinti und Roma hin. Ungeachtet der Tatsache, dass sie nicht über eine gesonderte Statistik verfügte, schätzte die Bundesregierung den Anteil an Sozialhilfeempfängern unter Angehörigen der Minderheit auf über 50 Prozent. Darüber hinaus berief sich die Bundesregierung auf eine Umfrage des Deutschen Städtetags, laut der Sinti und Roma die Ausübung eines Gewerbes ebenso gestattet war wie anderen Gewerbetreibenden auch. Zu den Bildungs- und Berufschancen der nachfolgenden Generation äußerte sich die Bundesregierung nur bedingt und verwies wie auch im zuvor untersuchten Zeitraum von 1971 bis 1982 auf die Zuständigkeit der Länder in schulischen Belangen. Betont wurde

1008 X. WP, 1986, Drs. 10/6287, 36.
1009 X. WP, 1985, 171. Sitz., 12814.
1010 Vgl. X. WP, 1985, 171. Sitz., 12814.

jedoch, dass alle Sinti und Roma unabhängig von ihrer Staatsangehörigkeit Anspruch auf die Nutzung der Berufsberatung und Ausbildungsstellenvermittlung hätten. Auch die Möglichkeit der Teilnahme an Programmen für die Förderung der Berufsbildung von benachteiligten Jugendlichen wurde im Zusammenhang mit den Berufsaussichten der nachfolgenden Generation der Sinti und Roma von der Bundesregierung erwähnt. Die gesundheitliche Situation der Sinti und Roma wurde von der Bundesregierung insgesamt als befriedigend eingestuft. Spezielle Maßnahmen zur gesundheitlichen Betreuung der Sinti und Roma existierten nach Aussage der Bundesregierung nicht, aber ebenso wie die übrige Bevölkerung hätten sie die Möglichkeit, vorhandene Angebote zu nutzen.

Mit Diskriminierung und Vorurteilen gegenüber Sinti und Roma setzte man sich auch zwischen 1983 und 1995 in den Vorgängen des Deutschen Bundestages auseinander. Die Bundesregierung machte deutlich, dass in der Bundesrepublik Deutschland keine Gesetze vorhanden seien, aufgrund derer die Sinti und Roma als ethnische Gruppe diskriminiert würden. Ausgeschlossen wurde von der Bundesregierung jedoch nicht, dass die Anwendung allgemein gültiger Gesetze insbesondere für nach traditioneller Art lebende Sinti und Roma unter Umständen negative Folgen haben könnte. Abgeordnete verschiedener Fraktionen wiesen zwischen 1983 und 1995 darauf hin, dass der Abbau von Vorurteilen und die Integration der Sinti und Roma nicht nur Aufgabe der Bundesregierung seien, sondern auch Länder, Städte und Gemeinden sowie die Bevölkerung allgemein aufgerufen seien, ihren Beitrag zu leisten, um Sinti und Roma ein Leben frei von Diskriminierung und Benachteiligungen zu ermöglichen. Die Bundesregierung machte 1985 jedoch auch auf eine von ihr initiierte Maßnahme zum Abbau von Diskriminierung aufmerksam. Obwohl die Bundesregierung in der Speicherung des Zusatzes „ZN“ für „Zigeunername“ im polizeilichen Informationssystem INPOL keine Diskriminierung sah, entsprach sie dem Wunsch des *Zentralrats Deutscher Sinti und Roma* und schaffte diese ab. Die Bundesregierung distanzierte sich in diesem Zusammenhang von der geäußerten Vermutung, dass der neu eingeführte Begriff „HWAO“ (häufig wechselnder Aufenthaltsort) lediglich als Ersatz für die abgeschaffte Begrifflichkeit eingeführt worden wäre.

Die Wohnsituation der Sinti und Roma wurde von der Bundesregierung trotz gewisser Fortschritte in der Zeit von 1983 bis 1995 als noch immer nicht zufriedenstellend bewertet. Als problematisch wurde im Besonderen die Suche nach angemessenem Wohnraum für Großfamilien eingestuft, der zudem noch die Ausübung eines Gewerbes ermögliche.

Nachdem im Zeitraum von 1971 bis 1982 Zielvorgaben für zukünftiges politisches Handeln im Rahmen der Vorgänge des Deutschen Bundestages lediglich in Bezug auf die Bildungssituation der nachfolgenden Generation der Sinti und Roma gemacht worden waren, fielen diese zwischen 1983 und 1995 deutlich umfassender aus. Zwar machte die Bundesregierung deutlich, dass Maßnahmen zur Verbesserung der Gesundheits- und Wohnsituation der Minderheit in den Zuständigkeitsbereich der Länder und Kommunen fallen würden, äußerte sich aber dennoch zu beiden Themenbereichen. Eine Verbesserung der Gesundheitsversorgung hielt die Bundesregierung durch umfassende Betreuung und damit einhergehende Mütterberatung, Gesundheitsfürsorge und Impfaktionen für möglich. Zur Verbesserung der defizitären Wohnsituation der Sinti und Roma empfahl die Bundesregierung die Schaffung von Wohnraum, der den Lebensgewohnheiten der Betroffenen entspreche und auch die beruflichen Interessen der Sinti und Roma berücksichtige.

Handlungsmöglichkeiten zur Verbesserung der Bildungssituation der nachfolgenden Generation der Sinti und Roma wurden von der Bundesregierung im betrachteten Zeitraum keine benannt. Es wurde zwar auf ein Modellprojekt hingewiesen, dass zu diesem Zeitpunkt in Zusammenarbeit mit dem Land Bremen durchgeführt wurde, aber grundsätzlich waren nach Aussage der Bundesregierung keine wissenschaftlich abgesicherten Methoden bekannt, die bundesweit umsetzbar gewesen wären. In einem Entschließungsantrag des Europarates, von dem auch der Deutsche Bundestag und der Bundesrat unterrichtet wurden, wurden zur Optimierung der Bildungssituation der Sinti und Roma unter anderem die Entwicklung eines Fernunterrichts sowie Weiter- und Zusatzausbildungen für Lehrer genannt.

Handlungspotenzial bot darüber hinaus eine mögliche Anerkennung der Sinti und Roma als Minderheit, wie sie von den Betroffenen in der Vergangenheit immer wieder gefordert worden war. Enthielt sich die Bundesrepublik Deutschland 1992 noch ihrer Stimme bei der von der Menschenrechtskommission der Vereinten Nationen verabschiedeten Resolution „Zum Schutz der Roma" und sah den universellen Charakter der Menschenrechte durch Sonderregelungen für einzelne Gruppen ausgehöhlt, unterzeichnete sie 1995 das „Rahmenübereinkommen zum Schutz nationaler Minderheiten". Neben der dänischen Minderheit, der friesischen Volksgruppe und dem sorbischen Volk gehören seitdem auch die Sinti und Roma zu den im Zuge dieses Rahmenübereinkommens geschützten Minderheiten.

Positive Veränderungen der sozialen Situation der Sinti und Roma hielt die Bundesregierung zudem durch die Einrichtung von Beratungsstellen für möglich, welche die Sinti und Roma bei der Wahrnehmung ihrer Rechte unterstützen sollten, sowie durch die Zusammenarbeit mit Minderheitenvertretern. Handlungsbedarf sah sie besonders bei der Förderung der Selbstständigkeit der Sinti und Roma und der Verbesserung der schulischen und beruflichen Ausbildung.

Nach Meinung der Bundesregierung standen die Bildungschancen sowie die wirtschaftliche Situation der Sinti und Roma in einem unmittelbaren Zusammenhang.

Die Erinnerung an die nationalsozialistische Verfolgung der Sinti und Roma fand zwischen 1983 und 1995 in den Vorgängen des Deutschen Bundestages nicht in konstanter Intensität statt. Im Rahmen der Antwort auf eine Große Anfrage sowie in der darauffolgenden Debatte im Plenum des Deutschen Bundestages nahmen sowohl die Bundesregierung als auch Vertreter sämtlicher Fraktionen Stellung zur nationalsozialistischen Verfolgung der Sinti und Roma. Ohne Ausnahme wurde die erstmals 1982 vom damaligen Bundeskanzler Helmut Schmidt bekundete Anerkennung der Verbrechen als Völkermord bekräftigt. Während dann zwischen 1986 und 1989 im Zuge vereinzelter Vorgänge die Thematik noch einige Male aufgegriffen wurde, folgte zwischen 1990 und 1994 eine Phase, in der keine entsprechenden Vorgänge stattfanden. Erst seit Einführung der jährlichen Gedenkveranstaltung im Bundesrat aus Anlass des Jahrestages des „Auschwitz-Erlasses" von Heinrich Himmler am 16. Dezember 1942 ist wieder eine Regelmäßigkeit der Erinnerung an die nationalsozialistische Verfolgung der Sinti und Roma in den Vorgängen des Deutschen Bundestages und Bundesrates erkennbar.

Die verspätete Anerkennung der nationalsozialistischen Verfolgung der Sinti und Roma wurde von der Bundesregierung im betreffenden Zeitraum nicht als Versäumnis eingestuft. Stattdessen betonte sie, dass bereits frühzeitig rassische Gründe als unstritttige Ursache für die Verfolgung der Sinti und Roma also erwiesen angesehen worden seien. Nach Ansicht der Bundesregierung sei für die finanzielle Wiedergutmachung nach dem Bundesentschädigungsgesetz auch keine Anerkennung des Völkermords im strafrechtlichen Sinn notwendig gewesen. Bundeskanzler Helmut Kohl (CDU) räumte 1985 allerdings ein, dass die Versöhnung mit dem Staat Israel und den Juden Vorrang genossen habe und Sinti und Roma eine vergleichbare Solidarität nicht zuteil geworden sei.[1011] In seiner Rede aus dem Jahr 1994 erinnerte der damalige Bundesratspräsident Johannes Rau daran, dass jahrhundertealte Vorurteile Grundlage der Verfolgung gewesen seien und nur ein geringer Teil der Bevölkerung zur Zeit der Nazi-Diktatur bereit gewesen sei, sich für die verfolgten Sinti und Roma einzusetzen.[1012] Sowohl Rau als auch der Bundesratspräsident der folgenden Amtsperiode, Edmund Stoiber, betonten, dass es nicht möglich und nicht wünschenswert

1011 Vgl. X. WP, 1985, 171. Sitz., 12809.
1012 Vgl. XIII. WP, 1994, 678. Sitz. BR, 625.

sei, unter diesen Teil der deutschen Geschichte einen Schlussstrich zu ziehen.[1013]

Die Wiedergutmachung für NS-Verfolgte unter den Sinti und Roma wurde im Zeitraum zwischen 1983 und 1995 in den Vorgängen des Deutschen Bundestages schwerpunktmäßig in den Jahren 1985 und 1986 behandelt. Im Rahmen verschiedener Vorgänge äußerten sich sowohl die Bundesregierung als auch Abgeordnete aller im Bundestag vertretenen Fraktionen zu diesem Thema. Die Bundesregierung unterstrich, dass Sinti und Roma bereits seit Beginn der Wiedergutmachungsgesetzgebung als rassisch Verfolgte anerkannt worden seien. Uneinigkeit habe zunächst allerdings darüber bestanden, ab wann von einer Kollektivverfolgung der Sinti und Roma auszugehen sei. Ein entsprechendes Urteil des Bundesgerichtshofs aus dem Jahr 1956, welches diesen Zeitpunkt auf das Jahr 1943 festlegte, sei 1963 korrigiert worden und habe zudem nur geringe Auswirkung gehabt.[1014] Wie auch zwischen 1971 und 1982 unterstrich die Bundesregierung in dem hier untersuchten Zeitraum erneut, dass nach ihrer Einschätzung keine Unterschiede zwischen Sinti und Roma und anderen Verfolgtengruppen bei der Anwendung des Bundesentschädigungsgesetzes oder bei der Gewährung von Zahlungen nach der 1981 verabschiedeten Härteregelung für Verfolgte nichtjüdischen Glaubens gemacht worden seien. In der Anrechnung gewährter Wiedergutmachungsleistungen auf die Sozialhilfe sah die Bundesregierung keinen Widerspruch zum Wiedergutmachungsgedanken.[1015]

Die Ansichten der Abgeordneten hinsichtlich der Wiedergutmachungspraxis gingen zum Teil erheblich auseinander. Während der Abgeordnete Hans-Christian Ströbele (Die Grünen) die Regelungen als ungerecht und unmenschlich einstufte, vertrat Wolfgang Götzer (CDU) die Meinung, dass die Wiedergutmachungsbehörden sich dafür engagiert hätten, dass Sinti und Roma gegenüber anderen Gruppen von Verfolgten nicht benachteiligt würden. Insgesamt zog die Bundesregierung 1986 in einem Bericht über Wiedergutmachung und Entschädigung für nationalsozialistisches Unrecht ein positives Fazit hinsichtlich der diesbezüglichen Vorgänge. Sinti und Roma seien über die vorhandenen Entschädigungsmöglichkeiten ausreichend informiert gewesen und hätten davon nicht weniger Gebrauch gemacht als andere Verfolgtengruppen. Eine Benachteiligung hielt die Bundesregierung für in keinerlei Hinsicht erkennbar.

1013 Vgl. XIII. WP, 1994, 678. Sitz. BR, 626f. XIII. WP, 1995, 692. Sitz. BR, 556.
1014 Vgl. X. WP, 1986, Drs. 10/6287, 34.
1015 Vgl. X. WP, 1985, Drs. 10/3292, 2. X. WP, 1986, 1986, Drs. 10/6287, 35.

6.5. Vorgänge des Deutschen Bundestages zwischen 1996 und 2005

6.5.1. Thematisierung der Gegenwart und Zukunft der Sinti und Roma

Anders als im Zeitraum von 1971 bis 1995 wurden zwischen 1996 und 2005 weder die soziale Situation der Sinti und Roma noch Möglichkeiten politischen Handelns zur Verbesserung der Lage der Minderheit in einer größeren Anzahl von parlamentarischen Vorgängen des Deutschen Bundestages behandelt. Sofern Entsprechendes überhaupt stattfand, handelte es sich lediglich um vereinzelte Vorgänge. Aus diesem Grund sollen im Folgenden auch Vorgänge berücksichtigt werden, die auf europäischer Ebene stattfanden, über die der Deutsche Bundestag jedoch unterrichtet wurde. Des Weiteren wurde wie schon im Zeitraum von 1983 bis 1995 mehrfach die Situation ausländischer Roma thematisiert. Gegenstand diesbezüglicher Anfragen von Abgeordneten des Deutschen Bundestages waren in erster Linie die Frage der Rückführung von Roma in ihre Heimatländer sowie die soziale Lage der Minderheit in den betreffenden Ländern.

6.5.1.1. Soziale Situation

Arbeit, Beruf, Einkommen und wirtschaftliche Situation

Die berufliche und wirtschaftliche Situation der in der Bundesrepublik Deutschland lebenden Sinti und Roma wurde in den Vorgängen des Deutschen Bundestages zwischen 1996 und 2005 nicht thematisiert. In zwei Vorgängen auf europäischer Ebene, von denen der Deutsche Bundestag unterrichtet wurde, finden sich jedoch Angaben hinsichtlich der Lage der Roma in der Europäischen Union. Die Bundestagsabgeordnete Marlene Rupprecht (SPD) merkte anlässlich der Parlamentarischen Versammlung des Europarates im April 2002 an, dass die Arbeitslosenquote unter den Roma zum Teil bei bis zu 90 Prozent lag. In der von der Versammlung des Europarates in diesem Zusammenhang verabschiedeten Empfehlung wurde die wirtschaftliche Situation der Roma als ungünstig eingestuft:

> „Trotz Anstrengungen im sozialen Bereich hat die Marktwirtschaft – insbesondere ihre neoliberale Spielart – sozial benachteiligte Gruppen, einschließlich der Roma, selbst in den am höchsten entwickelten europäischen Ländern an den Rand ge-

> drängt. In Mittel- und Osteuropa hat der wirtschaftliche und politische Übergang ihre sozial benachteiligte Lage noch verschlechtert."[1016]

Auch eine „Entschließung des Europäischen Parlaments zu der Lage der Roma in der Europäischen Union" aus dem Jahr 2005 ging auf die problematische berufliche Situation der Minderheit ein: Roma seien in untragbarem Maße von Arbeitslosigkeit betroffen. Zur Verbesserung der Situation seien dringend Maßnahmen erforderlich.[1017]

Bildung

Angaben zur Bildungssituation der erwachsenen Sinti und Roma wurden im Zeitraum 1996 bis 2005 weder in den Vorgängen des Deutschen Bundestages noch in jenen auf europäischer Ebene gemacht.

Bildungs- und Berufschancen der nachfolgenden Generation

Der Deutsche Bundestag hat sich zwischen 1996 und 2005 in keinem einzigen Vorgang zu Bildungs- und Berufschancen der nachfolgenden Generation der Sinti und Roma in der Bundesrepublik Deutschland geäußert. Um diese Lücke zu schließen und den Stand der Diskussion darzustellen, sollen an dieser Stelle sowohl ein Vorgang des Bundesrates als auch Unterrichtungen des Deutschen Bundestages über die Tagung der parlamentarischen Versammlung des Europarates und die elfte Jahrestagung der Parlamentarischen Versammlung der OSZE berücksichtigt werden, da in den genannten Vorgängen das entsprechende Thema behandelt wurde. Bei Letzteren handelte es sich jedoch um Ausführungen, die sich nicht auf die Bundesrepublik Deutschland beschränkten, sondern auf ganz Europa bezogen.

In einem „Entwurf des Gesetzes zu dem Rahmenübereinkommen des Europarates vom 1. Februar zum Schutz nationaler Minderheiten" ging der Bundesrat unter anderem auch auf die Bildungssituation der nachfolgenden Generation der Sinti und Roma ein: Kinder der Minderheit würden in der Regel zweisprachig aufwachsen und sowohl Romanes als auch Deutsch beherrschen.[1018] In keinem Schulgesetz eines Bundeslandes sei Unterricht in Romanes vorgesehen. Die Bundesregierung merkte an, dass ein solcher vom *Zentralrat Deutscher Sinti und Roma* auch nicht gewünscht sei:

1016 XIV. WP, 2002, Drs. 14/9978, 36.
1017 Vgl. XV. WP, 2005, Drs. 491/05, 5.
1018 Vgl. XIII. WP, 1996, Drs. 971/96, 29.

> „Der Zentralrat ist aufgrund des Mißbrauchs der sogenannten wissenschaftlichen Forschung über die Volksgruppe – unter Einschluß der Erforschung des Romanes – in der Zeit des Nationalsozialismus und des sich anschließenden Völkermords an Sinti und Roma der Auffassung, daß die Sprache allein innerhalb der Volksgruppe weitergegeben und nicht durch Außenstehende im staatlichen Bildungssystem gelehrt und gelernt werden soll.“[1019]

Die Weitergabe der Sprache des Romanes erfolge daher in erster Linie mündlich innerhalb der Familien.

Als defizitär erwies sich die Bildungssituation der Roma insbesondere bei gesamteuropäischer Betrachtung. Die Abgeordnete des Deutschen Bundestages Marlene Rupprecht (SPD) stellte im Rahmen der Parlamentarischen Versammlung des Europarates im April 2002 fest, dass in zahlreichen Ländern Europas weniger als 50 Prozent der Roma die Grundschule abgeschlossen hätten. Entsprechend ungünstig seien für sie die Aussichten auf dem Arbeitsmarkt, was anhand einer Arbeitslosenquote von bis zu 90 Prozent unter den europäischen Roma deutlich werde.[1020] Ähnliches lässt sich auch einer Unterrichtung des Deutschen Bundestages durch die deutsche Delegation in der Parlamentarischen Versammlung der OSZE entnehmen. Roma seien in zahlreichen Ländern mit beträchtlichen Schwierigkeiten im Bildungswesen konfrontiert. Verantwortlich gemacht für ihr ungenügendes Bildungsniveau wurden neben der Nichtzulassung zu Schulen auch nach Rassen getrennte Klassen und Schulen sowie der Automatismus, Roma unabhängig von ihrem Wissensstand auf Sonderschulen zu schicken. Mit dieser nur unzulänglichen Schulbildung seien in der Folge wiederum Schwierigkeiten im Berufsleben verbunden, die sich unter anderem an einem geringeren Beschäftigungsangebot zeigen würden.[1021]

Gesundheit

Der Deutsche Bundestag ließ im Zeitraum zwischen 1996 und 2005 nicht nur die wirtschaftliche Situation und die Bildungsproblematik der Sinti und Roma unberücksichtigt, sondern äußerte sich auch nicht zur Gesundheitssituation der Sinti und Roma. Daher sollen an dieser Stelle erneut Vorgänge auf europäischer Ebene berücksichtigt werden, von denen der Deutsche Bundestag zumindest unterrichtet wurde. Anlässlich der Versammlung des Europarates wies die Bundestagsabgeordnete Marlene Rupprecht (SPD) darauf hin, dass nicht von einer ausreichenden gesundheitliche Grundversorgung der Roma gesprochen werden kann:

1019 XIII. WP, 1996, Drs. 971/96, 29.
1020 Vgl. XIV. WP, 2002, Drs. 14/9978, 35.
1021 Vgl. XIV. WP, 2002, Drs. 14/9996, 25.

> „Wir können feststellen, dass die Roma im Vergleich zur Mehrheitsbevölkerung eine geringere Lebenserwartung und eine hohe Säuglingssterblichkeit haben. Es fehlen Versicherungen, und es fehlt in der Bevölkerung auch die Akzeptanz, die Einrichtungen der Gesundheitsversorgung anzunehmen.“[1022]

Ferner wurde im Rahmen einer „Entschließung des Europäischen Parlaments zu der Lage der Roma in der Europäischen Union“ angemerkt, dass Roma im Gesundheitswesen regelmäßigen Diskriminierungen ausgesetzt gewesen seien.[1023] Angegeben wird nicht, in welcher Form diese Diskriminierungen aufgetreten seien.

Soziale Kontakte, Integration und Vorurteile

Die Integration der Sinti und Roma bzw. Formen der Diskriminierung, mit der sie konfrontiert waren, wurden im Deutschen Bundestag im besagten Zeitraum nur in Form der Annahme eines vom Bundesrat eingebrachten „Entwurfs eines Gesetzes zu dem Rahmenübereinkommen des Europarates vom 1. Februar 1995 zum Schutz nationaler Minderheiten“ behandelt.[1024] Im Rahmen dieses Gesetzesentwurfs vertrat die Bundesregierung die Meinung, dass Sinti und Roma mittlerweile weitgehend in die Gesellschaft integriert seien. Schwierigkeiten seien ungeachtet dessen jedoch noch immer zu beobachten:

> „Doch haben sie im Alltag durch Vorurteile einzelner Mitbürger immer noch unter privaten Diskriminierungen zu leiden. Die Angehörigen der Volksgruppe empfinden auch manche Presseartikel als Diskriminierung, wenn Berichte über Beschuldigungen Hinweise auf die ethnische Zugehörigkeit eines Beschuldigten enthalten.“[1025]

Noch weitaus negativer fiel die Einschätzung der Abgeordneten der Versammlung des Europarates 2002 bezüglich der Lage der Roma in Gesamteuropa aus. Diskriminierung und Ausgrenzung seien Probleme, mit denen Angehörige der Minderheit in allen Bereichen des öffentlichen und privaten Lebens konfrontiert seien.[1026] Darüber hinaus machte die Bundestagsabgeordnete Marlene Rupprecht (SPD) auf einen besonderen Aspekt der Situation der Roma aufmerksam. Bedingt durch den Umstand, dass Roma über keine eigene Nation verfügen würden, existiere auch kein Staat, der für sie bilaterale Verhandlungen führen könnte, um auf diese Weise eine Verbesserung ihrer Situation in den einzelnen

---

1022 XIV. WP, 2002, Drs. 14/9978, 35.
1023 Vgl. XV. WP, 2005, Drs. 491/05, 5.
1024 Vgl. XIII. WP, 1996, Drs. 971/96.
1025 XIII. WP, 1996, Drs. 971/96, 28.
1026 Vgl. XIV. WP, 2002, Drs. 14/9978, 6.

Staaten zu erreichen. Rupprecht sprach in diesem Zusammenhang von einer doppelten Diskriminierung, die eine Integration zusätzlich erschwere.[1027]

Auch eine „Entschließung des Europäischen Parlaments zu der Lage der Roma in der Europäischen Union" aus dem Jahr 2005 äußerte sich eindeutig zu vorhandenen Ressentiments gegenüber Roma. Ein Großteil von ihnen werde aus rassistischen Gründen diskriminiert und sei darüber hinaus „schwerer struktureller Diskriminierung, Armut, sozialer Ausgrenzung sowie Mehrfachdiskriminierungen aufgrund des Geschlechts, des Alters, der sexuellen Ausrichtung und einer Behinderung ausgesetzt."[1028] Das Europäische Parlament kritisierte insbesondere die fehlende Bekämpfung der Diskriminierung der Roma von Seiten der Behörden, was nach Ansicht des Parlaments die Fortdauer entsprechender Probleme in der Gesellschaft begünstigte.[1029] Anzeichen für eine systematische rassistische Diskriminierung gebe es zudem in zahlreichen Ländern im Hinblick auf die strafrechtliche Verfolgung der Roma. Verantwortlich hierfür seien Vorurteile der Polizei und anderer zuständiger Behörden.[1030]

Wohnverhältnisse

Die Wohnverhältnisse der Sinti und Roma wurden zwischen 1996 und 2005 lediglich in der bereits genannten „Entschließung des Europäischen Parlaments zu der Lage der Roma in der Europäischen Union" im Jahr 2005 behandelt, von welcher der Bundesrat unterrichtet wurde. In dieser Entschließung wurden die Wohnbedingungen der Roma als unhygienisch und als deutlich unterhalb der Norm liegend eingestuft. Kennzeichnend für das Wohnumfeld der Roma sei zudem eine Ghettobildung. Am Verlassen solcher oft sehr desolaten Wohnsituationen würden Roma jedoch regelmäßig gehindert.[1031]

6.5.1.2. Zielvorgaben für zukünftiges politisches Handeln

Möglichkeiten künftigen politischen Handelns zur Verbesserung der sozialen Situation der Sinti und Roma wurden auf Bundesebene nur im Rahmen des „Entwurfs eines Gesetzes zu dem Rahmenübereinkommen zum Schutz nationaler Minderheiten" sowie in dem „Entwurf eines Gesetzes zu der Europäischen

1027 Vgl. XIV. WP, 2002, Drs. 14/9978, 36.
1028 XV. WP, 2005, Drs. 491/05, 4.
1029 Vgl. XV. WP, 2005, Drs. 491/05, 4.
1030 Vgl. XV. WP, 2005, Drs. 491/05, 5.
1031 Vgl. XV. WP, 2005,Drs. 491/05, 5.

Charta der Regional- oder Minderheitensprachen" angesprochen. Darüber hinausgehende Aspekte wurden ausschließlich auf europäischer Ebene von der Parlamentarischen Versammlung der OSZE, dem Europäischen Parlament und der Versammlung des Europarats thematisiert.

Der Bundesrat stellte im Rahmen des „Entwurfs eines Gesetzes zu dem Rahmenübereinkommen des Europarates vom 1. Februar 1995 zum Schutz nationaler Minderheiten" fest, dass der *Zentralrat Deutscher Sinti und Roma* zwar nicht wünschte, dass die Sprache Romanes in der Schule gelehrt oder gelernt werde und an Personen, die nicht der Minderheit der Sinti und Roma angehören, weitergegeben werde. Befürwortet werde jedoch schulischer Ergänzungsunterricht, bei dem nicht nur schulische Themenbereiche in Romanes behandelt würden, sondern darüber hinaus die Sprachkompetenz der Kinder gestärkt würde. Begrüßt werde es auch, wenn private Sprachkurse für Kinder der Sinti und Roma in Romanes angeboten würden.[1032] Die Bundesregierung hält entsprechende Maßnahmen nur für bedingt umsetzbar:

> „Die starke räumliche Zerstreuung von Wohnsitzen der Sinti und Roma auch in den Ballungsgebieten erschwert die Einrichtung spezieller Ergänzungskurse mit Unterricht in Romanes oder macht sie örtlich unmöglich."[1033]

Verbesserungsmöglichkeiten hinsichtlich der Bildungssituation der Roma in Europa wurden auf der elften Jahrestagung der Parlamentarischen Versammlung der OSZE im Juli 2002 thematisiert, über welche der Deutsche Bundestag von der deutschen Delegation unterrichtet wurde. Durch eine Vereinfachung des Zugangs zu Bildung, so die Versammlung, sei zu erwarten, dass zum einen die Fähigkeiten der Roma, sich für den Schutz ihrer Rechte einzusetzen, positiv beeinflusst würden, und zum anderen ihre Teilnahme an politischen Prozessen zunehme.[1034] Es sei notwendig, Bildungsprogramme für Roma zu erarbeiten, um so die Grundlage für eine gleichberechtigte Teilhabe am gesellschaftlichen Leben zu schaffen. Die Versammlung der OSZE forderte ihre Teilnehmerstaaten nicht nur auf, Vorschulprogramme für Kinder der Roma einzurichten, sondern insistierte auch auf die Einbeziehung von erwachsenen Roma in Bildungsprogramme und Umschulungsmaßnahmen.[1035] Auch in einer „Entschließung des Europäischen Parlaments zu der Lage der Roma in der Europäischen Union" wurden 2005 Möglichkeiten politischen Handelns zur Verbesserung der Bil-

---

1032 Vgl. XIII. WP, 1996, Drs. 971/96, 29.
1033 XIII. WP, 1996, Drs. 971/96, 29.
1034 Vgl. XIV. WP, 2002, Drs. 14/9996, 25.
1035 Vgl. XIV. WP, 2002, Drs. 14/9996, 26.

dungssituation der Roma vorgegeben. Das Europäische Parlament forderte jene Mitgliedsstaaten,

> „in denen Roma-Kinder auf Schulen für geistig Behinderte geschickt oder in separaten Klassen unterrichtet werden, auf, innerhalb einer bestimmten Frist Programme zur Beseitigung der Segregation aufzulegen und so den freien Zugang der Roma-Kinder zu qualitativ hochwertiger Schulbildung zu gewährleisten und das Entstehen von Abneigung gegenüber den Roma unter den Schulkindern zu verhindern.“[1036]

Neben Möglichkeiten zur Verbesserung der Bildungssituation der Roma in Europa ging der Entschließungsantrag des Europäischen Parlaments auch auf Verbesserungsmöglichkeiten hinsichtlich der ungenügenden Wohnsituation ein. Die in ganz Europa häufig zu beobachtende Ghettobildung sei nicht akzeptabel. Die Mitgliedsstaaten seien aufgefordert, Schritte in die Wege zu leiten, die eine Entstehung solcher Ghettos verhindern. Das Europäische Parlament forderte darüber hinaus, dass Roma Wohnungen zur Verfügung gestellt würden oder ihnen bei der Suche nach Wohnungen geholfen werde, die gängigen Hygienestandards entsprechen.[1037]

Das Europäische Parlament betonte darüber hinaus die Bedeutsamkeit, fortdauernde Tendenzen rassistischer Diskriminierung der Roma zu bekämpfen. Entsprechende Übergriffe dürften nicht straffrei bleiben, da dies nicht nur den Rechtsstaat und die Demokratie gefährde, sondern auch erneute Vorfälle begünstige.[1038] In der Entschließung des Europäischen Parlaments werden nicht nur die Parteien, sondern auch die Bevölkerung aufgefordert, unmissverständlich deutlich zu machen, dass Rassismus gegen Roma nicht toleriert werde.[1039]

Neben diesen Maßnahmen, die sich auf die soziale Situation der Sinti und Roma im Allgemeinen bezogen, wurde zudem noch ein spezieller, deren Lebenswelt bestimmender Aspekt behandelt. Am 16. September 1998 wurde von der Bundesrepublik Deutschland die „Europäische Charta der Regional- und Minderheitensprachen“ ratifiziert, welche am 1. Januar 1999 in Kraft trat. Zu den Regional- und Minderheitensprachen in der Bundesrepublik Deutschland zählen neben dem Dänischen, dem Obersorbischen, dem Niedersorbischen, dem Nordfriesischen, dem Saterfriesischen und dem Niederdeutschen auch das Romanes der deutschen Sinti und Roma. Dies zu schützen, war das erklärte Ziel der Charta:

1036 XV. WP, 2005, Drs. 491/05, 7.
1037 Vgl. XV. WP, 2005, Drs. 491/05, 7f.
1038 Vgl. XV. WP, 2005, Drs. 491/05, 4.
1039 Vgl. XV. WP, 2005, Drs. 491/05, 6.

> „Die herkömmlicherweise in Europa gesprochenen Regional- und Minderheitensprachen sollen als bedrohter Aspekt der europäischen Kulturerbes geschützt und gefördert werden. Gewährleistet werden soll das Recht, im privaten Bereich und in der Öffentlichkeit eine Regional- oder Minderheitensprache zu benutzen. Durch die staatliche Unterstützung dieser Sprachen sollen die Gelegenheiten zu ihrer Nutzung ausgeweitet werden. Die Charta legt zu Schutz und Förderung Mindeststandards fest und bietet ergänzend die Möglichkeit, konkrete Verpflichtungen für Regional- und Minderheitensprachen zu übernehmen."[1040]

Der Deutsche Bundestag wies in diesem Zusammenhang auf die negativen Folgen des Holocaust in Bezug auf die Erhaltung und Entwicklung des Romanes hin und befürwortete den Schutz der Sprache der deutschen Sinti und Roma. Ferner appellierte er an die Bundesregierung, in Zusammenarbeit mit den Ländern und Vertretern der Minderheiten nach Fördermaßnahmen des Romanes zu suchen.[1041]

Als grundsätzlicher Orientierungspunkt der Maßnahmen zur Verbesserung der sozialen Situation der Sinti und Roma kann folgende Empfehlung der Versammlung des Europarates vom April 2002 eingestuft werden:

> „Die Mehrheitsbevölkerung muss die Roma gesellschaftlich akzeptieren, ohne sie zu assimilieren, und muss sie als benachteiligte soziale Gruppe unterstützen. Die Roma müssen die gesellschaftlichen Regeln als solche akzeptieren, und es kann von ihnen erwartet werden, dass sie bei der Bewältigung ihrer eigenen Probleme aktiver werden, was allerdings in Verbindung mit angemessenen Voraussetzungen, Förderungsmaßnahmen und Anreizen durch den Staat erfolgen muss."[1042]

6.5.2. Thematisierung der Vergangenheit der Sinti und Roma

Die 1994 anlässlich des Jahrestages des „Auschwitz-Erlasses" von Heinrich Himmler ins Leben gerufene Gedenkveranstaltung im Bundesrat für die Opfer der nationalsozialistischen Verfolgung unter den Sinti und Roma fand auch in den Jahren von 1996 bis 2005 jährlich statt. Während man sich im Bundesrat in Form einer Schweigeminute und einer Rede des jeweiligen Bundesratspräsidenten an den Völkermord an den Sinti und Roma erinnerte, war Entsprechendes in den parlamentarischen Vorgängen des Deutschen Bundestages nicht zu beobachten. Aus diesem Grund finden im Folgenden nur die oben genannten Gedenkveranstaltungen im Bundesrat Berücksichtigung.

1040 XIII. WP, 1998, Drs. 13/10268, 1.
1041 Vgl. XIII. WP, 1998, Drs. 12/10657, 1.
1042 XIV. WP, 2002, Drs. 14/9978, 37.

6.5.2.1. Erinnerung und Thematisierung der nationalsozialistischen Verfolgung

Am 19. Dezember 1996 erinnerte der damalige Bundesratspräsident Erwin Teufel (CDU) an den „Auschwitz-Erlass“ Himmlers und dessen tödliche Folgen für die Sinti und Roma, die deportiert und ermordet wurden oder durch Seuchen, Hunger, Zwangsarbeit oder Menschenversuche den Tod fanden. Teufel erläuterte, dass die Verfolgung der Sinti und Roma nicht erst mit dem „Auschwitz-Erlass“ am 16. Dezember 1942 begonnen habe. Vielmehr hätten Angehörige der Minderheit bereits unmittelbar nach der Machtübernahme der Nationalsozialisten zahlreiche Repressalien über sich ergehen lassen müssen. Die Deportationen in Konzentrationslager hätten schon 1937 ihren Anfang genommen.[1043] Die von den Nationalsozialisten begangenen Verbrechen, so führte Teufel aus, seien Teil der deutschen Geschichte und dürften nicht verdrängt werden. Mit dieser Vergangenheit sei eine besondere Verantwortung verbunden:

> „Wir erinnern uns, um Lehren zu ziehen. Wir erinnern uns, um dazu beizutragen, daß niemals wieder auf deutschem Boden Menschen verfolgt werden wegen ihrer Rasse, Religion oder ihrer Art zu leben.“[1044]

Im darauffolgenden Jahr äußerte sich auch Bundesratspräsident Gerhard Schröder (SPD) zum nationalsozialistischen Völkermord an den Sinti und Roma. Wie Teufel wies auch Schröder auf die bereits Jahre vor dem „Auschwitz-Erlass“ einsetzende Verfolgung der Sinti und Roma hin und ließ in diesem Zusammenhang auch die vermeintlich wissenschaftlichen Untersuchungen der „Rassenhygienischen und bevölkerungsbiologischen Forschungsstelle“ von Robert Ritter nicht unerwähnt, die „mit der erb- und rassenbiologischen Erfassung und Begutachtung eine pseudowissenschaftliche Legitimation für Sterilisation, Eheverbot und Einweisung in Arbeits- und Konzentrationslager“[1045] geliefert habe. Die Hälfte der in Europa lebenden Roma, so Schröder, habe die Verfolgung durch die Nationalsozialisten nicht überlebt, und es gebe kaum eine Familie, die keine Mitglieder verloren habe. Die Deportationen der Sinti und Roma gingen laut Schröder nicht mit Protesten einher, sondern wurden von Vorurteilen und Feindbildern in der Bevölkerung gestützt. Deutsche Gerichte hätten noch bis in die 1960er Jahre Verfolgungsmaßnahmen, die vor dem „Auschwitz-Erlass“ stattfanden, als „Vorbeugungs- und Sicherheitsmaß-

---

1043 Vgl. XIII. WP, 1996, 707. Sitz. BR, 661.
1044 XIII. WP, 1996, 707. Sitz. BR, 662.
1045 XIII. WP, 1997, 720. Sitz. BR, 575.

nahmen“ gewertet und hätten so den Sinti und Roma erneut Unrecht getan.[1046] Des Weiteren stellte Schröder fest:

> „Nichts kann die grausamen Verbrechen an diesem Volk ungeschehen machen; aber die Anerkennung der Sinti und Roma als Opfer des Rassenwahns der Nationalsozialisten ist Voraussetzung für unsere Bitte um Versöhnung.“[1047]

Vorurteile seien noch immer existent, und das durch die Medien und die Literatur vermittelte Bild vom Leben der Sinti und Roma sei vielfach nur ein Klischee, das mit der Realität nichts gemeinsam habe. Nach Meinung von Schröder ist als ein erster Schritt für ein verbessertes Miteinander Aufklärung notwendig, um dann weitere Schritte folgen zu lassen.[1048]

Auch 1998 gedachte der Bundesrat im Rahmen einer Sitzung der Angehörigen der Minderheit, die Opfer des nationalsozialistisches Völkermordes wurden, und begrüsste dazu wie in den vergangenen Jahren eine Delegation deutscher Sinti und Roma. Bundesratspräsident Hans Eichel betonte die Bedeutsamkeit der Erinnerung an die Opfer des Nationalsozialismus und ist der Ansicht, dass diese auch in der Zukunft notwendig bleiben werde. Die Forderung, endlich zu vergessen, sei in den 1950er und 1960er bereits zu einem Zeitpunkt laut geworden, als der Völkermord an den Sinti und Roma in der Öffentlichkeit kaum bekannt gewesen sei.[1049] Es sei jedoch unumgänglich, sich immer wieder bewusst zu machen, was damals passiert sei:

> „Vor weniger als einem Menschenalter wurde in unserem Land Menschen das Lebensrecht abgesprochen, weil sei eine andere Haut-, eine andere Haarfarbe hatten, weil sei eine andere Kultur bewahrten, eine andere Sprache sprachen als die Mehrheit der Bevölkerung.“[1050]

Insbesondere personelle Kontinuitäten in den zuständigen Behörden, so Eichel, hätten dazu geführt, dass sich die Diskriminierung der Sinti und Roma nach 1945 fortsetzte. Eichel hielt es in diesem Zusammenhang für unumgänglich, sich bewusst mit Vorurteilen auseinanderzusetzen, um der Verantwortung gerecht zu werden, die mit einer Demokratie verbunden ist. Der Gefährdung der Demokratie würde zunächst immer die Gefährdung der Rechte von Minderheiten in der Demokratie vorausgehen.[1051] Positive Veränderungen in Bezug auf

---

1046 Vgl. XIII. WP, 1997, 720. Sitz. BR, 575f.
1047 XIII. WP, 1997, 720. Sitz. BR, 576.
1048 Vgl. XIII. WP, 1997, 720. Sitz. BR, 576.
1049 Vgl. XIV. WP, 1998, 733. Sitz. BR, 522.
1050 XIV. WP, 1998, 733. Sitz. BR, 522.
1051 Vgl. XIV. WP, 1998, 733. Sitz. BR, 523.

Ausgrenzung und Benachteiligung der Sinti und Roma seien in den vergangenen Jahren nicht zuletzt der Arbeit des *Zentralrats Deutscher Sinti und Roma* zu verdanken. Entsprechendes Engagement sei aber auch künftig vonnöten:

> „Mehr als 50 Jahre nach der Befreiung von der Nazibarbarei sind wir noch lange nicht am Ziel. Aber wir sind einige entscheidende Schritte weitergekommen auf dem Weg zum Abbau von Diskriminierung und Intoleranz, auf dem Weg zur Zivilgesellschaft und zur Demokratie.“[1052]

Wie in den Jahren zuvor erinnerte auch Bundesratspräsident Kurt Biedenkopf (CDU) 1999 anlässlich der Gedenkveranstaltung zu Ehren der Opfer des Völkermordes unter den Sinti und Roma daran, dass die Verfolgung nicht erst mit dem „Auschwitz-Erlass“ begonnen habe. Sinti und Roma seien bereits seit 1933 systematisch gesellschaftlich ausgegrenzt und entrechtet worden. Es werde geschätzt, dass eine halbe Million Sinti und Roma die nationalsozialistische Verfolgung nicht überlebten. Der größte Teil von ihnen sei in den Konzentrationslagern vergast worden, aber es habe auch viele Opfer durch Menschenversuche oder durch Vernichtung durch Arbeit gegeben.[1053] Die nach 1945 fortdauernden Diskriminierungen, denen Sinti und Roma ausgesetzt waren, führte Biedenkopf auf die Unwissenheit der Bevölkerung zurück und sah damit gleichzeitig einen Handlungsauftrag verbunden:

> „Unkenntnis ist die Ursache für Vorurteile, Ängste, Hass und Ablehnung. Sie bildeten den Nährboden, aus dem der nationalsozialistische Rassenwahn wachsen konnte. Die Verbrechen an den unschuldigen Opfern gemahnen uns, gegen die Grundübel der Intoleranz anzugehen. Nur wenn wir bereit sind, andere Anschauungen, Einstellungen und Gewohnheiten gelten zu lassen, können wir Intoleranz und Fanatismus erfolgreich bekämpfen.“[1054]

Um Toleranz entwickeln zu können, sei es notwendig, sich auch daran zu erinnern, welche Folgen menschenverachtendes Verhalten haben könne. Erinnern dürfe sich aber nicht auf Mahnmale beschränken, sondern erfordere aktives Gestalten.[1055]

Im Jahr 2000 kritisierte Bundesratspräsident Kurt Beck (SPD) im Rahmen der Gedenkveranstaltung im Bundesrat die Tatsache, dass nicht nur eine Vielzahl von Institutionen an der Umsetzung der nationalsozialistischen Ideologie beteiligt waren, sondern auch die Anzahl jener gering war, die sich schützend vor

1052 XIV. WP, 1998, 733. Sitz. BR, 524.
1053 Vgl. XIV. WP, 1999, 746. Sitz. BR, 475.
1054 XIV. WP, 1999, 746. Sitz. BR, 476.
1055 Vgl. XIV. WP, 1999, 746. Sitz. BR, 476.

Sinti und Roma oder Juden stellten, als diese deportiert wurden.[1056] In diesem Zusammenhang stellte Beck fest:

> „Die Teilhabe der seit über 600 Jahren in Deutschland beheimateten Sinti und Roma am gesellschaftlichen Leben war nicht mehr erwünscht. Ihre Zugehörigkeit zur europäischen Kultur wurde ignoriert.“[1057]

Nach dem Krieg seien Sinti und Roma als „Opfer zweiter Klasse“ behandelt worden und hätten bis in die 1980er Jahre auf eine Anerkennung als Opfer der nationalsozialistischen Verfolgung warten müssen.[1058] Beck hält es für notwendig, Lehren aus der Vergangenheit zu ziehen und jenen entgegenzutreten, die Menschen als „minderwertig“ degradieren. Dazu Beck: „Wir dürfen die neuen Gefahren nicht bagatellisieren, sondern müssen bewusst das Schweigen darüber brechen.“[1059]

Bundesratspräsident Klaus Wowereit (SPD) erinnerte 2001 besonders an jene Sinti und Roma, die sich gegen die Verfolgung durch die Nationalsozialisten auflehnten. Er würdigte sie als „Beispiele von Selbstbehauptung und Widerstand gegen die Unmenschlichkeit.“[1060] Die Bundesrepublik Deutschland sei verpflichtet, die Erinnerung an jene Zeit aufrecht zu erhalten, in der Angehörige der Minderheit verfolgt worden seien. In diesem Zusammenhang erklärte Wowereit:

> „Wir dürfen und werden es nicht zulassen, dass sich solche Verbrechen wiederholen. Und wir alle sind gefordert, den Anfängen zu wehren – nicht zuzusehen, wenn Menschen angepöbelt, ausgegrenzt oder gar zu Tode gehetzt werden, nur weil sie einer angeblichen Norm nicht entsprechen.“[1061]

Anlässlich des 60. Jahrestages des „Auschwitz-Erlasses“ von Heinrich Himmler wies der Bundesratspräsident Wolfgang Böhmer (CDU) insbesondere auf die bereits vor 1933 stattgefundene und die nach 1945 andauernde Ausgrenzung und Diskriminierung hin. Zwar stelle der 16. Dezember 1942 einen negativen Höhepunkt der Verfolgungsgeschichte der Sinti und Roma dar, doch dürfe man den Blick nicht ausschließlich auf dieses Datum richten.[1062] Böhmer machte deutlich, dass auch die bereits vor 1933 existierende Ausgrenzung und Isolierung sowie die Vorurteile und Diskriminierung nach 1945 in diesem Zusam-

1056 Vgl. XIV. WP, 2000, 758. Sitz. BR, 577.
1057 XIV. WP, 2000, 758. Sitz. BR, 577.
1058 Vgl. XIV. WP, 2000, 758. Sitz. BR, 578.
1059 XIV. WP, 2000, 758. Sitz. BR, 578.
1060 XIV. WP, 2001, 771. Sitz. BR, 717.
1061 XIV. WP, 2001, 771. Sitz. BR, 718.
1062 Vgl. XV. WP, 2002, 784. Sitz. BR, 563.

menhang berücksichtigt werden müssen. Allein zwischen 1900 und 1933 seien 150 Verordnungen gegen Sinti und Roma erlassen worden und nach 1945 sei „die offen rassistische Argumentation des Nationalsozialismus [...] in den ersten Jahrzehnten nach dem Zusammenbruch des Systems in verbrämter Form fortgeführt“[1063] worden. Böhmer spricht zwar von einem Wandel im Denken seit den 1970er Jahren, warnt aber gleichzeitig davor zu glauben, dass Ressentiments und Vorurteile gegenüber Sinti und Roma der Vergangenheit angehören, und nennt in diesem Zusammenhang das Klischee der nicht sesshaften Nomaden.[1064] Auch dürfe nicht am Status der Sinti und Roma als rassisch Verfolgte gezweifelt werden. Böhmer mahnt:

> „Es gibt keine Menschen erster und zweiter Klasse, und es darf auch keine Opfer erster und zweiter Klasse geben.“[1065]

Das Gedenken an die Opfer des Nationalsozialismus sei zwar eine Pflicht, aber dürfe keine Pflichtübung sein. Dazu Böhmer:

> „Gedenken darf nicht in Ritualen erstarren. Wir müssen bereit sein, den Blick immer wieder neu auf unsere Geschichte zu richten und sie kritisch zu hinterfragen. Vor allem aber müssen wir prüfen, welche Lehren wir aus ihr gezogen haben und ob wir diese Lehren in unserem heutigen Denken und Handeln beherzigen.“[1066]

Auch Dieter Althaus (CDU), Präsident des Bundesrates im Jahr 2003, unterstrich die Bedeutsamkeit, Lehren aus der Vergangenheit zu ziehen. Orte und Tage des Gedenkens seien notwendig, um der nachfolgenden Generation zu zeigen, dass es nicht um die Tradierung von Schuld gehe, sondern darum, einer möglichen Wiederholung der Ereignisse vorzubeugen.[1067] Althaus machte deutlich, dass der nationalsozialistische Völkermord an den Sinti und Roma nicht zufällig geschehen sei, sondern systematisch mit wissenschaftlichen Gutachten vorbereitet worden sei:

> „Das Tötungsprogramm, dem die Sinti und Roma ebenso wie die europäischen Juden zum Opfer fielen, wurzelte in den rassistischen und rassehygienischen Wahnvorstellungen der NS-Ideologie.“[1068]

Die Gnadenlosigkeit und Menschenverachtung des „Auschwitz-Erlasses“ sei unter anderem daran zu erkennen gewesen, dass es sich beim jüngsten Inhaftieren des Konzentrationslagers Auschwitz-Birkenau um einen Säugling im Alter

---

1063 XV. WP, 2002, 784. Sitz. BR, 564.
1064 Vgl. XV. WP, 2002, 784. Sitz. BR, 565.
1065 XV. WP, 2002, 784. Sitz. BR, 565.
1066 XV. WP, 2002, 784. Sitz. BR, 563.
1067 Vgl. XV. WP, 2003, 795. Sitz. BR, 484.
1068 XV. WP, 2003, 795. Sitz. BR, 483.

von einem Monat gehandelt habe und die älteste Deportierte eine Frau gewesen sei, die bei ihrer Ankunft im Konzentrationslager 110 Jahre alt gewesen sei.[1069] Nach Meinung von Althaus laute die aus der Verfolgungsgeschichte zu ziehende Lehre, dass die Würde des Menschen unantastbar sei. Zwar garantiere das Grundgesetz allen Menschen Schutz und untersage Diskriminierung und Ausgrenzung, aber zwischen Verfassung und Realität gebe es noch Lücken, die zu schließen seien.[1070]

Wie die Bundesratspräsidenten in den Jahren zuvor beschränkte auch Matthias Platzeck (SPD) sich 2004 nicht auf die Thematisierung der Verfolgungsgeschichte der Sinti und Roma zwischen 1933 und 1945, sondern verwies auf die jahrhundertelange Diskriminierung der Minderheit:

> „Das Ausmaß an Drangsalierung durch den Staat und die Ausgrenzung seitens der Bevölkerung hatten schon vor der Umsetzung der Maßnahmen Himmlers einen kaum noch erträglichen Grad erreicht. Eine Steigerung schien nach zivilisierten Maßstäben nicht möglich. Die nationalsozialistische Ideologie lieferte jedoch die notwendigen und für die damalige Zeit offenbar ausreichend plausiblen Rechtfertigungen, um sich von sämtlichen Wertvorstellungen, jeglicher Humanität und der gerne beschworenen christlich-abendländischen Prägung frei zu machen."[1071]

Platzeck sieht darin die einzige Erklärung für einen geplanten und systematischen Völkermord, dem auch eine halbe Million Sinti und Roma zum Opfer fielen. Nach Ansicht von Platzeck beinhaltet die aufrichtige Erinnerung an die Verbrechen auch die Frage nach den Ursachen. Von der nachfolgenden Generation habe sich jedoch nur eine Minderheit mit der Situation der Sinti und Roma beschäftigt und sich mit ihrer jahrhundertelangen Verfolgungsgeschichte auseinander- gesetzt.[1072] Nach dem Krieg sei die Haltung der Bevölkerung und der staatlichen Stellen gegenüber den Sinti und Roma ablehnend, misstrauisch und zum Teil sogar feindlich gewesen. Die Anerkennung des Völkermords und die Akzeptanz der Minderheit habe Jahrzehnte auf sich warten lassen:

> „Bis Anfang der 80er-Jahre wurde das brutale Verbrechen an den Roma und Sinti abgestritten, verharmlost und verdrängt. Nicht zuletzt dank der engagierten Arbeit der Überlebenden selbst und deren Nachkommen ist seit einigen Jahren spürbar, dass in der deutschen Öffentlichkeit, vor allem aber bei den staatlichen Stellen ein Umdenken stattfindet."[1073]

1069 Vgl. XV. WP, 2003, 795. Sitz. BR. 483.
1070 Vgl. XV. WP, 2003, 795. Sitz. BR, 484.
1071 XV. WP, 2004, 807. Sitz. BR, 619f.
1072 Vgl. XV. WP, 2004, 807. Sitz. Br, 619.
1073 XV. WP, 2004, 807. Sitz. BR, 620.

Platzeck setzt die Hoffnung auf Toleranz und Dialogbereitschaft in die junge Generation, stellt aber gleichzeitig fest:

> „Die Hoffnung auf die Jugend kann sich nur erfüllen, wenn die Erwachsenen von heute ihre Vorbildfunktion ernst nehmen."[1074]

6.5.2.2. Wiedergutmachung für NS-Verfolgte

Im Gegensatz zu der Thematisierung des nationalsozialistischen Völkermords insbesondere im Rahmen der jährlich stattfindenden Gedenkveranstaltung im Bundesrat war die Wiedergutmachung für NS-Verfolgte unter den Sinti und Roma im Zeitraum von 1996 bis 2005 ein Thema von nur untergeordneter Bedeutung. Abgesehen von einer schriftlichen Anfrage des Abgeordneten Bernd Reuter (SPD) und der entsprechenden Antwort der Parlamentarischen Staatssekretärin Irmgard Karwatzki wurde die Problematik der Wiedergutmachung ausschließlich in einigen der jährlichen Reden der Bundesratspräsidenten zur Erinnerung an den „Auschwitz-Erlass" Himmlers behandelt. Reuter verlangte von der Bundesregierung Auskunft darüber, ob die Vorwürfe des *Zentralrats Deutscher Sinti und Roma* zutreffend sind, dass Mittel des „Härtefonds für NS-Verfolgte nicht jüdischer Abstammung" nicht richtliniengemäß verausgabt wurden. Die Vorwürfe wurden von der Parlamentarischen Staatssekretärin Karwatzki als nicht zutreffend zurückgewiesen: Die Leistungen seien entsprechend der Richtlinien an die Berechtigten ausbezahlt worden, und Sinti und Roma hätten einen Großteil der Zahlungen erhalten.[1075]

Darüber hinaus wurde die Wiedergutmachung für die Opfer der nationalsozialistischen Verfolgung unter den Sinti und Roma zwischen 1996 und 2005 ausschließlich im Kontext der jedes Jahr stattfindenden Gedenkveranstaltung im Bundesrat zur Sprache gebracht. Bundesratspräsident Gerhard Schröder vertrat 1997 die Meinung, dass es Fälle gegeben habe, in denen Sinti und Roma nicht nur materielle Entschädigungen vorenthalten worden waren, sondern in denen sie im Zuge der Rechtsprechung erneutes Unrecht über sich ergehen lassen mussten.[1076]

Auch im darauffolgenden Jahr machte der damalige Präsident des Bundesrates Hans Eichel auf die Defizite der Wiedergutmachung aufmerksam. Die geleisteten Entschädigungszahlungen seien häufig nur unzureichend gewesen,

1074 XV. WP, 2004, 807. Sitz. BR, 620.
1075 Vgl. XIII. WP, 1997, Drs. 13/8260, 19.
1076 Vgl. XIII. WP, 1997, 720. Sitz. BR, 576.

und zahlreiche Überlebende des Völkermords seien gezwungen, mit geringen Renten ihren Lebensunterhalt zu bestreiten. Zudem vertrat Eichel die Meinung, dass die Leidensgeschichte der Sinti und Roma von Gutachtern und Gerichten entweder gar nicht oder nur mangelhaft anerkannt worden sei.[1077] Die fehlende oder nur unzureichende Anerkennung der erlittenen Schäden in den Wiedergutmachungsverfahren erwähnte im Jahr 2000 auch der zu diesem Zeitpunkt amtierende Bundesratspräsident Kurt Beck. Sinti und Roma seien als „Opfer zweiter Klasse“ behandelt worden.[1078]

Ausführlicher als die Bundesratspräsidenten zwischen 1997 und 2001 äußerte sich der Präsident des Bundesrates im Jahr 2002, Wolfgang Böhmer, zur Wiedergutmachung für NS-Verfolgte unter den Sinti und Roma. Zum 60. Jahrestag des „Auschwitz-Erlasses“ von Himmler wählte Böhmer klare Worte. Die zuständigen Wiedergutmachungsbehörden hätten offen rassistisch argumentiert und in der Folge hätten Sinti und Roma auf Entschädigungen vielfach vergeblich gewartet. Gerichte hätten in Fehlurteilen bestritten, dass Sinti und Roma bereits vor 1943 verfolgt worden seien, und hätten entsprechende Verfolgungsmaßnahmen als kriminalpräventiv bewertet.[1079] Schließlich machten sowohl 2003 als auch 2004 die jeweiligen Bundesratspräsidenten Dieter Althaus und Matthias Platzeck auf die den Opfern der nationalsozialistischen Verfolgung unter den Sinti und Roma vorenthaltenen Wiedergutmachungsleistungen aufmerksam.[1080]

6.5.3. Zusammenfassung

Bei der Untersuchung der parlamentarischen Vorgänge des Deutschen Bundestages, in denen zwischen 1996 und 2005 die Gegenwart und Vergangenheit der Sinti und Roma thematisiert wurde, fällt zunächst die geringe Anzahl der Vorgänge im Vergleich zu den vorherigen Zeitabschnitten auf. Während der Deutsche Bundestag zwar über einige Vorgänge auf Europäischer Ebene unterrichtet wurde, die sich mit der sozialen Situation der Roma beschäftigten, wurde auf das Thema weder in Kleinen oder Großen Anfragen noch in Plenarsitzungen näher eingegangen. An die nationalsozialistische Verfolgung der Sinti und Roma und die damit verbundene Wiedergutmachung erinnerte man sich zwar re-

---

1077 Vgl. XIV. WP, 1998, 733. Sitz. BR, 523.
1078 Vgl. XIV. WP, 2000, 758. Sitz. BR, 578.
1079 Vgl. XV. WP, 2002, 784. Sitz. BR, 564.
1080 Vgl. XV. WP, 2003, 795. Sitz. BR, 485. XV. WP, 2004, 807. Sitz. BR, 620.

gelmäßig in Form einer jährlichen Gedenkveranstaltung im Bundesrat, ließ die Thematik jedoch im Deutschen Bundestag weitgehend unberücksichtigt.

Im Rahmen einer Versammlung des Europarates ging die Bundestagsabgeordnete Marlene Rupprecht (SPD) 2002 auf die ungünstige wirtschaftliche Situation der Roma in Europa ein und nannte eine Arbeitslosenquote von bis zu 90 Prozent. Einer im Zuge der Versammlung verabschiedeten Entschließung ist darüber hinaus zu entnehmen, dass Roma auch in den am höchsten entwickelten europäischen Ländern mit ähnlichen Problemen konfrontiert waren.[1081] Ähnlich ungünstig stellte sich auch die Bildungssituation auf europäischer Ebene dar. Das Bildungsniveau war insgesamt ungenügend. Über 50 Prozent der Roma hatten nicht einmal die Grundschule abgeschlossen. Die Versammlung der O-SZE machte deutlich, dass diese nur unzulängliche Schulbildung wiederum Auswirkungen auf das Berufsleben nahm.[1082] Auch die Gesundheitsversorgung der Roma wurde als mangelhaft im Vergleich zur Mehrheitsbevölkerung eingestuft, und es wurde in diesem Zusammenhang auf die geringere Lebenserwartung und höhere Säuglingssterblichkeit hingewiesen. Auf die Integration der Sinti und Roma ging die Bundesregierung in einem Gesetzesentwurf zum Rahmenübereinkommen zum Schutz nationaler Minderheiten ein. Sie stufte die Sinti und Roma als weitgehend in die Gesellschaft integriert ein, obgleich Angehörige der Minderheit noch immer vereinzelt unter Vorurteilen einzelner Bürger sowie einer Diskriminierung im privaten Bereich zu leiden hätten. Im Parlament des Europarates fiel die Einschätzung der Situation der Roma in Europa in Bezug auf Diskriminierung und Ausgrenzung deutlich negativer aus. Demnach waren Angehörige der Minderheit in allen Bereichen des öffentlichen und privaten Lebens mit Diskriminierung aus Ausgrenzung konfrontiert. Als mangelhaft wurden in einer Entschließung des Europäischen Parlaments auch die Wohnverhältnisse bewertet. Diese stufte die Wohnbedingungen als unhygienisch und deutlich unter der Norm liegend ein. Auch von einer Ghettobildung, die typisch sei für das Wohnumfeld der Roma, war in diesem Zusammenhang die Rede.

Im Bereich des möglichen politischen Handelns zur Verbesserung der Situation der Sinti und Roma äußerte der *Zentralrat Deutscher Sinti und Roma* den Wunsch, dass schulischer Ergänzungsunterricht für Kinder der Sinti und Roma eingeführt werde. Die Bundesregierung machte in diesem Zusammenhang deutlich, dass sie entsprechende Maßnahmen aufgrund der starken räumlichen Zerstreuung der Minderheit für nur bedingt umsetzbar hielt, und äußerte sich nicht

---

1081 Vgl. XIV. WP, 2002, Drs. 14/9978, 36.
1082 Vgl. XIV. WP, 2002, Drs. 14/9996, 25.

näher zu eventuellen diesbezüglichen Planungen. Der Verbesserung der Bildungssituation der Minderheit wurde jedoch grundsätzlich große Bedeutung beigemessen. So forderte die Versammlung der OSZE 2002 ihre Mitgliedsstaaten dazu auf, Vorschulprogramme für die Kinder der Roma einzurichten sowie erwachsene Roma in Bildungsprogramme und Umschulungsmaßnahmen einzubeziehen. Handlungsbedarf wurde auch bezüglich der Wohnsituation der Minderheit auf gesamteuropäischer Ebene gesehen. Das Europäische Parlament hielt die Ghettobildung für nicht akzeptabel und forderte in diesem Zusammenhang, dass Roma bei der Suche nach Wohnungen geholfen werde, die den gängigen Hygienestandards entsprechen, und ihnen Wohnungen zur Verfügung gestellt würden. Des Weiteren wurde vom Europäischen Parlament auch die Notwendigkeit betont, fortdauernde Tendenzen rassistischer Diskriminierung der Roma zu bekämpfen: Nicht nur die Parteien, sondern auch die Bevölkerung seien dazu aufgerufen, sich der Diskriminierung der Roma entgegenzustellen.[1083]

Als besonderer Aspekt der sozialen Situation der Sinti und Roma, für den im Zeitraum von 1996 bis 2005 politische Maßnahmen beschlossen wurden, kann die Sprache der Minderheit bewertet werden. Mit der „Europäischen Charta der National- und Minderheitensprachen“ wurde 1999 unter anderem auch das Romanes unter Schutz gestellt. Die Sprache sollte damit nicht nur geschützt und gefördert werden, sondern es sollte auch sichergestellt werden, dass eine Verwendung der Sprache im öffentlichen und privaten Bereich ungehindert stattfinden könne. Der Deutsche Bundestag appellierte in diesem Zusammenhang an die Bundesregierung, in Zusammenarbeit mit Minderheitenvertretern und den Ländern mögliche Förderungsmaßnahmen für das Romanes auszuarbeiten.

Als grundsätzlich richtungsbestimmend können im Rahmen einer Empfehlung des Europäischen Parlaments geäußerte Handlungsorientierungen eingestuft werden: Es sei auf der einen Seite notwendig, dass die Roma von der Mehrheitsbevölkerung akzeptiert würden, ohne sie assimilieren zu wollen, und auf der anderen Seite sei auch die Mitarbeit von Angehörigen der Minderheit notwendig, um ihre Probleme zu lösen.[1084]

Die nationalsozialistische Verfolgung der Sinti und Roma wurde zwischen 1996 und 2005 nicht in den Vorgängen des Deutschen Bundestages behandelt, sondern war ausschließlich Thema im Rahmen der jährlichen Gedenkveranstaltung im Bundesrat anlässlich des „Auschwitz-Erlasses“ von Heinrich Himmler. Mehrfach wurde von den jeweiligen Bundesratspräsidenten darauf hingewiesen,

1083 Vgl. XV. WP, 2002, Drs. 491/05, 6.
1084 XIV. WP, 2002, Drs. 14/9978, 37.

dass die Verfolgung der Sinti und Roma nicht erst mit dem „Auschwitz-Erlass“ begonnen habe, sondern eine deutlich längere Geschichte aufweise. Laut Gerhard Schröder, Bundesratspräsident im Jahr 1997, fiel die nationalsozialistische Ideologie damals auf einen fruchtbaren Boden von Vorurteilen und Feindbildern.[1085] Noch deutlicher äußerte sich Matthias Platzeck, Präsident des Bundesrates im Jahr 2004, der darauf hinwies, dass die Verfolgungs- und Ausgrenzungsmaßnahmen, von denen Sinti und Roma vor dem „Auschwitz-Erlass“ betroffen gewesen waren, bereits extrem menschenverachtend gewesen seien. Der nationalsozialistischen Ideologie sei dies jedoch gelungen.[1086] Neben der bereits weit vor 1942 einsetzenden Ausgrenzung und Isolierung wurde im betrachteten Zeitraum auch die nach 1945 fortdauernde Diskriminierung der Minderheit angesprochen. So kritisierte Kurt Beck beispielsweise, dass Sinti und Roma nach dem Krieg als „Opfer zweiter Klasse“ behandelt wurden und bis in die 1980er Jahre auf eine Anerkennung als Opfer der nationalsozialistischen Verfolgung warten mussten.[1087] Der Modus des Vergessens wird von den Rednern als Methode des Umgangs mit dem durch die Nationalsozialisten begangenen Völkermord für die Zukunft ausgeschlossen und zudem die Bedeutung der Erinnerung und der mit ihr verbundene Auftrag für die Gegenwart betont. Wolfgang Böhmer mahnte 2002, dass immer wieder geprüft werden müsse, welche Lehren aus der Vergangenheit gezogen worden seien und ob diese im Handeln und Denken berücksichtigt würden.[1088]

Im Gegensatz zu der vergleichsweise ausführlichen Thematisierung der nationalsozialistischen Verfolgung der Sinti und Roma sowie der mit ihr verbundenen Aufgaben und Pflichten für die Gegenwart stand die Wiedergutmachungspraxis Zeitraum von 1996 bis 2005 nicht im Zentrum der Reden der Bundesratspräsidenten im. Dennoch wurde von ihnen mehrfach betont, dass es Unzulänglichkeiten in den Wiedergutmachungsverfahren gegeben habe. Böhmer bewertete die Argumentationslinien der Wiedergutmachungsbehörden als offen rassistisch, und Hans Eichel stufte die geleisteten Entschädigungszahlungen als vielfach unzureichend ein.[1089]

Insgesamt kann festgehalten werden, dass sowohl die Gegenwart als auch die Vergangenheit der Sinti und Roma zwischen 1996 und 2005 in den parlamentarischen Vorgängen des Deutschen Bundestages nur sehr vereinzelt thematisiert wurde. Sofern entsprechende Vorgänge zu finden sind, handelt es sich

1085 Vgl. XIII. WP, 1997, 720. Sitz. BR, 576.
1086 Vgl. XV. WP, 2004, 807. Sitz. BR, 619f.
1087 Vgl. XIV. WP, 2000, 758. Sitz. BR, 578.
1088 Vgl. XV. WP, 2002, 784. Sitz. BR, 563.
1089 Vgl. XIV. WP, 1998, 733. Sitz. BR, 523. XV. WP, 2002, 784. Sitz. BR, 564.

fast ausschließlich um Unterrichtungen über Versammlungen, die auf europäischer Ebene stattfanden und die Situation der Roma in Europa behandelten. Ähnliches ist auch bei der Erinnerung an den nationalsozialistischen Völkermord an den Sinti und Roma zu beobachten. Während im Rahmen einer jährlichen Gedenkveranstaltung im Bundesrat regelmäßig an diesen erinnert wurde, sucht man nach entsprechenden Vorgängen im Deutschen Bundestag für den Zeitraum von 1996 bis 2005 größtenteils vergeblich.

6.6. Fazit

Bei der Analyse der parlamentarischen Vorgänge des Deutschen Bundestages, die sich im Zeitraum von 1949 bis 2005 mit dem Thema Sinti und Roma beschäftigten, fällt zunächst die lange Zeitspanne auf, bis die Situation der Minderheit erstmalig thematisiert wurde. Fast 39 Jahre nach der ersten Sitzung des Deutschen Bundestages am 7. September 1949 war die Lage der Sinti und Roma im August 1978 erstmals Thema eines parlamentarischen Vorgangs. Bis zur ersten Thematisierung der nationalsozialistischen Verfolgung der Sinti und Roma verging ein weiteres Jahr. Im Oktober 1979 betonte der damalige Parlamentarische Staatssekretär beim Bundesminister für Bildung und Wissenschaft, Björn Engholm (SPD), dass Sinti und Roma während der Zeit des Nationalsozialismus bitteres Unrecht erleiden mussten.[1090]

Vor diesen Vorgängen gab es weder eine Schriftliche oder Mündliche Frage anlässlich einer Fragestunde, noch eine Kleine oder Große Anfrage, geschweige denn eine Debatte im Plenum des Deutschen Bundestages, die sich mit der Minderheit beschäftigt hätte. Im Zeitraum von 1978 bis 1982 waren es ausschließlich mündliche oder schriftliche Anfragen der Abgeordneten im Rahmen derer Aspekte der gegenwärtigen Situation oder der Vergangenheit der Sinti und Roma behandelt wurden und dies in der Regel vergleichsweise wenig detailliert. In einer Antwort auf eine Große Anfrage nahm die Bundesregierung 1982 zum ersten Mal ausführlich Stellung zur Lage der Minderheit in der Bundesrepublik Deutschland und ging dabei sowohl auf Probleme der sozialen Situation als auch auf den Völkermord an der Minderheit ein.

Im Zeitraum von 1971 bis 1982 wurde die soziale Situation der Sinti und Roma insbesondere im Rahmen der Antwort der Bundesregierung auf die Große Anfrage von zwölf Abgeordneten sowie der Fraktionen der SPD und FDP vergleichsweise ausführlich behandelt. Möglichkeiten künftigen politischen Han-

1090 Vgl. IIX. WP, 1979, 176. Sitz., 13894.

delns wurden in den parlamentarischen Vorgängen des Deutschen Bundestages zwischen 1971 und 1982 nur in Bezug auf die Bildungssituation der nachfolgenden Generation der Minderheit diskutiert. In diesem Zeitabschnitt erinnerte man sich zudem nicht nur zum ersten Mal an die nationalsozialistische Verfolgung der Sinti und Roma, sondern bezeichnete die geschehenen Verbrechen darüber hinaus ausdrücklich als Völkermord.[1091] Noch umfassender wurde schließlich erörtert, ob und wie die Wiedergutmachung für NS-Verfolgte unter den Sinti und Roma sich bewährte. Neben allgemeinen Ausführungen zu dem Umstand, dass Angehörige der Minderheit grundsätzlich anspruchsberechtigt nach dem Bundesentschädigungsgesetz seien, ging die Bundesregierung auch auf mögliche Schwierigkeiten im Zusammenhang mit Wiedergutmachungsansprüchen ein. In diesem Zusammenhang wies die Bundesregierung im Besonderen auf das Urteil des Bundesgerichtshofes aus dem Jahr 1956 und die damit verbundenen Probleme hin.[1092]

Weitaus umfassender als in der Zeit von 1971 bis 1982 wurde sowohl die Gegenwart als auch die Vergangenheit der Sinti und Roma in den parlamentarischen Vorgängen des Deutschen Bundestages von 1983 bis 1995 behandelt. Einer weiteren Großen Anfrage aus dem Jahr 1984, in der die Bundesregierung erneut ausführlich Fragen zur gegenwärtigen Situation und zur Verfolgungsgeschichte der Minderheit und der damit verbundenen Wiedergutmachungsansprüche beantwortete, folgte am 7. November 1985 die erste Debatte über Sinti und Roma im Plenum des Deutschen Bundestages. Dieser Tag wird von dem Abgeordneten Horst Jaunich (SPD) als ein historischer Tag für den *Zentralrat Deutscher Sinti und Roma* bezeichnet. Nach Meinung von Jaunich sei allerdings niemand dafür verantwortlich zu machen, dass ein entsprechender Vorgang nicht schon früher stattgefunden habe. Sowohl die Landtage und Fraktionen des Deutschen Bundestages hätten sich erst seit Beginn der 1980er Jahre mit der Lage der Minderheit beschäftigt, und zudem sei auch eine Interessenvertretung erst zu diesem Zeitpunkt gegründet worden.[1093]

Nach der ersten Debatte über „Lage und Forderungen der Sinti, Roma und verwandter Gruppen“ im Plenum des Deutschen Bundestages forderte dieser die Bundesregierung im Juni 1986 im Rahmen eines Entschließungsantrags auf, einen detaillierten Bericht über die Lage der Minderheit zu erstellen. In diesem sollte die Bundesregierung nicht nur Stellung zu Wiedergutmachungsleistungen für Sinti und Roma nehmen, sondern auch prüfen, wie eine Verbesserung der

---

1091 Vgl. IX. WP, 1982, Drs. 9/2360, 3.
1092 Vgl. IX. WP, 1982, Drs. 9/2360, 4.
1093 Vgl. X. WP, 1985, 171. Sitz., 12814.

„Lebenschancen der Sinti und Roma“ umgesetzt werden konnte.[1094] Neben der Antwort auf die Große Anfrage zu „Lage und Forderungen der Sinti, Roma und verwandter Gruppen“ handelte es sich bei diesem Bericht um einen parlamentarischen Vorgang, der die soziale Situation der Minderheit besonders detailliert thematisierte. In der Gesamtheit aller parlamentarischen Vorgänge, die sich zwischen 1983 und 1995 mit der sozialen Situation der Sinti und Roma beschäftigten, wurden die Teilaspekte umfassend angesprochen und außerdem mögliche Defizite benannt. Mit den Möglichkeiten politischen Handelns zur Verbesserung der Situation der Sinti und Roma setzte sich die Bundesregierung insbesondere in dem vom Deutschen Bundestag in einem Entschließungsantrag geforderten Bericht auseinander. Die Bundesregierung brachte darin klar zum Ausdruck, dass sie sich der Schwierigkeiten bewusst war, mit denen Sinti und Roma konfrontiert waren. Ungeachtet dessen ging sie nur sehr begrenzt auf Möglichkeiten zur Verbesserung der Situation von Angehörigen der Minderheit ein. Sowohl hinsichtlich konkreter Maßnahmen zur Optimierung der Wohn- als auch der Gesundheitssituation der Sinti und Roma verwies die Bundesregierung auf die Zuständigkeit der Länder und Kommunen.[1095] Auch in Bezug auf die vorschulische und schulische Bildung von Kindern der Sinti und Roma merkte die Bundesregierung an, dass der Adressat für diesbezügliche Gespräche die Kultusministerkonferenz sei.[1096] Zudem wies die Bundesregierung darauf hin, dass keine wissenschaftlich abgesicherten Methoden existieren würden, die auf die schulische Situation der Sinti und Roma angewendet werden könnten und darüber hinaus bundesweit einsetzbar wären.[1097]

Ähnlich wie die Thematisierung der sozialen Situation fand auch die Erinnerung an den nationalsozialistischen Völkermord an den Sinti und Roma im Rahmen der parlamentarischen Vorgänge des Deutschen Bundestages zwischen 1983 und 1995 weitaus umfangreicher statt als im zuvor untersuchten Zeitraum. Bis 1985 äußerten sich sowohl die Bundesregierung als auch Vertreter sämtlicher Fraktionen zur nationalsozialistischen Verfolgung der Sinti und Roma. Während man sich zwischen 1986 und 1989 dann noch vereinzelt an den Völkermord an der Minderheit erinnerte, folgte zwischen 1990 und 1994 eine Phase, in der keine entsprechenden parlamentarischen Vorgänge stattfanden. Zu einer Regelmäßigkeit der Erinnerung an den Völkermord an den Sinti und Roma auf höchster politischer Ebene kam es erst mit Einführung der jährlichen Gedenkveranstaltung anlässlich des „Auschwitz-Erlasses“ von Heinrich Himm-

1094 Vgl. X. WP, 1986, Drs. 10/5765, 1f.
1095 Vgl. X. WP, 1986, Drs. 10/6287, 52.
1096 Vgl. X. WP, 1985, Drs. 10/3292, 14.
1097 Vgl. X. WP, 1986, Drs. 10/6287, 54.

ler. Diese findet allerdings nicht im Deutschen Bundestag, sondern im Bundesrat statt.

Widmete man sich zwischen 1983 und 1995 der Erinnerung an die nationalsozialistische Verfolgung der Sinti und Roma bereits deutlich umfassender als im Zeitraum von 1971 bis 1982, beschäftigte man sich noch weitaus eingehender mit der Wiedergutmachung für NS-Verfolgte unter den Sinti und Roma. Neben möglichen Unzulänglichkeiten der Wiedergutmachungspraxis wurden schwerpunktmäßig in den Jahren 1985 und 1986 unter anderem auch die Härteregelung für Verfolgte nichtjüdischen Glaubens sowie die Gleichbehandlung aller Anspruchsberechtigten zur Sprache gebracht.

Untersucht man die parlamentarischen Vorgänge zwischen 1996 und 2005, in denen sich der Deutsche Bundestag mit der sozialen Situation der Sinti und Roma beschäftigte, fällt sofort auf, dass es sich hierbei nur um sehr vereinzelte Vorgänge gehandelt hat. Weitaus häufiger wurde der Deutsche Bundestag über Vorgänge auf europäischer Ebene unterrichtet, im Rahmen derer man sich mit der Lage der Roma in Europa beschäftigte. Auch Zielvorgaben für zukünftiges politisches Handeln zur Verbesserung der Situation der Sinti und Roma blieben auf Bundesebene nahezu unberücksichtigt. Mit Ausnahme des „Entwurfs eines Gesetzes zu dem Rahmenübereinkommen zum Schutz nationaler Minderheiten“ und dem „Entwurf eines Gesetzes zu der Europäischen Charta der Regional- oder Minderheitensprachen“, bei denen es sich zudem noch um Vorgänge im Bundesrat handelte, wurde Entsprechendes nicht thematisiert. Wie auch schon im Fall der sozialen Situation wurde der Deutsche Bundestag aber auch in diesem Zusammenhang wieder ausführlich über Möglichkeiten politischen Handelns informiert, die man auf europäischer Ebene plante, um die Lage der Roma in Europa zu verbessern.

Ebenso wie die Gegenwart und Zukunft der Sinti und Roma war auch die Vergangenheit der Minderheit ein Thema von mehr als untergeordneter Bedeutung in den parlamentarischen Vorgängen des Deutschen Bundestages zwischen 1996 und 2005. Mit Ausnahme einer schriftlichen Anfrage, in der ein Abgeordneter Auskunft über den „Härtefonds für NS-Verfolgte nicht jüdischer Abstammung“ von der Bundesregierung verlangte und somit einen Aspekt der Wiedergutmachungspraxis ansprach, fanden im Deutschen Bundestag keine diesbezüglichen Vorgänge statt. Allerdings erinnerte man sich wie schon in Jahren 1994 und 1995 auch zwischen 1996 und 2005 im Rahmen einer jährlich stattfindenden Gedenkveranstaltung im Bundesrat an die nationalsozialistische Verfolgung der Sinti und Roma. Der jeweilige Bundesratspräsident gedachte mit einer Ansprache der Opfer des nationalsozialistischen Völkermords an der Minderheit. Neben der bereits seit Jahrhunderten andauernden Verfolgungsgeschichte, die während der Zeit des Nationalsozialismus ihren negativen Höhepunkt erreichte, wurde auch auf die nach 1945 fortdauernde Diskriminierung der Sinti und Roma hingewiesen. Ferner appellierten fast alle Bundesratspräsidenten an die Abgeordneten und die Gesellschaft, Lehren aus der Vergangenheit zu ziehen und sich mit Vorurteilen auseinanderzusetzen, die vielfach Grundlage der nach 1945 andauernden Diskriminierung der Minderheit waren. Des Weiteren wurde im Zuge der Gedenkveranstaltungen im Bundesrat auch die Wiedergutmachung für NS-Verfolgte unter den Sinti und Roma angesprochen. Dieser Themenbereich spielte jedoch nur eine untergeordnete Rolle.

Zusammenfassend lässt sich festhalten, dass sowohl die Gegenwart als auch die Vergangenheit der Sinti und Roma nahezu vier Jahrzehnte lang kein Thema waren, für das sich der Deutsche Bundestag und seine Mitglieder seit der Staatsgründung interessiert hätten. Erst in den späten 1970er Jahren, als die Bürgerrechtsbewegung der Sinti und Roma bereits aktiv war und nicht nur auf gegenwärtige Defizite der sozialen Situation der Minderheit aufmerksam machte, sondern auch die mangelnde Anerkennung des Völkermords beklagte, wurde die Thematik auch vom Deutschen Bundestag aufgegriffen. Nachdem im Rahmen erster parlamentarischer Vorgänge zwischen 1978 und 1982 sowohl die teils problematische soziale Situation der Sinti und Roma als auch der Völkermord sowie die damit verbundenen Wiedergutmachungsleistungen in Grundzügen thematisiert wurden, folgte eine Phase der intensiven Auseinandersetzung. Im Zeitraum zwischen 1983 und 1995 befasste sich der Deutsche Bundestag eingehend mit der damaligen Situation der Minderheit, Abgeordnete aller Fraktionen erinnerten an die nationalsozialistische Verfolgung der Sinti und Roma und äußerten sich zur Wiedergutmachungspraxis. Hingegen wurden Möglichkeiten politischen Handelns zur Verbesserung der Situation der Sinti und Roma nur sehr eingeschränkt diskutiert. Zwischen 1996 und 2005 schließlich waren weder Gegenwart noch Vergangenheit der Minderheit ein Thema, mit dem man sich im Deutschen Bundestag intensiv auseinandergesetzt hätte. Bei den parlamentarischen Vorgängen, die in diesem Zeitraum zu beobachten waren, handelte es sich größtenteils um Unterrichtungen über Vorgänge auf europäischer Ebene. Der Deutsche Bundestag selbst hat sich jedoch kaum zum Völkermord an der Minderheit, der diesbezüglichen Wiedergutmachung sowie der sozialen Lage und den Möglichkeiten zur Verbesserung der Lebensbedingungen geäußert.

Abschließend sei an dieser Stelle noch auf eine Besonderheit hingewiesen, die bei der Suche nach parlamentarischen Vorgängen, die sich im Zeitraum von 1949 bis 2005 mit dem Thema „Sinti und Roma" beschäftigten, aufgefallen ist. Zwischen der 8. Wahlperiode und der 15. Wahlperiode fand eine deutliche Verschiebung der Begrifflichkeit statt. In der 8. Wahlperiode war das Auffinden der sieben parlamentarischen Vorgänge, im Rahmen derer sich der Deutsche Bundestag zwischen 1971 und 1980 mit Angehörigen der Minderheit beschäftigt hat, nur durch die Eingabe des Suchbegriffs „Zigeuner“ möglich.[1098] In der 9. Wahlperiode lieferten dann auch die Suchworte „Sinti“ und „Roma“ einige Treffer. Brachte aber auch hier noch der Begriff „Zigeuner“ die höchste Anzahl von Treffern, so konnten in der 10. Wahlperiode alle zehn parlamentarischen Vorgängen sowohl durch den Begriff „Sinti“ als auch „Roma“ gefunden werden, während die Suche nach der Bezeichnung „Zigeuner“ nur sieben der zehn vorhandene Vorgänge anzeigte. Von den 14 parlamentarischen Vorgängen, die sich in der 13. Wahlperiode mit der Minderheit beschäftigten, lieferte die Suche nach dem Wort „Sinti“ 11 Treffer und jene nach dem Begriff „Roma“ 12 Treffer. Keinerlei Suchergebnisse wurden hingegen angezeigt, wenn man die Bezeichnung „Zigeuner“ verwendete. Sowohl in der 14. als auch in der 15. Wahlperiode gab es hingegen kaum Unterschiede bezüglich der Anzahl der Vorgänge, die mittels der einzelnen Suchbegriffe gefunden wurden.

Es liegt die Vermutung nahe, dass bis zu Beginn der frühen 1980er Jahre die Begriffe „Sinti“ und „Roma“ nur wenig verbreitet waren und auch auf politischer Ebene im Zusammenhang mit der Minderheit von „Zigeunern“ gesprochen wurde. Eine diesbezügliche Änderung trat allem Anschein nach mit der Gründung des *Zentralrats Deutscher Sinti und Roma* im Jahr 1982 ein. Die von der zentralen Interessenvertretung gewählte Bezeichnung für Angehörige der Minderheit setzte sich offensichtlich auch auf offizieller Ebene im Laufe der folgenden Jahre allmählich durch.

1098 Die nach Suchbegriffen unterteilten Tabellen für jede Wahlperiode finden sich im Anhang auf Seite XXI. Diese sind wie folgt zu verstehen: Die Spalte „Zigeuner, Sinti,.Roma“ gibt die Gesamtzahl der parlamentarischen Vorgänge des Deutschen Bundestages an, im Rahmen derer die Minderheit Thema war. Die Zahl in der Spalte „Zigeuner“, „Sinti“ oder „Roma“ zeigt an, wie viele dieser Vorgänge mit dem entsprechenden Suchbegriff gefunden wurden.

7. Erkenntnisgewinn

Die Geschichte der Sinti und Roma in Deutschland ist die Geschichte einer Minderheit, die seit ihrem ersten Eintreffen zu Beginn des 15. Jahrhunderts in der Regel unerwünscht, bestenfalls toleriert und häufig gezielt ausgegrenzt und verfolgt wurde. Die Ausbildung der entsprechenden Vorurteilsstrukturen und Mechanismen der Ausgrenzung war eine sich über Jahrhunderte vollziehende Entwicklung, die ihren negativen Höhepunkt im nationalsozialistischen Völkermord an der Minderheit fand. Die rassische Verfolgung und Deportation der Sinti und Roma in Deutschland und Europa bedeutete das Todesurteil für 500 000 Menschen.

Nach Kriegsende waren Sinti und Roma von der ohnehin schwierigen Situation in besonderem Maße betroffen. Mit dem Verlust eines Großteils ihrer Familie konfrontiert und vielfach ohne jegliches Hab und Gut, waren viele von ihnen sowohl physisch als auch psychisch in äußerst schlechter Verfassung. Nachdem die Überlebenden der nationalsozialistischen Verfolgung zunächst wie Angehörige anderer Verfolgtengruppen in Lagern für so genannte Displaced Persons untergebracht worden waren, kehrten sie in den folgenden Monaten in die Städte und Dörfer zurück, in denen sie vor Kriegsbeginn gelebt hatten. Empfangen wurden sie dort in der Regel alles andere als freundlich. In diesem Zusammenhang berichtet Margalit (2003) davon, dass sowohl die Bevölkerung als auch die Behörden einheitlich negativ auf die Rückkehr der Sinti und Roma reagiert hätten. Die Deportationen während des Krieges, so Margalit, hätten dazu geführt, dass manche Bürger auch nach Ende des Krieges erwarteten, dass ihre Eingaben dahingehend Gehör fänden, dass Sinti und Roma bei Bedarf des Ortes verwiesen würden.[1099] Zimmermann (1989) hingegen bewertet die unmittelbare Nachkriegszeit in Deutschland als eine Periode, in der Sinti und Roma aufgrund der sich durch alle Schichten ziehenden Wanderungsbewegungen gerade nicht Ziel von Maßnahmen wurden, mit denen man eine dauerhafte Ansiedlung zu verhindern versucht hätte.[1100] Ob unerwünschte Rückkehrer oder hinlänglich geduldete Mitbürger – die Sinti und Roma waren in den Nach-

---

1099 Vgl. Margalit (2003), 165.
1100 Vgl. Zimmermann (1989), 84.

kriegsjahren nur ein Randthema der Politik. Margalit (2001) vertritt in diesem Zusammenhang die Meinung, dass sich die alliierten Besatzungsmächte nicht für die Politik der deutschen Behörden gegenüber Sinti und Roma interessiert hätten. Sinti und Roma seien allerdings von den Alliierten als rassisch Verfolgte anerkannt worden, und im Rahmen der Entnazifizierung sei unter anderem 1947 das „Bayrische Gesetz zur Bekämpfung der Zigeuner, Landfahrer und Arbeitsscheuen" aus dem Jahr 1926 für ungültig erklärt worden.[1101] Die junge Demokratie habe sich auf dem internationalen Parkett nach Einschätzung von Margalit daran messen lassen müssen, wie sie sich gegenüber dem jüdischen Volk verhielt, aber die Einstellung zu Sinti und Roma sei nach 1945 nur am Rande des politischen Diskurses thematisiert worden.[1102]

Wie zutreffend diese Einschätzung von Margalit ist, zeigt sich auch anhand der im Rahmen dieser Arbeit untersuchten parlamentarischen Vorgänge des Deutschen Bundestages, die sich mit der Gegenwart und Vergangenheit der Sinti und Roma beschäftigten. Nahezu 39 Jahre nach der ersten Sitzung des Deutschen Bundestages am 7. September 1949 war die Situation der Sinti und Roma im August 1978 erstmals Thema eines parlamentarischen Vorgangs. Die erstaunliche Verzögerung wird eventuell verständlich vor dem Hintergrund der Nachkriegsgeschichte, der oftmals als oktroyiert empfundenen Entnazifizierungsmaßnahmen durch die Alliierten sowie dem in den 1950er und 1960er Jahren in großen Teilen der Bevölkerung vorhandenen Wunsch nach Normalität und danach, einen Schlussstrich unter die deutsche Geschichte zwischen 1933 und 1945 zu ziehen. Gleichwohl wäre vor diesem Hintergrund zu erwarten gewesen, dass auch Gegenwart und Vergangenheit anderer Verfolgtengruppen nicht in den parlamentarischen Vorgängen des Deutschen Bundestages behandelt worden wären. Doch bereits am 20. September 1949 verurteilte Konrad Adenauer in seiner Regierungserklärung den Antisemitismus auf das Schärfste. Darüber hinaus waren sowohl die Gegenwart als auch die Vergangenheit des jüdischen Volkes bereits seit der 1. Wahlperiode immer wieder Thema der parlamentarischen Vorgänge des Deutschen Bundestages.

Ziel dieser Arbeit war es, einen möglichen Zusammenhang zwischen der sozialen Situation der Sinti und Roma in der Bundesrepublik Deutschland auf der einen Seite sowie der Erinnerung im Rahmen der parlamentarischen Vorgänge des Deutschen Bundestages an die an ihnen verübten nationalsozialistischen Verbrechen auf der anderen Seite zu untersuchen. Es steht grundsätzlich außer Frage, dass die soziale Situation der Sinti und Roma von einer Vielzahl von

1101 Vgl. Margalit (2001), 100.
1102 Vgl. Margalit (2001), 183.

Faktoren beeinflusst wurde. Sofern sich also Zusammenhänge zwischen der sozialen Situation und der Erinnerung im Deutschen Bundestag an den Völkermord an der Minderheit zeigen sollten, ist dabei zu berücksichtigen, dass mit Sicherheit auch andere Faktoren Einfluss auf die Lage der Sinti und Roma genommen haben können.

Fragt man sich, welchen Grund es überhaupt geben sollte, dass zwischen der sozialen Situation der Sinti und Roma sowie der Erinnerung an ihre Verfolgungsgeschichte im Dritten Reich ein Zusammenhang bestehen sollte, so liefert Kapitel 4 dieser Arbeit über Gründe für Erinnerung einige Erklärungsansätze. Makrostrukturelle Neuanfänge in Form von Systemumbrüchen wie in Deutschland zwischen 1945 und 1949 stellen erhebliche Anforderungen an die neue politische Ordnung in Bezug auf ihre Legitimierung. Eine Legitimierung des noch jungen politischen Systems der Bundesrepublik Deutschland über den Eigenwert des normativen Fundaments scheint insbesondere in der unmittelbaren Zeit nach der Gründung angesichts der vergleichsweise kurzen Existenzdauer dieses Systems nur bedingt denkbar. Stattdessen bot die Delegitimierung des Vorgängersystems, bei der die Erinnerung an dessen Verfehlungen eine zentrale Rolle übernahm, eine entsprechende Möglichkeit der Legitimation. Als Nachfolgestaat des Dritten Reiches distanzierte sich die Bundesrepublik Deutschland stets öffentlich und in aller Deutlichkeit von ihrem Vorgängerregime. Es ist jedoch anzunehmen, dass sich die Haltung der Bevölkerung nicht in gleicher Weise wie die Politik über Nacht änderte. Vor diesem Hintergrund scheint die Rede von einer „Demokratie ohne Demokraten“[1103] in besonderem Maße zutreffend zu sein.

Wie in Kapitel 4.2 dargestellt, ist zudem von einer identitätsstiftenden Komponente von Erinnerung auszugehen. Vergangenheit, Gegenwartserfahrungen und Zukunftsvorstellungen sind durch den Modus des Erinnerns untrennbar miteinander verbunden und schaffen eine Form der Kontinuität, die nicht nur identitätsstiftend, sondern auch identitätsstabilisierend wirkt. Ob man von dem gesellschaftlichen Konstrukt einer „kollektiven Identität“ ausgeht oder von vielfältigen Identitäten der verschiedenen Gruppen der Bundesrepublik Deutschland als einem heterogenen Kollektiv – die identitätsrelevante Bedeutung von Erinnerung kann als weitgehend unstrittig eingestuft werden. Relevant für die Identität der deutschen Gesellschaft bzw. ihrer Mitglieder war somit auch die Art und Weise, wie sich offizielle Stellen in der Bundesrepublik Deutschland an das Dritte Reich und den damit verbundenen Völkermord erinnerten. Auch wenn ein demokratischer bundesdeutscher Staat bereits seit 1949 existierte, ist davon

1103 Vgl. Lepsius (1993), 235.

auszugehen, dass die Ausbildung einer „demokratischen Identität“ deutlich längere Zeit in Anspruch nahm und durch die offizielle Erinnerung an den nationalsozialistischen Völkermord beeinflusst wurde. Geht man des Weiteren davon aus, dass Toleranz und Gleichbehandlung zentrale Werte dieser „demokratischen Identität“ sind, offenbart sich der Zusammenhang zur sozialen Situation der Sinti und Roma. Diese war auch nach 1945 maßgeblich von Diskriminierung und Ungleichbehandlung geprägt und wirft also kein gutes Licht auf das Demokratieverständnis der Nachkriegsjahrzehnte.

In Form einer kritischen Auseinandersetzung mit der Vergangenheit bietet der Modus der Erinnerung nach Meinung von Knigge (2009) die Möglichkeit, normative Vorgaben für die Gegenwart und Zukunft zu entwickeln.[1104] Die Auseinandersetzung mit der Vergangenheit bietet jedoch nicht nur eine Methode zur Entwicklung normativer Vorgaben für die Gegenwart und Zukunft und somit allgemeiner Handlungsorientierungen, sondern kann auch als ein Motor zur Generierung von Zielvorgaben für zukünftiges politisches Handeln interpretiert werden. An dieser Stelle wird eine weitere Verknüpfung von einerseits der Erinnerung an den nationalsozialistischen Völkermord an den Sinti und Roma und andererseits ihrer gegenwärtigen sozialen Situation deutlich: Mit dem Erinnern an vergangene Greueltaten wächst in der Politik die Motivation, Wiedergutmachung leisten und eine Wiederholung ähnlichen Unrechts auszuschließen.

Untersucht man die parlamentarischen Vorgänge des Deutschen Bundestages, im Rahmen derer zwischen 1949 und 2005 an den nationalsozialistischen Völkermord an den Sinti und Roma erinnert wurde, fällt zunächst die lange Zeitspanne auf, in der es keine Vorgänge zum Thema gab. Erst dreißig Jahre nach der ersten Sitzung des Deutschen Bundestages am 7. September 1949 erinnerte der damalige Parlamentarische Staatssekretär Björn Engholm im Oktober 1979 daran, dass „den Zigeunern in der Phase des Nationalsozialismus bitteres Unrecht zugefügt worden ist.“[1105] Eine Untersuchung der sozialen Situation der Sinti und Roma in der Phase bis zur ersten Thematisierung ihrer Verfolgungsgeschichte offenbart im Bereich soziale Kontakte, Integration und Vorurteile unübersehbare Schwierigkeiten. Das Verhältnis zwischen Mehrheitsbevölkerung und Minderheit war seit Kriegsende nahezu ungebrochen geprägt von Vorurteilen und kaum vorhandenen sozialen Kontakten. Defizite waren auch in anderen Aspekten der sozialen Situation der Sinti und Roma bis in die 1970er Jahre

1104 Vgl. Knigge (2009), 78.
1105 Vgl. IIX. WP, 1979, 176. Sitz., 13894.

erkennbar. Diese zeigten sich unter anderem in einer extrem hohen Arbeitslosenquote, einer beträchtlichen Analphabetenquote, einem deutlich über dem Durchschnitt liegenden Anteil von Kindern, die eine Sonderschule besuchten, und an desolaten Wohnverhältnissen, die häufig Ursache für Krankheiten waren. Signifikant positive Veränderungen waren, so das Ergebnis der Literaturanalyse, bis zum Beginn der 1970er Jahre nicht zu beobachten.

Sollte ein direkter Zusammenhang zwischen der Erinnerung an den nationalsozialistischen Völkermord an den Sinti und Roma im Rahmen der parlamentarischen Vorgänge des Deutschen Bundestages und der sozialen Situation der Minderheit bestehen, so hätten seit Beginn der 1980er Jahre Veränderungen in Bezug auf die Diskriminierung der Minderheit erkennbar sein müssen, denn insbesondere zwischen 1983 und 1995 erinnerte man sich im Deutschen Bundestag verstärkt an die Verfolgung der Minderheit während der Zeit des Nationalsozialismus. In der im Rahmen dieser Arbeit verwendeten Literatur wurden jedoch keine Hinweise auf Verbesserungen in Bezug auf die Ausgrenzung und Diskriminierung der Sinti und Roma in dem betreffenden Zeitraum gegeben. Zeitverzögerte Mechanismen können bedingt durch den Umstand, dass auch zwischen 1996 und 2005 keine diesbezüglichen positiven Veränderungen zu beobachten waren, weitgehend ausgeschlossen werden. Um ein möglichst umfassendes Bild eventueller Wechselwirkungen zwischen der Erinnerung an den Völkermord und der sozialen Situation der Sinti und Roma zu erhalten, sollen an dieser Stelle auch die Ergebnisse aus den übrigen Teilbereiche Beachtung finden, die in dieser Arbeit im Hinblick auf die Gesamtsituation der Minderheit berücksichtigt wurden.

Ebenso wenig wie ein umfassender Wandel in Bezug auf die Diskriminierung der Minderheit seit den 1980er Jahren zu beobachten war, zeigte sich Entsprechendes bis ins Jahr 2005 in Bezug auf die Wohnverhältnisse sowie auf die berufliche, wirtschaftliche und gesundheitliche Situation. Eine Ausnahme stellt in diesem Kontext die Bildungssituation der nachfolgenden Generation der Sinti und Roma im Zeitraum von 1971 bis 1982 dar. Obschon die Situation insgesamt immer noch äußerst problematisch war, waren gleichwohl positive Tendenzen erkennbar. Wurden Kinder von Angehörigen der Minderheit in den 1960er Jahren nahezu ohne Ausnahme in einem praktisch automatisierten Vorgang auf Sonderschulen verwiesen, zeigt die Studie von Hundsalz (1982), dass es in diesem Punkt offensichtlich Veränderungen gab. Hundsalz gibt einen Anteil von Sonderschülern von 20 Prozent in Familien an, die nicht auf Sozialhilfe angewiesen waren, und einen Quote von 37 Prozent unter Kindern jener Familien, die Hilfen zum Lebensunterhalt bekamen.[1106] Ungeachtet der Tatsache, dass diese Angaben noch immer deutlich über dem Vergleichswert der Kinder der übrigen Bevölkerung (3 Prozent) lagen, zeigen sie an, dass es in diesem Bereich offensichtlich zu Verbesserungen gekommen ist. Die Untersuchung der parlamentarischen Vorgänge des Deutschen Bundestages in diesem Zeitraum zeigt, dass man sich nicht nur erstmalig an die nationalsozialistische Verfolgung erinnert, sondern diese auch ausdrücklich als Völkermord bezeichnet hat.[1107] Darüber hinaus wurden Defizite der Bildungs- und Berufschancen der nachfolgenden Generation der Sinti und Roma ausführlich im Rahmen verschiedener Vorgänge des Deutschen Bundestages thematisiert. Auch der Bereich möglicher Zielvorgaben für zukünftiges politisches Handeln in Bezug auf die Bildungsmisere blieb zwischen 1971 und 1982 nicht unberücksichtigt.

Während man zwischen 1983 und 1995 weitaus umfangreicher an den Völkermord an den Sinti und Roma erinnerte und auch die soziale Situation und die damit verbundenen Schwierigkeiten eingehend behandelte, wurden in diesem Zeitraum im Deutschen Bundestag keine konkreten Maßnahmen entworfen, durch die die soziale Situation der Sinti und Roma in Zukunft hätte verbessert werden können. Stattdessen verwies die Bundesregierung mehrfach auf die Zuständigkeit von Ländern und Kommunen.[1108]

Im Zeitraum zwischen 1996 und 2005 erinnerte man sich im Bundesrat anlässlich der jährlich stattfindenden Gedenkveranstaltung regelmäßig an die Verfolgung der Sinti und Roma. Vergleichbare Vorgänge auf Bundestagsebene waren mit einer Ausnahme nicht zu beobachten. Sofern in dieser Phase Hinweise auf die soziale Situation sowie auf politische Handlungsmöglichkeiten zu ihrer Verbesserung in den Vorgängen des Deutschen Bundestages zu finden sind, handelt es sich um Unterrichtungen über Vorgänge auf europäischer Ebene.

Die dieser Arbeit zugrundeliegende Frage, ob ein positiver Zusammenhang zwischen der Erinnerung im Deutschen Bundestag an den Völkermord an den Sinti und Roma während der Zeit der Nazi-Diktatur einerseits und der sozialen Situation der Minderheit andererseits besteht, muss verneint werden. Offizielles Erinnern führte im Fall der Sinti und Roma nicht zu direkten Verbesserungen ihrer sozialen Lage. Der alleinige Modus des Erinnerns war demzufolge nicht geeignet, positive Veränderungen der gesellschaftlichen Gegebenheiten auszu-

1106 Vgl. Hundsalz (1982), 62.
1107 Vgl. IX. WP, 1982, Drs. 9/2360, 3.
1108 Vgl. X. WP, 1986, Drs. 10/6287, 52.

lösen. Andernfalls hätte es insbesondere zwischen 1983 und 1995 zu weitreichenden Veränderungen kommen müssen, da man sich in diesem Zeitraum besonders ausgeprägt an den Völkermord an der Minderheit erinnert hat. Am Ausbleiben eines positiven Effekts vermochte auch der Umstand nichts zu ändern, dass neben der Erinnerung an den Völkermord auch noch zu diesem Zeitpunkt aktuelle Problembereiche der sozialen Situation thematisiert wurden. Der Sonderfall der Bildungssituation der nachfolgenden Generation der Sinti und Roma, der zwischen 1971 und 1982 verstärkt Berücksichtigung fand, zeigt, dass es nur bei Vorliegen einer besonderen Konstellation zu positiven Veränderungen kam: Man erinnerte sich nicht nur an die nationalsozialistische Verfolgung von Angehörigen der Minderheit und benannte ihre aktuellen Probleme, sondern ging zudem noch explizit auf Lösungsmöglichkeiten ein.

Obschon sich die offizielle Erinnerung an den nationalsozialistischen Völkermord an den Sinti und Roma nicht unmittelbar positiv auf ihre soziale Situation auswirkte, sollte ihre Bedeutung für die Lage der Minderheit dennoch nicht unterschätzt werden. Zentrales Anliegen der sich in den späten 1970er Jahren formierenden Bürgerrechtsbewegung der Sinti und Roma war von Beginn an die Anerkennung des Völkermords. Diese Forderung, die unter anderem im Rahmen der 1979 von Vertretern der Minderheit initiierten Gedenkkundgebung im Konzentrationslager Bergen-Belsen und in einem Memorandum der *Romani-Union* und der *Gesellschaft für bedrohte Völker* vorgebracht wurde zeigt, welchen Stellenwert die Anerkennung und Erinnerung an die nationalsozialistischen Verbrechen für die Angehörigen der Minderheit besaß.[1109] Es erscheint daher als eine logische Konsequenz, dass Romani Rose, seit Gründung des *Zentralrats Deutscher Sinti und Roma* dessen Vorsitzender, den Tag der Anerkennung der nationalsozialistischen Verfolgungsmaßnahmen als „Völkermord aus Gründen der Rasse“ im Jahr 1982 durch den damaligen Bundeskanzler Helmut Schmidt als Zäsur bezeichnete.[1110] Es kann an dieser Stelle nur gemutmaßt werden, dass neben einem Generationenwechsel auch die sich abzeichnende offizielle Anerkennung des Völkermords Einfluss darauf hatte, dass sich mit dem nur wenige Monate vor dieser Anerkennung gegründeten *Zentralrat Deutscher Sinti und Roma* erstmals langfristig eine Interessenvertretung der Minderheit etablieren konnte. Auch wenn die Anerkennung des Völkermords aus rassischen Gründen und die daraufhin zu beobachtende Erinnerung an die nationalsozialistischen Verbrechen an den Sinti und Roma ihre Lage nicht un-

1109 Vgl. Gesellschaft für bedrohte Völker (1980), 61 u. 135.
1110 Vgl. Rose (2004), 6.

mittelbar positiv beeinflussten, scheinen mittelbare Folgen doch naheliegend. Der *Zentralrat Deutscher Sinti und Roma* setzt sich seit seiner Gründung nicht nur für die Bekanntmachung des geschehenen Völkermords ein, sondern ist zugleich zu einem Sprachrohr der Minderheit geworden, das ihre soziale Lage verbessern will. Führten bis Ende der 1970er Jahre diskriminierende Zeitungsartikel kaum zu Gegenwehr, wird der *Zentralrat Deutscher Sinti und Roma* heute nicht müde, in solchen Fällen Beschwerde beim Deutschen Presserat einzureichen, um eine Veränderung der Berichterstattung herbeizuführen. Auch die Anerkennung der Sinti und Roma als nationale Minderheit und die damit verbundenen Rechte gehen maßgeblich auf das Engagement des *Zentralrats Deutscher Sinti und Roma* zurück.

Von den Sinti und Roma wurde im Zusammenhang mit der geforderten Anerkennung des Völkermords und der Erinnerung daran auch immer auf die besondere, mit dem nationalsozialistischen Völkermord verbundene Verantwortung der Bundesregierung für die Gegenwart und Zukunft der Überlebenden hingewiesen. In den Augen der Betroffenen ist es angesichts der nationalsozialistischen Vergangenheit die Pflicht der Bundesrepublik Deutschland, sich zu dem begangenen Völkermord zu bekennen und sich an ihn zu erinnern, woraus sich auch eine besondere Verantwortung für die Gegenwart ergebe. Für Romani Rose (1987), Vorsitzender des *Zentralrats Deutscher Sinti und Roma*, bedeutet diese Verantwortung für die Gegenwart, Diskriminierung und Vorurteile nicht länger zu tolerieren.[1111]

Die Auswertung der Bundestagsdebatten zwischen 1949 und 2005 hat gezeigt, dass die Thematisierung des nationalsozialistischen Völkermords an den Sinti und Roma sowie die Auseinandersetzung mit ihrer sozialen Situation in den Vorgängen des Deutschen Bundestages nahezu zeitgleich einsetzten. Erst im Zuge der Erinnerung an die Verbrechen der Vergangenheit schienen sich der Deutsche Bundestag und seine Mitglieder ihrer besonderen Verantwortung für die Belange der Minderheit bewusst zu werden und begannen, sich auch mit aktuellen Defiziten der sozialen Lage der Sinti und Roma auseinanderzusetzen. Obschon diese Vorgänge nicht mit einer sofortigen Verbesserung der sozialen Situation der Minderheit einhergingen, bietet die seit Beginn der 1980er Jahre auf höchster politischer Ebene erfolgende Erinnerung an den nationalsozialistischen Völkermord an den Sinti und Roma sowie die Vergegenwärtigung aktueller sozialer Probleme Anlass zur Hoffnung auf langfristige Verbesserungen in der Zukunft. Solange die Verfolgungsgeschichte der Sinti und Roma keinen

1111 Vgl. Rose (1987), 7.

Platz im bundesdeutschen Erinnerungsdiskurs im Allgemeinen und in entsprechenden Vorgängen des Deutschen Bundestages im Speziellen hatte, lag auch über der desolaten sozialen Situation der Minderheit ein Mantel des Schweigens. Trotz nicht unmittelbar zu beobachtender positiver Veränderungen der sozialen Situation im Zusammenhang mit der Thematisierung des an ihnen begangenen Völkermords ist somit dennoch ein Zusammenhang zwischen der diesbezüglichen Erinnerung und der Lage der Minderheit erkennbar, wenn auch ein indirekter. Grundsätzlich ist es also die aus der Erinnerung erwachsende Vergegenwärtigung von Verantwortung für die Gegenwart und Zukunft, die zu Veränderungen beitragen kann.

Zusammenfassend kann festgehalten werden, dass die Kombination von Erinnerung an den nationalsozialistischen Völkermord, die Thematisierung aktueller sozialer Probleme sowie die Suche nach entsprechenden Möglichkeiten politischen Handelns zur Verbesserung der Situation sich positiv auf die soziale Lage der Minderheit auswirkte. Die regelmäßige und reflektierte Erinnerung an die nationalsozialistische Verfolgungsgeschichte der Sinti und Roma ist demzufolge von nicht zu unterschätzender Bedeutung. Sie wirkt sich jedoch nur dann positiv auf die gegenwärtige Situation aus, wenn sie auf der einen Seite Lehren aus der Vergangenheit zieht und auf der anderen Seite mit einer konkreten Auseinandersetzung aktueller Probleme sowie etwaiger Lösungsmöglichkeiten einhergeht.

8. Ausblick

Die Betrachtung der sozialen Situation der Sinti und Roma sowie der Thematisierung ihrer Gegenwart und Vergangenheit in den Vorgängen des Deutschen Bundestages endet in dieser Arbeit mit dem Jahr 2005. Kein Ende ist dagegen auch im Jahr 2011 im Hinblick auf die fortdauernden Defizite der sozialen Lage der Minderheit erkennbar. Eine im Mai 2011 veröffentlichte „Studie zur aktuellen Bildungssituation deutscher Sinti und Roma" spricht zwar von heterogenen Bildungswegen innerhalb der Minderheit, weist jedoch zugleich auf eine „gravierende Bildungsmisere hinsichtlich der formellen Bildungsabschlüsse"[1112] hin. Umfassende Studien, die alle Lebensbereiche der Sinti und Roma untersucht hätten, sind in den vergangenen Jahren nicht entstanden. Obschon sich der Deutsche Bundestag seit Beginn der 1980er Jahre mit der sozialen Lage der Minderheit auseinandergesetzt hat und der Bundesregierung die diesbezüglichen Defizite bekannt sind, erscheint es fragwürdig, wie diese angesichts des Mangels an genauen Daten effektiv bekämpft werden sollen. Um die soziale Situation der Sinti und Roma langfristig umfassend zu verbessern, scheint eine detaillierte Bestandsaufnahme des Ist-Zustandes dringend notwendig. Entsprechende Untersuchungen der Minderheit gestalteten sich angesichts ihrer – unter anderem auf die pseudo-wissenschaftliche Erforschung der Minderheit während der Zeit des Nationalsozialismus zurückzuführenden – Vorbehalte gegenüber Wissenschaftlern in der Vergangenheit schwierig. Dieser Problematik könnte möglicherweise durch eine Zusammenarbeit mit dem *Zentralrat Deutscher Sinti und Roma* begegnet werden, der als Interessenvertretung die Akzeptanz der Betroffenen genießt. Einen ähnlichen Weg haben auch die Initiatoren der oben genannten Studie eingeschlagen: Aus dem Umfeld der Bürgerrechtsbewegung der Sinti und Roma wurden 14 Angehörige der Minderheit zu Interviewern ausgebildet, die die Datenerhebung durchführten.[1113] Der Erhebung von aktuellen aussagekräftigen Daten wäre zweifellos große Bedeutung beizumessen, um Verbesserungsansätze gezielt entwickeln zu können.

1112 Rüchel; Schuch (2011), 96.
1113 Vgl. Strauß (2011), 6.

Die hier vorliegende Arbeit hat nicht nur versucht, einen möglichst detaillierten Überblick über die einzelnen Lebensbereiche der Sinti und Roma zwischen 1949 und 2005 zu liefern, sondern hat zudem erstmals die Vorgänge des Deutschen Bundestages untersucht, in denen im betreffenden Zeitraum die soziale Situation der Minderheit oder ihre nationalsozialistische Verfolgungsgeschichte thematisiert wurde. Auffallend hierbei war, dass die Bundesregierung oder ihre Vertreter nicht nur im Bereich der Bildungspolitik in zahlreichen Vorgängen immer wieder auf die Zuständigkeit der Länder verwiesen haben. Interessant wäre daher für künftige Projekte, diesbezügliche Vorgänge der Länderparlamente zu untersuchen. Auch die entsprechenden Vorgänge in der DDR wären zu berücksichtigen, um ein gesamtdeutsches Bild zu zeichnen. Auf diese Weise könnte vollständig dargestellt werden, ab wann und in welcher Form sich deutsche Politik nicht nur mit dem Völkermord an den Sinti und Roma, sondern auch mit ihrer jeweils aktuellen sozialen Lage beschäftigt hat.

Die Lage der Roma in Europa ist nicht erst seit den Abschiebungen von Angehörigen der Minderheit aus Frankreich im Jahr 2010 ein Thema von höchster politischer Brisanz. Die Entwicklung scheint momentan einen negativen Höhepunkt erreicht zu haben. Insbesondere in verschiedenen Ländern Osteuropas ist gegenwärtig eine pogromartige Stimmung gegen Roma zu beobachten, die berechtigten Anlass zur Sorge gibt. Auch wenn die Lage der Sinti und Roma in der Bundesrepublik Deutschland im europäischen Vergleich weniger prekär und bedrängt erscheint, sollte doch von politischer wie gesellschaftlicher Seite aus alles unternommen werden, um der Minderheit ein integriertes Leben mit gleichen Chancen und Möglichkeiten zu bieten, für das sie nicht den Preis der Aufgabe ihrer Kultur und Identität zahlen müssen.

Literaturverzeichnis

Ahrendt, Roland (2009): Nürnberger Nachfolgeprozesse. In: Fischer, Torben; Lorenz, Matthias N.: *Lexikon der „Vergangenheitsbewältigung" in Deutschland. Debatten- und Diskursgeschichte des Nationalsozialismus nach 1945*. Bielefeld, S. 22-24.

Allemann, Fritz René (2000): *Bonn ist nicht Weimar*. Frankfurt am Main.

Anderson, Uwe (2008) [Hrsg.]: *Der Deutsche Bundestag. Eine Einführung*. Schwalbach/Taunus.

Arnold, Hermann (1965): *Die Zigeuner. Herkunft und Leben der Stämme im deutschen Sprachgebiet*. Olten.

Assmann, Aleida; Frevert, Ute (1999): *Geschichtsvergessenheit – Geschichtsversessenheit: vom Umgang mit deutschen Vergangenheit nach 1945*. Stuttgart.

Assmann, Aleida (2003): Persönliche Erinnerung und kollektives Gedächtnis in Deutschland nach 1945. In: Erler, Hans [Hrsg.]: *Erinnern und Verstehen. Der Völkermord an den Juden im politischen Gedächtnis der Deutschen*. Frankfurt am Main, S. 126-138.

Assmann, Aleida (2006): *Der lange Schatten der Vergangenheit. Erinnerungskultur und Geschichtspolitik*. München.

BEG-Schlussgesetz vom 14.9.1965. Abgerufen über das Bundesministerium der Justiz: http://www.gesetze-im-internet.de/bundesrecht/begschlg/gesamt.pdf [Stand Mai 2011]

Benz, Wolfgang (1991): *Zwischen Hitler und Adenauer. Studien zur deutschen Nachkriegsgesellschaft*. Frankfurt am Main.

Benz, Wolfgang (2003): *Geschichte des Dritten Reiches*. München.

Beratender Ausschuss für das Rahmenübereinkommen nationaler Minderheiten (2002): Stellungnahme zu Deutschland. Abgerufen über die Homepage des Bundesministeriums des Inneren: http://www.bmi.bund.de/SharedDocs/Downloads/DE/Themen/MigrationIntegration/NationaleMinderheiten/Rahmenuebereinkommen_des_Europarates_zum_Id_23217_de.pdf?__blob=publicationFile. [Stand Mai 2011]

Bergem, Wolfgang [Hrsg.] (2003): *Die NS-Diktatur im deutschen Erinnerungsdiskurs*. Opladen.

Borowsky, Peter (1993): *Deutschland 1945 bis 1969*. Hannover.

Breithaupt, Richard (1907): *Die Zigeuner und der deutsche Staat. Ein Beitrag zur deutschen Rechts- und Kulturgeschichte*. Würzburg.

Broszat, Martin (1983): *Der Staat Hitlers. Grundlegung und Entwicklung seiner inneren Verfassung*. München.

Bude, Heinz (1992): *Bilanz der Nachfolge. Die Bundesrepublik und der Nationalsozialismus*. Frankfurt am Main.

Bundesanstalt für Arbeit (2002): Institut für Arbeitsmarkt- und Berufsforschung unter: http://doku.iab.de/zfibel/03_02_02.pdf [Stand April 2011]

Bundesministerium der Finanzen [Hrsg.] (2009): Entschädigung von NS-Unrecht. Regelungen zur Wiedergutmachung. Abgerufen über das Bundesministerium der Finanzen: http://www.bundesfinanzministerium.de/nn_4394/DE/BMF__Startseite/Service/Broschueren__Bestellservice/Das__Ministerium/40144,templateId=raw,property=publicationFile.pdf [Stand Mai 2011]

Bura, Josef (1984): Die unbewältigte Gegenwart. „Zigeunerpolitik" und alltäglicher Rassismus in der Bundesrepublik. In: Bauer, Rudolph [Hrsg.]: *Sinti in der Bundesrepublik. Beiträge zur sozialen Lage einer verfolgten Minderheit*. Bremen, S. 9-84.

Diner, Dan (1988): *Zivilisationsbruch. Denken nach Auschwitz.* Frankfurt am Main.

Djurić, Rajko; Becken, Jörg; Bengsch, A. Bertolt (2002): *Ohne Heim – ohne Grab. Die Geschichte der Sinti und Roma.* Berlin.

Dubiel, Helmut (1999): *Niemand ist frei von der Geschichte. Die nationalsozialistische Herrschaft in den Debatten des Deutschen Bundestages.* München.

Der Duden (2011): Zigeuner, der. Abgerufen über: http://www.duden.de/rechtschreibung/Zigeuner [Stand Juni 2011]

Echternkamp, Jörg (2003): *Nach dem Krieg. Alltagsnot, Neuorientierung und die Last der Vergangenheit. 1945-1949.* Zürich.

Erster Bericht der Bundesrepublik Deutschland gemäß Artikel 25 Absatz 1 des Rahmenübereinkommens des Europarates zum Schutz nationaler Minderheiten (1999). Abgerufen über das Bundesministerium des Inneren: http://www.bevoelkerungsschutz-portal.de/SharedDocs/Downloads/DE/Broschueren/1999/erster_bericht.html?nn=110428. [Stand Mai 2011]

Feuerhelm, Wolfgang (1987): *Polizei und „Zigeuner". Strategien, Handlungsmuster und Alltagstheorien im polizeilichen Umgang mit Sinti und Roma.* Stuttgart.

Fischer, Torben; Lorenz, Matthias N.: *Lexikon der „Vergangenheitsbewältigung" in Deutschland. Debatten- und Diskursgeschichte des Nationalsozialismus nach 1945.* Bielefeld.

Freese; Murko; Wurzbacher (1980): *Hilfen für Zigeuner und Landfahrer. Vorschläge zur Zielsetzung, Planung und Durchführung sozialer Hilfen für Zigeuner und Landfahrer unter besonderer Berücksichtigung der Möglichkeiten des §72 des Bundesozialhilfegesetz.* Bonn.

Frei, Norbert (2005): *1945 und wir. Das Dritte Reich im Bewußtsein der Deutschen.* München.

Frick, Wilhelm (1935): Das Reichsbürgergesetz und das Gesetz zum Schutze des deutschen Blutes und der deutschen Ehre. In: Deutsche Juristen-Zeitung, 40. Jg. Zitiert nach: Krokowski, Heike (2001): *Die Last der Vergangenheit. Auswirkungen nationalsozialistischer Verfolgung auf deutsche Sinti.* Frankfurt am Main.

Frost; Heidmannsberg; Herding; Libbert; Plass-Fiedler (1995): Weltweite Nation und nationale Minderheit: Sinti und Roma als Probe auf innere und äußere Verträglichkeit des vereinigten Deutschlands. In: Hohmann, Joachim S. [Hrsg.]: *Sinti und Roma in Deutschland. Versuche einer Bilanz. Unter Mitarbeit der Sinti-Roma-Arbeitsgruppe des Informationsdienstes Bremen.* Frankfurt am Main, S. 21-32.

Geißler, Rainer (1996): *Die Sozialstruktur Deutschlands.* Opladen.

Gellhorn, Martha (1989): *Das Gesicht des Krieges. Reportagen 1937-1987.* München.

Gesellschaft für bedrohte Völker [Hrsg.] (1980): *Sinti und Roma im ehemaligen KZ Bergen-Belsen am 27. Oktober 1979.* Göttingen.

Gesellschaft für bedrohte Völker (1995): Menschenrechtsarbeit für Sinti und Roma in der Bundesrepublik Deutschland. In: Hohmann, Joachim S. [Hrsg.]: *Sinti und Roma in Deutschland. Versuche einer Bilanz. Unter Mitarbeit der Sinti-Roma-Arbeitsgruppe des Informationsdienstes Bremen.* Frankfurt am Main, S. 275-294.

Giesen, Bernhard (2005): „Das Trauma der „Täternation". In: Jostkleigrewe, Christina; Klein, Christian; Prietzel, Kathrin; Saeverin, Peter F.; Südkamp, Holger [Hrsg.]: *Geschichtsbilder. Konstruktion – Reflexion – Transformation.* Köln, S. 387-414.

Görtemaker, Manfred (2004): *Geschichte der Bundesrepublik Deutschland. Von der Gründung bis zur Gegenwart.* Frankfurt am Main.

Graml, Hermann (1996): Die Kapitulation und ihre Folgen. In: Broszat, Martin; Frei, Norbert [Hrsg.]: *Das Dritte Reich im Überblick. Chronik – Ereignisse – Zusammenhänge.* München, S. 161-174.

Grellmann, Heinrich Moritz Gottlieb (1783): *Die Zigeuner. Ein historischer Versuch über die Lebensart und Verfassung, Sitten und Schicksahle dieses Volkes in Europa.* Dessau/Leipzig.

Gronemeyer, Reimer (1988): Wer sind „Zigeuner"? In: Gronemeyer, Reimer; Rakelmann Georgia A. (1988): *Die Zigeuner: Reisende in Europa. Roma, Sinti, Manouches, Gitanos, Gypsies, Kalderasch, Vlach und andere.* Köln, S. 9-22.

Gronemeyer, Reimer; Rakelmann Georgia A. (1988): *Die Zigeuner: Reisende in Europa. Roma, Sinti, Manouches, Gitanos, Gypsies, Kalderasch, Vlach und andere.* Köln.
Grosser, Alfred (1981): *Geschichte Deutschlands seit 1945. Eine Bilanz.* München.
Haarmann, Harald (1990): Einleitung. In: Rüdiger, Johann Christian Christoph (1990): *Von der Sprache und der Herkunft der Zigeuner aus Indien. Nachdruck der Ausgabe Leipzig 1782.* Hamburg.
Heuß, Herbert (1996): Die Politik der Verfolgung von Sinti und Roma in Deutschland (1870-1945). In: Zentrum für Sinti- und Romaforschung [Hrsg.]: *Sinti und Roma unter dem Nazi-Regime. Von der „Rassenforschung" zu den Lagern.* Berlin, S. 15-39.
Hohmann, Joachim S. (1988): *Geschichte der Zigeunerverfolgung in Deutschland.* Frankfurt am Main.
Hohmann, Joachim S. (1990): *Verfolgte ohne Heimat: Geschichte der Zigeuner in Deutschland.* Frankfurt am Main.
Hohmann, Joachim S. (1992): *Neue deutsche Zigeunerbibliographie.* Frankfurt am Main.
Hohmann, Joachim S. (1995) [Hrsg.]: *Sinti und Roma in Deutschland. Versuche einer Bilanz. Unter Mitarbeit der Sinti-Roma-Arbeitsgruppe des Informationsdienstes Bremen.* Frankfurt am Main.
Hübner, Heinz Werner (1982): Warum wieder „Holocaust"? In: Lichtenstein, Heiner; Schmid-Ospach, Michael [Hrsg.]: *Holocaust. Briefe an den WDR.* Wuppertal, S. 7-9.
Hundsalz, Andreas (1978): *Stand der Forschung über Zigeuner und Landfahrer. Eine Literaturanalyse unter vorwiegend sozialwissenschaftlichen Gesichtspunkten.* Bonn.
Hundsalz, Andreas (1980): *Zigeunerkinder. Eine sozialpsychologische Untersuchung schulrelevanter Verhaltensmerkmale.* Frankfurt am Main.
Hundsalz, Andreas (1982): *Soziale Situation der Sinti in der Bundesrepublik Deutschland. Lebensverhältnisse Deutscher Sinti unter besonderer Berücksichtigung der eigenen Aussagen und Meinungen der Betroffenen.* Bonn.
Janssen, Ute (2009): HOLOCAUST-Serie. In: Fischer, Torben; Lorenz, Matthias N.: *Lexikon der „Vergangenheitsbewältigung" in Deutschland. Debatten- und Diskursgeschichte des Nationalsozialismus nach 1945.* Bielefeld, S. 243-244.
Ismayr, Wolfgang (2000): *Der Deutsche Bundestag im politischen System der Bundesrepublik Deutschland.* Opladen.
Jarausch, Konrad (2004): *Die Umkehr. Deutsche Wandlungen 1945-1995.* Bonn.
Jaspers, Karl (1946): *Die Schuldfrage.* Heidelberg.
Jochimsen, Lukrezia (1963): *Zigeuner heute. Untersuchung einer Aussenseitergruppe in einer deutschen Mittelstadt.* Stuttgart.
Jüttner, Julia (2007): Rostock-Lichtenhagen. Als der Mob die Herrschaft übernahm. in: *Der Spiegel,* http://www.spiegel.de/panorama/0,1518,501220,00.html. [Stand 5.5.2011]
Kaiser; Rauer (2007): Deutscher Bundestag. Struktur und Funktion. In: Deutscher Bundestag [Hrsg.]: *Der Deutsche Bundestag im Reichstagsgebäude.* Berlin, S. 112-181.
Kenrick, Donald (1980): Das Schicksal der Zigeuner im NS-Staat. In: Kenrick, Donald; Puxon, Grattan; Zülch, Tilman: *Die Zigeuner. Verkannt – verachtet – verfolgt.* Hannover, S. 37-74.
Kenrick, Donald; Puxon, Grattan (1981): *Sinti und Roma – die Vernichtung eines Volkes im NS-Staat.* Göttingen.
Kleßmann, Christoph (1986): *Die doppelte Staatsgründung. Deutsche Geschichte 1945-1955.* Bonn.
Koch, Ute (2005): *Herstellung und Reproduktion sozialer Grenzen. Roma in einer westdeutschen Großstadt.* Wiesbaden.
König, Helmut (2008): *Politik und Gedächtnis.* Weilerwist.
Körber, Ursula (1988): Die Wiedergutmachung und die „Zigeuner". In: Ayaß; Gilsenbach u. a.: *Feinderklärung und Prävention. Kriminalbiologie, Zigeunerforschung und Asozialenpolitik.* Berlin, S. 165-175.
Kommission der Europäischen Gemeinschaften (1997): *Die schulische Betreuung der Kinder von Sinti, Roma und Fahrenden. Bericht über die Durchführung der in der Entschließung vom 22.*

Mai 1989 durch den Rat und die im Rat vereinigten Minister des Bildungswesens angenommenen Maßnahmen. Luxemburg.

Knigge, Volkhard (2005): Statt eines Nachworts: Abschied der Erinnerung. Anmerkungen zum notwendigen Wandel der Gedenkkultur in Deutschland. In: Knigge, Volkhard; Frei, Norbert [Hrsg.]: *Verbrechen erinnern. Die Auseinandersetzung mit Holocaust und Völkermord.* Bonn, S. 443-460.

Knigge, Volkhard (2009): Europäische Erinnerungskultur: Identitätspolitik oder kritisch-kommunikative historische Selbstvergewisserung. In: Flierl, Thomas; Müller, Elfriede [Hrsg.] (2009): *Vom kritischen Gebrauch der Erinnerung.* Berlin, S. 69-80.

Knigge, Volkhard (2010): Zur Zukunft der Erinnerung. In: Aus Politik und Zeitgeschichte. 25-26/2010. Beilage zur Wochenzeitung Das Parlament, S. 10-16.

Kölsch, Julia (2003): „Erinnerung ist ein Hund, der sich (nicht) hinlegt, wo er will". Gegenwärtige Vergangenheit, Politik und Gedächtnis. In: Erler, Hans [Hrsg.]: *Erinnern und Verstehen. Der Völkermord an den Juden im politischen Gedächtnis der Deutschen.* Frankfurt am Main, S. 109-115.

Kogon, Eugen (1946): Der SS-Staat. Das System der deutschen Konzentrationslager. München.

Kogon, Eugen (1979): Über die innere Wahrheit des Fernsehfilms ›Holocaust‹. In: Märtesheimer, Peter; Frenzel, Ivo [Hrsg.]: *Im Kreuzfeuer: Der Fernsehfilm ›Holocaust‹. Eine Nation ist betroffen.* Frankfurt am Main, S. 66-69.

Kohlstruck, Michael (2004): Erinnerungspolitik: Kollektive Identität, Neue Ordnung, Diskurshegemonie. In: Schwelling, Birgit [Hrsg.]: *Politikwissenschaft als Kulturwissenschaft.* Wiesbaden, S. 173-193.

Koselleck, Reinhart (2003): Die Transformation der politischen Totenmale im 20. Jahrhundert. In: Sabrow, Martin; Jessen, Ralph; Große Kracht, Klaus [Hrsg.]: *Zeitgeschichte als Streitgeschichte. Große Kontroversen nach 1945.* München, S. 205-229.

Koselleck, Reinhart (2005): Formen und Traditionen des negativen Gedächtnisses. In: Knigge, Volkhard; Frei, Norbert [Hrsg.]: *Verbrechen erinnern. Die Auseinandersetzung mit Holocaust und Völkermord.* Bonn, S. 21-32.

Koselleck, Reinhart (2006): Der 8. Mai zwischen Erinnerung und Geschichte. In: von Thadden, Rudolf; Kaudelka, Steffen [Hrsg.]: *Erinnerung und Geschichte. 60 Jahre nach dem 8. Mai 1945.* Göttingen, S. 13-22.

Krausnick, Michail (1996): Der Kampf der Sinti und Roma um Bürgerrechte. In: Giere, Jaqueline [Hrsg.]: *Die gesellschaftliche Konstruktion des Zigeuners. Zur Genese eines Vorurteils.* Frankfurt am Main, S. 147-158.

Krausnick; Strauß (2008) [Hrsg.]: *Von Antiziganismus bis Zigeunermärchen. Sinti und Roma von A bis Z.* Norderstedt.

Krokowski, Heike (2001): *Die Last der Vergangenheit. Auswirkungen nationalsozialistischer Verfolgung auf deutsche Sinti.* Frankfurt am Main.

Lammert, Norbert (2008): Reputation und Relevanz des Parlaments: Der Bundestag. In: Anderson, Uwe (2008) [Hrsg.]: *Der Deutsche Bundestag. Eine Einführung.* Schwalbach/Taunus, S. 49-57.

Lepsius, M. Rainer (1993): *Demokratie in Deutschland. Soziologisch-historische Konstellationsanalysen. Ausgewählte Aufsätze.* Göttingen.

Lepsius, M. Rainer (2009): *Interessen, Ideen und Institutionen.* Wiesbaden.

Liégeois, Jean-Pierre (1988): *Die schulische Betreuung der Kindern von Zigeunern und Reisenden. Eine vergleichende Analyse.* Luxemburg.

Lindemann, Florian (1991): *Die Sinti aus dem Ummenwinkel. Ein sozialer Brennpunkt erholt sich.* Weinheim und Basel.

Linn; Sobolewski (2011): *So arbeitet der Deutsche Bundestag.* Rheinbreitbach.

Lübbe, Hermann (2001): *Aufklärung anlaßhalber: Philosophische Essays zu Politik, Religion und Moral.* Gräfeling.

Malanowski, Wolfgang [Hrsg.] (1985): *1945. Deutschland in der Stunde Null.* Reinbek bei Hamburg.

Margalit, Avishai (1997): Gedenken, Vergessen, Vergeben. In: Margalit, Avishai; Smith, Gary [Hrsg.] (1997): *Amnestie oder Die Politik der Erinnerung.* Frankfurt am Main, S. 192-205.

Margalit, Gilad (2001): *Die Nachkriegsdeutschen und „ihre Zigeuner". Die Behandlung der Sinti und Roma im Schatten von Auschwitz.* Berlin.

Margalit, Gilad (2003): Die deutsche Politik gegenüber Sinti und Roma nach 1945. In: Matras; Winterberg; Zimmermmann [Hrsg.]: *Sinti, Roma, Gypsies. Sprache – Geschichte – Gegenwart.* Berlin, S. 155-169.

Margalit, Gilad (2007): Zigeunerpolitik und Zigeunerdiskurs im Deutschland der Nachkriegszeit. In: Zimmermann, Michael [Hrsg.]: *Zwischen Erziehung und Vernichtung. Zigeunerpolitik und Zigeunerforschung im Europa des 20. Jahrhunderts.* Stuttgart, S. 483-509.

Marten-Gotthold, Dörte (1998): *Der Schutz der Sinti und Roma in der Bundesrepublik Deutschland als ethnische Minderheit gemäß Art. 3 Abs. 3 GG.* Frankfurt am Main.

Matras, Yaron (1995): *Untersuchungen zu Grammatik und Diskurs des Romanes: Dialekt der Kelderaša/Lovara.* Wiesbaden.

Mayring, Philipp (1999): *Einführung in die qualitative Sozialforschung.* Weinheim.

Mayring, Philipp (2010): *Qualitative Inhaltsanalyse. Grundlagen und Techniken.* Weinheim und Basel.

Meseth, Wolfgang (2002): „Auschwitz" als Bildungsinhalt in der deutschen Einwanderungsgesellschaft. In: Lenz, Claudia; Schmidt, Jens; von Wrochem, Oliver [Hrsg.]: *Erinnerungskulturen im Dialog. Europäische Perspektiven auf die NS-Vergangenheit.* Hamburg/Münster, S. 125-133.

Meseth, Wolfgang (2005): *Aus der Geschichte lernen: Über die Rolle der Erziehung in der bundesdeutschen Erinnerungskultur.* Frankfurt am Main.

Meier, Christian (2004): *Das Verschwinden der Gegenwart. Über Geschichte und Politik.* München.

Meier, Christian (2010): *Das Gebot zu vergessen und die Unabweisbarkeit des Erinnerns.* München.

Meueler, Erhard; Papenbrok, Marion (1987): *Kulturzentren in der Kultur- und Sozialarbeit von Sinti und Roma. Ein interkultureller Vergleich.* Weinheim und Basel.

Meyer, Dennis (2009a): Entnazifizierung. In: Fischer, Torben; Lorenz, Matthias N.: *Lexikon der „Vergangenheitsbewältigung" in Deutschland. Debatten- und Diskursgeschichte des Nationalsozialismus nach 1945.* Bielefeld, S. 18-19.

Meyer, Dennis (2009b): Reeducation. In: Fischer, Torben; Lorenz, Matthias N.: *Lexikon der „Vergangenheitsbewältigung" in Deutschland. Debatten- und Diskursgeschichte des Nationalsozialismus nach 1945.* Bielefeld, S. 19-20.

Meyer, Dennis (2009c): Nürnberger Prozess. In: Fischer, Torben; Lorenz, Matthias N.: *Lexikon der „Vergangenheitsbewältigun" in Deutschland. Debatten- und Diskursgeschichte des Nationalsozialismus nach 1945.* Bielefeld, S. 21-22.

Mihok; Widmann (2001): Sinti und Roma als Feindbilder. In: Bundeszentrale für politische Bildung [Hrsg.]: *Informationen zur politischen Bildung: Vorurteile – Stereotype – Feindbilder.* Bonn, S. 42-46.

Naumann, Klaus (1998): *Der Krieg als Text: das Jahr 1945 im kulturellen Gedächtnis der Presse.* Hamburg.

Niethammer, Lutz (1993): Erinnerungsgebot und Erfahrungsgeschichte. Institutionalisierungen im kollektiven Gedächtnis. In: Loewy, Hanno [Hrsg.]: *Holocaust: Die Grenzen des Verstehens. Eine Debatte über die Besetzung der Geschichte.* Reinbek bei Hamburg, S. 21-34.

Niethammer, Lutz (1999): *Deutschland danach. Postfaschistische Gesellschaft und nationales Gedächtnis.* Bonn.

Niethammer, Lutz (2000): *Kollektive Identität. Heimliche Quellen einer unheimlichen Konjunktur.* Reinbek bei Hamburg.

Noack, Paul (1960): *Deutschland von 1945 – 1960. Ein Abriß der Innen- und Außenpolitik.* München.

Noack, Paul (1966): *Die deutsche Nachkriegszeit.* München.

Oberreuter, Heinrich (2003): Bundestag. In: Andersen; Woyke [Hrsg.]: Handwörterbuch des Politischen Systems der Bundesrepublik Deutschland. Abgerufen über: http://www.bpb.de/wissen/09362507911494048338822070051409,4,0,Bundestag.html [Stand Juni 2011]

Open Society Institute (2002) [Hrsg.]: *Monitoring des Minderheitenschutzes in der Europäischen Union. Die Lage der Sinti und Roma in Deutschland.* Göttingen.

Pötzsch, Horst (1998): *Deutsche Geschichte von 1945 bis zur Gegenwart. Die Entwicklung der beiden deutschen Staaten.* München.

Pott, August Friedrich (1844/45): *Die Zigeuner in Europa und Asien. Ethnographisch-linguistische Untersuchung, vornehmlich ihrer Herkunft und Sprache nach gedruckten und ungedruckten Quellen.* 2 Bde. Halle. (Nachdruck: Leipzig 1964)

Rakelmann, Georgia A. (1981): Zigeuner in Schule – Regulierung durch Pädagogik. In: Münzel; Streck [Hrsg.]: *Kumpania und Kontrolle. Moderne Behinderungen zigeunerischen Lebens.* Giessen. S. 167-191.

Rakelmann, Georgia A. (1988): Zigeunerisches Leben. In: Gronemeyer, Reimer; Rakelmann Georgia A. (1988): *Die Zigeuner: Reisende in Europa. Roma, Sinti, Manouches, Gitanos, Gypsies, Kalderasch, Vlach und andere.* Köln, S. 79-127.

Recker, Marie-Luise (2005): *Geschichte der Bundesrepublik Deutschland.* München.

Reemtsma, Jan Philipp (2010): Wozu Gedenkstätten? In: Aus Politik und Zeitgeschichte. 25-26/2010. Beilage zur Wochenzeitung Das Parlament, S. 3-9.

Reemtsma, Katrin (1996): *Sinti und Roma: Geschichte, Kultur, Gegenwart.* München.

Reichel, Peter (2005): Auschwitz. In: François, Etienne; Schulze, Hagen: *Deutsche Erinnerungsorte. Eine Auswahl.* Bonn, S. 309-331.

Reichel, Peter (1995): *Politik mit der Erinnerung. Gedächtnisorte im Streit um die nationalsozialistische Vergangenheit.* München.

Reichel, Peter (2007): *Vergangenheitsbewältigung in Deutschland. Die Auseinandersetzung mit der NS-Diktatur in Politik und Justiz.* München.

Reichel, Peter; Schmidt, Harald; Steinbach, Peter [Hrsg.] (2009): *Der Nationalsozialismus – Die zweite Geschichte. Überwindung – Deutung – Erinnerung.* Bonn.

Reimesch, Christian (2003): *Vergessene Opfer des Nationalsozialismus? Zur Entschädigung von Homosexuellen, Kriegsdienstverweigerern, Sinti und Roma und Kommunisten in der Bundesrepublik Deutschland.* Berlin.

Renan, Ernest (1996): *Was ist eine Nation? Rede am 11. März 1882 an der Sorbonne.* Hamburg.

Reuter, Ernst: Rede am 9. September 1948 in Berlin: http://www.berlin.de/rubrik/hauptstadt/geschichte/ernstreuterrede.html

Ritter, Robert (1936): Die Bestandsaufnahme der Zigeuner und Zigeunermischlinge in Deutschland. In: Der öffentliche Gesundheitsdienst. Zitiert nach: Reemtsma, Karin: *Sinti und Roma. Kultur, Geschichte, Gegenwart.* München 1996.

Rose, Romani (1979): Wiedergutmachung nur den Starken? In: Zülch, Tilman [Hrsg.]: In Auschwitz vergast, bis heute verfolgt. *Zur Situation der Roma (Zigeuner) in Deutschland und Europa.* Reinbek bei Hamburg, S. 257-261.

Rose, Romani (1987): *Bürgerrechte für Sinti und Roma. Das Buch zum Rassismus in Deutschland.* Heidelberg.

Rose, Romani; Weiss, Walter (1991): *Sinti und Roma im „Dritten Reich". Das Programm der Vernichtung durch Arbeit.* Göttingen.

Rose, Romani [Hrsg.] (1999): *„Den Rauch hatten wir täglich vor Augen". Der nationalsozialistische Völkermord an den Sinti und Roma.* Heidelberg.

Rose, Romani (2004): *Schreie, Tränen, Gas.* In: Die Zeit vom 12.8.2004. Abgerufen über: http://www.zeit.de/2004/34/Sinti__und__Roma [Stand Juli 2011]

Rose, Romani (28.8.2008) zitiert in: „Zentralrat Deutscher Sinti und Roma empört über katholische Kirche". Abgerufen über: http://www.tagesspiegel.de/politik/deutschland/zentralrat-deutscher-sinti-und-roma-empoert-ueber-katholische-kirche/1312386.html [Stand Juni 2011]

Rüchel, Uta; Schuch, Jane: Bildungswege deutscher Sinti und Roma. In: Strauß, Daniel [Hrsg.]: *Studie zur aktuellen Bildungssituation deutscher Sinti und Roma.* Marburg, S. 54-98.

Rüdiger, Johann Christian Christoph (1990): *Von der Sprache und der Herkunft der Zigeuner aus Indien. Nachdruck der Ausgabe Leipzig 1782.* Mit einer Einleitung von Haarmann, Harald. Hamburg.

Sabrow, Martin (2005): Die NS-Vergangenheit in der geteilten deutschen Geschichtskultur. In: Kleßmann, Christoph; Lautzas, Peter [Hrsg.]: *Teilung und Integration. Die doppelte deutsche Nachkriegsgeschichte als wissenschaftliches und didaktisches Problem.* Bonn, S. 132-151.

Sandkühler, Thomas (1992): Aporetische Erinnerung und historisches Erzählen. In: Loewy, Hanno [Hrsg.]: *Holocaust: Die Grenzen des Verstehens. Eine Debatte über die Besetzung der Geschichte.* Reinbek bei Hamburg, S. 144-159.

Santayana, George (1905): *The Life of Reason. Volume 1.* New York. [Zitiert nach Projekt Gutenberg: http://www.gutenberg.org/catalog/world/readfile?pageno=115&fk_files=169068]

Schenk, Michael (1994): *Rassismus gegen Sinti und Roma. Zur Kontinuität der Zigeunerverfolgung innerhalb der deutschen Gesellschaft von der Weimarer Republik bis in die Gegenwart.* Frankfurt am Main.

Schmuhl, Hans Walter (1994): Sinti und Roma in der deutschen Geschichte. In: Schopf, Roland [Hrsg.]: *Sinti, Roma und wir anderen. Beiträge zu problembesetzten Beziehungen.* Münster, S. 25-47.

Schoetensack (1926): Bayrisches Zigeuner- und Arbeitsscheuengesetz 1926, In: Der Gerichtssaal, Stuttgart. S. 338-370. zitiert nach: Hohmann, Joachim S. (1988): *Geschichte der Zigeunerverfolgung in Deutschland.* Frankfurt/ Main.

Schopf, Roland [Hrsg.] (1994): *Sinti, Roma und wir anderen. Beiträge zu problembesetzten Beziehungen.* Münster und Hamburg.

Schwab, Gert; Wüpper, Edgar (1979): *Zigeuner. Portrait einer Randgruppe.* Luzern und Frankfurt am Main.

Schwelling, Birgit (2003): Wie wurden aus Volksgenossen Staatsbürger? Der Wandel von Einstellungen und Mentalitäten nach dem Übergang vom Nationalsozialismus zur Bundesrepublik. In: Bergem, Wolfgang [Hrsg.]: *Die NS-Diktatur im deutschen Erinnerungsdiskurs.* Opladen, S. 41-57.

Seibert, Wolfgang (1984): *Nach Auschwitz wird alles besser. Die Roma und Sinti in Deutschland.* Hamburg.

Soeffner, Hans-Georg (2005): *Zeitbilder. Versuche über Glück, Lebensstil, Gewalt und Schuld.* Frankfurt am Main.

von Soest, George (1980): *Zigeuner zwischen Verfolgung und Integration. Geschichte, Lebensbedingungen und Eingliederungsversuche.* Weinheim und Basel.

Sorkin, David (2000): Auf dem Weg in die Moderne. In: de Lage, Nicholas [Hrsg.]: *Illustrierte Geschichte des Judentums.* Frankfurt am Main, S. 223-280.

Sparing, Frank: Die Zigeunerlager. Entstehung, Charakter und Bedeutung eines Instrumentes zur Verfolgung von Sinti und Roma während des Nationalsozialismus. In: Zentrum für Sinti- und Romaforschung [Hrsg.]: *Sinti und Roma unter dem Nazi-Regime. Von der „Rassenforschung" zu den Lagern.* Berlin, S. 41-76.

Spitta, Arnold (1979): Deutsche Zigeunerforscher und die jüngste Vergangenheit. In: Zülch, Tilman [Hrsg.]: *In Auschwitz vergast, bis heute verfolgt. Zur Situation der Roma (Zigeuner) in Deutschland und Europa.* Reinbek bei Hamburg, S. 183-191.

Stellungnahme der Bundesrepublik Deutschland zu der Stellungnahme des Beratenden Ausschusses zu dem Bericht über die Umsetzung des Rahmenübereinkommens zum Schutz nationaler Minderheiten in der Bundesrepublik Deutschland (2002). Abgerufen über das Bundesministerium des Inneren: http://www.bmi.bund.de/SharedDocs/Downloads/DE/Themen/Migration Integration/NationaleMinderheiten/Rahmenuebereinkommen_des_Europarates_zum_Id_23218_de.pdf?__blob=publicationFile. [Stand Mai 2011]

Stengel, Katharina (2004): *Tradierte Feindbilder. Die Entschädigung der Sinti und Roma in den fünfziger und sechziger Jahren.* Frankfurt am Main.

Strauß, Daniel (1997): Zur Nachkriegsgeschichte der Sinti und Roma in Deutschland. In: Landeszentrale für politische Bildung Baden-Württemberg [Hrsg.]: *„Zwischen Romantisierung und Rassismus". Sinti und Roma – 600 Jahre in Deutschland. Handreichung zur Geschichte, Kultur und Gegenwart der deutschen Sinti und Roma.* Stuttgart.

Strauß, Daniel (2005): Ziele – Zeichen – Wirklichkeit. Sieben Jahre Rahmenübereinkommen zum Schutz nationaler Minderheiten in Baden-Württemberg. In: Matter, Max [Hrsg.]: *Die Situation der Roma und Sinti nach der EU-Osterweiterung.* Göttingen, S. 77-90.

Strauß, Daniel [Hrsg.] (2011): *Studie zur aktuellen Bildungssituation deutscher Sinti und Roma.* Marburg.

Stuckart, Wilhelm; Globke, Hans (1936): Reichsbürgergesetz. Gesetz zum Schutze des deutschen Blutes und der deutschen Ehre, Gesetz zum Schutze der Erbgesundheit des deutschen Volkes (Ehegesundheitsgesetz). Kommentare zur deutschen Rassengesetzgebung. München. Zitiert nach: Krokowski, Heike (2001): *Die Last der Vergangenheit. Auswirkungen nationalsozialistischer Verfolgung auf deutsche Sinti.* Frankfurt am Main.

Sudbrack, Inge (1977): Zur heutigen soziologischen Situation der Zigeuner in der Bundesrepublik Deutschland. In: Knobloch; Sudbrack [Hrsg.]: *Zigeunerkundliche Forschungen I.* Innsbruck, S. 19-42.

Vossen, Rüdiger (1983): *Zigeuner: Roma, Sinti, Gitanos, Gypsies zwischen Verfolgung und Romantisierung.* Frankfurt am Main.

Weber, Max (1980): *Wirtschaft und Gesellschaft: Grundriß der verstehenden Soziologie.* Tübingen.

Wehler, Hans-Ulrich (2010): *Deutsche Gesellschaftsgeschichte. Vom Beginn des Ersten Weltkriegs bis zur Gründung der beiden deutschen Staaten. 1914-1949.* Bonn.

Weiler, Margret (1979): *Zur Frage der Integration der Zigeuner in der Bundesrepublik Deutschland. Eine Untersuchung der gegenwärtigen Situation der Zigeuner und der sozialpolitischen und sozialarbeiterischen Maßnahmen für Zigeuner.* Köln.

Weiß, Hans (1982): *Armut und Erziehung. Früherziehung und Schulbesuch von Kindern einer Wohnwagensiedlung am Rande der Großstadt.* Berlin.

Welzer, Harald (2010): Erinnerungskultur und Zukunftsgedächtnis. In: Aus Politik und Zeitgeschichte. 25-26/2010. Beilage zur Wochenzeitung Das Parlament, S. 16-23.

Widmann, Peter (2001): *An den Rändern der Städte. Sinti und Jenische in der deutschen Kommunalpolitik.* Berlin.

Widmann, Peter (2003): Das Erbe des Ausschlusses. Sinti und Jenische in der kommunalen Minderheitenpolitik Nachkriegsdeutschlands. In: Matras; Winterberg; Zimmermmann [Hrsg.]: *Sinti, Roma, Gypsies. Sprache – Geschichte – Gegenwart.* Berlin.

Widmann, Peter (2007): Auszug aus den Baracken. Der Aufstieg der Sozialpädagogik und die deutsche Kommunalpolitik gegenüber „Zigeunern" seit 1945. In: Zimmermann, Michael [Hrsg.]: *Zwischen Erziehung und Vernichtung. Zigeunerpolitik und Zigeunerforschung im Europa des 20. Jahrhunderts.* Stuttgart, S. 510-531.

Winckel, Ännecke (2002): *Antiziganismus. Rassismus gegen Sinti und Roma im vereinigten Deutschland.* Münster.

Winter, Mathias (1988): Kontinuitäten in der deutschen Zigeunerforschung und Zigeunerpolitik. In: Ayaß; Gilsenbach u. fa.: *Feinderklärung und Prävention. Kriminalbiologie, Zigeunerforschung und Asozialenpolitik.* Berlin, S. 135-152.

Winter, Natascha (9.10.2009): Radio-Interview mit Radio Kaktus. Abgerufen über: http://volksgruppen.orf.at/roma/aktuell/stories/112973/ [Stand Juni 2011]

Wippermann, Wolfgang (1997): *Wie die Zigeuner. Antisemitismus und Antiziganismus im Vergleich.* Berlin.

Wippermann, Wolfgang (2005): *„Auserwählte Opfer?“ Shoah und Porrajmos im Vergleich.* Berlin.

Wolfrum, Edgar (2004): Die Suche nach dem „Ende der Nachkriegszeit“. Krieg und NS-Dikatur im öffentlichen Geschichtsbildern der „alten“ Bundesrepublik Deutschland. In: Cornelißen, Christoph; Klinkhammer, Lutz; Schwentker, Wolfgang [Hrsg.]: *Erinnerungskulturen. Deutschland, Italien und Japan seit 1945.* Frankfurt am Main, S. 183-197.

Wolfrum, Edgar (2007): *Die geglückte Demokratie. Geschichte der Bundesrepublik Deutschland von ihren Anfängen bis zur Gegenwart.* München.

Zeh, Wolfgang (2008): Verfassungsrechtliche und politische Organisation des Deutschen Bundestages. In: Anderson, Uwe (2008) [Hrsg.]: *Der Deutsche Bundestag. Eine Einführung.* Schwalbach/Taunus, S. 59-97.

Zifonun, Dariuž (2004): Gedenken und Identität. Der deutsche Erinnerungsdiskurs. Frankfurt am Main.

Zimmermann, Michael (1989): *Verfolgt, vernichtet, vertrieben. Die nationalsozialistische Vernichtungspolitik gegen Sinti und Roma.* Essen.

Zimmermann, Michael (1996): *Rassenutopie und Genozid. Die nationalsozialistische „Lösung der Zigeunerfrage“.* Hamburg.

Zimmermann, Michael (2002): Rassenutopie und Genozid: Die nationalsozialistische „Lösung der Zigeunerfrage“. In: Wünsche, Viviane; Lohalm, Uwe; Zimmermann, Michael: *Die nationalsozialistische Verfolgung Hamburger Sinti und Roma.* Hamburg, S. 9-28.

Zülch, Tilman [Hrsg.] (1979): *In Auschwitz vergast, bis heute verfolgt. Zur Situation der Roma (Zigeuner) in Deutschland und Europa.* Reinbek bei Hamburg.

Zülch, Tilman (1980): Nach 1945: Fortdauernde Diskriminierung. In: Kenrick; Puxon; Zülch: *Die Zigeuner. Verkannt – verachtet – verfolgt.* Hannover, S. 75-98.

Zülch, Tilman (1980a): „Wir haben die fortdauernde Verfolgung zugelassen“. In: Gesellschaft für bedrohte Völker [Hrsg.]: *Sinti und Roma im ehemaligen KZ Bergen-Belsen am 27. Oktober 1979.* Göttingen, S. 43-47.

Anhang

Verwendete Vorgänge des Deutschen Bundestages

IIX. Wahlperiode (1978), Drucksache 8/2042: Verbesserung der Situation der Zigeuner durch Ausstellung allgemein anerkannter Ausweispapiere.

IIX. Wahlperiode (1979), 142. Sitzung. Bonn, Freitag, den 9. März 1979.

IIX. Wahlperiode (1979), Drucksache 8/2608: Verwirklichung der Gleichheitsrechte gem. Art. 3 Abs. 3 GG für die Zigeuner.

IIX. Wahlperiode (1979), 146. Sitzung. Bonn, Freitag, den 30. März 1979.

IIX. Wahlperiode (1979), 176. Sitzung. Bonn, Mittwoch, den 10. Oktober 1979.

IX. Wahlperiode (1981), 14. Sitzung. Bonn, Donnerstag, den 22. Januar 1981.

IX. Wahlperiode (1981), 66. Sitzung. Bonn, Mittwoch, den 25. November 1981.

IX. Wahlperiode (1982), Drucksache 9/1935: Große Anfrage der Abgeordneten Jaunich, Jahn (Marburg), Hoffmann (Saarbrücken), Dr. Linde, Sieler, Thüsing, Bergerowksi, Dr. Hirsch, Kleinert, Schmidt (Kempten), Dr. Wendig, Wolfgramm (Göttingen) und der Fraktionen der SPD und FDP. Lage und Forderungen der Sinti, Roma und verwandter Gruppen.

IX. Wahlperiode (1982), Drucksache 9/2360: Antwort der Bundesregierung auf die Große Anfrage der Abgeordneten Jaunich, Jahn (Marburg), Hoffmann (Saarbrücken), Dr. Linde, Sieler, Thüsing, Bergerowksi, Dr. Hirsch, Kleinert, Schmidt (Kempten), Dr. Wendig, Wolfgramm (Göttingen) und der Fraktionen der SPD und FDP – Drucksache 9/1935 – Lage und Forderungen der Sinti, Roma und verwandter Gruppen.

IX. Wahlperiode (1983), Drucksache 9/2409: Berufliche Fortbildung und Umschulung für Sinti und Roma.

X. Wahlperiode (1984), Drucksache 10/2032 (neu): Große Anfrage der Abgeordneten Fischer (Frankfurt), Schily, Frau Reetz und der Fraktion DIE GRÜNEN. Lage und Forderungen der Sinti, Roma und verwandter Gruppen.

X. Wahlperiode (1985), Drucksache 10/3292: Antwort der Bundesregierung auf die Große Anfrage der Abgeordneten Fischer (Frankfurt), Schily, Frau Reetz und der Fraktion DIE GRÜNEN.

X. Wahlperiode (1985), Drucksache 10/4127: Antrag der Fraktion der SPD. Verbesserung der Situation der Sinti und Roma.

X. Wahlperiode (1985), Drucksache Drs. 10/4129: Entschließungsantrag der Abgeordneten Ströbele, Frau Dann, Mann und der Fraktion DIE GRÜNEN zur Anfrage der Abgeordneten Fischer (Frankfurt), Schily, Frau Reetz und der Fraktion DIE GRÜNEN – Drucksachen 10/2032 (neu, 10/3292 – Lage und Forderungen der Sinti, Roma und verwandte Gruppen.

X. Wahlperiode (1985), 171. Sitzung. Bonn, Donnerstag, den 7. November 1985.

X. Wahlperiode (1986), Drucksache 10/5765: Beschlußempfehlung und Bericht des Finanzausschusses (7. Ausschuß).

X. Wahlperiode (1986), Drucksache 10/6287: Unterrichtung durch die Bundesregierung. Bericht der Bundesregierung über die Wiedergutmachung und Entschädigung für nationalsozialistisches Unrecht sowie über die Lage der Sinti, Roma und verwandter Gruppen.

X. Wahlperiode (1986) 246. Sitzung. Bonn, Donnerstag, den 13. November 1986.

XI. Wahlperiode (1987), Drucksache 11/1395: Antrag der Abgeordneten Frau Dr. Vollmer und der Fraktion DIE GRÜNEN. Verleihung einer kommunalen Ehrenbürgerschaft an Verfolgte des Nationalsozialismus.
XI. Wahlperiode (1987), Drucksache 11/224: Antrag der Fraktion der SPD. Verbesserung der Situation der Sinti und Roma.
XI. Wahlperiode (1989), 129. Sitzung. Bonn, Freitag, den 24. Februar 1989.
XI. Wahlperiode (1989), Drucksache 232/89: Entwurf einer Entschließung des Rates und der im Rat vereinigten Minister für das Bildungswesen zur schulischen Betreuung der Kinder von Zigeunern und Reisenden.
XI. Wahlperiode (1989), Drucksache 232/89 (Beschluß): Beschluß des Bundesrates zum Entwurf für eine Entschließung des Rates und der im Rat vereinigten Minister für das Bildungswesen zur schulischen Betreuung der Kinder von Zigeunern und Reisenden.
XII. Wahlperiode (1991), Drucksache 12/394: Antwort der Bundesregierung auf die Kleine Anfrage der Abgeordneten Ursula Jelpke und der Gruppe der PDS/Linke Liste – Drucksache 12/271 – Bleiberechtsregelungen für heimatlose Roma-Flüchtlinge in der Bundesrepublik Deutschland.
XII. Wahlperiode (1992), Drucksache 12/2367: Antwort der Bundesregierung auf die Kleine Anfrage der Abgeordneten Ulla Jelpke und der Gruppe der PDS/Linke Liste – Drucksache 12/2270 – Haltung der Bundesregierung zur Roma-Resolution der VN-Menschenrechtskommission.
XII. Wahlperiode (1993), Drucksache 12/4397: Antwort der Bundesregierung auf die Kleine Anfrage der Abgeordneten Ursula Jelpke und der Gruppe der PDS/Linke Liste – Drucksache 12/4175, Fragen 11 und 12 – Die Situation an den Ostgrenzen, Praxis nach den Abkommen mit Polen und Rumänien und Stand der Verhandlungen mit weiteren Staaten.
XII. Wahlperiode (1993), Drucksache 12/4580: Antwort der Bundesregierung auf die Kleine Anfrage des Abgeordneten Konrad Weiß (Berlin) und der Gruppe BÜNDNIS 90/DIE GRÜNEN – Drucksache 12/4426 – Abschiebung rumänischer Roma-Flüchtlinge.
XII. Wahlperiode (1994), 227. Sitzung des Bundesrates. Bonn, Mittwoch, den 18. Mai 1994.
XIII. Wahlperiode (1994), 678. Sitzung des Bundesrates. Bonn, 16. Dezember 1994.
XIII. Wahlperiode (1995), 692. Sitzung des Bundesrates. Bonn, 15. Dezember 1995.
XIII. Wahlperiode (1996), Drucksache 971/96: Gesetzentwurf der Bundesregierung. Entwurf eines Gesetzes zu dem Rahmenübereinkommen des Europarates vom 1. Februar 1995 zum Schutz nationaler Minderheiten.
XIII. Wahlperiode (1996), 707. Sitzung des Bundesrates. Bonn, 19. Dezember 1996.
XIII. Wahlperiode (1997), Drucksache 13/8260: Vorwürfe des Zentralrates der Sinti und Roma über die richtlinienfremde Verausgabung der Mittel des „Härtefonds für NS-Verfolgte nicht jüdischer Abstammung – Wiedergutmachungsdispositonsfonds".
XIII. Wahlperiode (1997), 720. Sitzung des Bundesrates. Bonn, 19. Dezember 1997.
XIV. Wahlperiode (1998), 733. Sitzung des Bundesrates. Bonn, 18. Dezember 1998.
XIV. Wahlperiode (1999), 746. Sitzung des Bundesrates. Bonn, 17. Dezember 1999.
XIV. Wahlperiode (2000), 758. Sitzung des Bundesrates. Bonn, 21. Dezember 2000.
XIV. Wahlperiode (2001), 771. Sitzung des Bundesrates. Bonn, 20. Dezember 2001.
XIV. Wahlperiode (2002), Drucksache 14/9978: Unterrichtung durch die Delegation der Bundesrepublik Deutschland in der Parlamentarischen Versammlung des Europarates über die Tagung der Parlamentarischen Versammlung des Europarates vom 22. bis 26. April 2002 in Straßburg.
XIV. Wahlperiode (2002), Drucksache 14/9996: Unterrichtung durch die deutsche Delegation in der Parlamentarischen Versammlung der OSZE über die Elfte Jahrestagung der Parlamentarischen Versammlung der OSZE vom 6. bis 10. Juli in Berlin.
XV. Wahlperiode (2002), 784. Sitzung des Bundesrates. Bonn, 20. Dezember 2002.
XV. Wahlperiode (2003), 795. Sitzung des Bundesrates. Bonn, 19. Dezember 2003.

XV. Wahlperiode (2004), 807. Sitzung des Bundesrates. Bonn, 17. Dezember 2004.
XV. Wahlperiode (2005), Drucksache 491/05: Entschließung des Europäischen Parlaments zu der Lage der Roma in der Europäischen Union.

Parlamentarische Vorgänge zum Thema „Sinti und Roma"[1114]

8. Wahlperiode (14.12.1976 bis 04.11.1980)

15.08.1978 *Verbesserung der Situation der Zigeuner durch Ausstellung allgemein anerkannter Ausweispapiere*
[Vorgangstyp: Fragestunde; BT – Mündliche Anfrage 10 Dr. Schmitt-Wockenhausen, SPD; Antwort von Schoeler, PStSekr BMI Durcksache 08/2042]

09.03.1979 *Wiedergutmachung für die Verfolgung der Zigeuner im Dritten Reich*
[Vorgangstyp: Fragestunde; BT – Mündliche Anfrage 44 Kretkowski, SPD 02.03.1979 Drucksache 08/2608; Schriftliche Antwort Haehser, PStSekr BMF Plenarprotokoll 08/142 09.03.1979 S. 11308D-11309A]

09.03.1979 *Verwirkung der Gleichheitsrechte gem. Art. 3 Abs. 3 GG für die Zigeuner*
[Vorgangstyp: Fragestunde; BT – Mündliche Anfrage 123 Kretkowski, SPD 02.03. 1979 Drucksache 08/2608; Schriftliche Antwort Zander, PStSekr BMJFG Plenarprotokoll 08/142 09.03.1979 S. 11329D-11330B]

30.03.1979 *Gesellschaftliche Integration von Zigeunern*
[Vorgangstyp: Fragestunde; BT – Mündliche Anfrage 18 Menzel, SPD 23.03.1979 Drucksache 08/2699; Mündliche Anfrage 19 Menzel, SPD 23.03.1979 Drucksache 08/2699; Schriftliche Antwort Zander, PStSekr BMJFG Plenarprotokoll 08/146 30.03. 1979 S. 11713A-B]

30.05.1979 *Staatsangehörigkeit der in der Bundesrepublik lebenden Zigeuner*
[Vorgangstyp: Fragestunde; BT – Mündliche Anfrage 21 Thüsing, SPD 25.05.1979 Durcksache 08/2894, Plenarprotokoll 08/156 30.05.1979 S. 12472D-12473A; Antwort Dr. Fröhlich StSekr BMI S. 12472D, 12473A]

10.10.1979 *Schulische und berufliche Förderung jugendlicher Zigeuner*
[Vorgangstyp: Fragestunde; BT – Mündliche Anfrage 70 Thüsing, SPD 05.10.1979 Drucksache 08/3237; Mündliche Anfrage Thüsing 71, SPD 05.10.1979 Drucksache 08/3237; Mündliche Anfrage 92 Thüsing, SPD 21.09.1979 Drucksache 08/3193; Mündliche Anfrage Thüsing, SPD 21.09.1979 Durcksache 08/3193; Plenarprotokoll 08/176 10.10.1979 S. 13894A-13896C; Antwort Engholm PStSekr BMBW S. 13894A, C, D, 13895A, B, C, D 13896A, B, C]

12.10.1979 *Schulpflicht und schulische Ausbildung von Zigeunerkindern*
[Vorgangstyp: Fragestunde; BT – Mündliche Anfrage 68 Frau Simonis, SPD 05.10.1979 Drucksache 08/3237; Mündliche Anfrage 69 Frau Simonis, SPD 05.10.1979 Drucksache 08/3237; Mündliche Anfrage 90 Frau Simonis, SPD 21.09.1979 Drucksache 08/3193; Mündliche Anfrage 68 Frau Simonis, SPD 21.09.1979 Drucksache 08/3193; Schriftliche Antwort Engholm PStSekr BMBW Plenarprotokoll 08/178 12.10.1979 S. 14059D-14060B]

1114 Für die 1. bis 7. Wahlperiode wurde in den Registern zu den Verhandlungen des Deutschen Bundestages nach den Stichwörtern „Sinti", „Roma" und „Zigeuner" gesucht. Für die 8. bis 15. Wahlperiode wurde statt der Register das Dokumentations- und Informationssystem (DIP) des Deutschen Bundestages zur Suche nach Parlamentarischen Vorgängen verwendet, im Rahmen derer Sinti, Roma oder Zigeuner thematisiert wurden.

9. Wahlperiode (04.11.1980 bis 29.03.1983)

22.01.1981 *Einreiseverweigerung für Rom-Zigeuner aus den Niederlanden in die Bundesrepublik Deutschland*
[Vorgangstyp: Fragestunde; BT – Mündliche Anfrage 56 Thüsing, SPD 16.01.1981 Drucksache 09/97; Plenarprotokoll 09/14 22.01.1981 S. 485D-486B; Antwort von Schoeler PStSekr BMI S. 485D, 486B]

25.11.1981 *Kenntnis des BMI von der Lagerung des sogenannten Zigeunerarchivs bei der Universität Tübingen ; Wiedergutmachungsansprüche auf Grund von Dokumenten*
[Vorgangstyp: Fragestunde; BT – Mündliche Anfrage 6,7 Börnsen, SPD 20.11.1981 Drucksache 09/1058; Mündliche Anfrage 93,94 Börnsen, SPD 06.11.1981 Drucksache 09/984; Plenarprotokoll 09/66 25.11.1981 S. 3835D-3837A; Antwort von Schoeler, PStSekr BMI S. 3835D, 3836A, B, C, 3837A]

19.03.1982 *Berücksichtigung der Roma in Polen bei der Verteilung der deutschen Hilfsgüter*
[Vorgangstyp: Fragestunde; BT – Schriftliche Anfrage 5,6 Frau Schuchardt, FDP; Schriftliche Antwort Frau Dr. Hamm-Brücher, StMin AA 19.03.1982 Drucksache 09/1484]

25.08.1982 *Lage und Forderungen der Sinti, Roma und verwandter Gruppen*
[Vorgangstyp: Große Anfrage; BT – Große Anfrage Jaunich, SPD, Jahn (Marburg), SPD; und andere; SPD; Fraktion der FDP 25.08.1982 Drucksache 09/1935; Antwort Bundesregierung; BMJFG (federführend) 21.12.1982 Drucksache 09/2360]

18.02.1983 *Berufliche Fortbildung und Umschulung für Sinti und Roma*
[Vorgangstyp: Fragestunde; BT – Schriftliche Anfrage 72 Frau Erler, SPD; Schriftliche Antwort Frau Karwatzki, PStSekr BMJFG 18.02.1983 Drucksache 09/2409]

10. Wahlperiode (29.03.1983 bis 18.02.1987)

24.09.1984 *Lage und Forderungen der Sinti, Roma und verwandte Gruppen*
[Vorgangstyp: Große Anfrage; BT – Große Anfrage Fischer (Frankfurt), DIE GRÜNEN; Schily, DIE GRÜNEN; und andere; Fraktion DIE GRÜNEN 24.09.1984 Drucksache 10(2032 (neu); Antwort Bundesregierung; BMJFG (federführend) 03.05.1985 Drucksache 10/3292; BT – Plenarprotokoll 10/171 07.11.1985 S. 1280A-12820C zusammenberaten mit 1. Entschließungsantrag zur Großen Anfrage betr. Lage und Forderungen der Sinti, Roma und verwandte Gruppen Drucksache 10/4129, 2. Antrag betr. Verbesserung der Sinti und Roma Drucksache 10/4227, 3. Antrag betr. Lage der Sinti, Roma und verwandte Gruppe Drucksache 10/4128]

06.11.1985 *Entschließungsantrag zur Großen Anfrage betr. Lage und Forderungen der Sinti, Roma und verwandte Gruppen*
[Vorgangstyp: Entschließungsantrag BT; BT – Entschließungsantrag Ströbele, DIE GRÜNEN; Frau Dann, DIE GRÜNEN; und andere; Fraktion DIE GRÜNEN 06.11.1985 Drucksache 4129; BT – Plenarprotokoll 10/171 07.11.1985 S. 12808B-12820C, D zusammenberaten mit 1. Große Anfrage betr. Lage und Forderungen der Sinti, Roma und Verwandte Gruppen BT Drucksache 1072032 (neu), 2. Antrag betr. Verbesserung der Situation der Sinti und Roma BT Drucksache 10/4127, 3. Antrag betr. Lage der Sinti, Roma und verwandte Gruppen BT Drucksache 10/4128; BT – Plenarprotokoll 10/225 26.06.1986 17479D-17485B]

06.11.1985 *Verbesserung der Situation der Sinti und Roma*
[Vorgangstyp: Antrag – selbstständiger Antrag, der keinen Gesetzesentwurf enthält; BT – Antrag SPD 06.11.1985 Drucksache 10/4127; BT – Plenarprotokoll 10/171

07.11.1985 S. 12808B-12820C, zusammenberaten mit 1. Große Anfrage betr. Lage und Forderungen der Sinti, Roma und Verwandte Gruppen BT Drucksache 1072032 (neu), 2. Entschließungsantrag zur Großen Anfrage betr. Lage und Forderungen der Sinti, Roma und verwandte Gruppen BT Drucksache 10/4129, 3. Antrag betr. Lage der Sinti, Roma und verwandte Gruppen BT Drucksache 10/4128; BT – Plenarprotokoll 10/224 25.06.1986 S. 17357C; BT –Plenarprotokoll 10/225 26.06.1986 S. 17479D-17485B]

06.11.1985 *Lage der Sinti, Roma und verwandte Gruppen*
[Vorgang: Antrag – selbstständiger Antrag, der keinen Gesetzesentwurf enthält; BT – Antrag CDU/CSU; Fraktion der FDP 06.11.1985 Drucksache 10/4128; BT – Plenarprotokoll 10/171 07.11.1985 S. 12808B-12820C, zusammenberaten mit 1. Große Anfrage betr. Lage und Forderungen der Sinti, Roma und Verwandte Gruppen BT Drucksache 1072032 (neu), 2. Entschließungsantrag zur Großen Anfrage betr. Lage und Forderungen der Sinti, Roma und verwandte Gruppen BT Drucksache 10/4129, 3. Antrag betr. Verbesserung der Situation der Sinti und Roma BT Drucksache 10/4127; BT – Plenarprotokoll 10/224 25.06.1986 S. 17357C; BT – Plenarprotokoll 10/225 26.06. 1986 S. 17479D-17485B]

15.11.1985 *Benutzung einer Wiese am Schulzentrum in Köln-Ostheim durch Roma- und Sintifamilien*
[Vorgangstyp: Fragestunde; BT – Mündliche Anfrage 101,102 Ströbele, DIE GRÜNEN 08.11.1985 Drucksache 10/4197; Plenarprotokoll 10/175 15.11.1985 S. 13193B-13194A, Antwort Frau Karwatzki PStSekr BMJFG S. 13193B-13194A]

21.01.1986 *Entschließung zu Entschädigungsleistungen für ehemalige Sklavenarbeiter der deutschen Industrie*
[Vorgangstyp: Unterrichtung durch das Europäische Parlament; BT – Unterrichtung Europäisches Parlament 03.02.1986 Drucksache 10/4996, BT – Plenarprotokoll 10/199 21.01.1986 S. 15375D, BT – Plenarprotokoll 10/225 26.06.1986 S. 17480A-17485B]

14.02.1986 *Gleichstellung der Sinti und Roma mit anderen Verfolgten des NS-Regimes*
[Vorgangstyp: Fragestunde; BT – Schriftliche Anfrage 27 Dörflinger; CDU/CSU und Schriftliche Antwort Dr. Voss, PStSekr BMF 14.02.1986 Drucksache 10/5038]

25.06.1986 *Entschließungsantrag zum Antrag betr. Verbesserung der Situation der Sinti und Roma; Antrag betr. Lage der Sinti, Roma und verwandte Gruppen; Entschließungsantrag zur Großen Anfrage betr. Lage und Forderungen der Sinti, Roma und verwandte Gruppen; Antrag betr. Gesetzesentwurf zur Regelung einer angemessenen Versorgung für alle Opfer nationalsozialistischer Verfolgung in der Zeit von 1933 bis 1945; Antrag betr. Bestandsaufnahme, Bericht und Prüfung von verbesserten Leistungen an Oper nationalsozialistischer Verfolgung von 1933 bis 1945; Antrag betr. Entschädigung für Zwangsarbeit während der Nazi-Zeit sowie zur Entschließung zu Entschädigungsleistungen für ehemalige Sklavenarbeiter der deutschen Industrie*
[Vorgangstyp: Entschließungsantrag BT; BT – Beschlußempfehlung und Bericht FinanzA 25.06.1986 Drucksache 10/5765; BT – Plenarprotokoll 10/225 26.06.1986 S. 1745A-B]

22.10.1986 *Verbesserung der Situation der Sinti und Roma*
[Vorgangstyp: Antrag – selbstständiger Antrag, der keinen Gesetzentwurf enthält; BT– Antrag SPD 22.10.1986 Drucksache 10/6242; BT – Plenarprotokoll 10/246 13.1.1986 S. 19064A-19074A, zusammenberaten mit 1. Antrag betr. Gesetzentwurf zur Regelung einer angemessenen Versorgung für alle Oper nationalsozialistischer Verfolgung in der Zeit von 1933 bis 1945 Drucksache 10/5796, 2. Antrag betr. Entschädigung für Zwangsarbeit während der Nazi-Zeit BT Drucksache 10/5797, 3. Antrag betr. Anrechnung der Versicherungszeiten für Zwangsarbeiter BT Drucksache 10/5260, 4. Bericht der Bundesregierung über Wiedergutmachung und Entschädigung

für nationalsozialistisches Unrecht sowie über die Lage der Sinti, Roma und verwandter Gruppen BT Drucksache 10/6287, 5. Gesetz zur Errichtung einer Stiftung für NS-Unrecht BT Drucksache 10/6415]

31.10.1986 *Bericht der Bundesregierung über Wiedergutmachung und Entschädigung für nationalsozialistisches Unrecht sowie über die Lage der Sinti, Roma und verwandter Gruppen* [Vorgangstyp: Unterrichtung – Berichte, Denkschriften, Programme, Gutachten; BT – Unterrichtung (Bericht) Bundesregierung 31.10.1986 Drucksache 10/6287; BT – Plenarprotokoll 10/246 13.11.1986 19064A-19074A, zusammenberaten mit 1. Antrag betr. Gesetzentwurf zur Regelung einer angemessenen Versorgung für alle Opfer nationalsozialistischer Verfolgung in der Zeit von 1933 bis 1945 BT Drucksache 10/5796, 2. Antrag betr. Entschädigung für Zwangsarbeit während der Nazi-Zeit BT Drucksache 10/5797, 3. Antrage betr. Verbesserung der Situation der Sinti und Roma BT Drucksache 10/6242, 5. Gesetz zur Errichtung einer Stiftung „Entschädigung für NS-Unrecht" BT Drucksache 10/6415]

11. Wahlperiode (18.02.1987 bis 20.12.1990)

31.10.1986 *Bericht der Bundesregierung über Wiedergutmachung und Entschädigung für nationalsozialistisches Unrecht sowie über die Lage der Sinti, Roma und verwandter Gruppen* [Vorgangstyp: Unterrichtung – Berichte, Denkschriften, Programme, Gutachten; BT – Unterrichtung (Bericht) Bundesregierung 31.10.1986 Drucksache 10/6287; BT – Unterrichtung Deutscher Bundestag 21.05.1987 Drucksache 11/339]

05.05.1987 *Verbesserung der Situation der Sinti und Roma* [Vorgangstyp: Antrag – selbstständiger Antrag, der keinen Gesetzentwurf enthält; BT – Antrag SPD 05.05.1987 Drucksache 11/224; BT – Plenarprotokoll 11/10 07.05.1987 S. 566A-568C; BT – Beschlußempfehlung und Bericht Innenauschuß 25.04.1988 Drucksache 11/2196; BT – Bericht Haushaltsausschuß gemäßg § 96 der Geschäftsordnung des Deutschen Bundestages 02.05.1988 Drucksache 11/2223; BT – Plenarprotokoll 11/129 24.02.1989 S. 9489A-9494B]

25.04.1988 *Entschließungsantrag zu den Anträgen betr. „Verleihung einer kommunalen Ehrenbürgerschaft an Verfolgte des Nationalsozialismus" sowie „Verbesserung der Situation der Sinti und Roma"* [Vorgangstyp: Entschließungsantrag BT; BT – Beschlußempfehlung und Bericht InnenA 25.04.1988 Drucksache 11/2196; BT – Plenarprotokoll 11/129 24.02.1989 S. 9489A-9494B, zusammenberaten mit 1. Antrag betr. Verleihung einer kommunalen Ehrenbürgerschaft an Verfolgte des Nationalsozialismus BT Drucksache 11/1395, 2. Antrag betr. Verbesserung der Situation der Sinti und Roma BT Drucksache 11/224]

05.08.1988 *Äußerungen des Leiters des Verbindungsstabes der belgischen Streitkräfte in der der Bundesrepublik Deutschland über „Zigeuner (Sinti und Roma) und andere Landfahrer"* [Vorgangstyp: Kleine Anfrage; BT – Kleine Anfrage Frau Olms, DIE GRÜNEN; Frau Schmidt-Bott, DIE GRÜNEN; Fraktion DIE GRÜNEN 05.08.1988 Drucksache 11/2761, Antwort Bundesregierung; BMF (federführend) 23.08.1988 Drucksache 11/2811]

24.02.1989 *Über die Anträge betr. „Verleihung einer kommunalen Ehrenbürgerschaft an Verfolgte des Nationalsozialismus" sowie „Verbesserung der Situation der Sinti und Roma"* [Vorgangstyp: Anmerkung zur Plenarsitzung; BT – Plenarprotokoll 11/129 24.02.1989 S. 9494A-B]

20.04.1989 *Entwurf für eine Entschließung des Rates und der im Rat vereinigten Minister für das Bildungswesen zur schulischen Betreuung der Kinder von Zigeunern und Reisenden*

[BR – Unterrichtung der Bundesregierung am 20.04.1989 Drucksache 232/89; BR – Empfehlungen AfEG (federführend); KultA 02.05.1989 Drucksache 232/1/89, BR – Beschluß Bundesrat 12.05.1989 Drucksache 232/89, EG – Entschließung vom 22.05.1989 – Amtsblatt der Europäischen Gemeinschaften Nr.C 153/3 21.06.1989, BT – Unterrichtung Deutscher Bundestag 11.05.1989 Drucksache 11/4534, BT – Plenarprotokoll 11/157 06.09.1989 S. 11972C]

26.04.1989 *Haltung der Bundesregierung zum Konjunkturgutachten der Wirtschaftsinstitute*
[Vorgangstyp: Aktuelle Stunde; BT - Aktuelle Stunde Plenarprotokoll 11/139 26.04.1989 S. 10247B-10259C]

12. Wahlperiode (20.12.1990 bis 10.11.1994)

15.03.1991 *Bleiberechtsregelungen für heimatlose Roma-Flüchtlinge in der Bundesrepublik Deutschland*
[Vorgangstyp: Kleine Anfrage; BT – Kleine Anfrage Ulla Jelpke, PDS/LL, 15.03.1991 Drucksache 12/271, Antwort Bundesregierung; BMI (federführend) 19.04.1991 12/394]

03.05.1991 *Zahl und Aufnahmeländer der 1991 aus der Bundesrepublik Deutschland abgeschobenen Roma*
[Vorgangstyp: Fragestunde; BT – Schriftliche Anfrage 15,16 Uwe Lambinus, SPS und Schriftliche Antwort Dr. Horst Waffenschmidt, PStSekr BMI 03.05.1991 Drucksache 12/472]

26.07.1991 *Verwendung der Bezeichnungen Sinti, Roma, Zigeuner und Landfahrer in Verwaltungsvorschriften*
[BT – Schriftliche Anfrage 13 Dr. Roswitha Wisniewski, CDU/CSU und Schriftliche Antwort Dr. Klaus Kinkel, BMin BMJ 26.07.1991 Drucksache 12/994]

13.03.1992 *Haltung der Bundesregierung zur Roma-Resolution der VN-Menschenrechtskommission*
[Vorgangstyp: Kleine Anfrage; BT – Kleine Anfrage Ulla Jelpke, PDS/LL 13.03.1992 Drucksache 12/2270, Antwort der Bundesregierung; AA (federführend) 03.04.1992 Drucksache 12/2367]

08.04.1992 *VN-Resolution „Schutz der Roma"*
[Vorgangstyp: Kleine Anfrage; BT – Kleine Anfrage Konrad Weiß (Berlin), Bündnis 90/Die Grünen, 08.04.1992 Drucksache 12/2391, Antwort Bundesregierung, AA (federführend) 28.04.1992 Drucksache 12/2479]

15.06.1992 *Benennung von Vertretern in Beratungsgremien der Europäischen Gemeinschaften (betr. schulische Betreuung von Kindern von Fahrenden)*
[Vorgangstyp: Vorschlag an den Bundesrat, betreffend Wahl oder Benennung von Mitgliedern in Aufsichtsräte, Gremien; BR – Mitteilung 15.06.1992 Drucksache 429/92; Empfehlungen AfEG (federführend), KultA 26.10.1992 Drucksache 429/1/92; Plenarprotokoll 648 06.11.1992 S. 560B, 573D-575C/Anl; Beschluß Bundesrat 06.11. 1992 429/92]

19.06.1992 *Stimmenenthaltung der Bundesregierung bei der VN-Resolution zum Schutz der Roma; Bekanntmachung der Lage der Roma in Deutschland*
[Vorgangstyp: Fragestunde; BT – Schriftliche Anfrage 8,9 Uwe Lambinus, SPD; Schriftliche Antwort Helmut Schäfer, StMin AA 19.06.1992 Drucksache 12/2864]

08.10.1992 *Entschließungsantrag zu der vereinbarten Debatte über Extremismus und Gewalt*
[Vorgangstyp: Entschließungsantrag BT; BT – Entschließungsantrag Ulla Jelpke, PDS/LL 08.10.1992 Drucksache 12/3383; BT – Plenarprotokoll 12/110 08.10.1992 9394A-9418A]

08.10.1992 *Entschließungsantrag zu der vereinbarten Debatte über Extremismus und Gewalt* [Vorgangstyp: Entschließungsantrag BT; BT – Entschließungsantrag Ulla Jelpe, PDS/LL, 08.10.1992 Drucksache 12/3382; BT – Plenarprotokoll 12/110 08.10.1992 S. 9394A-9418A]

16.10.1992 *Anteil der Roma an den Asylbewerbern aus Rumänien, Bulgarien und anderen osteuropäischen Ländern* [Vorgangstyp: Fragestunde; BT – Schriftliche Anfrage 23 Gernot Erler, SPD; Schriftliche Antwort Dr. Horst Waffenschmidt, PStSekr BMI 16.10.1992 Drucksache 12/3446]

16.10.1992 *Intervention zur Verbesserung der Lage der Roma in Rumänien, Bulgarien und anderen osteuropäischen Ländern* [Vorgangstyp: Fragestunde; BT – Schriftliche Anfrage 2,3,4 Gernot Erler, SPD; Schriftliche Antwort Helmut Schäfer, StMin AA 16.10.1992 Drucksache 12/3436]

12.11.1992 *Untersuchung des Bundesinstituts für ostwissenschaftliche und internationale Studien über die Situation der rumänischen Roma als einzige Unterlage für die Verhandlungen mit Rumänien über den Abschiebungsvertrag* [Vorgangstyp: Fragestunde; BT – Mündliche Anfrage 64,65 Freimut Duwve, SPD 06.11.1992 Durcksache 12/3656; Schriftliche Antwort Eduard Lintner, PStSekr BMI Plenarprotokoll 12/120 12.11.1992 S. 10252C-D]

20.11.1992 *Sprachliche Unterscheidung zwischen Roma und Sinti* [Vorgangstyp: Fragestunde; BT – Schriftliche Anfrage 26 Horst Niggemeier, SPD; Schriftliche Antwort Eduard Lintner, PStSekr BMI 20.11.1992 Drucksache 12/3781]

27.11.1992 *Bundeskriminalamt und die Haltung der Bundesregierung zu rassistischen Ausschreitungen* [Vorgangstyp: Kleine Anfrage; BT – Kleine Anfrage Ulla Jelpke, PDS/LL 27.11.1992 Drucksache 12/3898; Antwort Bundesregierung, BMI (federführend) 18.12.1992 Drucksache 12/4017]

11.12.1992 *Verhinderung der Einwanderung von Roma nach der Teilung der CSFR in die Bundesrepublik Deutschland* [Vorgangstyp: Fragestunde; BT – Schriftliche Anfrage 4 Ernst Hinsken, CDU/CSU; Schriftliche Antwort Helmut Schäfer, StMin 11.12.1992 Drucksache 12/3990]

18.12.1992 *Quantitative Bedeutung der vom Bundesinnenministerium dargestellten zwölf Fälle von Mißbrauch des Asylrechts durch Zigeuner* [Vorgangstyp: Fragestunde; BT – Schriftliche Anfrage 6,7 Dr. Marliese Dobberthien, SPD; Schriftliche Antwort Dr. Horst Waffenschmidt, PStSekr BMI 18.12.1992 Drucksache 12/4020]

20.01.1993 *Die Situation an den Ostgrenzen, Praxis nach den Abkommen mit Polen und Rumänien und Stand der Verhandlungen mit weiteren Staaten* [Vorgangstyp: Kleine Anfrage; BT – Kleine Anfrage Ulla Jelpke, PDS/LL, 20.01.1993 Druckshe 12/4175; Antwort Bundesregierung, BMI (federführend) 10.02.1993 Drucksache 12/4312; Antwort Bundesregierung, BMI (federführend) AA 17.02.1993 Drucksache 12/4397]

11.02.1993 *Abschiebung rumänischer Roma-Flüchtlinge* [Vorgangstyp: Kleine Anfrage; BT – Kleine Anfrage Konrad Weiß (Berlin), Bündnis 90/Die Grünen, 11.02.1993 Drucksache 12/4426; Antwort Bundesregierung, BMI (federührend) 16.03.1993 Drucksache 12/4580]

15.03.1993 *Tagung der Parlamentarischen Versammlung des Europarates vom 1. bis 5. Februar 1993 in Straßburg* [Vorgangstyp: Unterrichtung – Berichte, Denkschriften, Programme, Gutachten; BT – Unterrichtung Deutsche Delegation der der Parlamentarischen Versammlung des Europarates 15.03.1993 Drucksache 12/4572; BT – Unterrichtung Detuscher Bundestag 23.04.1993 Drucksache 12/4797; BT – Plenarprotokoll 12/186 29.10.1993 S. 16184A]

16.04.1993 *Bleiberecht der Roma in Nordrhein-Westfalen*
[Vorgangstyp: Fragestunde; BT – Schriftliche Anfrage 14 Dr. Ulrich Briefs, fraktionslos; Schriftliche Antwort Dr. Horst Waffenschmidt, PStSekr BMI 16.04.1993 Drucksache 12/4735]

04.02.1994 *Vorlage einer Petition von Sinti und Roma beim Europäischen Parlament über das deutsche Abschiebeverhalten; Abschiebestopp bis zum Abschluß der Beratungen*
[Vorgangstyp: Fragestunde; BT – Schriftliche Anfrage 16.17 Wolfgang Lüder, FDP; Schriftliche Antwort Dr. Kurt Schelter, StSekr 04.02.1994 Drucksache 12/6772]

18.05.1994 *Begrüßung des Vorsitzenden des Zentralrates der deutschen Sinti und Roma, Herrn Romani Rose, und einer Delegation*
[Vorgangstyp: Begrüßungen, Glückwünsche, Nachrufe; BT – Plenarprotokoll 12/227 18.05.1994 S. 19605A]

18.05.1994 *Gedenkworte für die in Auschwitz ermordeten Sinti und Roma*
[Vorgangstyp: Begrüßungen, Glückwünsche, Nachrufe; BT – Plenarprotokoll 12/227 18.05.1994 S. 19605A-D]

10.06.1994 *Aufnahme des von deutschen Sinti und Roma gesprochenen Romanes in den Teil III der Europäischen Charta der Regional- und Minderheitensprachen*
[Vorgangstyp: Fragestunde; BT – Schriftliche Anfrage 6 Rudolf Bindig, SPD; Schriftliche Antwort Dr. Horst Waffenschmidt, PStSekr BMI 10.06.1994 Drucksache 12/7822]

13. Wahlperiode

16.12.1994 *Gedenken an die Verfolgung der Sinti und Roma durch die Nationalsozialisten*
[Vorgangstyp: Begrüßungen, Glückwünsche, Nachrufe; BR – Plenarprotokoll 678 16.12.1994 S. 625B-627A]

16.12.1994 *Begrüßung der Vertreterinnen und Vertreter der deutschen Sinti und Roma mit dem Vorsitzenden Romani Rose*
[Vorgangstyp. Begrüßungen, Glückwünsche, Nachrufe; BR – Plenarprotokoll 678 16.12.1994 S. 625A, 627B]

17.02.1995 *Verhinderung der Teilnahme in Deutschland lebender Roma an den Gedenkfeiern zum 50. Jahrestag der Befreiung von Auschwitz*
[Vorgangstyp: Fragestunde; BT – Schriftliche Anfrage 2,3,4 Volker Beck, Bündnis 90/Die Grünen; Schriftliche Antwort Dr. Horst Waffenschmidt, PStSekr BMI 17.02.1995 Drucksache 13/618]

15.12.1995 *Gedenkworte des Präsidenten zum Völkermord an Sinti und Roma im Nationalsozialismus*
[Vorgangstyp: Begrüßungen, Glückwünsche, Nachrufe; BR – Plenarprotokoll 692 15.12.1995 S. 555A-556D]

19.12.1996 *Gedenkworte des Präsidenten für die NS-Opfer unter den Sinti und Roma*
[Vorgangstyp: Begrüßungen, Glückwünsche, Nachrufe; BR – Plenarprotokoll 70 19.12.1996 S. 661A-662B]

20.12.1996 *Gesetz zu dem Rahmenübereinkommen des Europarates vom 1. Februar 1995 zum Schutz nationaler Minderheiten*
[Vorgang: Gesetzgebung; BR – Gesetzentwurf Bundesregierung 20.12.1996 Drucksache 971/96; BR – Antrag Bayern 29.01.1997 Drucksache 971/1/96; BR – Plenarprotokoll 708 31.01.1997 25B-C; BR – Stellungnahme Bundesrat 31.01.1997 Drucksache 971/96; BT – Gesetzentwurf Bundesregierung 11.02.1997 Drucksache 12/6912; BT – Plenarprotokoll 13/163 13.03.1997 S. 14680A, 14681A; BT – Beschlußempfehlung

und Bericht Rechtsausschuß 05.06.1997 Drucksache 13/7842; BT – Plenarprotokoll 13/181 12.06.1997 S. 16273B-C; BR – Gesetzbeschluß Deutscher Bundestag 13.06.1997 Drucksache 426/97; BR – Beschluß Bundesrat 04.07.1997 Drucksache 426/97; Bundesregierung – Bekanntmachung vom 01.12.1997 – Bundesgesetzblatt Teil II 1998 Nr. 2 02.02.1998 S. 57]

10.01.1997 *Stand der Umsetzung des deutsch-rumänischen Rückübernahmeabkommens und des Rückkehrförderungsprogramms*
[Vorgangstyp: Kleine Anfrage; BT – Kleine Anfrage Ulla Jelpke, PDS, Dr. Gregor Gysi PDS, 10.01.1997 Drucksache 13/6709; Antwort Bundesregierung, BMI (federführend) 28.01.1997 Drucksache 13/6836]

18.07.1997 *Vorwürfe des Zentralrats der Sinti und Roma über die richtlinienfremde Verausgabung der Mittel des „Härtefonds für NS-Verfolgte nichtjüdischer Abstammung – Wiedergutmachungs-Dispositionsfonds"; unberücksichtigte Gruppe; Aktivitäten des für den Härtefonds eingerichteten Beirats seit 1992*
[Vorgangstyp: Fragestunde; BT – Schriftliche Anfrage 26,27,28 Bernd Reuter, SPD; Schriftliche Antwort Irmgard Karwatzki, PStSekr BMF 18.07.1997 Drucksache 13/8260]

19.12.1997 *Gedenkansprache des Präsidenten zu Ehren der Sinti und Roma*
[Vorgangstyp: Begrüßungen, Glückwünsche, Nachrufe; BR – Plenarprotokoll 720 19.12.1997 S. 575A-576D]

13.02.1998 *Gesetz zu der Europäischen Charta der Regional- oder Minderheitensprachen des Europarates vom 5. November 1992*
[Vorgang: Gesetzgebung; BR – Gesetzentwurf Bundesregierung 13.02.1998 Drucksache 125/98; BR – Plenarprotokoll 723 27.03.1998 S. 137C, 153C-154A; BR – Stellungnahme Bundesrat 27.03.1998 Drucksache 125/98 (Beschluß); BT – Gesetzentwurf Bundesregierung 31.03.1998 Drucksache 12/10268; BT – Plenarprotokoll 13/230 23.04.1998 S. 21109D, 21111D; BT – Beschlußempfehlung und Bericht Innenausschuß 06.05.1998 Drucksache 13/10613; BT – Plenarprotokoll 13/235 07.05.1998 S. 21634D-21642D; BR – Gesetzbeschluß Deutscher Bundestag 08.05.1998 Drucksache 422/98; BR – Plenarprotokoll 726 29.05.1998 S. 269C-D, 293A-C; BR – Beschluß Bundesrat 29.05.1998 Drucksache 422/98 (Beschluß); Bundesregierung – Gesetz vom 09.07.1998 – Bundesgesetzblatt Teil II 1998 Nr. 25 16.07.1998 S. 1314]

20.02.1998 *Aufnahme des deutschen Romanes in der Europäischen Charta für Regional- oder Minderheitensprachen*
[Vorgangstyp: Fragestunde; BT – Schriftliche Anfrage 10 Volker Beck, Bündnis 90/Die Grünen; Schriftliche Antwort Manfred Carstens PStSekr BMI 20.02.1998 Drucksache 13/9962]

06.05.1998 *Entschließungsantrag zum Gesetz zu der Europäischen Charta der Regional- oder Minderheitensprachen des Europarats vom 5. November 1992*
[Vorgangstyp: Entschließungsantrag BT; BT – Entschließungsantrag SPD 06.05.1998 Drucksache 13/10642]

07.05.1998 *Entschließungsantrag zum Gesetz zu der Europäischen Charta der Regional- oder Minderheitensprachen des Europarates vom 5. November 1992*
[Vorgangstyp: Entschließungsantrag BT; BT – Entschließungsantrag CDU/CSU, SPD, Bündnis 90/Die Grünen, FDP 07.05.1998 Drucksache 13/10657; BT – Plenarprotokoll 13/235 07.05.1998 S. 21634D-21642D; BR – Beschluß Deutscher Bundestag 08.05.1998 Drucksache zu 422/98; BR – Plenarprotokoll 726 29.05.1998 S. 269C]

31.07.1998 *Maßnahmen zur Förderung des Romanes*
[Vorgangstyp: Fragestunde; BT – Schriftliche Anfrage 9 Otto Schily, SPD; Schriftliche Antwort Dr. Eckart Werthebach, StSekr BMI 31.07.1998 Drucksache 13/11315]

14. Wahlperiode

18.12.1998 *Ansprache des Präsidenten zum Gedenken an die Opfer des national-sozialistischen Völkermordes an den Sinti und Roma*
[Vorgangstyp: Begrüßungen, Glückwünsche, Nachrufe; BR – Plenarprotokoll 733 18.12.1998 S. 521D-524D]

17.12.1999 *Gedenkansprache des Präsidenten zum Völkermord an Sinti und Roma im Nationalsozialismus*
[Vorgangstyp: Begrüßungen, Glückwünsche, Nachrufe; BR – Plenarprotokoll 746 17.12.1999 S. 475A-477A]

17.12.1999 *Visa-Anträge von Kosovo-Flüchtlingen, insbesondere von Roma; Kriterien für die Erteilung eines Visums*
[Vorgangstyp: Fragestunde; Schriftliche Anfrage 4,5,6,7 Dr. Christian Schwarz-Schilling, CDU/CSU; Schriftliche Antwort Ludger Volmer, StMin AA 17.12.1999 Drucksache 14/2413]

21.12.2000 *Ansprache des Präsidenten zum Gedenken an die Opfer des Nationalsozialismus unter den Sinti und Roma*
[Vorgangstyp: Begrüßungen, Glückwünsche, Nachrufe; BR – Plenarprotokoll 758 21.12.2000 S. 577A-578B]

20.12.2001 *Ansprache des Präsidenten zum Gedenken an den Völkermord an Sinti und Roma im Nationalsozialismus*
[Vorgangstyp: Begrüßungen, Glückwünsche, Nachrufe; BR – Plenarprotokoll 771 20.12. 2001 S. 717A-718B]

20.03.2002 *Stand der Planungen des nationalen Holocaust-Mahnmals für die im NS-besetzten Europa ermordeten Sinti und Roma sowie des Mahnmals für die ermordeten Juden Europas; Mahnmal für weitere Opfergruppen*
[Vorgangstyp: Fragestunde; BT – Mündliche Anfrage 22,23 Martin Hohmann, CDU/CSU 15.03.2002 Drucksache 14/8554; Schriftliche Antwort Dr. Julian Nida-Rümelin; StMin Bundeskanzleramt Plenarprotokoll 14/226 20.03.2002 S. 22438B-C]

17.09.2002 *Tagung der Parlamentarischen Versammlung des Europarates vom 22. bis 26. April 2002 in Straßburg*
[Vorgangstyp: Unterrichtung – Berichte, Denkschriften, Programme, Gutachten; BT – Unterrichtung (Bericht) Deutsche Delegation in der Parlamentarischen Versammlung des Europarates 17.09.2002 Drucksache 14/9978]

10.10.2002 *Elfte Jahrestagung der Parlamentarischen Versammlung der OSZE vom 6. bis 10. Juli 2002 in Berlin*
[Vorgangstyp: Unterrichtung – Berichte, Denkschriften, Programme, Gutachten; BT – Unterrichtung (Bericht) Deutsche Delegation in der Parlamentarischen Versammlung der OSZE 10.10.2002 Drucksache 14/9996]

15. Wahlperiode

17.09.2002 *Tagung der Parlamentarischen Versammlung des Europarates vom 22. bis 26. April 2002 in Straßburg*
[Vorgangstyp: Unterrichtung – Berichte, Denkschriften, Programme, Gutachten; BT – Unterrichtung (Bericht) Deutsche Delegation in der Parlamentarischen Versammlung des Europarates 17.09.2002 Drucksache 14/9978; BT – Plenarprotokoll 15/29 21.02. 2003 S. 2270D]

10.10.2002 *Elfte Jahrestagung der Parlamentarischen Versammlung der OSZE vom 6. bis 10. Juli 2002 in Berlin*
[Vorgangstyp: Unterrichtung – Berichte, Denkschriften, Programme, Gutachten; BT – Unterrichtung (Bericht) Deutsche Delegation in der Parlamentarischen Versammlung der OSZE 10.10.2002 Drucksache 14/9996; BT – Unterrichtung Deutscher Bundestag 15.11.2002 Drucksache 15/99; BT – Plenarprotokoll 15/29 21.02.2003 S. 2270&

20.12.2002 *Gedenken an die Opfer des nationalsozialistischen Völkermordes an Sinti und Roma*
[Vorgangstyp: Begrüßungen, Glückwünsche, Nachrufe; BR – Plenarprotokoll 784 20.12.2002 S. 563A-565B]

13.06.2003 *Stand der Vorbereitungen für ein Denkmal für die von den Nationalsozialisten ermordeten Sinti und Roma im Berliner Tiergarten*
[Vorgangstyp: Fragestunde; BT – Schriftliche Anfrage 4,5 Günter Nooke, CDU/CSU; Schriftliche Antwort StMin Bundeskanzleramt 13.06.2003 Drucksache 15/1164]

19.12.2003 *Gedenkansprache des Präsidenten zu Ehren der Sinti und Roma*
[Vorgangstyp: Begrüßungen, Glückwünsche, Nachrufe; BR – Plenarprotokoll 795 19.12.2003 S. 483A-484D]

11.06.2004 *Sicherstellung der Beteiligung aller Repräsentanten der Sinti und Roma an der Entscheidungsfindung für eine Inschrift des geplanten Mahnmals für die ermordeten Sinti und Roma*
[Vorgangstyp: Fragestunde; BT – Schriftliche Anfrage 5 Günter Nooke, CDU/CSU; Schriftliche Antwort Christina Weiss, StMin Bundeskanzleramt 11.06.2004 Drucksache 15/3284]

17.12.2004 *Gedenkansprache des Präsidenten zu Ehren der Sinti und Roma*
[Vorgangstyp: Begrüßungen, Glückwünsche, Nachrufe; BR – Plenarprotokoll 807 17.12.2004 S. 619A-620D]

28.01.2005 *Abschiebung von Roma nach Serbien und Montenegro*
[Vorgangstyp: Fragestunde; BT – Schriftliche Anfrage 12 Hermann Gröhe, CDU/CSU; Schriftliche Antwort Ute Vogt, PStSekr BMI 28.01.2005 Drucksache 15/4781]

28.01.2005 *Menschenrechtliche und humanitäre Lage der Roma in Serbien und Montenegro, insbesondere in den Flüchtlingslagern*
[Vorgangstyp: Fragestunde; BT – Schriftliche Anfrage 1 Hermann Gröhe, CDU/CSU; Schriftliche Antwort Kerstin Müller, StMin AA 28.01.2005 Drucksache 15/4718]

18.03.2005 *Finanzielle Mittel im Jahr 2004 zur Förderung der sorbischen, dänischen und friesischen Minderheit sowie der Sinti und Roma*
[Vorgangstyp: Fragestunde; BT – Schriftliche Anfrage 1 Wolfgang Börnsen, CDU/CSU; Schriftliche Antwort Christina Weiss, StMin Bundeskanzleramt 18.03.2005 Drucksache 15/5167]

09.06.2005 *Entschließung des Europäischen Parlaments zu der Lage der Roma in der Europäischen Union*
[Vorgangstyp: Unterrichtung durch das Europäische Parlament; BR – Unterrichtung Europäisches Parlament 09.06.2005 Drucksache 491/05]

Tabellarische Auswertung der Suchbegriffe

8. Wahlperiode (14.12.1976–4.11.1980)

Suchwort → / Vorgang ↓	Zigeuner Sinti Roma	Zigeuner	Sinti	Roma
Parlamentarische Vorgänge	7	7	0	0
Gesetzgebung	0	0	0	0
Nebenaspekte	1	1	0	0
Aktivitäten von Personen	24	24	0	0

9. Wahlperiode (4.11.1980–29.03.1983)

Suchwort → / Vorgang ↓	Zigeuner Sinti Roma	Zigeuner	Sinti	Roma
Parlamentarische Vorgänge	5	4	2	3
Gesetzgebung	0	0	0	0
Nebenaspekte	12	9	3	0
Aktivitäten von Personen	21	19	14	16

10. Wahlperiode (29.03.1983–18.02.1987)

Suchwort → / Vorgang ↓	Zigeuner Sinti Roma	Zigeuner	Sinti	Roma
Parlamentarische Vorgänge	10	7	10	10
Gesetzgebung	0	0	0	0
Nebenaspekte	62	11	52	56
Aktivitäten von Personen	95	91	94	94

11. Wahlperiode (18.02.1987–20.12.1990)

Suchwort → / Vorgang ↓	Zigeuner Sinti Roma	Zigeuner	Sinti	Roma
Parlamentarische Vorgänge	7	3	6	5
Gesetzgebung	1	0	1	0
Nebenaspekte	11	3	10	9
Aktivitäten von Personen	44	4	44	30

12. Wahlperiode (20.12.1990–10.11.1994)

Suchwort → / Vorgang ↓	Zigeuner Sinti Roma	Zigeuner	Sinti	Roma
Parlamentarische Vorgänge	24	5	12	21
Gesetzgebung	0	0	0	0
Nebenaspekte	17	2	5	15
Aktivitäten von Personen	50	19	20	34

13. Wahlperiode (10.11.1994–26.10.1998)

Suchwort → / Vorgang ↓	Zigeuner Sinti Roma	Zigeuner	Sinti	Roma
Parlamentarische Vorgänge	14	0	11	12
Gesetzgebung	2	0	2	2
Nebenaspekte	10	0	9	9
Aktivitäten von Personen	26	0	20	15

14. Wahlperiode (26.10.1998–17.10.2002)

Suchwort → / Vorgang ↓	Zigeuner Sinti Roma	Zigeuner	Sinti	Roma
Parlamentarische Vorgänge	8	6	6	8
Gesetzgebung	1	1	1	1
Nebenaspekte	5	5	5	5
Aktivitäten von Personen	23	11	11	23

15. Wahlperiode (17.10.2002–18.10.2005)

Suchwort → / Vorgang ↓	Zigeuner Sinti Roma	Zigeuner	Sinti	Roma
Parlamentarische Vorgänge	11	8	9	11
Gesetzgebung	0	0	0	0
Nebenaspekte	7	7	7	7
Aktivitäten von Personen	31	17	19	31